東洋古典譯註叢書 102

譯註 墨子閒詁 1

校注 孫詒讓
책임번역 李相夏
공동번역 金太年 李奎泌

전통문화연구회

國譯委員

責任飜譯　李相夏
共同飜譯　金太年 李奎泌
潤　　文　南賢熙
校　　訂　金曉東 李孝宰 田炳秀
出　　版　金主賢
管　　理　咸明淑
普　　及　徐源英

東洋古典譯註叢書를 발간하면서

우리의 古典國譯事業은 민족문화 진흥의 기초사업으로 1960년대부터 政府 支援으로 古文獻 現代化 작업을 추진하여 많은 成果를 거두었다. 당시 이 사업 추진의 先行課題로 東洋古典이라 일컬어지는 중국의 基本古典을 먼저 飜譯하여야 한다는 學界의 주장이 있었음에도 불구하고 우리 고전이 아니라는 일부의 偏狹한 視角과 財政 事情 등으로 인하여 배제되어 왔다.

전통적으로 중국의 기본고전은 우리 歷史와 함께 숨쉬며 각종 교육기관의 教科書로 활용됨은 물론이고 지식인들의 必讀書가 되어 왔으며, 우리 文化의 基底에 자리잡고 거의 모든 방면의 體系와 根幹을 형성하여 왔다. 그래서 학문연구의 기본서 역할을 해 왔을 뿐만 아니라 오늘날에도 우리의 國學徒 및 東洋學 研究者들에게 같은 역할을 하고 있음은 주지의 사실이다. 그럼에도 불구하고 中國古典은 우리 것이 아니라 하여 專門機關의 飜譯對象에 포함하지 않음으로써, 대부분 原典에서의 직접 번역이 아닌 重譯이나 拔萃譯의 방식이 주를 이루면서 教養水準으로 出版되어 왔다.

오늘날 東洋 三國 중에서 우리의 東洋學 연구가 가장 부진한 이유는, 東洋基本古典에 대한 폭넓은 이해의 부족과 漢文古典 讀解力의 저하에 기인함을 우리는 솔직히 인정하여야 한다. 따라서 이들 중국고전에 대한 신뢰할 만한 國譯이 이루어지는 것이 한국학 연구를 촉진시키는 시급한 先行課題라 할 수 있다.

이에 韓國學 및 東洋學의 연구와 古典現代化의 基盤構築을 위해서는, 전문기관으로 하여금 동양고전을 단기간에 각 분야의 專門 研究者와 漢學者가 상호 협동하여 연구번역하여 飜譯의 傳統性과 效率性, 研究의 專門性을 높일 수 있도록 政策的 配慮가 있어야 한다.

이에 本會에서는 元老 및 中堅 漢學者와 斯界의 專攻者로 하여금 協同研究飜譯하여 공부하는 사람들이 믿고 引用하거나 깊이 있는 註釋 등을 활용할 수 있게 하고, 知識人들의 教養을 증진시켜 줄 수 있는 東洋古典의 國譯書 간행을 지속적으로 추진해 왔다. 근래에 다행히 이 사업에 대하여 각계 지도층의 폭넓은 이해와 지원에 힘입어 2001년도부터 國庫補助를 받아 東洋古典譯註叢書를 간행하게 되었다. 이를 계기로 우리 先學의 註釋과 見解를 반영하는 등 국역사업의 內實을 기하게 되었음을 이 자리를 빌어 衷心으로 감사드리며, 아울러 國譯에 參與하신 관계자 여러분의 勞苦에 깊은 謝意를 표한다.

끝으로 우리의 이러한 작업은 오랜 역사 위에 축적된 先賢들의 業績과 現代學問을 이어주는 튼튼한 架橋와 礎石이 되어 진정한 韓國學과 東洋學 발전에 기여할 것을 굳게 믿으며, 21세기를 우리 文化의 世紀로 열어 가는 밑거름이 되도록 우리의 力量을 本 事業에 경주하고자 한다. 江湖諸賢의 부단한 관심과 지원을 기대해 마지않는다.

社團法人 傳統文化硏究會 會長 李啓晃

解 題

金太年*)

1. 시작하며

'古典'이란 '오래된 책'이다. 아니, 그저 오래된 책이 아니라 오랫동안 읽힌 책이며, 그만큼 많은 이들이 읽을 만한 이유가 있는 책이다. 예컨대 동아시아에서는 ≪論語≫가, 서구권에서는 ≪성경≫이, 이슬람권에서는 ≪꾸란≫이 이런 의미에서 고전 중에서도 가장 높은 자리를 차지하고 있다. 그러나 모든 고전들이 이와 같이 탄생 이후 지금까지 항상 많은 이들의 사랑과 존중을 받으며 읽힌 것은 아니다. 한때 유행으로 읽히다 지성계의 관심에서 멀어지기도 하고 체제의 탄압을 받아 봉인되어 버리기도 하지만, 유행이 바뀌거나 새로운 체제가 들어서면 다시 소환되기도 했다. 지금 우리가 '古典'이라 부르는 것은 그저 '오래된 책'이 아니고 또한 '항상 읽혔던 책'뿐만도 아니며 대부분 이렇게 다시 발견되고 해석되어 '지금도 읽히고 있는 책'들이다.

墨子

墨翟과 그의 제자 집단인 墨家의 언설을 담고 있는 ≪墨子≫는 오래된 책이긴 하나

---

*) 退溪學硏究院 硏究員

≪論語≫ 등에 비해볼 때 오랫동안 읽힌 책이라 할 수는 없다. 오히려 오랫동안 잊혔다가 다시 읽히기 시작한 책이라 할 수 있다. 지금부터 2,200여 년 전 秦에 의해 戰國時代가 마감된 이후 墨家의 소멸과 함께 2,000년 간 서고에 파묻혀 사람들의 기억에서 사라졌다가 淸의 몇몇 학자들에 의해 발굴되고 새롭게 해석되어 지성계로 다시 소환된 것이다. 이 과정에서 결정적인 역할을 한 사람이 바로 이 책의 저자인 孫詒讓(1848~1908)이고, 오랜 세월을 거치며 해독이 불가능해졌던 ≪墨子≫에 숨을 불어 넣어 소생시킨 책이 바로 이 ≪墨子閒詁≫이다.

墨翟은 누구이고 ≪墨子≫에 담긴 내용은 무엇이기에 동아시아 지성사에서 2,000년간 봉인되었는가? 또 孫詒讓 등은 왜 서고에서 먼지 쌓인 ≪墨子≫를 들고 나왔으며 어떻게 세상에 알렸는가? 그리고 그렇게 다시 태어난 ≪墨子≫는 지금 우리에게 무슨 의미가 있는가?

2. 戰國時代와 墨子

누군가를, 혹은 무언가를 사랑한다는 것은 대개 다른 이와 그를, 다른 것과 그것을 차별하는 데서 시작한다. 어떤 사람이나 존재를 아끼고 소중히 여기거나 즐기는 마음, 또는 그런 일을 하는 것을 사랑이라고 규정한다면, 대개는 어떤 사람이나 존재를 다른 사람이나 다른 존재와 비교하여 더 아끼고 소중히 여기고 즐길 때 비로소 무엇을 사랑한다고 인식하는 것이다. 그런데 이를 부정하고 모두를, 모든 것을 차별하지 말고 아울러 사랑하자고 주장하던 사람이 있다. 지금부터 2,500년 전에 살았던 墨翟, 墨子로 불리던 사람이다.

墨子는 B.C. 479년에서 B.C. 469년 사이에 태어나 B.C. 390년경에 사망한 것으로 알려져 있다.[1)] 이에 따르면 그는, 잘 알려진 儒家 사상가들과 비교해볼 때 孔子(孔丘,

---

1) 墨子의 생몰년과 관련해서는 학자들마다 의견이 다르다. 우선 司馬遷은 ≪史記≫ 〈孟子荀卿列傳〉의 말미에서 "공자와 같은 때에 살았다고도 하고 그 후대 인물이라고도 한다."라 하였고, 孫詒讓은 'B.C. 468년~B.C. 376년'설을, 錢穆은 'B.C. 479년~B.C. 381년'설을 주장하였으며 馮友蘭은 錢穆의 주장에 동의했다(≪중국철학사≫). 梁啓超는 B.C. 468년에서 B.C. 459년 사이에 태어나 B.C. 390년에서 B.C. 382년 사이에 사망했다고 주장했다(≪墨子學案≫ 〈墨子之生地及年代〉, 山田琢 〈墨子解說〉에서 재인용. 이하 같음). 孫中原은 B.C. 476년경~B.C. 390년경으로 소개하였다(≪中國大百科全書≫ 〈墨子〉). 각각 약간의 차이는 있지만 대부분의 설이 공자 이후, 맹자 이전을 묵자의 활동시기로 설정한 셈이다. 여기에서는 貝塚茂樹의 설

B.C. 551~B.C. 479)보다 뒤, 孟子(孟軻, B.C. 371~B.C. 289)보다 앞, 즉 孔子의 손자인 子思(孔伋, B.C. 483~B.C. 402)와 활동 시기가 겹친다. 사상사적으로는 孔子와 老子(李聃, B.C. 6세기 초~B.C. 5세기 초)의 후배이자 孟子, 莊子(莊周, B.C. 369~B.C. 286), 荀子(荀況, B.C. 316~B.C. 237), 韓非子(韓非, B.C. 281~B.C. 233) 등의 선배인 셈이다. 흔히 그는 孔子, 老子와 함께 諸子百家의 선배 그룹 중 한 사람으로 평가받는다.

한편 그가 활동했던 시기는 戰國時代 초기에 해당한다. 말 그대로 '戰國時代'는 중국의 모든 나라들이 전쟁을 벌이던 약육강식, 적자생존의 시기였다. 春秋時代에는 '春秋五霸' 등의 霸者들이 명목상이나마 周의 封建制度를 인정하고 '尊王攘夷'를 명분으로 삼아 번갈아 중원의 질서를 유지하였다. 그러나 전국시대에 들어서면서 이 체제도 무너지고 저마다 '王'이 되어 각국이 '天下'를 놓고 전쟁을 통해 패권을 다투게 되었던 것이다.

이런 상황에서 각 국의 군주들은 대내적으로 하극상을 막고 자신의 권력을 공고히 하는 한편 대외적으로 부국강병을 통해 다른 나라들과의 무한 경쟁에서 살아남기 위해, 그리고 최종적으로는 외교와 전쟁에서 승리하여 '天下'를 통일하는 王이 되기를 꿈꾸며 모든 방법을 동원했다. 그들이 살아남아 王이 되려면 안정된 권력 기반, 유능한 인재, 풍부한 재정, 강력한 군대가 필요했다. 이를 확보하기 위해 그들은 우선 宗法에 기반을 둔 관직 세습의 전통을 변혁하여 실력 있는 인재를 등용할 새로운 방법을 모색함으로써 귀족의 힘을 약화시키고 군주권을 강화하는 한편 국정 개혁의 인력풀을 확충하려 하였다. 그리고 씨족 공동체를 토대로 비교적 자율적으로 운영되던 지방분권적 시스템을 중앙집권적 체제로 바꾸는 작업을 통해 국가 재정을 확충하고 군사력을 극대화함으로써 부국강병을 도모했다.

이러한 근본적인 개혁을 성공하기 위해서는 공정한 상벌제도 및 인재 선발 제도의 확립, 생산력 증대와 토지 개혁을 통한 안정된 稅收 확보, 엄정한 刑政 시행 등이 반드시 필요했다. 그러나 당시 대부분의 지식인들은 이것들이 필요하다는 데에는 동의했지만, 이를 어떻게 이룰 것인가, 더 근본적으로는 무엇을 위해 이것을 해야 하는가에 대해서까지 의견을 같이한 것은 아니었다. 따라서 이러한 국정 목표와 방침을 둘러싸고 자신의 견해를 관철시키기 위해 여러 가지 노선들이 각축을 벌이게 되었으며, 그 과정에서 자연스럽게 세습과 선발, 중앙 집권과 지방 분권, 예와 법, 종교(귀신)와 인문, 富國과 安民 등에 대하여 본질적인 논의가 이루어졌다. 이른바 '諸子百家'의 논의가 '百花齊放'한 것이

(≪제자백가, 중국 고대의 사상가들≫)을 따랐다.

다. 墨子와 그의 제자 집단인 墨家도 이 논의에 열정적으로 참여하고 자신의 주장을 관철하기 위해 치열하게 실천했다.

墨子에 대한 가장 초기의 기록은 司馬遷(B.C. 145~B.C. 86)의 ≪史記≫에 나온다. 司馬遷은 孔子에 대해서는 世家를 썼고, 老子, 莊子, 孟子, 荀子, 韓非子, 그리고 孔子 제자들에 대해서는 이름을 딴 독립적인 列傳을 썼지만 墨子에 대해서는 〈孟子荀卿列傳〉의 말미에 "墨翟은 宋의 대부로, 城을 잘 수비했고 節用을 주장했다. 孔子와 같은 때에 살았다고도 하고 그 후대 인물이라고도 한다."[2]고 간단히 언급했을 따름이다. 아마도 司馬遷 당대에 이미 墨家는 세력을 잃었고, 그의 사상 또한 영향력이 별로 없었기 때문에 기록이 이렇듯 소략한 것이겠지만, 그 때문에 墨子 개인에 대한 정보는 거의 남아 있지 않으며 이런저런 추정만 할 수 있을 뿐이다.

우선 그의 출신지와 관련해서는 魯나라 출신이라는 설, 宋나라 출신이라는 설, 楚나라 출신이라는 설이 있는데, 현재로서는 魯나라 출신이라는 설이 가장 유력하다.[3] 孔子보다 후배로서 魯나라에서 태어나 유가의 학설에 긍정적이든 부정적이든 영향을 받았다고 추정할 수 있다.[4] 한편 司馬遷이 그가 宋나라 대부였다고 언급했지만, 이 또한 현재는 부정되고 있다. 벼슬을 하거나 농사를 짓지 않았다고 한 기록[5]에 근거하여 그가 士 계층이라고 추정하기도 하고[6], ≪墨子≫에 생산기구의 제조 기술과 공법 등에 대한 기록이 상당히 많다는 점을 근거로 그가 工人 계층에 속해 있었다고 주장하기도 한다.[7] ≪墨子≫에

---

2) ≪史記≫ 〈孟子荀卿列傳〉, "蓋墨翟 宋之大夫 善守御 爲節用 或曰幷孔子時 或曰在其後"

3) 梁啓超는 ≪墨子學案≫ 〈墨子之生地及年代〉에서 ≪呂氏春秋≫ 〈當染〉의 高誘注가 魯나라 출신설의 근거가 되고, 葛洪의 ≪神仙傳≫과 ≪文選≫의 李善注와 ≪荀子≫의 楊倞注가 宋나라 출신설의 근거가 되고, 畢沅의 ≪墨子注≫ 〈序〉가 楚나라 출신설의 근거가 된다고 설명한 뒤, 魯나라 출신설을 지지하였다. 孫詒讓도 〈墨子後語 墨子傳略〉에서 魯나라 설을 주장하였다. "墨子……魯人【呂覽當染愼大篇注】 或曰宋人【葛洪神仙傳 文選長笛賦李注引抱朴子 荀子修身篇楊注 元和姓纂】案 此蓋因墨子爲宋大夫 遂以爲宋人 以本書攷之 似當以魯人爲是……畢沅武億以魯爲魯陽……則是楚邑 攷古書無言墨子爲楚人者……則非楚人明矣 畢武說殊謬"

4) ≪韓非子≫ 〈顯學〉에서 "세상에서 가장 잘 알려진 학문체계는 유가와 묵가의 것이다.〔世之顯學 儒墨也〕"라고 평하였으며, ≪淮南子≫ 〈要略〉에서는 "墨子는 유가학파의 학문을 배웠으며 공자의 방법을 전수받았으나……주나라 도를 저버리고 하나라의 政法을 썼다.〔墨子學儒者之業 受孔子之術……故背周道而行夏政〕"라고 하였다.

5) ≪墨子≫ 〈貴義〉, "今翟上無君上之事 下無耕農之難"

6) 孫中原, ≪中國大百科全書≫ 〈墨子〉.

7) 이운구 옮김, ≪묵자1≫ 〈해제 : 민중의 각성, 이론과 실천의 통일〉 9~10쪽.

나오는 ≪詩經≫과 ≪尙書≫ 등에 대한 지식, 儒家에 대한 이해, 〈尙賢〉 등에 보이는 士 중심주의 등을 미루어 볼 때 공인 계층의 입장을 잘 이해하며 고도의 인문 교육을 받은 士 출신이었다고 보는 것이 합리적일 것이다.[8)]

그의 이름과 관련한 해석도 墨子와 墨家를 이해하는 데 도움을 줄 수 있다. 보통 墨子의 姓을 '墨'이라 하고 이름을 '翟'이라 하는데, '墨'은 개인의 성이라기보다는 학파에 대한 호칭이라고 보아야 한다는 주장도 있다.[9)] 그들은 節儉과 勤苦를 주로 하는 집단이었으므로 몸이 깡마르고 피부색이 먹과 같았는데 이를 표현한 것일 수도 있기 때문이라는 것이다. 또한 '墨'은 엄격한 규율을 가지고 자신을 채찍질한다는 뜻과 통하며 '五刑'의 하나로 이마에 먹물을 들이는 형벌을 뜻하기도 하니 생산노동에 종사하는 천민층이 귀족 사회에 저항하는 의지를 역설적으로 나타낸 명칭이라 해석하기도 한다. 그리고 '翟'은 흙을 고른다는 '習', '築'과 통용되어 쓰이기도 하며 꼬리가 긴 꿩(雉)을 의미하기도 하는데, '雉'는 성벽을 쌓는 공정을 표시하는 200척의 담장을 가리키기도 하니, 이는 모두 그가 공인이었다는 것과 무관하지 않다고 설명하기도 한다.

한편 墨家의 우두머리를 일컫는 '鉅子(혹은 巨子)'에 대해서는, '鉅'는 돌도끼의 변형인 '工'에 도끼 구멍을 본떠서 나타낸 '巠'이 더해진 형상이며 '巨'는 ≪說文解字≫에 따르면 曲尺의 상형인 '矩'와 같은 것으로 보기도 하니, 결국 공인의 우두머리가 도끼나 곡척을 든 모습을 상징적으로 일컬은 것이라는 해석도 있다. 이렇듯 墨子의 출신지나 활동시기, 신분 등과 관련하여 定說은 확립되지 않았지만, 학자들의 여러 설을 종합해볼 때 墨子는 기술자 집단과 관련이 있는 士로서 어린 시절 魯나라에서 儒家의 영향을 받으며 성장하여 宋나라와 楚나라 등지에서 활동했던 인물이었고, 그의 제자 집단은 엄한 규율과 강한 실천력을 가졌던 기술자 집단이었다고 추정할 수 있다.

3. 墨子의 사상

앞에서 말했듯이 墨子가 살았던 戰國時代에 국성 개혁의 전세 조건은 공정한 상벌제도와 인재 선발 제도의 확립, 생산력 증대와 토지 개혁을 통한 안정된 세수 확보, 엄정한 刑政 시행 등이었다. 墨子는 이러한 과제를 어떻게 해결하려 했는가? 墨家의 주장 중 주

---

8) 馮友蘭은 墨子가 魯나라에서 받은 孔子의 영향에 宋나라 대부 시절 접한 宋나라의 兼愛와 非攻의 가르침을 합하여 墨學을 완성한 것이 아닐까라는 견해를 밝혔다. ≪중국철학사≫ 133쪽.
9) 이하 호칭에 대해서는 이운구의 해제 9쪽 참조.

목해야 할 것으로 주로 10가지를 꼽는데, 尙賢・尙同・兼愛・非攻・節用・節葬・天志・明鬼・非樂・非命 등 이른바 '墨家의 10대 주장'이 그것이다. 이는 바로 ≪墨子≫ 앞부분의 편명이기도 한데, 이를 번역하면 바로 그의 주장을 알 수 있다. "어진 이를 숭상하라. 위(王・天)와 뜻을 같이 하라. 아울러 사랑하라. 침략을 비판한다. 재정을 절약하라. 장례를 간소히 하라. 하늘의 뜻을 받들라. 귀신이 있음을 밝힌다. 음악을 비판한다. 운명론을 비판한다."

그는 우선 무능한 귀족들이 관직을 세습하는 관습에서 벗어나 공정한 평가에 입각하여 유능한 인재를 선발하여 적재적소에 배치하고 재량권을 주어 인민을 위한 정치를 행해야 한다고 주장한다. 유능한 인재를 높이 등용하는 것(尙賢), 이는 '공정한 상벌제도와 인재 선발 제도의 확립'을 통해 가능한 것이다. 그러나 이는 쉽게 이루어질 수 있는 일이 아니다. 당장 관직을 세습하던 귀족들이 반발할 것이고, 공정한 평가의 기준에 대한 논란도 일어날 것이다. 이는 '엄정한 刑政'을 시행하는 과정에서도 마찬가지이다. 국가의 구성원 모두에게 공정하게 적용되는 기준이 필요했던 墨子는 그 기준을 하늘의 뜻(天志)인 義에서 찾는다. 그리고 그 義에 입각해 국론을 통일해야(尙同) 한다고 주장한다. 심지어 그는 이 하늘의 뜻이 상과 벌을 통해 인간 사회에 관철되고 있음을 증명하기 위해 귀신을 끌어들이기까지 한다(明鬼). 그러나 그렇다고 해서 그가 귀신이나 하늘의 의지를 운명론으로 받아들이는 것은 아니다. 그는 오히려 정해진 운명은 없다고 부정하면서 인간이 하늘의 뜻을 실현하기 위해 노력할 때에는 귀신이 상을 내리지만 그 반대의 경우에는 벌을 내린다며 천명에 안주하는 이들에 대해 경고했다(非命).

이러한 그의 주장이 실현되어 이른바 '하늘의 뜻'을 받들어 국론이 통일되고, '하늘의 뜻'을 실현할 유능한 인재가 등용되었다고 하자. 그렇다면 그 '하늘의 뜻'이란 무엇인가? 당시 각국의 모든 군주들이 품었던 야망, 즉 부유한 재정과 강력한 군사력을 토대로 전쟁을 벌여 천하를 움켜쥐는 것일까? 墨子는 부유한 재정과 강력한 군사력을 갖추는 방법을 말했지만, 지배층의 사치와 침략전쟁에는 반대했다. 하늘의 뜻이 그렇기 때문이다. 그가 말하는 하늘의 뜻은 모든 인민들을 차별하지 않고 아울러 사랑하고 서로 이롭게 하는 것(兼愛)이다. 나와 남, 내 집과 남의 집, 내 나라와 남의 나라를 차별하지 않기에 다른 나라를 침략하지 않는 것(非攻)이다. 커다란 궁궐을 짓고 성대하게 사냥을 하며 호화롭게 치장하고 음악을 듣는 데 재정을 낭비하지 말고(節用・非樂), 비용과 인력이 과다하게 드는 허례허식을 배격해야 한다(節葬)고 주장했던 것도 그 비용을 아껴 전쟁을 하자는 것이 아

니라 하늘의 뜻을 받들어 인민들을 고루 이롭게 하는 정치를 하고자 함이었다.[10]

침략이 아닌 방어를 위한 군사력 강화, 지배층의 사치가 아닌 민생을 위한 재정 확보, 이것이 墨子가 제시한 답이며, 이는 물론 당시 군주들의 바람과는 배치되는 것이었다. 그와 그의 제자 집단이 뛰어난 무기 제작술, 전투 역량, 전술 운용 능력, 그리고 고도의 논리력과 행정 실무 능력을 갖추고도 끝내 당시 왕들에게 '높이 등용되지' 못했던 것은 바로 이 때문이었다.

현실과의 불화에도 불구하고 墨家는 자신의 이상을 실현하기 위해 침략전쟁에 맞서 싸우거나 秦의 국정개혁에 적극적으로 참여하는 등 조직적인 실천을 전개함으로써 당시 가장 강력한 영향력을 가진 집단이 되어갔다. 그러나 영향력이 커지면 커질수록 그에 대한 반발과 비판도 거세어지는 법. 墨子의 주장과 墨家의 활동을 접한 당시 학자들은 냉정한 평가와 비판을 가했다.[11]

그들은 일단 墨家의 진정성과 그들이 가진 현실적 힘에 대해서는 인정했다. 韓非子는 墨家를 儒家와 더불어 당대 2대 顯學으로 꼽았으며[12], 莊子는 그들이 진정으로 천하를 사랑하였고 자신이 이상으로 생각하는 도를 이루지 못할 경우 비록 몸이 비쩍 마른 초목처럼 야위더라도 포기하지 않았다고 평가했다.[13] 그러나 그 실현 가능성에 대해서는 회의적이었다. 그들은 너무 급진적이어서 기존의 계급적 구별(別)에 따른 예악제도를 부정하여 노래를 해야 할 때도 노래하지 않고 哭을 해야 할 때도 哭을 하지 않고 즐겨야 할 때도 즐기지 않았고[14], 또한 공공을 위한 실천을 강조하다보니 그들의 주장을 따르면 사람들은 살아있을 때는 힘들게 일만 하고 죽어서는 박하게 대우받게 된다는 것이다.[15] 결국 莊子가 내린 결론은 이렇게 각박한 墨子의 도는 세상 사람들의 자연스런 마음을 거스

---

10) ≪墨子≫ 〈魯問〉, "국가가 혼란하면 '尙賢'과 '尙同'을 말해주며, 국가가 가난하면 '節用'과 '節葬'을 말해주며, 국가가 음악을 지나치게 좋아하면 '非樂'과 '非命'을 말해주며, 국가가 淫僻하여 禮가 없으면 '尊天'과 '事鬼'를 말해주며, 국가가 침탈하는 데 혈안이 되어 〈다국을〉 侵攻하고 능멸하면 '兼愛'와 '非攻'을 말해주다.〔國家昏亂 則語之尙賢尙同 國家貧 則語之節用節葬 國家憙音湛湎 則語之非樂非命 國家淫僻無禮 則語之尊天事鬼 國家務奪侵凌 則語之兼愛非攻〕"

11) 전근대시기 중국 지성계의 묵가 인식에 대해서는 윤무학의 〈중국철학사에서의 묵가 비판〉(≪묵자2≫)에 자세하다.

12) ≪韓非子≫ 앞의 글.

13) ≪莊子≫ 〈天下〉, "雖然 墨子眞天下之好也 將求之不得也 雖枯槁 不舍也 才士也夫"

14) ≪莊子≫ 〈天下〉, "雖然 歌而非歌 哭而非哭 樂而非樂 是果類乎"

15) ≪莊子≫ 〈天下〉, "其生也勤 其死也薄"

르는 것으로 사람들은 감당해낼 수 없을 것이며, 墨子는 이를 실천할 수 있을지 모르겠지만 보통사람들이 실천에 옮길 수는 없다는 것이었다.16) 요컨대 뜻은 좋지만 현실성이 없다는 지적이다.17)

墨家에게 비판받았던 儒家도 적극적으로 반격에 나섰다. 孟子는 楊朱(B.C. 395~B.C. 335)와 墨子를 당대 가장 큰 위협 요소로 규정했다.

> 성왕이 나오지 않아 제후가 방자해지고 처사들이 제멋대로 논의하여 楊朱와 墨翟의 말이 천하에 가득하니, 천하의 말이 楊朱가 아니면 墨翟으로 귀결된다. 양씨는 자신만을 위하니(爲我) 이는 군주가 없는 것이고, 묵씨는 아울러 사랑하니(兼愛) 이는 아버지가 없는 것이다. 아버지가 없고 군주가 없으면 이는 금수이다.…… 楊朱와 墨翟의 도가 종식되지 않으면 孔子의 도가 드러나지 못할 것이니, 이는 邪說이 백성을 속여 仁義를 막아버리는 것이다.……≪詩經≫에 "戎狄을 이에 정벌하니 荊舒가 이에 다스려져 나를 감히 대적할 자가 없다."라 하였으니, 아버지가 없고 군주가 없는 것은 周公께서도 응징하신 바이다.……양주와 묵적을 막아야 한다고 말할 수 있는 자는 성인의 무리이다.18)

墨家의 담론은 당대 지성계를 주도하고 있는데, 이는 결국 가부장제를 해체할 수 있는 논리(無父)이니, 이를 부정하지 않으면 堯·舜 이래 周公·孔子까지 이어온 중화 문명이 무너져 오랑캐처럼 될 것이라는 경고이다. 잘 알려진 것처럼 儒家는 道家나 墨家에 비해 볼 때 문명과 제도에 대해 무척 호의적인 입장을 취하고 있었다. 특히 孟子는 금수와 오랑캐와 구별되는 인류(中華)의 문명을 건설하고 수호해왔던 성인들의 계보(道統)를 잇겠다는 사명의식을 강하게 가지고 있던 사람이었으며, 孔子를 계승한 그가 지키려고 했던 문명은 가부장제에 입각한 周代 봉건제도였다. 그런데 그 봉건제도는 남성과 여성, 나이와 신분 등의 구분(別)을 근본 원리로 삼고 있었으니, 孟子는 무차별적인 아우름을 주장

16) ≪莊子≫ 〈天下〉, "反天下之心 天下不堪 墨子雖獨能任 奈天下何"
17) ≪莊子≫ 〈天下〉, "墨翟禽滑釐之意 則是 其行 則非也"
18) ≪孟子≫ 〈滕文公 下〉, "聖王不作 諸侯放恣 處士橫議 楊朱墨翟之言盈天下 天下之言不歸楊則歸墨 楊氏爲我 是無君也 墨氏兼愛 是無父也 無父無君 是禽獸也……楊墨之道不息 孔子之道不著 是邪說誣民 充塞仁義也……詩云 戎狄是膺 荊舒是懲 則莫我敢承 無父無君 是周公所膺也……能言距楊墨者 聖人之徒也"

하는 墨家를 용납할 수 없었던 것이다.

물론 儒家가, 또한 孟子가 구분에 입각해서 자기 부모만, 자기 나라만 챙기자는 주장을 한 것은 아니다. 명분 없는 침략전쟁과 지배층의 사치에 반대하고 인민들의 삶의 질을 향상시키자는 데에서는 墨子와 입장이 다르지 않았다. 그러나 방법론이 달랐다. 孟子는 차별적인 현실 세계를 우선 인정하고, 그 안에서 보편성을 증진시켜 나아가는 방법, 예컨대 자신의 부모가 남의 부모보다 더 친근하다는 현실에서 출발하되 자기 부모에게 효도하는 마음을 남의 부모에게까지 미루어 나아가는 방법을 택했다. 인간은 모두가 다른 이를 사랑하는 마음(孝弟, 仁, 惻隱之心 등)을 가지고 있지만, 이 보편성은 가족, 마을, 나라, 천하라는 구체적인 현실의 공동체 속에서 점차 함양되고 확산되어야 한다는 것이다. 이런 생각을 갖고 있던 孟子로서는 그저 보편성만을 강조하는 墨子의 주장은 단지 공허할 뿐만 아니라 위험하기까지 한 것이었다. 보편성을 강조하다가 그것이 관철될 수 있는 시스템 자체를 망가뜨릴 수 있기 때문이다.

한편 孟子는 墨子의 節葬論을 '薄葬'이라 하며 인륜에 어긋난 것이라 비판하기도 했는데[19], 이러한 墨子의 禮樂 부정에 대한 비판은 荀子에게서 더욱 두드러진다. 잘 알려진 것처럼 荀子는 孟子보다 더 문명제도를 강조한 사람이다. 성인이 제정한 禮樂이야말로 문명의 핵심이고, 인간이 인간답게 살 수 있게 해주는 것이 바로 禮樂이라고 생각했던 荀子에게 墨子의 非樂論은 천하를 혼란하게 하는 것이고, 節用論은 천하를 가난하게 하는 것이었다.[20] 그가 보기에 墨子는 평등만 보고 차별은 보지 못했고[21], 따라서 구별에 입각한 禮도, 화합을 이루는 樂도 제대로 이해하지 못했다. 이런 판단 위에 荀子는 墨子

---

19) ≪孟子≫〈滕文公 上〉, "墨家에서 장례를 치르는 것은 박함으로써 道를 삼는 것이다.……상고시대에 일찍이 그 어버이를 매장하지 않은 자가 있었는데, 그 어버이가 죽자 들어다가 구렁에 버렸다. 나중에 그 곳을 지나는데 여우와 삵쾡이가 파먹으며 파리와 등에가 모여서 빨아먹고 있었다. 그는 이마에 땀이 흐르고 흘깃 보고 차마 제대로 보지 못하였으니, 땀이 흥건히 젖은 것은 남들이 보기 때문에 땀에 젖은 것이 아니라, 마음이 얼굴에 드러난 것이다. 그는 집으로 돌아와서 삼태기와 들것에 흙을 담아 뒤집어 쏟아서 시신을 가렸으니, 시신을 가리는 것이 진실로 옳다면 효자와 어진 이가 그 어버이를 가리는 데는 또한 반드시 도리가 있을 것이다.〔墨之治喪也 以薄爲其道也……蓋上世嘗有不葬其親者 其親死 則擧而委之於壑 他日過之 狐狸食之 蠅蚋姑嘬之 其顙有泚 睨而不視 夫泚也 非爲人泚 中心達於面目 蓋歸反虆梩而掩之 掩之誠是也 則孝子仁人之掩其親 亦必有道矣〕"

20) ≪荀子≫〈富國〉, "我以墨子之非樂也 則使天下亂 墨子之節用也 則使天下貧"

21) ≪荀子≫〈天論〉, "墨子有見於齊 無見於畸"

의 사상이 세상에 유행하게 되면 천하는 節儉을 숭상하지만 더욱 가난해지고 싸우지 말자고 하지만 날로 싸우게 되며, 몸이 축나도록 힘들게 일하지만 더욱 공이 없게 되고 시름겨운 모습으로 걱정하고 슬퍼하여 음악을 반대하더라도 날로 불화하게 된다고 지적했던 것이다.22)

墨家의 주장을 儒家와 대비해 보면, 墨家는 儒家의 禮樂 중시에 대해 節用과 非樂을, 儒家의 厚葬久喪에 대해 節葬을, 유가의 天命 관념에 대해 非命을, 유가의 분업의식에 대해 직접 노동을, 유가의 別愛에 대해 兼愛를 주장하였다고 평가된다.23) 한편 〈非攻〉에서 드러나는 침략전쟁 반대, 〈尙賢〉에서 드러나는 능력 있는 인재의 공정한 등용 등은 유가와 본질적으로 다른 주장이 아니다. 따라서 儒家의 공격은 주로 墨家의 禮樂 부정과 兼愛 주장에 집중되었던 것이다.24)

秦나라와 漢나라 이후 통일제국이 수립되면서 儒家와 法家는 체제의 기반 이념이 되었지만, 체제 비판 담론으로 기능했던 墨家는 잊혀져갔다. 그래도 漢代까지만 해도 儒家와 墨家가 서로 통한다는 '儒墨相通'의 견해가 있었지만25), 관념적인 玄學이 성행하던 魏晉 시기에 이르면 墨家는 지성계에서 완전히 퇴출되었다. 다만 東晉의 葛洪(284~364)이 墨子의 설을 도교와 연결시킨 뒤에는 墨家의 학설이 道術의 하나로 간주되었고, 그 덕택에 ≪墨子≫는 도교서적으로 인식되어 책 자체가 滅失되는 상황을 모면할 수 있었다.

唐・宋代 이후 墨子는 이단을 비판하는 맥락에서나 겨우 상기될 뿐이었다. 韓愈(768~824), 程頤(1033~1107), 朱熹(1130~1200)가 그를 소환한 대표적인 인물인데, 그들은 孟子의 無父無君論을 계승하여 楊朱와 墨翟을 비판하였다. 이는 주자학을 계승한 조선에서도 마찬가지였다.26) 老莊・佛敎의 虛無寂滅, 管仲(B.C. 723~B.C. 645)・商鞅(B.C. 395~B.C. 338)의 공리주의, 楊朱의 개인주의 등과 함께 墨子의 겸애주의는 조선

---

22) ≪荀子≫ 〈富國〉, "故墨術誠行 則天下尙儉而彌貧 非鬭而日爭 勞苦頓萃而愈無功 愀然憂戚非樂而日不和"

23) 윤무학 옮김, ≪묵자2≫ 〈옮긴이 해제〉 11쪽.

24) 한편 墨家에만 보이는 특징이라 할 수 있는 강한 종교성(〈天志〉・〈明鬼〉), 국론통일 중시(〈尙同〉)에 대해서는 특별한 비판이 보이지 않는다.

25) 董仲舒가 제창한 天人感應論이 漢 武帝에 의해 천하에 유포된 후에 墨家의 兼愛說과 儒家의 別愛論의 차이가 줄어들었기 때문에 儒墨相通說이 유행했다는 견해도 있다. 윤무학, 앞의 글 13쪽.

26) 전근대시기 고려와 조선 지성계의 묵가 인식에 대해서는 윤무학의 〈한국 철학사에서의 묵가 비판〉(≪묵자2≫)에 자세하다.

유학자들에게 이단 비판의 단골 소재일 뿐이었던 것이다.

4. ≪墨子≫라는 책

모든 先秦 문헌들이 그러하듯이 ≪墨子≫도 누구에 의해 언제 저술되었는지 정확히 알 수 없지만, 학계에서는 대개 墨子와 그의 후계자, 즉 墨家 집단에 의해 전국시대 말기에 편찬되었다고 추정하고 있다. ≪墨子≫에는 墨子가 직접 저술했다고 추정되는 부분도 있고 墨子의 언행을 제자가 기록한 것도 있으며 墨子의 가르침을 제자가 다시 정리한 것도 있고 후기 墨家의 논의도 들어가 있다. ≪墨子≫는 墨家의 집단창작물인 셈이다.

戰國時代에 유행되던 墨子와 墨家의 글은 지금보다는 양이 더 많았던 것으로 추정된다. 일단 墨子 자신이 각국의 역사책(≪春秋≫)과 先王이 남긴 책을 많이 읽었던 것 같고[27], 그런 만큼 스스로 남긴 글도 꽤 많았을 것으로 보인다. 그러나 儒家의 경전들, 예컨대 四書五經 등은 秦 始皇의 焚書에도 불구하고 漢代 이후 수많은 학자들에 의해 연구되고 정리되어 온 데 비해 墨子와 墨家의 글은 연구와 정리는커녕 보존도 제대로 되지 못했다. 秦나라 이후 많은 내용이 유실되었고 일부가 ≪新序≫, ≪尸子≫, ≪晏子春秋≫, ≪韓非子≫, ≪呂氏春秋≫, ≪淮南子≫, ≪列子≫, ≪戰國策≫, ≪諸宮舊事≫, ≪神仙傳≫ 등의 여러 典籍들에 산재하여 전해졌을 뿐이다.[28] 그리고 墨子와 墨家에 관심을 갖고 연구한 학자가 없었으니 당연히 교감도 주석도 거의 없었다.[29] 따라서 남은 부분도 제대로 내용을 파악하기 어려울 정도로 錯簡이나 오탈자가 많았고[30], 다만 ≪道藏≫에 편입되어 일부나마 그 내용을 근근이 전할 수 있을 뿐이었다.

≪道藏≫은 ≪道教一切經≫, ≪道藏經≫, ≪道一切經≫이라고도 하는데, 道教 관련 문헌들을 망라한 道教叢書라 할 수 있다. 道教 교단이 점차 세를 넓혀가면서 시대별로 도서의 수집과 편찬이 이루어졌는데, 현행하는 ≪道藏≫ 중 대표적인 것은 明나라 正統 연간

---

27) ≪墨子≫ 전편에 걸쳐 墨子는 다양한 '先王之書'를 인용하고, 특히 〈明鬼〉에서는 周·燕·宋·齊의 ≪春秋≫를 폭넓게 인용하며 자신의 주장을 펼쳤다.

28) 孫詒讓은 ≪墨子閒詁≫를 저술하면서 이런 책에 나오는 내용을 ≪墨子≫ 본문과 對校하였다.

29) 西晉의 魯勝(?~?), 唐代의 樂臺(?~?)가 ≪墨子≫에 주석을 달았다고 전해지지만 그 책은 모두 일실되었고, 현재는 다만 魯勝이 지었다는 ≪墨辯注≫의 서문만이 전할 뿐이다.

30) ≪墨子閒詁≫ 〈自序〉, "漢晉以降 其學幾絶而書僅存 然治之者殊尟 故脫誤尤不可校 而古字古言 轉多沿襲未改 非精究形聲通叚之原 無由通其讀也"

(1436~1449)에 칙명에 의해 張宇初가 편찬하여 大道觀에 반포한 ≪正統道藏≫(이후 萬曆 연간(1573~1619)에 ≪續藏≫을 추가하였다.)과 淸나라 嘉慶 연간(1796~1820)에 蔣元庭이 편집・판각한 ≪道藏輯要≫이다. 지금까지 전하는 ≪墨子≫ 판본들은 바로 이 ≪正統道藏≫에 들어 있는 '道藏本'으로부터 시작된 것이다. 明나라의 많은 ≪墨子≫ 刊本들이 이를 토대로 삼았고, 畢沅 등 많은 淸나라 학자들이 이 판본을 대본으로 교감했다.

道藏本 이래 현재까지 전해오는 ≪墨子≫는 총 15권 53편으로 구성되어 있다. ≪漢書≫〈藝文志〉에 따르면 본래 71편이었을 것으로 추정되지만, 현재는 道藏本에 수록되어 있던 53편만 남아 있고 나머지 18편은 失傳되어 내용을 알 수 없다. 실전된 18편 중 〈節用 下〉, 〈節葬 上〉, 〈節葬 中〉, 〈明鬼 上〉, 〈明鬼 中 〉, 〈非樂 中〉, 〈非樂 下〉, 〈非儒 上〉 여덟 편은 제목이라도 남아 있지만 나머지 열 편은 제목도 알 수 없다.[31] 梁啓超(1873~1929)의 설명을 토대로 ≪墨子≫의 체제와 수록 내용을 표로 정리하면 다음과 같다.[32]

<table>
<tr><th colspan="2">양계초의 분류</th><th>권</th><th>편 명</th><th>내 용</th><th>비 고</th></tr>
<tr><td rowspan="7">第1類</td><td rowspan="3">甲</td><td rowspan="7">권1</td><td>親士(1)</td><td>어진 선비를 친애하고 중용해야 한다.</td><td></td></tr>
<tr><td>修身(2)</td><td>士는 마땅히 수양해야 한다.</td><td></td></tr>
<tr><td>所染(3)</td><td>염료에 따라 실의 색깔이 변하듯이 王과 士가 누구의 영향을 받는지에 따라 흥망과 영욕이 갈린다.</td><td></td></tr>
<tr><td rowspan="4">乙</td><td>法儀(4)</td><td>인류를 아끼고 이롭게 하려는 天의 뜻(義)을 기준으로 정사를 펼쳐야 한다.</td><td></td></tr>
<tr><td>七患(5)</td><td>나라를 망치는 일곱 가지 우환에 대비해야 한다.</td><td></td></tr>
<tr><td>辭過(6)</td><td>분수에 넘치는 사치를 하지 말아야 한다.</td><td></td></tr>
<tr><td>三辯(7)</td><td>음악에 대해 반복하여 논변한다.</td><td></td></tr>
<tr><td colspan="2" rowspan="6">第2類</td><td rowspan="3">권2</td><td>尙賢 上(8)</td><td rowspan="3">출신과 상관없이 어진 선비를 숭상해야 한다.</td><td></td></tr>
<tr><td>尙賢 中(9)</td><td></td></tr>
<tr><td>尙賢 下(10)</td><td></td></tr>
<tr><td rowspan="3">권3</td><td>尙同 上(11)</td><td rowspan="3">인민과 지도자는 뜻(義)을 같이해야 한다.</td><td></td></tr>
<tr><td>尙同 中(12)</td><td></td></tr>
<tr><td>尙同 下(13)</td><td></td></tr>
</table>

31) 孫詒讓의 〈墨子目錄〉과 〈墨子篇目考〉에 각종 藝文志와 經籍志에 실린 ≪墨子≫의 篇目에 대하여 자세히 정리되어 있다.

32) 梁啓超의 분류는 山田琢의 〈墨子解說〉(≪墨子 上≫)과 윤무학의 〈옮긴이 해제〉를 참조하여 정리한 것이다.

양계초의 분류	권	편 명	내 용	비 고
	권4	兼愛 上(14)	신분의 차이나 親疏의 구분(別) 없이 아울러(兼) 사랑해야 한다.	
		兼愛 中(15)		
		兼愛 下(16)		
	권5	非攻 上(17)	침략전쟁에 반대한다.	
		非攻 中(18)		
		非攻 下(19)		
	권6	節用 上(20)	쓸데없는 경비를 줄여 조세 부담을 경감하고 재정의 효율성을 제고해야 한다.	
		節用 中(21)		
		節用 下(22)	失傳	
		節葬 上(23)		
		節葬 中(24)		
		節葬 下(25)	장례를 검소하게 치러야 한다.	
	권7	天志 上(26)	모든 일의 기준인 하늘의 뜻을 살피고 이에 따라 義를 실현해야 한다.	
		天志 中(27)		
		天志 下(28)		
	권8	明鬼 上(29)	失傳	
		明鬼 中(30)		
		明鬼 下(31)	귀신이 실재함을 밝힌다.	
		非樂 上(32)	민생을 저해하는 음악을 비판한다.	
	권9	非樂 中(33)	失傳	
		非樂 下(34)		
		非命 上(35)	운명론을 비판한다.	
		非命 中(36)		
		非命 下(37)		
		非儒 上(38)	失傳	
		非儒 下(39)	儒家를 비판한다.	
第3類	권10	經 上(40)	대부분 논리학 관련 내용으로 '墨辯'이라 부르기도 한다. 이를 모두 합쳐 '墨經'이라 부르기도 하고, 經과 經說만을 '墨經'이라 지칭하기도 한다.	
		經 下(41)		
		經說 上(42)		
		經說 下(43)		
	권11	大取(44)		
		小取(45)		
第4類		耕柱(46)	묵자의 언행을 기록한 것으로 ≪論語≫, ≪孟子≫와 체제가 비슷하다. 각 편의 제목은 해당 편 앞머리의 두 세 글자를 따서 붙인 것이다.	
	권12	貴義(47)		
		公孟(48)		

양계초의 분류	권	편 명	내 용	비 고
	권13	魯問(49)		
		公輸(50)		
第5類	권14	□□(51)	失傳(적에 대한 방비)	備敵[33]
		備城門(52)	12가지 攻城法에 대한 守城 전술	
		備高臨(53)	적이 흙산을 쌓아 성 안을 내려다보며 공격해올 때의 대응방법	
		□□(54)	失傳(갈고리를 이용해 침투하는 데 대한 대응방법)	備鉤
		□□(55)	失傳(衝車를 이용해 성벽을 무너뜨리는 데 대한 대응방법)	備衝
		備梯(56)	사다리를 이용해 침투하는 데 대한 대응방법	
		□□(57)	失傳(해자를 메우는 데 대한 대응방법)	備堙
		備水(58)	水攻에 대한 대응방법	
		□□(59)	失傳(火攻에 대한 대응방법)	備火
		□□(60)	失傳(성벽에 구멍을 내는 공격에 대한 대응방법)	備空洞
		備突(61)	突門을 이용해 급습하는 데 대한 대응방법	
		備穴(62)	땅굴을 이용해 공격해오는 데 대한 대응방법	
		備蛾傅(63)	개미처럼 성벽을 기어오르는 데 대한 대응방법	
	권15	□□(64)	失傳(장갑차 轒轀을 이용해 공격하는 데 대한 대응방법)	備轒轀
		□□(65)	失傳(사다리차 軒車를 이용해 공격하는 데 대한 대응방법)	備軒車
		□□(66)	失傳(기습에 대한 대응방법)	備襲
		□□(67)	失傳(간첩에 대한 대응방법)	備間
		迎敵祠(68)	군대의 각종 의식	
		旗幟(69)	깃발을 통한 신호 방법	
		號令(70)	엄정한 군기 확립과 명령 집행	
		襍守(71)	여러 가지 守城法	

위 표에서 보듯이 량치차오는 ≪墨子學案≫에서 ≪墨子≫를 모두 다섯 부류로 나누고, 이에 대해 다음과 같이 설명하였다. 第1類는 권1의 일곱 편으로, 그중 앞의 세 편(甲)은 후대 사람들이 삽입한 것으로 순수한 墨家의 글이 아니고[34], 뒤 네 편(乙)은 墨家의 강령

---

33) 이하 비고의 편명은 孫詒讓의 〈墨子目錄〉과 胡適의 ≪中國哲學史大綱≫에 의거하여 추정한 것이다.

34) 孫詒讓도 ≪墨子閒詁≫ 〈自序〉에서 "惟修身親士諸篇 誼正而文靡 校之它篇 殊不類 當染篇 又頗涉晚周之事 非墨子所得聞 疑皆後人以儒言緣飾之 非其本書也"라 하였다. 한편 山田琢은 이

이 되는 글이다. 第2類는 권2에서 권9까지 실려 있는 서른두 편의 글인데 이른바 '墨家의 10대 주장'이 담겨있다. 제자들이 정리한 것이고, 〈非儒〉를 제외하고는 모두 상・중・하 세 편으로 구성되어 있다. 상・중・하의 내용이 대동소이한 것은 墨家의 세 분파가 각각 기록했기 때문인 것으로 추정되며[35], 다만 〈非儒〉는 '子墨子曰'이란 문구가 없어서 墨子의 말이 아닌 것으로 본다.[36] 第3類는 대부분 논리학에 대한 것으로 '墨辯'이라 불리기도 한다. 〈經〉은 墨子가 직접 저술한 것이고[37] 〈經說〉은 墨子가 강의한 것을 받아 적은 것이며[38] 〈大取〉・〈小取〉는 후학들의 저작이다. 第4類는 墨子의 언행에 대한 기록으로 체제가 ≪論語≫와 비슷하다. 第5類는 성을 지키는 방법과 방어 무기 및 설비에 대한 것이다.[39]

5. 孫詒讓과 ≪墨子閒詁≫

오랫동안 잊혀졌던 墨子가 다시 지성계에 소환된 것은 淸나라에 이르러서였다. 淸의 학자들은 朱子學(宋學)의 義理學을 비판하며 고증학(漢學)의 가치를 높이 들었는데, 그 이유는 聖人의 시대를 당대에 구현하기 위해서는 성인의 언행이 담긴 경전을 자신의 이념에 맞추어 멋대로 재단하지 말고 있는 그대로 해석해야 한다는 것이었다. 그리고 그들은 이를 위해 文字와 聲韻에 관심을 기울이는 한편, 上古시대와 가장 가까운 시기인 先秦시대의 문헌에 주목하여 그간 돌아보지 않았던 諸子學을 다시 연구하기 시작했다.[40]

세 편에는 儒家・道家와 비슷한 글이 섞여 있지만, 이것도 戰國末, 혹은 秦漢 교체기의 墨家가 보이는 雜家的 특성으로 보아야 한다고 주장하였다. ≪墨子 上≫ 〈墨子解說〉 11쪽.

35) 梁啓超의 견해는 兪樾의 추정에 근거한 것이다. ≪墨子閒詁≫ 〈兪序〉. "墨子死而墨分爲三 有相里氏之墨 有相夫氏之墨 有鄧陵氏之墨 今觀尙賢尙同兼愛非攻節用節葬天志明鬼非樂非命 皆分上中下三篇 字句小異而大旨無殊 意者此乃相里相夫鄧陵三家相傳之本不同 後人合以成書 故一篇而有三乎"

36) 山田琢과 윤무학은 모두 〈非攻〉 3편에도 '子墨子曰'이란 문구가 없으니, 〈非儒〉를 묵자의 말이 아니라고 할 수 없다고 주장하였다.

37) 현대의 학자들은 대부분 〈經〉도 墨子 본인이나 전기 墨家의 학설이 반영된 후기 墨家의 작품으로 본다.

38) 孫詒讓도 ≪墨子閒詁≫ 〈自序〉에서 "經說上下篇 與莊周書所述惠施之論及公孫龍書相出入 似原出墨子 而諸鉅子以其說綴益之"라 하였다.

39) 孫詒讓은 ≪墨子閒詁≫ 〈自序〉에서 "備城門以下十餘篇 則又禽滑釐所受兵家之遺法 於墨學爲別傳"라 하였다.

한편 서양의 선교사와 상인들을 통해 수입된 과학 기술과 논리학을 접한 淸나라 학자들은 중국의 전통 사상 중에도 이와 관련된 분야의 성과가 있었음을 확인하고 싶어 했다. 그들은 公孫龍(B.C. 320~B.C. 250), 荀子, 墨子 등에게서 그 자취를 찾았는데, 이 과정에서 ≪墨子≫에 대해서도 다시 돌아보게 되었으며, 특히 〈墨經〉에 실려 있는 논리학과 과학 기술을 주목하기 시작했다.

> 근세 西學 가운데 光學과 力學을 혹자는 모두 墨子에게서 나왔다고 말하니, 그렇다면 〈備梯〉·〈備突〉·〈備穴〉 등의 방법들은 어쩌면 서양 기계의 시초인지도 모른다. 오호라! 지금 천하는 하나의 큰 戰國時代니, 孟子의 '反本'이 한마디를 主로 하고 墨子의 글로 보완한다면 혹시라도 內治를 편안히 하고 外勢를 물리치기에 족하지 않겠는가.41)

兪樾(1821~1906)의 이 말은 당시 淸나라 학자들의 인식을 전형적으로 보여준다. 다시 도래한 弱肉强食, 適者生存의 戰國時代에 우월한 과학기술과 강력한 무력을 갖춘 서양 제국주의 국가들의 침략을 바라보며 兪樾은 墨子가 살았던 戰國時代를 떠올렸고, ≪墨子≫에 담겨 있는 무기제작과 방어전술과 관련된 내용에 주목했다. 孟子의 王道政治論으로 국내를 다스리고 墨子의 방어전술로써 외세를 물리치자는 생각이었던 것이다.

兪樾과 같은 시대를 살았던 孫詒讓이 같은 생각을 했는지는 알 수 없지만, 그가 쓴 ≪墨子閒詁≫의 서문의 내용을 살펴볼 때, 그가 訓詁와 考證을 통해 先秦시대 문헌의 원래 의미를 추적하려 한 것만은 부인할 수 없다. 그가 상고시대 성왕들의 언설을 제대로 이해하고 거기에 담긴 성왕의 가르침에 따라 혼란했던 淸末을 개혁하려는 웅대한 꿈을 꾸었는지, 혹은 ≪墨子≫에서 서양의 침략을 막아낼 묘책을 발견하려 하였는지는 알 수 없지만, 적어도 그가 자신이 가진 학문적 역량을 모두 기울여 錯簡과 오탈자로 어지럽혀진 ≪墨子≫을 '읽을 수 있는 책'으로 탈바꿈시키려 했던 것은 확실하다.

그는 墨子가 마음 씀이 篤實하고 敦厚하여 세상을 진작시키고 時弊를 구제하는 데 용감

40) 淸나라 고증학자들의 학풍 및 諸子學 연구에 대해서는 벤저민 엘먼의 ≪성리학에서 고증학으로≫와 켄트 가이의 ≪사고전서≫에 자세하다.

41) ≪墨子閒詁≫ 〈兪序〉, "近世西學中光學重學 或言皆出於墨子 然則其備梯備突備穴諸法 或即泰西機器之權輿乎 嗟乎 今天下 一大戰國也 以孟子反本一言爲主 而以墨子之書輔之 儻足以安內攘外乎"

하였지만[42] 漢나라와 晉나라 이후로는 그 학문이 거의 끊어지고 글만 겨우 남은 상황을 안타까워하였다.[43] 그나마 남은 글은 錯簡과 오탈자가 많았지만 공부하는 자가 매우 드물어 글자가 빠지고 잘못된 것을 교정할 수 없었고 古字와 古言이 고쳐지지 않고 그대로 남아 있어 形聲字와 通假字의 根源을 정밀히 연구한 자가 아니면 通讀할 길이 없는 상태였다.[44] "先秦의 諸子書 중에 오류가 많아 읽을 수 없는 것이 이 책보다 심한 경우는 없다."[45]고 생각한 그는 ≪爾雅≫와 ≪說文解字≫에 의거하여 訓故를 바로잡고 古文(蝌蚪文字)과 篆字・隸字는 그 文字를 교감하였다.[46]

그 결과 그는 兪樾로부터 "무릇 諸家의 설에서 옳은 것은 따르고 옳지 않은 것은 바로잡았으며, 빠지고 疏略한 부분은 보충하였다. 〈經說〉과 〈備城門〉 이하 편들은 더욱 읽기가 쉽지 않았는데, 어지러운 부분은 정리하고 쓸데없는 부분은 刪削하며 맥락을 남김없이 늘주어내어, 旁行한 글은 모두 원래의 모습으로 되돌렸으며, 착오가 있거나 탈락된 부분은 모두 차례 지어 어지럽지 않게 하였으니, ≪墨子≫라는 책이 있은 이래로 이와 같은 책은 없었다."[47]는 칭찬을 들을 수 있었고, 梁啓超에게는 "이 책이 나온 뒤로부터 ≪墨子≫를 사람들이 읽을 수 있게 되었다. 현대의 墨學이 부활한 것은 모두 이 책이 이끌어낸 것이다."[48]라는 평가를 들을 수 있었다.

그가 이렇게 할 수 있었던 것은 만년에 ≪墨子閒詁≫를 저술하기 전에 이미 그의 학문적 역량이 갖추어져 있었기 때문이다. 孫詒讓(아명은 效洙, 또는 德涵. 字는 仲容. 호는 籀廎)은 浙江省 瑞安 출신의 經學者로[49], 兪樾, 黃以周(1828~1899)와 함께 '淸末三先生'으로 일컬어졌으며, 章太炎(1869~1936)이 "3백 년을 통틀어 견줄 자가 없다."라 평가할 정도

42) ≪墨子閒詁≫〈自序〉, "其用心篤厚 勇於振世救敝"
43) 같은 글, "漢晉以降 其學幾絶而書僅存"
44) 같은 글, "然治之者殊尠 故脫誤尤不可校 而古字古言 轉多沿襲未改 非精究形聲通叚之原 無由通其讀也"
45) 같은 글, "蓋先秦諸子之譌舛不可讀 未有甚於此書者"
46) 같은 글, "依爾雅說文 正其訓故 古文篆隸 校其文字"
47) ≪墨子閒詁≫〈兪序〉, "凡諸家之說 是者從之 非者正之 闕略者補之 至經說及備城門以下諸篇 尤不易讀 整紛剔蠹 衇摘無遺 旁行之文 盡還舊觀 譌奪之處 鹹秩無紊 蓋自有墨子以來 未有此書也"
48) 梁啓超 ≪中國近三百年學術史≫ "自此書出 然後墨子人人可讀 現代墨學復活 全由此書導之."
49) 이하 孫詒讓의 생애와 관련된 내용은 바이두백과(https://baike.baidu.com/)와 위키피디아백과(https://zh.wikipedia.org/)를 참조하여 작성하였다.

로 명성을 떨쳤던 학자였다. ≪周禮正義≫ 등의 경전 주석서, ≪契文擧例≫, ≪名原≫ 등의 문자학 연구서, ≪溫州經籍志≫, ≪四庫全書簡明目錄批注≫, ≪四部別錄≫ 등의 목록학 연구서를 저술하고 ≪溫州建置沿革表≫, ≪溫州古甓記≫, ≪永嘉郡記≫ 등 지방지를 편집한 학문 이력을 보면, 그가 전형적인 淸代 고증학자였고 경학, 문자학, 목록학, 지리학 등 여러 분야에 능통하여 ≪墨子閒詁≫를 저술하기 전에 이미 난해서 ≪墨子≫를 연구하기 위한 학문적 역량이 성숙되어 있었다는 것을 알 수 있다.

아무튼 그가 ≪墨子≫를 연구한 것은 오로지 古文을 전공한 자로서 2,000년 전의 옛 글을 옛 모습 그대로 선명하게 회복하고자 함이었다.50) 그가 어떠한 구상 하에 2,000년 전 글을 되살리려 했는지는 알 수 없다. 그러나 그에게 ≪墨子≫ 해독 과정은 난제에 대한 자존심을 건 도전이었고, ≪墨子閒詁≫의 저술은 자신이 풀어낸 해답을 널리 알리고 싶은 욕망의 분출이지 않았을까?

그러면 그는 어떤 과정을 거쳐 ≪墨子≫를 '읽을 수 있는 책'으로 만들었는가? 모든 교감작업의 시작은 여러 판본 중 善本을 골라 底本을 확정하고 이를 대조할 對校本과 參校本을 수집하여 글자의 出入을 확인하는 것이다. 그는 正統道藏本을 교감한 畢沅(1730~1797)의 판본(畢沅校刻本)51)을 저본으로 정했다. 그리고 明나라 吳寬(1435~1504)의 寫本(吳鈔本), 顧廣圻(1766~1835)가 교정한 도장본(顧校道藏本), 日本의 秋山儀(1702~1764)가 교정한 校刻本(日本寶曆七年秋山儀校刻本) 등으로 對校하였고,52) 아울러 ≪墨子≫의 내용이 실려 있는 다른 서적들, 즉 ≪新序≫, ≪尸子≫, ≪晏子春秋≫, ≪韓非子≫, ≪呂氏春秋≫, ≪淮南子≫, ≪列子≫, ≪戰國策≫, ≪諸宮舊事≫, ≪神仙傳≫ 등과 ≪墨子≫에서 자주 인용하는 ≪尙書≫, ≪詩經≫ 등의 이른바 '先王之書'를 참조하여 定本을 만들었다.

---

50) ≪墨子閒詁≫ 〈自序〉, "世有成學治古文者 儻更宣究其恉 俾二千年古子 釐然復其舊觀 斯亦達士之所樂聞與"

51) 1783년(乾隆 48) 간행된 畢沅의 ≪墨子注≫ 16권은 ≪墨子≫ 본문을 교정하고 주를 달아 ≪墨子≫를 세상에 널리 읽히도록 한 책이다. 畢沅은 明나라 때 간행된 道藏本을 저본으로 삼고 兩江總督採進本을 참고하였으며 경우에 따라 明刻本의 내용을 삽입하였다. 校注 중에서 '舊本'이라고 하는 것은 이것들을 일컫는 것이다. 盧文弨(1717~1795)와 孫星衍(1753~1818), 翁方綱(1733~1818) 등의 校勘 내용을 토대로 하여 校注를 완성하였다.

52) ≪墨子閒詁≫ 〈自序〉, "於畢本外 又獲見明吳寬寫本顧千里校道臧本 用相勘覈 別爲寫定"; 같은 글, "又嘗得倭寶曆閒放刻明茅坤本 竝爲六卷而篇數尙完具 冊耑附校異文 閒有可采 惜所見本殘缺 僅存後數卷"

그 다음은 각종 校注本을 참조하여 교감기를 달고 글자와 문장의 뜻을 밝히는 주석을 작성하는 일이다. 孫詒讓은 畢沅과 顧廣圻 외에도 王念孫(1744~1832), 王引之(1766~1834), 洪頤煊(1765~1833), 兪樾(1821~1906), 戴望(1837~1873), 張惠言(1761~1802), 楊葆彝 등의 校注를 비교하여 주석을 작성했다.[53] 孫詒讓이 참조했을 것으로 추정되는 주요 주석서[54]는 ≪墨子刊誤≫(蘇時學), ≪墨子注≫(畢沅), ≪墨子(道藏本)≫(顧廣圻), ≪墨子雜志≫(王念孫), ≪經義述聞≫(王引之), ≪經典釋詞≫(王引之), ≪墨子平議≫(兪樾), ≪墨子校記≫(戴望), ≪墨子注≫(王闓運), ≪墨子經說解≫(張惠言), ≪經說校注≫(楊葆彝), ≪讀墨子札記≫(陶鴻慶) 등인데, 孫詒讓은 이러한 교주본 이외에도 ≪說文解字≫(許愼)나 ≪爾雅≫ 등 각종 문자학 관련 서적과 ≪水經注≫ 등 지리학 관련 서적, ≪戰國策≫·≪史記≫ 등 역사 관련 서적의 본문과 주석을 활용하여 ≪墨子≫를 해석하였다. 성운학과 문자학의 지식을 토대로 글자를 교감하고 풀이하며 광범위한 사료를 동원하여 지명이 가리키는 위치를 확정하고 문물제도와 사건에 대해 설명하였던 것이다. 한편 그가 참조한 책들의 주석자들 또한 淸나라 최고의 학자들이었으니, 孫詒讓은 그야말로 淸나라 고증학의 모든 역량을 모아 ≪墨子≫를 해석했던 것이라 할 수 있다.

그는 1893년(光緖 19)에 필사본을 완성하고 1894년(光緖 20) 활자본을 간행[55]한 후에도 교정을 멈추지 않았다.[56] 활자본 간행 이후에 교정한 것은 따로 책을 만들었는데, 특히 張惠言의 ≪墨子經說解≫와 楊葆彝의 ≪墨子經說校注≫를 구해서 〈經〉과 〈經說〉에 대한 校注를 보충한 후에는 이 별책의 내용을 기반으로 1894년에 간행하였던 활자본을 增補하여 定本을 만들었다.[57] 이 定本은 1907년(光緖 33)에 완성되었고, 그 다음 해에

---

53) ≪墨子閒詁≫ 〈自序〉, "復以王觀察念孫尙書引之父子洪州倅頤煊及年丈兪編修樾亡友戴茂才望所校 參綜考讀"; 같은 글, "余前以未見皐文先生 經說解爲憾……金君得書 則自校寫一本寄贈得之 驚喜絫日……叚得陽湖楊君葆彝經說校注 亦閒有可取 因與張解 幷刪簡補錄入冊 凡余舊說與兩家有闇合者 皆改從之"

54) ≪墨子 上≫(新釋漢文大系)의 〈墨子解說〉과 위키피디아백과(https://zh.wikipedia.org/)를 참조하여 작성했다.

55) ≪墨子閒詁≫ 〈自序〉, "此書 寫定於壬辰癸巳閒 逻甲午夏 屬吳門梓人毛翼庭 以聚珍版印成三百部"

56) ≪墨子閒詁≫ 〈自序〉, "余亦自續勘得塍義逾百事 有前誤讀誤釋 覆勘始覺之者 咸隨時迻錄 別冊存之"

57) ≪墨子閒詁≫ 〈自序〉, "甲辰春 取舊寫別冊 散入各卷 增定爲此本 幷識之以見疏陋之咎無可自掩 且以晞望於後之能校讀是書者 光緖丁未四月 籒廎居士書"

孫詒讓이 사망한 후, 1910년(宣統 2)에 출판되었다.

≪墨子≫ 본문에 대한 校注 15권 이외에 目錄 1권, 附錄 1권, 後語 2권이 뒤에 붙어 있는데, 〈目錄〉에서는 ≪漢書≫ 〈藝文志〉에서 언급한 ≪墨子≫ 71편의 佚存 여부에 대하여 고증하였으며, 〈附錄〉 1권에는 〈墨子篇目考〉, 〈墨子逸文〉, 〈墨子舊敍〉 등을 모아 놓았다. 그리고 〈後語〉 2권에는 〈墨子傳略〉, 〈墨子年表〉, 〈墨學傳授考〉, 〈墨子緖聞〉, 〈墨學通論〉, 〈墨家諸子鉤沈〉이 실려 있다. 이렇듯 당대 최고 수준의 학문적 역량을 바탕으로 오랜 기간에 걸쳐 방대한 자료를 모아 치밀하게 분석하여 만들어 낸 孫詒讓의 ≪墨子閒詁≫는 당대까지 이루어진 墨子 연구의 집대성이자 그의 뒤에 전개된 墨子 연구의 출발점이라 할 만하다.

6. 맺으며

강자만이 살아남던 전쟁의 시대에 '널리 아울러 사랑하고 서로 이롭게 하라(兼相愛 交相利)'는 하늘의 뜻을 실현하고자 애썼던 사람들, 뛰어난 무기 제작술과 戰技戰術, 그리고 고도의 논리력과 행정 실무 능력을 갖추고 약소국을 수호하는 한편 강대국을 개혁하여 자신의 이상을 구현하고자 했던 사람들, 그러나 자신의 바람대로 전쟁의 시대가 끝나자 오히려 잊혀져갔던 사람들, 그들이 墨家이고 그들의 스승이 墨翟이다. 그리고 너무 높은 이상과 급진적인 방법이 실려 있었기 때문인지 오랜 세월 서고 안 깊숙이 봉인되어 읽을 수 없었던 책, 그것이 ≪墨子≫이다.

만주족에 의해 무너진 中華의 자존심을 되살리기 위해 聖王의 자취 속에서 진정한 中華 문명을 찾으려 했던 淸代 학자들은 上古의 聖王이 남긴 경전에 이르기 위한 사다리로 先秦시대 諸子百家의 언설에 주목했고 그 과정에서 ≪墨子≫는 다시 소환되었다. 또한 과학기술과 강력한 군사력으로 무장한 서양 제국의 침략을 바라보며 淸末의 학자들은 ≪墨子≫ 속에서 과거 中華의 찬란했던 과학기술의 흔적과 서양에 맞서 중국을 지킬 비책을 찾고자 했다. 그래서 읽을 수 없었던 ≪墨子≫를 읽을 수 있게 만들고 싶어 했으며, 그러한 노력의 결실이 바로 孫詒讓의 ≪墨子閒詁≫이다.

그러나 ≪墨子閒詁≫의 탄생 배경에는 이러한 거대한 역사의 요청만 있는 것은 아니었다. 무언가 명확하지 않은 것이 있으면 참지 못하는 호기심, 선배들의 업적을 검토하고 궁리하여 해결책을 찾는 과정에서 느끼는 즐거움, 바로 이런 마음이 孫詒讓이 그 지루하고 힘든 교감과 주석의 과정을 계속 수행할 수 있게 해주는 버팀목이었다.[58]

우리는 孫詒讓의 ≪墨子閒詁≫를 통해 墨翟과 墨家를 만나면서 사랑과 평화를 추구하는 그들의 아름다운 이상과 실천에 공감할 수도 있고, 그들의 엄밀한 논리학과 기술 수준에 흥미를 느낄 수도 있을 것이다. 그러나 하나 더, ≪墨子閒詁≫의 치밀하다 못해 번쇄하게까지 느껴지는 주석들을 읽으며 孫詒讓과 그의 동료 학자들이 가졌던 학문적 치열함과 공부의 즐거움을 함께 느낄 수 있다면, 그래서 淸代 고증학의 최고 수준을 즐길 수 있다면 더 바랄 나위가 없을 것이다.

참고문헌

- ≪孟子≫
- ≪荀子≫
- ≪韓非子≫
- ≪淮南子≫
- ≪史記≫(이상 Chinese Text Project, http://ctext.org/)
- ≪莊子集釋≫, 中華書局, 1978.
- 孫詒讓 撰, 孫啓治 點校, ≪墨子閒詁≫, 中華書局, 2001.
- 畢沅 校注, 吳旭民 標點, ≪墨子≫, 上海古籍出版社, 2014.

- 오야나기시게타(小柳司氣太), 〈墨子解題〉, ≪墨子閒詁≫, 漢文大系14, 富山房, 1910.
- 후쓰(胡適), ≪中國哲學史大綱≫, 上海商務印書館, 1919.
- 량치차오(梁啓超), ≪中國近三百年學術史≫, 臺灣中華書局, 1958.
- 야마다타쿠(山田琢), 〈墨子解說〉, ≪墨子 上≫, 新釋漢文大系50, 明治書院, 1975.
- 카이즈카시게키(貝塚茂樹) 지음, 김석근 옮김, ≪제자백가, 중국 고대의 사상가들≫, 까치, 1989.
- 벤자민 슈월츠 지음, 나성 옮김, ≪중국 고대사상의 세계≫, 살림, 1996.

---

58) ≪墨子閒詁≫〈自序〉, "此書最難讀者 莫如經經說四篇 余前以未見皐文先生經說解爲憾……得之 驚喜累日 余前補定經下篇句讀 頗自矜爲剏獲 不意張先生已先我得之……叚得陽湖楊君葆彝經說校注 亦閒有可取 因與張解并刪簡補錄入冊 凡余舊說與兩家有闇合者 皆改從之 蓋深喜一得之愚與前賢 冥符遙契 固不敢攘善也"

- 카지노부유키(加地伸行) 지음, 윤무학 옮김, ≪중국인의 논리학≫, 법인문화사, 1998.
- 펑요우란(馮友蘭) 지음, 박성규 옮김, ≪중국철학사 상≫, 까치, 1999.
- 앤거스 그레이엄 지음, 나성 옮김, ≪도의 논쟁자들≫, 새물결, 2003.
- 벤저민 엘먼 지음, 양휘웅 옮김, ≪성리학에서 고증학으로(From Philosophy to Philology: Intellectual and Social Aspects of Change in Late Imperial China)≫, 예문서원, 2004.
- 켄트 가이 지음, 양휘웅 옮김, ≪사고전서(The Emperor's Four Treasures: Scholars and the State in the Late Ch'ien-lung Era)≫, 생각의나무, 2009.
- 이운구, 〈민중의 각성, 이론과 실천의 통일〉, ≪묵자1≫, 길, 2012.
- 쑨치쯔(孫啓治), 〈點校說明〉, ≪墨子校注(吳毓江 撰)≫, 中華書局, 2012.
- 쑨치쯔(孫啓治), 〈前言〉, ≪墨子閒詁(孫詒讓 撰)≫, 中華書局, 2012.
- 임건순, ≪제자백가 공동체를 말하다≫, 서해문집, 2014.
- 윤무학, 〈옮긴이 해제〉, ≪묵자2≫, 길, 2015.
- 윤무학, 〈보론1, 중국 철학사에서의 묵가 비판〉, ≪묵자2≫, 길, 2015.
- 윤무학, 〈보론2, 한국 철학사에서의 묵가 비판〉, ≪묵자2≫, 길, 2015.

- ≪중국대백과전서 - 철학 1≫, 중국대백과전서출판사, 北京·上海, 1987.
- 百度百科, https://baike.baidu.com/
- 維基百科, https://zh.wikipedia.org/

凡 例

1. 본서는 ≪譯註 墨子閒詁≫의 제1책이다.
2. 본서의 底本은 ≪墨子閒詁≫(孫詒讓, 中華書局, 2001)로 하되, ≪墨子閒詁≫(孫詒讓, 掃葉山房, 1907)〔고려대학교 도서관 소장본〕, ≪墨子閒詁≫(孫詒讓, 1910)〔續修四庫全書 수록본〕, ≪墨子閒詁≫(孫詒讓, 漢文大系 卷14, 富山房, 1913), ≪墨子注≫(畢沅, 經訓堂本, 1835), ≪郡經平議·墨子評議≫(兪樾, 世界書局, 1881), ≪墨子經說解≫(張惠言, 國粹學報館, 1909), ≪墨經校釋≫(梁啓超, 中華書局, 1922), ≪墨子集解≫(張純一, 文史哲出版社, 1932), ≪墨子斠證≫(王叔岷, 中央硏究員 歷史語言硏究所, 1959), ≪墨子 上·下≫ (新釋漢文大系 卷50·51, 明治書院, 1972), ≪墨子雜志≫(王念孫, 墨子集成 권9, 成文出版社, 1975), ≪墨子注≫(畢沅, 中華書局, 1985), ≪墨子校注≫(吳毓江, 中華書局, 2006) 등을 참고하였다.
3. 본서는 원전의 傳統性과 번역의 現代性을 구현하기 위해 노력하였다.
4. 原文에는 우리나라 전통방식의 懸吐를 하였다.
5. 原文은 저본의 體制에 따라 단락을 구분하고, 각 단락마다 일련번호를 부여하였다.
6. 飜譯은 原義에 충실하게 하되, 이해가 어려운 부분은 意譯 또는 補充譯을 하였다.
7. 飜譯文은 한글과 漢字를 混用하였으며, 맞춤법과 띄어쓰기는 한글 맞춤법과 표준어 규정을 따르는 것을 원칙으로 하였다.
8. 譯註는 校勘, 異說, 인용문의 出典, 故事, 역사서 사선, 선문용어, 難解語, 人物, 制度, 官職 등에 관한 사항을 밝혔다.
9. 校勘은 원문의 誤字, 脫字, 衍字, 倒文 등을 대상으로 하였다.
10. 각 篇마다 간략한 해설을 달아 독자의 이해를 돕고자 하였다.
11. ≪墨子閒詁≫에서 諸家들이 참고한 書目의 略稱과 槪要는 다음과 같다.
    - 道藏本 : 明朝 正統 10年(1445)에 明道藏 張宇初(1359~1410)가 校한 판본이다. ≪道藏≫은 ≪道敎一切經≫, ≪道藏經≫, ≪道一切經≫이라고도 하며, 道敎 관련

문헌들을 망라한 道教叢書이다. 明나라 正統 연간(1436~1449)에 칙명에 의해 張宇初가 편찬하여 大道觀에 반포한 ≪正統道藏≫을 가리킨다. 이후 萬曆 연간(1573~1619)에 ≪續藏≫을 추가하였다. 현전하는 ≪墨子≫ 판본들은 이 ≪正統道藏≫에 들어 있는 '道藏本'으로부터 시작된 것이다. 明나라의 많은 ≪墨子≫ 刊本들이 이를 토대로 삼았고, 畢沅 등 많은 清나라 학자들이 이 판본을 대본으로 교감하였다.

- 吳鈔本 : 明朝 弘治 연간(1488~1505)에 吳寬(1435~1504)이 鈔한 寫本이다.
- 正德本 : 明朝 正德 元年(1506)에 兪弁(1488~1547)이 鈔한 寫本이다. 正德兪鈔三卷本이라고도 한다.
- 陸本 : 明朝 嘉靖 31年(1552)에 陸穩(?~?)이 校定한 活字本이다. 嘉靖壬子陸校銅板活字本이라고도 한다.
- 唐堯臣刻本 : 明朝 嘉靖 32年(1553)에 刊刻한 판본이다. 唐堯臣據陸穩壬子活字本刊刻이라고도 한다. 四部叢刊 수록본이다.
- 沈本 : 明朝 隆慶 元年(1567)에 沈津(?~?)이 刻한 판본이다. 隆慶丁卯沈刻百家類纂本이라고도 한다.
- 茅本 : 明朝 萬曆 연간(1573~1620)에 茅坤(1512~1601)이 校하고 童思泉(?~?)이 刻한 판본이다. 萬曆辛巳茅校書坊刻本, 茅坤本이라고도 한다.
- 緜眇閣本 : 明朝 萬曆 연간(1573~1620)에 馮夢禎(1548~1606)이 緜眇閣에서 刻한 판본이다.
- 堂策檻本 : 明朝 天啓 연간(1621~1627)에 郎兆玉(?~?)이 堂策檻에서 刻한 판본이다.
- 寶曆本 : 日本 寶曆 7年(1757)에 秋山儀(秋山玉山, 1702~1764)가 교정한 校刻本이다. 日本寶曆七年秋山儀校刻本이라고도 한다. 明나라 茅坤本을 倣刻한 것으로 모두 6권이다.
- 畢本 : 清朝 乾隆 48年(1783년)에 畢沅(1730~1797)이 校定한 판본이다. 畢沅校刻本이라고도 한다. 전 16권이다. 畢沅은 明나라 때 간행된 道藏本을 저본으로 삼았으며, 兩江總督採進本 및 萬曆 연간의 潛庵子本, 郎氏堂策檻刊本을 참고하였다. 여기에 盧文弨(1717~1795)와 孫星衍(1753~1818), 翁方綱(1733~1818) 등의 校勘 내용을 참고하여 校注를 완성하였다.
- 四庫全書本 : 清朝 乾隆 연간(1736~1795)에 刻한 판본이다.
- 顧本 : 清朝에 顧千里(1766~1835)가 道藏本을 校定한 것이다. 顧校道藏本이라고도

한다.

12. ≪墨子閒詁≫에서 손이양이 인용한 주요 註釋家는 다음과 같다.

- 盧文弨(1717~1795) : 清 浙江 仁和 사람으로 자는 紹弓, 호는 磯漁 또는 號檠齋·抱經이며, 晩號는 弓父이다. 戴震·段玉裁 등과 교유하였으며, 校勘學者이자 藏書家, 教育家로서 당대 크게 이름을 떨쳤다. 교감한 고적으로는 ≪逸周書≫, ≪孟子音義≫, ≪荀子≫, ≪呂氏春秋≫, ≪韓詩外傳≫, ≪春秋繁露≫, ≪方言≫, ≪白虎通≫ 등이 있다. 저서에 ≪抱經堂集≫, ≪禮儀注疏詳校≫, ≪鍾山劄記≫, ≪龍城劄記≫, ≪廣雅釋天以下注≫ ≪廣雅注≫ 등이 있다.
- 畢沅(1730~1797) : 清 江蘇 鎭洋 사람으로 자는 纕蘅 또는 秋帆, 호는 靈巖山人이다. 乾隆 25년(1760)에 進士가 되고, 陝西巡撫와 湖廣總督 등을 역임하였다. 沈德潛과 惠棟에게 수학하였고, 경학으로는 漢儒, 문자학으로는 許愼을 종주로 했다. 經史, 書畫, 小學, 金石, 詩文, 地理 영역에 두루 통달하였다. 저서에 ≪經典文字書≫, ≪音同義異辨≫, ≪說文解字舊音≫, ≪關中金石記≫, ≪中州金石記≫, ≪傳經表≫, ≪晏子春秋音義≫, ≪呂氏春秋校正≫, ≪靈岩山人詩文集≫, ≪墨子注≫ 등이 있으며, 대부분 經訓堂叢書에 수록되어 있다.
- 汪中(1744~1794) : 清 江蘇 江都 사람으로 자는 容甫이다. 經學과 史學에 정통하였으며, 특히 先秦圖書와 古代 學制興廢를 깊이 연구하였다. 王念孫, 劉台拱과 교유하였으며, 阮元, 焦循과 더불어 '揚州學派'로 일컬어진다. 저서에 ≪述學≫, ≪容甫先生遺詩≫, ≪春秋述義≫, ≪廣陵通典≫, ≪秦蠶食六國表≫, ≪知新記≫, ≪金陵地圖考≫ 등이 있다.
- 王念孫(1744~1832) : 清 江蘇 高郵 사람으로 자는 懷祖, 호는 石臞이다. 乾隆 14年에 進士가 되고, 翰林院 庶吉士와 工部 主事 등을 역임하였다. 戴震에게 수학하였으며, 音韻學, 文字學, 訓詁學, 校勘學에 조예가 깊었다. 당대 錢大昕, 盧文弨, 邵晉涵, 劉台拱 등과 '五君子'로 일컬어졌다. 저서에 ≪讀書雜志≫, ≪釋大≫, ≪王石臞先生遺文≫, ≪廣雅疏證≫, ≪古韻譜≫, ≪道河議≫, ≪河源紀略≫ 등이 있다. ≪讀書雜志≫에 ≪墨子雜志≫ 6권이 있다.
- 張惠言(1761~1802) : 清 江蘇 武進 사람으로 자는 皐聞 또는 皐文, 호는 茗柯이다. 嘉慶 4년(1799)에 進士가 되고, 翰林院 庶吉士와 編修 등을 역임하였다. 詞에 능하여 常州詞派를 창시했다. 후에 古文에 전념하여 韓愈와 歐陽脩를 종주로 삼았으며,

經學과 음운학에도 정통하였는데, 특히 ≪易≫과 ≪儀禮≫ 연구로 이름이 높아 '陽湖派古文'으로 일컬어졌다. 저서에 ≪虞氏易禮≫, ≪虞氏易事≫, ≪虞氏易言≫, ≪周易鄭氏義≫, ≪讀儀禮記≫, ≪茗柯文編≫, ≪詞選≫, ≪七十家詞鈔≫, ≪說文諧聲譜≫, ≪墨子經說解≫ 등이 있다.

- 洪頤煊(1765~1837) : 清 浙江 臨海 사람으로 자는 旌賢, 호는 筠軒, 晚號는 倦舫老人 또는 浙江臨海人이다. 孫星衍의 門人으로 경전의 訓詁에 밝았고 天文, 地理, 文學, 碑版, 地理, 鄕邦文獻 방면에 조예가 깊었다. 저서에 ≪尙書洪範五行傳論輯本≫, ≪校正竹書紀年≫, ≪讀書叢錄≫, ≪台州劄記≫, ≪諸史考異≫, ≪管子義征≫, ≪尙書古文敘錄≫, ≪筠軒詩文抄≫ 등이 있다.
- 王引之(1766~1834) : 清 江蘇 高郵 사람으로 자는 伯申, 호는 曼卿이다. 王念孫의 아들이다. 翰林院 編修, 戶部尙書, 吏部尙書, 禮部尙書, 工部尙書 등을 역임하였다. 聲韻學, 文字學, 訓詁學 등에 정통하였다. 왕념손의 학통을 이어 ≪爾雅≫, ≪說文≫, ≪音學≫ 등의 책을 정밀히 연구하였다. 저서에 ≪經義述聞≫ 32권, ≪經傳釋詞≫ 10권이 있다.
- 顧廣圻(1766~1835) : 清 江蘇 元和 사람으로 자는 千里, 호는 澗薲 또는 思適居士이다. 당대의 저명한 校勘學者이자 藏書家, 目錄學家이다. 四部圖書를 博覽하였으며, 經史, 訓詁, 曆算, 輿地, 諸子經學에 두루 통하였다. 阮元・胡克家・孫星衍의 초빙을 받아 고서 및 ≪說文≫, ≪禮記≫, ≪儀禮≫, ≪國語≫, ≪戰國策≫, ≪文選≫ 등의 제서를 교감하였으며, 특히 校讎學, 目錄學에 정통하여 孫星衍과 黃丕烈 등과 더불어 당대 校勘學의 거장으로 일컬어졌다. 저서에 ≪思適齋集≫, ≪墨子(道藏本)≫ 등이 있다.
- 蘇時學(1814~1874) : 清 藤縣 藤城鎭 사람으로 字는 斅元, 號는 琴舫 또는 爻山이다. 晚年에는 猛陵山人으로 불렸다. 평생 벼슬에 뜻을 두지 않았으며, 淸 同治年間에 한번 內閣中書 요직에 나아갔으나, 이때에도 內府의 經典을 열독하는데 潛心求學하였다. 청년 시절 廣州, 香港, 杭州, 上海 등지에서 유학하였으며, 생전에 著述이 매우 많아 '藤州才子'로 일컬어졌다. 저서에 ≪寶墨樓詩四冊≫, ≪寶墨樓楹聯≫, ≪遊瑤日記≫, ≪羊城遊記≫, ≪爻山筆話≫, ≪鐔津考古錄≫, ≪墨子刊誤≫ 등이 있다.
- 兪樾(1821~1906) : 清 浙江 德淸 사람으로 자는 蔭甫, 호는 曲園이다. 道光 30년(1850) 進士에 급제하여 翰林院 編修, 河南學政 등을 역임하였다. 經學, 諸子學, 史

學, 訓詁學, 戱曲, 詩詞, 小說, 書法 등에 두루 능통하였다. 관직을 그만둔 뒤 蘇州 紫陽書院, 上海 求志書院, 杭州 詁經精舍 등에서 후학을 양성하였다. 王念孫 부자의 학문경향을 추종하였으며, 당대의 큰 스승으로 추앙받았다. 저서에 ≪群經平議≫, ≪諸子平議≫, ≪古書疑義擧例≫, ≪春在堂隨筆≫, ≪茶香室叢鈔≫, ≪詁經精舍自課文≫, ≪賓萌集≫, ≪書疑義擧例≫, ≪春在堂詩編≫, ≪小浮梅閑話≫, ≪右台仙館筆記≫ 등이 있다. 그의 ≪諸子平議≫에 ≪墨子平議≫ 15권이 들어 있다.

- 戴望(1837~1873) : 清 浙江 德淸 사람으로 자는 子高이다. 同治 연간에 江寧書局 校勘이 되었다. 清 鹹豐 7년1857에 陳奐에게 수업하여 聲韻과 訓沽의 經師家法을 익혔으며, 宋翔鳳에게 ≪公羊春秋≫을 수업받고 西漢儒說을 연구하였고, 후에 瑞安 孫治讓과 함께 金文을 考訂하였다. 저서에 ≪論語注≫, ≪管子校正≫, ≪顔氏學記≫, ≪謫麐堂遺集≫, ≪墨子校記≫ 등이 있다.

13. 본서에 사용된 주요 符號는 다음과 같다.

“ ” : 對話, 각종 引用

‘ ’ : “ ” 안에서 再引用, 强調

「 」 : ‘ ’ 안에서 再引用, 强調

( ) : 원문에서는 讀音이 특수한 글자나 僻字의 音
번역문에서는 간단한 譯註

〔 〕 : 번역문과 뜻은 같으나 音이 다른 漢字나 句節, 譯註에서 인용한 原文.

≪ ≫ : 書名이나 典據

〈 〉 : 篇章名, 作品名, 補充譯

○ : 저본에 사용된 楊倞의 注와 王先謙의 集解 구분 표시 適用

14. 본서의 校勘에 사용된 符號는 다음과 같다.

( )〔 〕 : (저본의 誤字)〔교감한 正字〕

〔 〕 : 저본의 脫字 補充

( ) : 저본의 衍字

參考文獻

1. 저본 및 주요 참고본

- 《墨子閒詁》, 孫詒讓, 中華書局, 2001.
- 《墨子閒詁》, 孫詒讓, 掃葉山房, 光緒33(1907) 刊〔고려대학교 도서관 소장본, 육당C7-B3-1-8〕
- 《墨子閒詁》, 孫詒讓, 宣統2(1910) 重刊本〔續修四庫全書 수록본〕
- 《墨子閒詁》, 孫詒讓, 漢文大系 卷14, 富山房, 1913.
- 《墨子》(道藏本), 上海 涵芬樓 影印本, 1925.

2. 교감주해서 및 번역서

〔中國〕

- 《墨子注》, 畢沅, 經訓堂本, 1835.
- 《郡經平議・墨子評議》, 兪樾, 世界書局, 1881.
- 《墨子經說解》, 張惠言, 國粹學報館, 1909.
- 《墨子閒詁箋》, 張純一, 世界書局, 1922.
- 《墨經校釋》, 梁啓超, 商務印書館, 1922.
- 《定本墨子閒詁校補》, 李笠, 商務印書館, 1925.
- 《墨學講義》, 欒調甫, 齊魯大學, 1925.
- 《墨子刊誤》, 蘇時學, 中華書局, 1928.
- 《墨子集解》, 張純一, 文史哲出版社, 1932.
- 《墨子大義述》, 伍非百, 國民印務局, 1933.
- 《墨辯疏證》, 范耕硏, 商務印書館, 1935.
- 《墨辯新注》, 魯大東, 中華書局, 1936.
- 《墨子拾補》, 劉師培, 藝文印書館, 1936.
- 《墨子新證》, 于省吾, 藝文印書館, 1938.

- 《墨子新論》, 王寒生, 中華文化出版社業委員會, 1956.
- 《續墨子閒詁》, 劉載賓, 藝文印書館, 1957.
- 《墨經校詮》, 高亨, 世界書局, 1958.
- 《墨子斠證》, 王叔岷, 中央研究員 歷史語言研究所, 1959.
- 《墨子新箋》, 高亨, 山東人民出版社, 1961.
- 《墨子閒編》, 嚴靈峯, 商務印書館, 1968.
- 《經義述聞》, 王引之, 中華書局, 1970.
- 《墨子新釋》(無求備齋墨子集成, 이하 墨子集成), 尹桐陽, 成文出版社, 1975.
- 《墨子通解》(墨子集成), 張其鍠, 成文出版社, 1975.
- 《墨子箋》(墨子集成), 曹耀湘, 成文出版社, 1975.
- 《墨子刊誤》(墨子集成), 蘇時學, 成文出版社, 1975.
- 《墨子雜志》(墨子集成), 王念孫, 成文出版社, 1975.
- 《墨子辯經講疏》(墨子集成), 顧實, 成文出版社, 1975.
- 《墨子今註今譯》, 李漁叔, 商務印書館, 1980.
- 《墨經分類譯註》, 譚戒甫, 中華書局, 1981.
- 《墨子校詮》, 高亨, 世界書局, 1981.
- 《墨辯解故》, 伍非百, 中國古代名家者言整理本, 1983.
- 《墨經中的數學和物理學》, 方孝博, 中國社會科學出版社, 1983.
- 《墨子今註今譯》, 李漁叔, 台灣商務印書館, 1984.
- 《墨子注》, 畢沅, 中華書局, 1985.
- 《墨學源流》, 方授楚, 中華書局, 1989.
- 《墨子選譯》, 譚家健, 鄭君華 選譯, 上海古籍出版社, 1992.
- 《墨子大全》, 任繼愈, 李廣星 主編, 北京圖書館出版社, 2004.
- 《墨子校注》, 吳毓江, 中華書局, 2006.
- 《墨子大詞典》, 王裕安・孫卓彩・郭震日 編著, 山東大學出版社, 2006.
- 《墨子今注今譯》, 孫中原・譚家健, 商務印書館, 2012.

〔韓國〕

- 《묵자》, 송정희 역, 명지대학출판부, 1972.
- 《墨子》, 李元燮 譯註, 玄岩社, 1974.

- ≪新墨子≫, 李元燮 譯, 良友堂, 1985.
- ≪墨子≫, 권오석 譯解, 홍신문화사, 1994.
- ≪墨子 : 천하에 남이란 없다. 上・下≫, 기세춘 역저, 초당, 1995.
- ≪묵자≫, 朴文鉉・李俊寧 共解譯, 자유문고, 1995.
- ≪묵자≫, 박문현 외 역, 자유문고, 1995.
- ≪묵자≫, 박재범 역, 홍익출판사, 1999.
- ≪(新完譯) 墨子 : 新選明文東洋古典大系≫, 金學主 譯著, 明文堂, 2003.
- ≪(묵점 기세춘 선생과 함께하는) 묵자≫, 기세춘 역저, 바이북스, 2009.
- ≪묵자≫, 김득순 역, 연변인민출판사, 2010.
- ≪묵자≫, 박문현 옮김, 지만지, 2012.
- ≪묵경 1~2≫, 염정삼 주해, 한길사, 2012.
- ≪묵자 1≫, 이운구 옮김, 길, 2012.
- ≪묵자≫, 김학주 譯著, 明文堂, 2014.
- ≪묵자 : 겸애와 비공을 통해 이상사회를 추구한 사상가≫, 신동준 옮김, 인간사랑, 2014.
- ≪묵자 2≫, 윤무학 옮김, 길, 2015.

〔日本〕

- ≪和譯墨子・和譯列子≫, 田岡嶺雲 譯註, 玄黃社, 1911.
- ≪墨子≫(中國の思想), 和田武司 譯, 德間書店, 1964.
- ≪墨子≫(中國古典文學大系), 藪內淸 譯, 平凡社, 1968.
- ≪墨子≫(ちくま學芸文庫), 森 三樹三郎 譯. 筑摩書房, 2012.

3. 원전자료

〔經部〕

- ≪經傳釋詞≫, 王引之 撰, 黃侃・楊樹達 批本, 岳麓書社, 1982.
- ≪經典釋文≫, 陸德明 撰, 文淵閣四庫全書, 臺灣商務印書館, 1986.
- ≪廣雅≫, 張揖 撰, 文淵閣四庫全書, 臺灣商務印書館, 1986.
- ≪群經音辨≫, 賈昌朝 撰, 文淵閣四庫全書, 臺灣商務印書館, 1986.

- ≪論語注疏≫, 何晏 注, 邢昺 疏, 北京大學出版社, 1999.
- ≪論語集註大全≫, 朱熹 集註, 胡廣 等 編, 朝鮮 內閣本, 影印本, 學民文化社.
- ≪唐韻正≫, 顧炎武 撰, 文淵閣四庫全書, 臺灣商務印書館, 1986.
- ≪大戴禮記詳解≫, 王聘珍 撰, 中華書局, 1989.
- ≪大學章句大全≫, 朱熹 集註, 胡廣 等 編, 朝鮮 內閣本, 影印本, 學民文化社.
- ≪孟子注疏≫, 趙岐 注, 孫奭 疏, 北京大學出版社, 1999.
- ≪孟子集註大全≫, 朱熹 集註, 胡廣 等 編, 朝鮮 內閣本, 影印本, 學民文化社.
- ≪毛詩正義≫, 毛公 傳, 鄭玄 箋, 孔穎達 正義, 北京大學出版社, 1999.
- ≪方言≫, 楊雄 撰, 文淵閣四庫全書, 臺灣商務印書館, 1986.
- ≪尙書正義≫, 孔安國 傳, 孔穎達 正義, 北京大學出版社, 1999.
- ≪說文解字≫, 許愼 撰, 文淵閣四庫全書, 臺灣商務印書館, 1986.
- ≪書傳大全≫, 蔡沈 集傳, 胡廣 等 編, 朝鮮 內閣本, 影印本, 學民文化社.
- ≪說文解字注≫, 段玉裁 撰, 文淵閣四庫全書, 臺灣商務印書館, 1986.
- ≪詩三家義集疏≫, 王先謙 撰, 中華書局, 1987.
- ≪呂氏家塾讀詩記≫, 呂祖謙 撰, 文淵閣四庫全書, 臺灣商務印書館, 1986.
- ≪禮記正義≫, 鄭玄 注, 孔穎達 正義, 北京大學出版社, 1999.
- ≪禮記集說大全≫, 陳澔 集說, 胡廣 等 編, 朝鮮 內閣本, 影印本, 學民文化社.
- ≪龍龕手鑑≫, 釋行均 撰, 潘重規 編, 中華書局, 1988.
- ≪六書正譌≫, 周伯琦 撰, 文淵閣四庫全書, 臺灣商務印書館, 1986.
- ≪玉篇≫, 顧野王 撰, 文淵閣四庫全書, 臺灣商務印書館, 1986.
- ≪韻補≫, 吳棫 撰, 文淵閣四庫全書, 臺灣商務印書館, 1986.
- ≪儀禮注疏≫, 鄭玄 注, 賈公彦 疏, 北京大學出版社, 1999.
- ≪爾雅注疏≫, 郭璞 注, 邢昺 疏, 北京大學出版社, 1999.
- ≪一切經音義≫, 釋元應 撰, 文淵閣四庫全書, 臺灣商務印書館, 1986.
- ≪周禮注疏≫, 鄭玄 注, 賈公彦 疏, 北京大學出版社, 1999.
- ≪周易正義≫, 王弼・韓康伯 注, 孔穎達 正義, 北京大學出版社, 1999.
- ≪周易傳義大全≫, 程頤 傳, 朱熹 本義, 胡廣 等 編, 朝鮮 內閣本, 影印本, 學民文化社
- ≪中庸章句大全≫, 朱熹 集註, 胡廣 等 編, 朝鮮 內閣本, 影印本, 學民文化社.
- ≪集韻≫, 丁度 等 編, 上海古籍出版社, 1985.
- ≪春秋穀梁傳注疏≫, 范寧 註, 楊士勛 疏, 北京大學出版社, 2000.

• ≪春秋公羊傳注疏≫, 何休 註, 徐彦 疏, 北京大學出版社, 2000.
• ≪春秋左氏傳注疏≫, 杜預 註, 孔穎達 疏, 北京大學出版社, 2000.
• ≪韓詩外傳≫, 韓嬰 撰, 文淵閣四庫全書, 臺灣商務印書館, 1986.
• ≪孝經注疏≫, 唐 玄宗 注, 邢昺 疏, 北京大學出版社, 1999.

〔史部〕
• ≪舊唐書≫, 劉昫 撰, 中華書局, 1975.
• ≪國史經籍志≫, 焦竑 撰, 廣文書局, 1975.
• ≪隋書經籍志≫, 長孫無忌 撰, 藝文印書館, 1965.
• ≪國語≫, 韋昭 注, 文淵閣四庫全書, 臺灣商務印書館, 1986.
• ≪東觀漢記≫, 劉珍等 撰, 文淵閣四庫全書, 臺灣商務印書館, 1986.
• ≪史記≫, 司馬遷 撰, 中華書局, 1999.
• ≪史記索隱≫, 司馬貞 編, 文淵閣四庫全書, 臺灣商務印書館, 1986.
• ≪史記正義≫, 張守節 撰, 文淵閣四庫全書, 臺灣商務印書館, 1986.
• ≪史記集解≫, 裴駰 撰, 文淵閣四庫全書, 臺灣商務印書館, 1986.
• ≪水經注≫, 酈道元 撰, 文淵閣四庫全書, 臺灣商務印書館, 1986.
• ≪新唐書≫, 歐陽脩・宋祁 撰, 中華書局, 1975.
• ≪晏子春秋≫, 晏嬰 撰, 文淵閣四庫全書, 臺灣商務印書館, 1986.
• ≪隷釋≫, 洪适 撰, 文淵閣四庫全書, 臺灣商務印書館, 1986.
• ≪戰國策≫, 高誘 注, 文淵閣四庫全書, 臺灣商務印書館, 1986.
• ≪漢書≫, 班固 撰, 中華書局, 1962.
• ≪後漢書≫, 司馬彪 撰, 中華書局, 1965.

〔子部〕
• ≪賈子新書≫, 賈誼 撰, 文淵閣四庫全書, 臺灣商務印書館, 1986.
• ≪鶡冠子≫, 無名氏 撰, 文淵閣四庫全書, 臺灣商務印書館, 1986.
• ≪古今譚概≫, 馮夢龍 撰, 文淵閣四庫全書, 臺灣商務印書館, 1986.
• ≪古今事文類聚≫, 祝穆 撰, 文淵閣四庫全書, 臺灣商務印書館, 1986.
• ≪孔子家語≫, 王肅 注, 文淵閣四庫全書, 臺灣商務印書館, 1986.
• ≪公孫龍子≫, 公孫龍 撰, 文淵閣四庫全書, 臺灣商務印書館, 1986.

- ≪管子≫, 管仲 撰, 文淵閣四庫全書, 臺灣商務印書館, 1986.
- ≪括地志輯校≫, 李泰 撰, 中華書局, 2005.
- ≪群書拾補≫, 盧文弨 撰, 中華書局, 1985.
- ≪群書治要譯注≫, 魏徵 等 撰, 中國書店出版社, 2012.
- ≪老子≫, 王弼 注, 文淵閣四庫全書, 臺灣商務印書館, 1986.
- ≪論衡≫, 王充 撰, 文淵閣四庫全書, 臺灣商務印書館, 1986.
- ≪讀書雜志≫, 王念孫 著, 江蘇古籍出版社, 2000.
- ≪墨子≫, 墨翟 撰, 文淵閣四庫全書, 臺灣商務印書館, 1986.
- ≪白虎通義≫, 班固 撰, 文淵閣四庫全書, 臺灣商務印書館, 1986.
- ≪法言≫, 揚雄 撰, 李軌・柳宗元 注, 文淵閣四庫全書, 臺灣商務印書館, 1986.
- ≪山海經≫, 郭璞 注, 文淵閣四庫全書, 臺灣商務印書館, 1986.
- ≪說苑≫, 劉向 撰, 文淵閣四庫全書, 臺灣商務印書館, 1986.
- ≪世說新語≫, 劉義慶 撰, 文淵閣四庫全書, 臺灣商務印書館, 1986.
- ≪荀子集解≫, 王先謙 集解, 中華書局, 1988.
- ≪荀子箋釋≫, 盧文弨 校, 謝墉 輯校, 上海古籍出版社, 1986.
- ≪尸子≫, 尸佼 撰, 文淵閣四庫全書, 臺灣商務印書館, 1986.
- ≪尸子≫, 尸佼 撰, 李守奎 譯注, 黑龍江人民出版社, 2003.
- ≪新書≫, 賈誼 撰, 文淵閣四庫全書, 臺灣商務印書館, 1986.
- ≪新序≫, 劉向 撰, 文淵閣四庫全書, 臺灣商務印書館, 1986.
- ≪愼子≫, 愼到 撰, 文淵閣四庫全書, 臺灣商務印書館, 1986.
- ≪申子≫, 申不害 撰, 文淵閣四庫全書, 臺灣商務印書館, 1986.
- ≪揚子法言≫, 揚雄 撰, 李軌・柳宗元 注, 文淵閣四庫全書, 臺灣商務印書館, 1986.
- ≪呂氏春秋≫, 呂不韋 編, 高誘 注, 文淵閣四庫全書, 臺灣商務印書館, 1986.
- ≪列子≫, 張湛 注, 文淵閣四庫全書, 臺灣商務印書館, 1986.
- ≪藝文類聚≫, 歐陽詢 撰, 文淵閣四庫全書, 臺灣商務印書館, 1986.
- ≪日知錄≫, 顧炎武 撰, 文淵閣四庫全書, 臺灣商務印書館, 1986.
- ≪莊子集釋≫, 莊周 撰, 郭象 注, 陸德明 釋文, 成玄英 疏, 郭慶藩 輯, 中華書局, 1961.
- ≪諸子平議≫, 兪樾 著, 中華書局, 1954.
- ≪太平御覽≫, 李昉 等 撰, 文淵閣四庫全書, 臺灣商務印書館, 1986.
- ≪太玄經≫, 揚雄 撰, 文淵閣四庫全書, 臺灣商務印書館, 1986.

• ≪通雅≫, 方以智 撰, 文淵閣四庫全書, 臺灣商務印書館, 1986.
• ≪韓非子≫, 韓非 撰, 文淵閣四庫全書, 臺灣商務印書館, 1986.
• ≪淮南子≫, 劉安 撰, 高誘 注, 文淵閣四庫全書, 臺灣商務印書館, 1986.

〔集部〕
• ≪經義述聞≫, 王引之 撰, 世界書局, 1975.
• ≪經傳釋詞≫, 王引之 撰, 黃侃 楊樹達 批本, 岳麓書社, 1982.
• ≪群書治要譯注≫, 魏徵 等 撰, 中國書店出版社, 2012.
• ≪讀書雜志≫, 王念孫 著, 江蘇古籍出版社, 2000.
• ≪文選≫, 蕭統 撰, 文淵閣四庫全書, 臺灣商務印書館, 1986.
• ≪文選注≫, 蕭統 撰, 李善 注, 世界書局, 1962.
• ≪諸子平議≫, 兪樾 著, 中華書局, 1954.
• ≪集韻≫, 丁度等 編, 上海古籍出版社, 1985.
• ≪楚詞補註≫, 洪興祖 撰, 文淵閣四庫全書, 臺灣商務印書館, 1986.
• ≪韓詩外傳≫, 韓嬰 撰, 文淵閣四庫全書, 臺灣商務印書館, 1986.

4. 전자자료
• 電子版 文淵閣四庫全書, 迪志文化出版社, 北京, 1999.
• 尙友千古(http : w.s-sangwoo.kr)
• 韓國古典綜合DB(http : db.itkc.or.kr)
• 東洋古典綜合DB(http : db.cyberseodang.or.kr)
• Chinese Text Project(http://ctext.org)

目 次

附 錄

兪序 兪樾의 서문

孟子以楊墨竝言하여 辭而闢之[1]나 然이나 楊은 非墨匹也라 楊子之書는 不傳하고 略見於列子之書하니 自適其適[2]而已라 墨子는 則達於天人之理하며 熟於事物之情하고 又深察春秋戰國百餘年間時勢之變하여 欲補弊扶偏하여 以復之於古라 鄭重其意하며 反復其言하여 以冀世主之一聽하니 雖若有稍詭於正者나 而實千古之有心人也라 屍佼[3]謂孔子貴公하며 墨子貴兼하니 其實則一하고 韓非는 以儒墨竝爲世之顯學하고 至漢世하여도 猶以孔墨竝稱하니 尼山而外에 其莫尙於此老乎인저

孟子가 楊朱와 墨翟을 병칭하여 논변하여 배척하였으나 楊子는 墨子에 필적할 정도는 아니었다. 楊子의 글은 전해지지 않고 列子의 글에 대략 보이니, 자기가 좋아하는 것만을 좋아하는 정도에 그친 사람이었다.

墨子는 天人의 이치에 통달하고 사물의 實情을 익숙히 알았으며, 또 춘추전국 100여 년간의 時勢의 변화를 깊이 통찰하여 낡은 것을 깁고 치우친 것을 바로 세워 옛것을 회복하고자 하였다. 그리하여 그 뜻을 鄭重히 하며 그 말을 반복하여 당세의 人主가 한번 들어주기를 기대하였으니, 비록 正道에서 조금 벗어난 점이

---

1) 孟子……辭而闢之 : ≪孟子≫ 〈滕文公 下〉에 보인다. "聖王이 나오지 아니하여 諸侯가 방자하고 草野의 선비가 멋대로 의론하니, 楊朱ㆍ墨翟의 말이 天下에 가득하여 天下의 말이 楊朱에게 돌아가지 않으면 墨翟에게 돌아갔다. 楊氏는 '爲我'를 주장하였으니 이는 군주가 없는 것이며, 墨氏는 '兼愛'를 주장하였으니 이는 아비가 없는 것이다. 아비가 없고 군주가 없으면 이는 禽獸이다.〔聖王不作 諸侯放恣 處士橫議 楊朱墨翟之言 盈天下 天下之言 不歸楊則歸墨 楊氏爲我 是無君也 墨氏兼愛 是無父也 無父無君 是禽獸也〕"라 하였다.

2) 自適其適 : ≪莊子≫ 〈騈拇〉에 "남이 좋아하는 것을 좋아하고, 자신이 좋아하는 것은 좋아하지 못하는 자〔適人之適而不自適其適者〕"라고 보인다.

3) 屍佼 : B.C. 390?~B.C. 330? 戰國시대 사람이다. 秦나라 商鞅의 문객으로 출입하면서 變法 시행에 참여하였다가, 상앙이 죽은 뒤 蜀나라로 갔다. 저서에 ≪屍子≫가 있는데 현전하지 않는다. '屍'는 '尸'로도 쓴다.

있는 듯하나 실로 千古에 남을 뜻있는 사람이다.

屍佼는 공자가 '公'을 귀하게 여겼고 墨子가 '兼'을 귀하게 여겼으니 그 사실은 똑같다고 하였으며, 韓非子는 儒家를 墨家와 아울러 세상의 顯學이라 하였으며, 漢나라 때에 이르러서도 여전히 〈孔子와 墨子를〉 '孔墨'이라 나란히 일컬었으니, 尼山(공자)을 제외하고 이 어르신보다 숭상된 분은 없으리라.

孟子

墨子死而墨分爲三하니 **有相里氏之墨**하며 **有相夫氏之墨**하며 **有鄧陵氏之墨**이라 **今觀尙賢尙同兼愛非攻節用節葬天志明鬼非樂非命**이 **皆分上中下三篇**이니 **字句小異而大旨無殊**라 **意者**컨대 **此乃相里相夫鄧陵三家相傳之本**이 **不同**이러니 **後人**이 **合以成書**라 **故**로 **一篇而有三乎**인저 **墨氏弟子 網羅放失**하고 **參考異同**하여 **具有條理**로대 **較之儒分爲八**[4]하여 **至今遂無可考者**컨대 **轉似過之**라 **乃唐以來**로 **韓昌黎外**에 **無一人能知墨子者**하니 **傳誦旣少**에 **注釋亦稀**라 **樂臺舊本**은 **久絶流傳**이라 **闕文錯簡**을 **無可校正**이요 **古言古字**도 **更不可曉**하니 **而墨學**이 **塵薶**(매)**終古矣**라

墨子가 죽고 墨家가 셋으로 나뉘었으니, 相里氏의 묵가가 있으며 相夫氏의 묵가

4) 儒分爲八 : ≪韓非子≫ 〈顯學〉에 "自孔子之死也 有子張之儒 有子思之儒 有顔氏之儒 有孟氏之儒 有漆雕氏之儒 有仲良氏之儒 有孫氏之儒 有樂正氏之儒 自墨子之死也 有相里氏之墨 有相夫氏之墨 有鄧陵氏之墨 故孔墨之後 儒分爲八 墨離爲三 取舍相反不同 而皆自謂眞孔墨(공자 사후에 자장, 자사, 안씨, 맹씨, 칠조씨, 중량씨, 손씨, 악정씨의 儒家가 있었고, 묵자 사후에 상리씨, 상부씨, 등릉씨의 墨家가 있다. 그러므로 공자와 묵자 이후에 유가는 분파되어 여덟이 되었고, 묵가는 분파되어 셋이 되어, 取舍한 것이 상반되어 같지 않으면서 모두 저마다 자신이 진정한 유가이며 묵가라고 말한다.)"라고 보인다.

가 있으며 鄧陵氏의 묵가가 있다. 지금 살펴보건대 〈尙賢〉·〈尙同〉·〈兼愛〉·〈非攻〉·〈節用〉·〈節葬〉·〈天志〉·〈明鬼〉·〈非樂〉·〈非命〉이 모두 상·중·하 3편으로 나뉘었는데, 字句가 약간 다르더라도 大旨는 다름이 없다. 추측컨대 이는 곧 상리씨·상부씨·등릉씨의 세 묵가가 서로 전한 本이 같지 않았는데, 후대의 사람들이 모아서 〈하나의〉 책을 만들었기 때문에 하나의 편인데 세 편으로 되었을 것이다.

韓愈

묵자의 제자들이 散逸된 것을 망라하고 異同을 참고하여 모두 條理가 있게 되었지만, 여덟으로 분파되어 이제 마침내 상고할 수 없게 되어버린 儒家의 경우에 비교해보더라도 더욱 심한 듯하다. 이에 唐나라 이래로 韓昌黎(韓愈) 외에는 한 사람도 묵자를 제대로 아는 자가 없었는데, 傳誦하는 자들이 적어지자 注釋을 내는 자들도 거의 없게 되었다. 樂臺의 舊本은 세상에 전해지지 않은 지 오래라 闕文과 錯簡을 校正할 수 없게 되었고 古言과 古字도 다시는 이해할 수 없게 되니, 墨學이 오래도록 파묻혀버리고 말았다.

國朝에 鎭洋畢氏始爲之注하고 嗣是以來로 諸儒益加讎校라 塗徑旣闢에 奧窔(요)粗窺하니 墨子之書를 稍稍可讀이라 於是에 瑞安孫詒讓仲容이 乃集諸說之大成하여 著墨子閒詁라 凡諸家之說에 是者는 從之하며 非者는 正之하고 闕略者는 補之라 至經說及備城門以下諸篇하야는 尤不易(이)讀이어늘 整紛剔蠹하며 脈摘無遺하여 旁行[5]之

文은 盡還舊觀하며 訛奪之處는 咸秩無紊하니 蓋自有墨子以來로 未有此書也라

國朝(淸)에 鎭洋의 畢氏(畢沅)가 처음으로 ≪墨子≫에 注釋을 내었고, 이를 이어서 학자들이 더욱 校正을 가하였다. 길이 열리자 深奧한 내용을 조금이나마 엿볼 수 있게 되니, ≪墨子≫라는 책을 조금씩 읽을 수 있게 되었다.

이에 瑞安의 孫詒讓 仲容이 諸說을 集大成하여 ≪墨子閒詁≫를 저술하였다. 〈그는〉 무릇 諸家의 설에서 옳은 것은 따르고 옳지 않은 것은 바로잡았으며, 빠지고 疏略한 부분은 보충하였다. 〈經說〉과 〈備城門〉 이하 편들은 더욱 읽기가 쉽지 않았는데, 어지러운 부분은 정리하고 쓸데없는 부분은 刪削하며 맥락을 남김없이 들추어내어, 旁行한 글은 모두 원래의 모습으로 되돌렸으며, 착오가 있거나 탈락된 부분은 모두 차례 지어 어지럽지 않게 하였으니, ≪墨子≫라는 책이 있은 이래로 이와 같은 책은 없었다.

以余亦嘗從事於此로 問序於余하니 余何足序此書哉리오 竊嘗推而論之컨대 墨子는 惟兼愛라 是以로 尙同하며 惟尙同이라 是以로 非攻하며 惟非攻이라 是以로 講求備禦之法이라 近世西學中의 光學重學은 或言皆出於墨子하니 然則其備梯備突備穴諸法은 或卽泰西機器之權輿乎인저 嗟乎라 今天下는 一大戰國也니 以孟子反本[6]一言으로 爲主하고 而以墨子之書로 輔之면 儻足以安內攘外乎아 勿謂仲容之爲此書를

5) 旁行 : ≪墨子≫의 편 중 〈經 上〉은 100조, 〈經 下〉는 82조이며, 경의 각 條마다 說이 있다. 이 經과 說을 나란히 써서 해독에 용이하도록 배열하는 방식이 '旁行'이다. ≪묵자≫의 원문이 旁行本이었는지는 異說이 있다. 伍非百과 奕調甫 등의 '旁行'에 관한 연구에 의하면 ≪묵자≫는 竹簡本이 원문이다. 죽간에 기록할 때 〈經〉과 〈經說〉을 나란히 배열하기 힘들었기 때문에 좁은 죽간을 좌우에 놓고 한 쪽에는 〈經〉을 한쪽에는 〈經說〉을 배열하였다가, 후대에 이를 별도로 나누어 정리하면서 해독이 어려워진 것이다.

6) 孟子反本 : ≪孟子≫ 〈梁惠王 上〉에 보인다. "작은 나라는 진실로 큰 나라를 대적할 수 없고, 적은 사람은 진실로 많은 사람을 대적할 수 없고, 약한 자는 진실로 강한 자를 대적할 수 없습니다. 海內의 땅이 사방 千里 되는 것이 아홉인데, 齊나라의 땅을 다 모으면 그중 하나를 소유한 셈이니, 하나를 가지고 여덟을 복종시키는 것이 어찌 鄒나라가 楚나라를 대적함과 다르겠습니까? 역시 그 근본을 돌이켜야 할 것입니다.〔小固不可以敵大 寡固不可以敵衆 弱固不可以敵强 海內之地 方千里者九 齊集有其一 以一服八 何以異於鄒敵楚哉 蓋亦反其本矣〕"라 하였다.

窮年兀兀徒하여 **敝精神於無用也**어다 **光緖二十一年夏**에 **德淸兪樾**이라

나 역시 이 일에 종사하였다는 이유로 〈仲容이〉 나에게 序文을 부탁하였으니, 내 어찌 이 책에 序文을 쓸 만한 사람이겠는가? 미루어 논해보자면 墨子는 아울러 사랑〔兼愛〕하였는지라 같음을 숭상〔尙同〕하였으며, 같음을 숭상하였는지라 공격을 비난〔非攻〕하였으며, 공격을 비난하였는지라 敵을 防禦하는 법을 강구하였다. 근세 西學 가운데 光學과 力學이 혹자는 모두 墨子에게서 나왔다고 말하니, 그렇다면 〈備梯〉·〈備突〉·〈備穴〉 등의 방법들은 어쩌면 서양 기계의 시초인지도 모른다.

오호라! 지금 천하는 하나의 큰 전국시대니, 孟子의 '反本(근본으로 돌아감)' 이 한마디를 主로 하고 墨子의 글로 보완한다면 혹시라도 內治를 편안히 하고 外勢를 물리치기에 족하지 않겠는가. 仲容이 이 책을 지은 것을 두고 늘그막에 오도카니 앉아 한갓 쓸데없는 데 정신을 허비했다고 말하지 말지어다.

光緖 21년(1895) 여름에 德淸 兪樾이 〈序하노라.〉

自序 孫詒讓의 자서

漢志에 墨子書七十一篇[1]인대 今存者는 五十三篇이라 魯問篇에 墨子語魏越云 國家昏亂이면 則語之尙賢尙同하며 國家貧이면 則語之節用節葬하며 國家憙音湛湎이면 則語之非樂非命하며 國家淫僻無禮면 則語之尊天事鬼하며 國家務奪侵淩이면 則語之兼愛非攻이라하니 今書雖殘缺이나 然自尙賢으로 至非命三十篇히 所論略備하여 足以盡其恉要矣라 經說上下篇은 與莊周[2]書所述惠施之論及公孫龍書로 相出入하니 似原出墨子하여 而諸鉅子[3]以其說로 綴益之라 備城門以下十餘篇은 則又禽滑釐[4]所受兵家之遺法이니 於墨學에 爲別傳이라 惟修身親士諸篇은 誼正而文靡하니 校之它篇에 殊不類라 當染篇은 又頗涉晩周之事하니 非墨子所得聞이라 疑皆後人이 以儒言緣飾之요 非其本書也라

≪漢書≫ 〈藝文志〉에 ≪墨子≫는 71편이라 하였는데, 지금 남아 있는 것은 53편이다. ≪墨子≫ 〈魯問〉에 墨子가 魏越에게 말하기를 “국가가 혼란하면 ‘尙賢’과 ‘尙同’을 말해주며, 국가가 가난하면 ‘節用’과 ‘節葬’을 말해주며, 국가가 음악을 지나치게 좋아하면 ‘非樂’과 ‘非命’을 말해주며, 국가가 淫僻하여 禮가 없으면 ‘尊天’과 ‘事鬼’를 말해주며, 국가가 침탈하는 데 혈안이 되어 〈타국을〉 侵攻하고 능멸하면 ‘兼愛’와 ‘非攻’을 말해준다.”라 하였으니, 지금 남아 있는 책이 비록 殘缺되어

---

1) 墨子書七十一篇 : 해제 참조.

2) 莊周 : B.C. 369~B.C. 286. 戰國시대 宋나라 蒙 사람이다. 字는 子休, 號는 南華眞人이다. 저서에 ≪莊子≫가 있다.

3) 鉅子 : 墨家라는 결사체의 최고지도자를 지칭한다. 墨翟의 뒤를 이은 거자로 孟勝과 禽滑釐, 田襄子 등이 있다.

4) 禽滑釐 : 戰國시대 초기 사람이다. 滑黎, 骨釐, 屈釐라고도 한다. 공자의 제자인 子夏에게 수학하였다가 이후에 墨子의 제자가 되어 墨家의 鋸子가 되었다. 자세한 내용이 ≪墨子≫ 〈備梯〉에 보인다.

있지만 〈尙賢〉부터 〈非命〉까지의 30편에 이르기까지 논한 내용이 대략 구비되어 있어서 그 要旨를 알기에 충분하다.

〈經說 上〉과 〈經說 下〉는 莊子의 글에 기술된 惠施의 논변 부분 및 公孫龍의 글과 내용에 出入이 있으니, 아마도 원래 ≪墨子≫에서 나왔고 鉅子들이 자신의 說을 엮어서 보탠 듯하다. 〈備城門〉 이하 10여 편은 또 禽滑釐가 전수받은 兵家의 遺法이니, 墨學에 있어서 別傳이라 하겠다. 오직 〈修身〉·〈親士〉 등 편들은 뜻이 바르고 글이 아름다우니, 다른 편들과 비교해보았을 때 매우 다르다. 〈當染〉은 또 周나라 말엽에 속하는 일이 퍽 많으니, 墨子가 직접 들을 수 있는 것은 아니다. 아마도 모두 후인이 儒家의 말로 보기 좋게 꾸며댄 것이지 본래 〈墨家의〉 글은 아닐 것이다.

墨子之生이 **蓋稍後於七十子**라 **不得見孔子**나 **然亦甚老壽**라 **故**로 **前得與魯陽文子**[5]**公輸般**[6]**相問答**하고 **而晩及見田齊太公和**[7]하고 **又逮聞齊康公興樂**[8]과 **及楚吳起**[9]**之亂**이라 **身丁戰國之初**하여 **感悕於獷暴淫侈之政**이라 **故**로 **其言**이 **諄復深**

---

5) 魯陽文子 : 楚 平王의 손자이자, 司馬 子期의 아들이다. 魯陽에 封해져 魯陽公이라고도 칭한다.

6) 公輸般 : 춘추시대 魯나라 사람이다. 공수반이 攻城 기구〔雲梯〕를 제작하여 楚나라 왕을 도와 宋나라를 공격하려고 할 때, 墨子가 자신의 守城 방법으로 공수반의 공격을 아홉 차례나 막아내어 楚王의 침략 계획을 무산시켰다는 고사가 ≪墨子≫ 〈公輸〉에 자세히 보인다.

7) 田齊太公和 : 齊나라 太公 田和(?~B.C. 385)를 말한다. 전국시대 田齊의 초대 侯爵이다. 姓은 嬀, 氏는 田, 名은 和이다.

8) 齊康公興樂 : ≪墨子≫ 〈非樂〉에 자세한 내용이 보인다. "〈子墨子께서 말씀하시기를〉 樂을 하는 것은 옳지 않습니다. 옛날에 齊나라 康公이 '萬'이라는 樂을 興起시키자, 사람들이 거친 베로 만든 짧은 옷도 입지 못하고 쌀겨나 술지게미조차 먹지 못하였습니다.〔爲樂非也昔者齊康公興樂萬人不可衣短褐不可食糠糟〕"라 하였는데, 이 대목에 孫詒讓이 注하기를 "'萬'이라는 樂을 흥기시켰다는 것은 '萬'이라는 樂을 즐겼다는 것이다. '樂'은 〈非樂〉의 '樂'이며, '萬'은 '萬舞'를 말한다.……'萬人'은 '舞人'과 같으니, '興樂萬'은 '興樂舞'라고 말하는 것과 같다.〔興樂萬者 喜樂萬也 樂卽本篇非樂之樂 萬謂萬舞也……萬人猶舞人也 興樂萬猶云興樂舞也〕"라 하였다.

9) 吳起 : ?~B.C. 381. 戰國時代의 戰略家이다. 魏나라 사람으로 曾申 문하에서 수학하였다. 위나라 文侯에게 중용되어 魏의 영토를 확장하였으며, 楚나라 悼王에 의해 재상으로 임명되어 정치개혁을 도모하다가 悼王 사후에 피살되었다. 吳起에 관한 내용은 ≪史記≫ 〈吳起列

切하고 務陳古以剴今이라 亦喜稱道詩書及孔子所不修百國春秋라 惟於禮則右夏左周하여 欲變文而反之質하며 樂(악)則竟屛絶之하니 此는 其與儒家四術六藝[10)]로 必不合者耳라 至其接世하야는 務爲和同호대 而自處絶艱苦하고 持之太過하여 或流於偏激하니 而非儒尤爲乖盭(주)라 然이나 周季道術分裂에 諸子舛馳어늘 荀卿爲齊魯大師하여 而其書非十二子篇이 於遊夏孟子諸大賢에 皆深相排笮하니 洙泗[11)]齗齗(은은)이러라 儒家已然이어늘 墨儒異方하여 跬武千里니 其相非 甯足異乎아

墨子가 태어난 때는 아마도 〈孔門의〉 七十弟子보다 조금 뒤일 것이므로 〈墨子가〉 孔子를 직접 만나지는 못했을 것이다. 그러나 또한 매우 장수하였기 때문에 前期에는 魯나라 陽文子와 公輸般과 서로 問答하였으며, 晩年에는 田齊의 太公 田和를 만났으며, 또 齊나라 康公이 음악을 흥기시킨 일과 楚나라의 吳起가 亂을 일으킨 것까지도 들을 수 있었다.

직접 전국시대 초엽을 만나 橫暴하고 淫亂한 정치를 슬퍼하였기 때문에 그 말이 반복되고 매우 간절하였으며, 옛일을 이야기하여 당시 사람들을 깨우치는 데 힘썼다.

荀卿

또한 ≪詩經≫과 ≪書經≫ 및 공자가 편수하지 않은 제후국들의 歷史를 일컫기를 좋아하였다. 다만 禮에 있어서는 夏나라를 높이고 周나라를 낮추어 文彩에 치우치는 것을 변화시켜

傳〉과 이 책 1-4-10의 세주에 자세히 보인다.

10) 四術六藝 : '四術'은 詩·書·禮·樂을 말하며, '六藝'는 禮·樂·射·御·書·數를 말한다.

11) 洙泗 : 중국 山東省의 洙水와 泗水를 가리킨다. 孔子가 이 근처에서 문하생을 기르며 講學하였다. 후에 공자의 道 혹은 儒家를 상징하는 말이 되었다.

質樸함으로 돌아가고자 하였으며, 樂에 있어서는 끝내 막고 끊어버렸으니, 이는 儒家의 四術과 六藝와는 필시 합치될 수 없는 부분이다.

處世에 이르러서는 同和하기를 힘쓰되 자신의 處身은 매우 艱苦하게 하였으며, 지키는 것이 너무 지나쳐 간혹 편벽하고 한쪽으로 흐르기도 하였으니, 〈非儒〉는 더욱 常道에 어긋났다.

그러나 周나라 말엽 道術이 분열됨에 諸子들이 바른길을 벗어나 제멋대로 치달렸다. 荀卿은 齊나라와 魯나라의 大師가 되어 그 책 ≪荀子≫ 〈非十二子〉에서 子遊·子夏·孟子 등 大賢들을 모두 신랄하게 排斥하니, 儒家의 학자들이 爭辯하였다. 儒家가 이미 그렇거늘 墨家와 儒家는 방향을 달리하여 반걸음의 차이가 천 리나 벌어지게 되었으니, 그 서로를 비난하는 것이 어찌 이상할 게 있겠는가.

綜覽厥書하여 **釋其**紕駁(비박)하며 **甄其純實**하니 **可取者 蓋十六七**이라 **其用心篤厚**하여 **勇於振世救敝**하니 **殆非韓呂諸子之倫比也**라 **莊周天下篇之論墨氏**에 **曰 不侈於後世**하며 **不靡於萬物**하며 **不暉於數度**하여 **以繩墨自矯而備世之急**이라하고 **又曰 墨子眞天下之好也**니 **將求之不得也**인댄 **雖枯槁**라도 **不舍也**하니 **才士也夫**라하니 **斯**는 **殆持平之論與**인저

그 책(≪墨子≫)을 종합하여 살펴보아 잘못되고 잡된 것을 辨釋하고 純實한 것을 밝혀보니, 취할 만한 것이 16, 7편 정도이다. 마음 씀이 篤實하고 敦厚하여 세상을 진작시키고 時弊를 구제하는 데 용감하였으니, 이마도 韓非子나 呂不韋가 미칠 수준이 아닐 것이다.

莊周의 ≪莊子≫ 〈天下〉에서 墨子를 논하기를 "후세 사람들

莊周

에게 奢侈를 물려주지 아니하며, 萬物을 낭비하지 아니하며, 예법이나 제도를 화려하게 내걸지 아니하여, 法으로써 자신을 바로잡으며 세상의 急務에 대비한다." 라 하였고, 또 이르기를 "墨子는 참으로 천하를 사랑하였다. 방도를 講究하다가 얻지 못하면 몸이 비쩍 마르는 것도 마다치 않았으니, 才士로다."라고 하였으니, 이는 아마 공평한 평가일 것이다.

墨子는 **旣不合於儒術**하니 **孟荀董無心**[12]**孔子魚**[13]**之倫**이 **咸排詰之**라 **漢晉以降**으로 **其學幾絶而書僅存**이나 **然治之者殊尟**(선)이라 **故**로 **脫誤尤不可校**요 **而古字古言**을 **轉多沿襲未改**라 **非精究形聲通叚**[14]**之原**이면 **無由通其讀也**라 **舊有孟勝**[15]**樂臺注**[16]러니 **今久不傳**이러니 **近代鎭洋畢尙書沅**이 **始爲之注**하고 **藤縣蘇孝廉時學**[17]이

12) 董無心 : 董仲舒(B.C. 170?~B.C. 120?)를 말한다. 중국 前漢 때의 학자로 經學에 밝았다. 景帝 때 박사가 되었고 武帝 때 江都相과 膠西相이 되었다. 저서에 ≪董子文集≫과 ≪春秋繁露≫가 있다.

13) 孔子魚 : 孔鯉(B.C. 532~B.C. 481)를 말한다. 춘추시대 魯나라 사람으로 孔子와 宋나라 亓官氏의 딸 사이에서 출생하였다. 이름은 伯魚, 鯉이다. 공자 당시 魯나라 昭公이 예물로 鯉魚를 하사하였으므로 伯魚라는 이름을 고쳐 鯉라 하였다. 儒學에 정통하여 魯나라 애공이 초빙하였으나 병으로 응하지 못하였다. 송나라 崇寧 元年(1102)에 '泗水侯'로 추봉되었고, 咸淳 3년(1267)에 공자묘에 배향되었다. ≪史記≫ 〈孔子世家〉에 자세히 보인다.

14) 通叚 : '叚'는 '假'와 통용한다. 聲韻이 같거나 모양이 유사한 글자로 본래의 글자를 대신하는 것을 말한다.

15) 孟勝 : 楚 悼王(재위 B.C. 402~B.C. 381) 때 墨家의 鉅子이다. 楚나라 陽成君이 패주하자, '信義를 지킨다'는 墨家의 원칙을 지키기 위해 목숨을 버렸으며, 이때 맹승을 따라 자결한 제자들이 180여 명에 이른다고 전한다. ≪呂氏春秋≫ 〈孟春紀〉에 보인다. 다만 ≪晉書≫에 의하면 ≪墨辯注≫를 지은 사람은 魯勝이기 때문에 여기서 孟勝이라고 한 것은 誤記로 보인다.

16) 舊有孟勝樂臺注 : 明代 이전의 ≪墨子≫ 판본 및 주해서는 현재 남아 있는 것이 없다. 다만, 晉의 魯勝이 ≪墨辯注≫를 지었다는 기록이 ≪晉書≫ 〈隱逸傳〉의 〈墨辯注敍〉에 보일 뿐이다. 또한 南宋代에 ≪墨子≫ 중 〈親士〉부터 〈上同〉까지 13편만을 묶은 판본이 크게 유행하였는데, 여기에 樂臺가 注를 달았다는 기록이 宋 鄭樵(1104~1162)의 ≪通志≫ 〈藝文略〉에 보인다.

17) 蘇孝廉時學 : 蘇時學(1814~1874)은 字는 斅元이고 號는 琴舫 또는 爻山이다. 晩年에는 猛陵山人으로 불렸다. 젊어서는 廣州, 香港, 杭州, 上海 等地에서 유학하였다. 주요저서에 ≪寶墨樓詩冊≫, ≪寶墨樓楹聯≫, ≪墨子刊誤≫, ≪爻山筆話≫ 등이 있다.

復刊其誤하여 **刪通涂徑**하여 **多所諟正**이라 **余昔事讎覽**할새 **旁摭衆家**하여 **擇善而從**하고 **於畢本外**에 **又獲見明吳寬寫本**①과 **顧千里校道臧本**②하여 **用相勘覈**하여 **別爲寫定**이라

① 黃丕烈[18]이 所景(영)鈔者라 今臧杭州丁氏니 缺前五卷이라 大致與道臧本同이라

黃丕烈이 影鈔한 것이다. 지금 杭州의 丁氏의 〈가택에〉 소장되어 있는데, 전반부 다섯 권이 빠져 있다. 대략 道藏本과 같다.

② 臧[19]本은 明正統十年刊이라 畢本이 亦據彼校定이나 而不無舛漏라 顧校又有季本한대 傳錄에 或作李本하니 未知孰是라 明槧諸本은 大氐皆祖臧本하니 畢注略具라 今竝不復(부)詳校라 又嘗得倭寶(歷)〔曆〕[20]間放刻明茅坤本하니 竝爲六卷而篇數尙完具요 冊耑에 附校異文하여 間有可采나 惜所見本이 殘缺이라 僅存後數卷이라

道藏本은 명나라 正統 10년(1445)에 간행한 것이다. 畢沅의 책이 또한 저 교정본에 의거했으나 틀리고 빠진 것이 없지 않다. 顧千里의 교정본에는 또 '季本'이 있는데, 傳하는 기록에 '李本'으로 되어 있기도 하니, 어느 것이 옳은지 모르겠다. 明나라 때의 刻本들은 대체로 도장본을 이어받았으니, 畢沅의 注에 그 내용이 대략 갖추어져 있으므로, 이제 아울러 다시 상세히 교정하지는 않는다. 또 일찍이 倭의 寶曆 연간(1751~1764)에 明나라 茅坤本을 倣刻한 것을 얻은 적이 있는데, 모두 6권인데도 篇數가 오히려 완비되어 있고 책 끝에 異文을 교정한 것을 첨부하여 간간이 참고할 만한 것이 있으나, 애석하게도 내가 얻어 본 책이 殘缺되어서 겨우 뒤의 몇 권만 남아 있는 것이었다.

墨子는 이미 儒術에 부합하지 못하였으니, 孟子・荀子・董無心・孔子魚 등의 무리가 모두 배척하고 힐난하였다. 漢나라와 晉나라 이후로는 그 학문이 거의 끊어지고 글만 겨우 남았으나 공부하는 자가 매우 드물었다. 그러므로 글자가 빠지고 잘못된 것을 더욱 교정할 수 없었고 古字와 古言을 고치지 않고 그대로 따른 것이 더욱 많아서 形聲字와 通假字의 根源을 정밀히 연구한 자가 아니면 通讀할 길이

'孝廉'은 인재를 선발하는 科目으로, 漢나라 武帝 때에 孝廉科를 설치하여 부모에게 효도하고 행실이 청렴한 사람을 천거 받아 등용한 데서 유래한다. ≪漢書≫ 〈武帝紀〉에 자세히 보인다.

18) 黃丕烈 : 1763~1825. 淸나라 江蘇 吳縣 사람으로 字는 紹武, 號는 蕘圃이다. 宋本을 특히 많이 所藏하여 佞宋主人이라고도 한다. ≪周禮鄭氏注≫・≪夏小正≫・≪國語≫ 등을 復刻하여 수록한 ≪士禮居叢書≫를 편찬하였다. 校勘學에 밝았다.

19) 臧 : ≪道藏≫이다. 해제 참조.

20) (歷)〔曆〕 : 저본에는 '歷'으로 되어 있으나, '曆'으로 바로잡았다.

없었다.

舊本에 孟勝과 樂臺의 注가 있었으나 지금은 전하지 않은 지 오래였는데, 근대에 鎭洋의 尙書 畢沅이 처음으로 ≪墨子≫에 注를 달았다. 藤縣의 孝廉 蘇時學이 그 오류를 바로잡아 다시 간행하여 비로소 올바른 길로 소통시켜 是正한 것이 많았다.

내가 예전에 이 책을 교정할 때에 널리 諸家의 설을 두루 취하여 좋은 것을 택하여 따랐고, 畢沅이 注를 단 책 이외에 또 明나라 吳寬의 寫本과 顧千里가 교정한 도장본을 입수하여 정밀히 교감하여 따로 필사하여 定本을 만들었다.

復(부)**以王觀察念孫尙書引之父子**와 **洪州**倅頤**煊**과 **及年丈俞編修**樾과 **亡友戴茂才望**[21]**所校**로 **參綜考讀**이라 **竊謂非儒以前諸篇**은 **誼**恉**詳**焯하니 **畢王諸家校訓略備**나 **然亦不無遺失**이라 **經說兵法諸篇**은 **文尤奧衍**淩襍하여 **檢攬舊校**에 **疑滯殊衆**일새 **擘**覈**有年**에 **用思略盡**이라 **謹依經誼字例**하여 **爲之詮釋**이라 **至於訂補經說上下篇**의 **旁行句讀**(두)하고 **正兵法諸篇之**譌**文錯簡**하야는 **尤私心所竊自喜以爲不繆者**로대 **輒就畢本**하여 **更爲增定**하여 **用遺來學**이라

다시 觀察使 王念孫과 尙書 王引之 父子와 州倅 洪頤煊 및 年伯인 編修 兪樾과 亡友인 茂才 戴望이 교정한 것들을 가지고 참고하여 종합하면서 읽었다.

삼가 생각건대 〈非儒〉 이전의 篇들은 要旨가 상세하고 분명하니, 畢氏와 王氏 諸家의 교정과 훈고가 그런대로 자세하지만, 그럼에도 또한 빠뜨리고 잘못된 것이 없지 않다.

〈經說〉과 兵法에 관한 편들은 더욱 글의 뜻이 깊고 넓으며 수준이 높고 복잡하여 옛날 교감본들을 검토해보면 의심스럽고 막히는 곳이 너무 많아서 연구하여 따져 밝힌 지 몇 년 만에 心力을 거의 다 소진하고서야, 삼가 經의 뜻과 글자의

21) 戴茂才望 : 戴望(1837~1873)을 가리킨다. 淸나라 浙江 德淸 사람으로 字는 子高이다. 陳奐에게 聲音과 訓詁를 배웠으며, 常州學派 宋翔風에게 ≪春秋公羊傳≫을 배웠다. 姚宗諶, 施補華, 兪剛, 黃宗羲, 凌霞, 陸心源과 함께 七子로 일컬어졌다. 저서에 ≪論語注≫, ≪管子校正≫, ≪謫麐堂遺集≫, ≪顔氏學記≫가 있다.

용례에 의거하여 설명하고 해석할 수 있었다.

〈經說 上〉과 〈經說 下〉의 旁行한 句讀를 수정·보완하고, 兵法에 관한 편들의 잘못된 글자와 착간을 바로잡은 일로 말하자면, 더욱 내심 스스로 기뻐하며 틀린 부분이 없다 여겼으나, 번번이 畢本을 가져다 더욱 보완하고 확정하여 후학에게 남기노라.

昔許叔重[22]이 **注淮南王書**하고 **題曰 鴻烈閒詁**①라하니 **閒者**는 **發其疑**啎요 **詁者**는 **正其訓釋**이라 **今於字誼**에 **多遵許學**이라 **故**로 **遂用題署**하니 **亦以兩漢經儒 本說經家法**하여 **箋釋諸子 固後學所**睎**慕而不能逮者也**일새라 **光緒十有九年 歲在癸巳 十月**에 **瑞安 孫**詒**讓**은 **序**하노라

① 據宋槧本淮南子及晁公武讀書志라
宋나라 간행본 ≪淮南子≫와 晁公武의 ≪郡齋讀書志≫에 의거하였다.

옛적 許叔重이 ≪淮南子≫를 注釋하고 제목을 달기를 ≪鴻烈閒詁≫라 하였으니, '閒'이란 의심스럽거나 뜻이 순하지 않은 것을 밝히는 것이고, '詁'란 訓釋을 바로 잡는 것이다. 지금 글자의 뜻에 있어서 허숙중의 학설을 따른 것이 많기 때문에 마침내 〈'閒詁'라는〉 제목을 붙이니, 또한 실로 兩漢의 經儒가 경전을 설명하는 방법에 근본하여 諸子書를 註釋한 것이 진실로 後學이 敬慕하면서도 미칠 수 없는 수준이기 때문이다.

光緒 19년(1893) 癸巳년 10월에 瑞安 孫詒讓은 序하노라.

墨子書는 **舊多古字**라 **許君說文擧其**弟**緇**(이문) **二文**이나 **今本**에 **竝改易不見**하니 **則其爲後人所竄定者 殆不知凡幾**라 **蓋先秦諸子之譌舛**하여 **不可讀**이 **未有甚於此書者**라 **今謹依爾雅說文**하여 **正其訓故**하고 **古文篆隷**는 **校其文字**라

≪墨子≫라는 책은 예로부터 古字가 많아서, 許君(許愼)의 ≪說文解字≫에 '弟'와 '緇'이

22) 許叔重 : ≪說文解字≫를 지은 後漢의 許愼을 가리킨다. 許愼의 字가 叔重이다. 賈逵에게서 古文學을 배웠으며, 孝廉에 천거되어 洨長에 제수되었다. 저서에 ≪五經異義≫와 ≪說文解字≫가 있다.

들어간 두 문장을 〈≪墨子≫에서 추출하여〉 제시하고 있지만 지금 판본에는 모두 바뀌어 보이지 않으니, 그렇다면 후인이 멋대로 개정한 것이 얼마나 될지 모른다. 아마도 先秦의 諸子書 중에 오류가 많아 읽을 수 없는 것이 이 책보다 심한 경우는 없을 것이다. 이제 삼가 ≪爾雅≫와 ≪說文解字≫에 의거하여 訓故를 바로잡고 古文(蝌蚪文字)과 篆字·隸字는 그 文字를 교감하였다.

若尙同篇引術令은 卽書說命之佚文이라 魏晉人이 作僞古文尙書에 不知術爲說之叚字라 遂摭其文하여 竄入大禹謨矣라 兼愛篇注召之邸虖池之瀆의 召之邸는 卽孫炎本爾雅釋地之昭餘底니 亦卽周禮職方氏之召餘祁라 今本召譌爲后하니 其義不可解라 畢氏 遂失其句讀矣라 非攻篇之不著何는 卽周書王會之不屠何니 畢氏 不憭하여 依俗本改爲中山하여 遂與墨子舊文으로 不合矣라 明鬼篇迓無罪人乎道路術徑의 迓는 卽孟子禦人於國門之外之禦요 非樂篇折壞坦의 折은 卽周禮硩蔟(척족)氏之硩이로되 今本迓譌爲退하며 折譌爲拆하니 畢蘇諸家 各以意校改하여 遂重悂貤繆(비이무)하여 不可究詰矣라 耕柱篇夏後啓使猍靳(익착)雉已卜於白若之龜는 (靳)〔猍〕[23]이 卽嗌之籒文[24]이라 亦卽伯益이니 與漢書述尙書古文伯益字로 正合이어늘 今本猍靳雉已 譌作翁難雉乙하고 又脫雉字라 遂以翁難乙爲人姓名矣라 非攻下篇說禹攻有苗에 有神人面鳥身이 奉珪以侍라하니 此與秦穆公所見句芒同이라 奉珪者는 東方之玉이니 與禮經의 祀方明東方以珪之義로 合하나 而今本에 奉珪誤作若瑾하니 其義 遂不可通矣라

예컨대 〈尙同〉에서 인용한 〈術令〉은 바로 ≪書經≫ 〈說命〉의 佚文인데, 魏晉 사람이 지은 ≪僞古文尙書≫에는 '術'자가 '說'의 假借字임을 알지 못했기에 마침내 그 문장을 뽑아 〈大禹謨〉에 집어넣었다.

〈兼愛〉에 "注召之邸虖池之瀆"의 '召之邸'는 바로 孫炎本 ≪爾雅釋地≫의 '昭餘底'이니, 또한 ≪周禮≫ 〈職方氏〉의 '召餘祁'이다. 今本에는 '召'자가 잘못되어 '后'자로 되어 있어 그 뜻을 이해할 수 없었기에 畢沅이 句讀를 잘못 뗀 것이다.

〈非攻〉의 '不著何'는 바로 ≪逸周書≫ 〈王會〉의 '不屠何'니, 畢氏가 잘 알지 못하여 俗本

23) (靳)〔猍〕: 저본에는 '靳'으로 되어 있으나, 〈耕柱〉의 原註에 의거하여 '猍'으로 바로잡았다.

24) 籒文 : 春秋戰國시대 秦나라에서 통행되던 書體의 하나로 篆文과 유사하다. 石鼓文이 가장 대표적이다.

에 의거하여 '中山'으로 고쳐서 결국 ≪墨子≫의 舊文과 합치되지 않게 되었다.

〈明鬼〉의 "迓無罪人乎道路術徑"의 '迓'는 바로 ≪孟子≫ 〈萬章 下〉 "禦人於國門之外"의 '禦'이고, 〈非樂〉의 "折壤坦"의 '折'은 바로 ≪周禮≫ 〈秋官 司寇〉 "硩蔟氏"의 '硩'인데, 今本에는 '迓'자가 잘못되어 '退'로 되어 있고, '折'자가 잘못되어 '拆'으로 되어 있으니, 이는 畢沅·蘇時學 諸家가 저마다 뜻으로 판단하여 교감하고 개정하여 마침내 거듭 잘못되어 따져 묻지도 못하게 되어버렸다.

〈耕柱〉의 "夏後啓使蜚廉折金於山川 而陶鑄之於昆吾 是使翁難雉乙卜於白若之龜" —

〈耕柱〉의 "夏後啓使秝鬲雉已卜於白若之龜"는 '秝'이 곧 '嗌'의 籀文으로 곧 伯益이니, ≪漢書≫에서 ≪尙書≫ 古文을 이어받아 쓴 '伯益'과 〈글자가〉 딱 합치하는데, 今本에는 "秝鬲雉已"가 잘못되어 "翁難雉乙"로 되어 있고 또 '雉'자가 빠져 있는지라 마침내 '翁難乙'을 사람의 姓名이라고 하였다.

〈非攻 下〉에서 禹가 有苗를 공격한 일을 말하는 대목에 "有神人面鳥身 奉珪以侍(사람의 얼굴에 새의 몸을 가진 신이 珪를 들고 侍立하다.)"라 하니, 이는 秦 穆公이 본 '句芒'과 같다. '奉珪'란 동방의 玉이니, ≪禮經≫(≪儀禮≫ 〈覲禮〉)의 "祀方明 東方以珪(막 밝을 때에 제사를 지내면 동방은 규를 쓴다.)"는 뜻과 부합한다. 그러나 今本에는 '奉珪'가 잘못되어 '若瑾'이라 되어 있으니, 그 뜻이 마침내 통할 수 없게 되었다.

若此之類는 輒罄蠡管[25)]하여 證厥違迕어니와 它若經說篇之蠙爲蚒虎爲霍과 兵法諸篇之幎爲順 又爲類와 芒爲芸과 桮爲杯는 其跂互[26)]尤不易(이)理董이러니 覃思十年에 略通其誼라 凡所發正에 咸具於注[①]라 世有成學治古文者 儻更宣究其恉하여 俾二千年古子로 釐然復其舊觀인댄 斯亦達士之所樂聞與인저 校寫既竟에 復記於後라 詒讓이라

① 凡譌脫之文을 舊校精塙(각)者는 徑據補正하여 以資省覽이라 其以愚意訂定者는 則箸其說於注하고 不敢專輒增改하여 以昭詳愼이라
잘못되고 빠진 글 중, 이전에 정밀하고 확실하게 교감한 것은 그대로 補正한 것에 의

25) 蠡管 : 표주박〔蠡〕과 대구멍〔管〕을 말한다. 표주박으로 바닷물을 헤아리고 대구멍으로 하늘을 엿본다는 뜻이다. ≪漢書≫ 〈東方朔傳〉에 "以筦闚天 以蠡測海(대롱으로 하늘을 엿보고, 표주박으로 바다를 측량하다.)"라고 하였는데, 顔師古 注에 張晏의 설을 인용하여 말하기를 "蠡 瓠瓢也(蠡는 표주박이다.)"라고 하였다. 편협하고 얕은 식견으로 광대하고 고명한 진리를 엿본다는 뜻이다.

26) 跂互 : '跂跂'는 본래 벌레가 기어가는 모양으로, '蚑'와 통한다. 前行을 모색하는 것을 비유하기도 한다. 여기서는 글자의 모양이 비슷하여 해독하기 어렵다는 뜻이다.

거해서 살펴볼 수 있게 하였고, 내 생각으로 訂定한 것은 注에 설명을 덧붙여 함부로 더하거나 고치지 않아 상세함과 신중함을 다하였다.

이와 같은 사례는 매번 管見을 다 쏟아부어 그 오류를 증명했으나, 그 외 예컨대 〈經說〉의 〈今本에〉 '蟥'이 '蚒'으로 되어 있고 '虎'가 '霍'으로 되어 있는 것과, 兵法을 다룬 여러 편에 '幎'이 '順'이나 '類'로 되어 있는 것, '芒'이 '芸'으로 되어 있는 것, '桴'가 '杯'로 되어 있는 것은 그 跂互하여 더욱 이해하기 쉽지 않았는데, 깊이 사색한 지 10년 만에 대략 그 뜻이 통하여 是正한 모든 것을 다 注에 갖추어 싣는다.

세상에 학문을 이루고 古文을 전공한 자가 혹 다시 그 旨意를 궁구하여 2000년 전의 옛 전적을 옛 모습대로 분명하게 회복한다면 이 또한 達士가 즐겨 들을 것이다.

교정하고 필사하는 일을 마치고서 다시 〈自序의〉 뒤에 쓰노라. 詒讓.

此書는 **寫定於壬辰癸巳閒**이라가 **逮甲午夏**하여 **屬吳門梓人毛翼庭**하여 **以聚珍版**[27]**印成三百部**하고 **質之通學**하여 **頗以爲不謬**라 **然多苦其奧衍**하여 **瀏覽率不能終卷**이라 **惟吾友黃中弢學士爲詳校一過**하여 **擧正十餘事多精塙**하니 **亦今之張伯松**[28]**矣**라 **余亦自續勘得賸義逾百事**라 **有前誤讀誤釋**이 **覆勘**에 **始覺之者**는 **咸隨時迻錄**하여 **別冊存之**라

이 책은 임진년(1892)과 계사년(1893)에 걸쳐 필사해두었다가, 갑오년 여름에 吳門의 출판업자 毛翼庭에게 맡겨 활자판으로 300부를 찍어내고, 이 분야에 밝은 학자에게 질정해보고는 자못 잘못된 것이 없다고 여겼다. 그러나 그 글의 뜻이 매우 깊고 넓은 곳이 많기에 대강만 보고 대부분은 끝까지 읽지를 못하였다.

오직 내 벗 學士 黃中弢만이 한 차례 상세히 교정을 봐주었으며 지적해준 10여 사항이 대부분 精確하니, 과연 금세의 張伯松이라 하겠다. 나 또한 계속 읽어가면서 그 밖의 뜻

---

27) 聚珍版 : 活字版을 말한다. 淸나라 康熙 때, ≪古今圖書集成≫을 編纂하면서 銅字를 活版에 새겨 排印하고 그 字를 武英殿에 보관하였다. 乾隆 38년(1773), ≪四庫全書≫를 開館纂修하면서 ≪永樂大典≫ 및 각 省에서 올린 책 중에서 보기 드문 책을 가려 校正하고 刊行하였다. 戶部侍郎 金簡이 이 일을 맡으면서 대추나무〔棗木〕로 活字 25만여 개를 만들어 排印하였는데, 이를 '聚珍版'이라 改名하고, 排印한 책을 ≪武英殿聚珍版叢書≫라 하였다.

28) 張伯松 : '懸諸日月而不刊'이라는 대목이 漢나라 揚雄의 '劉歆에게 답함'이라는 편지에 보인다. 揚雄은 이 편지에서 자기가 쓴 ≪方言≫의 원고를 두고 장백송이 칭탄한 말인 "懸諸日月而不刊之書也(해와 달에 걸어두어 떨어뜨릴 수 없는 글이다.)"를 인용하였다. '刊'은 떨어뜨린다는 뜻이다.

〔賸義〕을 교정한 것이 백 개가 넘는지라 이전에 잘못 읽고 잘못 해석했다가 다시 교정하면서 비로소 깨달은 것들은 모두 나올 때마다 옮겨 적어 별책에다 남겨두었다.

此書最難讀者는 莫如經經說四篇이라 余前以未見皐文先生[29]經說解爲憾이러니 一日得如皐冒鶴亭孝廉廣生[30]書에 云 武進金溎生運判武祥[31]이 藏有先生手稿本이라하여 急屬鶴亭하여 馳書求叚錄이라 金君得書하여 則自校寫一本寄贈하니 得之에 驚喜絫日이라 余前補定經下篇句讀는 頗自矜爲刱獲이러니 不意張先生이 已先我得之로다 其解善談名理하니 雖校讎未宷(심)하여 不無望文生義之失이나 然固有精論이 足補正余書之闕誤者라 金冒兩君이 惠我爲不淺矣어늘 既又從姻戚張文伯孝廉之綱[32]許하여 叚得陽湖楊君葆彝經說校注한대 亦間有可取일새 因與張解로 幷刪簡補錄하여 入冊하고 凡余舊說與兩家有闇合者는 皆改從之라 蓋深喜一得之愚與前賢으로 冥符遙契니 固不敢攘善也라

이 책에서 가장 읽기가 어려운 것으로는 〈經 上·下〉와 〈經說 上·下〉 네 편만 한 것이 없다. 내가 전에 皐文先生의 ≪經說解≫를 보지 못한 것을 유감으로 여겼는데, 어느 날 如皐의 孝廉인 鶴亭 冒廣生의 편지를 받아보았는데, "武進의 運判인 溎生 金武祥이 선생의 手稿本을 소장하고 있다."라 하기에 서둘러 金武祥에게 편지를 보내어 그 책을 빌려 베껴달라고 鶴亭에게 부탁하였다. 김무상 군이 편지를 받고는 스스로 한 부를 교정하여 베껴 보내주니, 그것을 얻고서 며칠 동안 놀라워하며 기뻐하였다.

29) 皐文先生 : 張惠言을 가리킨다. 해제 참조.

30) 冒鶴亭孝廉廣生 : 冒廣生(1873~1959)을 말한다. 字는 鶴亭, 號는 疚翁이다. 兪樾에게서 배웠다. 저서에 ≪小三吾亭詩≫, ≪小三吾亭詞≫, ≪小三吾亭文甲集≫, ≪後山詩注補箋≫, ≪四聲鉤沉≫, ≪宋曲章句≫, ≪疚齋詞論≫ 등이 있다.

31) 金溎生運判武祥 : 金武祥(1841~1925)을 말한다. 原名이 金則仁, 字가 溎生, 號가 粟香이다. 江蘇省 江陰 사람이다. 젊어서는 '江西會昌縣衙'에서 활동하였으나, 光緖 16년(1890)에 赤溪 直隸廳 同知를 제수받았다가 이후로는 隱居하면서 관직에 나아가지 않았다. 저서에 ≪芙蓉江上草堂詩稿≫, ≪木蘭書屋詞≫, ≪粟香室文稿≫, ≪粟香隨筆≫, ≪陶廬雜憶≫ 등이 있다.

32) 張文伯孝廉之綱 : 張之綱(1867~1939)을 말한다. 字가 文伯, 號는 君輔, 晩號는 謝村老民이다. 평생 文學을 연구하였고, 晩年에는 金文釋器에 심취하였다. 許愼의 字書와 鍾鼎 및 奇字를 정밀히 연구하였다. 저서에 ≪毛公鼎校釋≫, ≪周書逸文征≫, ≪說文解字綠隙≫, ≪學老學庵筆記≫ 등이 있다.

내가 전에 補定한 〈經 下〉의 句讀는 자못 스스로 創發하였다고 자부했는데, 뜻밖에 張先生이 이미 나보다 앞서 이 일을 해내셨다. 그 해석이 名稱과 道理를 잘 이야기하니, 비록 자세히 교정 작업을 하지 않아서 글자만 보고 뜻을 풀이한 잘못이 없지는 않지만, 진실로 의론이 정밀하여 내 책의 빠지고 잘못된 부분을 補正할 만하였다.

김무상 군과 모광생 군 두 사람이 내게 베풀어준 은혜가 적지 않은데, 이윽고 또 인척으로 孝廉인 文伯 張之綱의 허락을 받아 陽湖의 楊葆彝 군의 ≪經說校注≫를 빌렸는데, 또한 간간이 취할 만한 점이 있기에 장 선생의 ≪經說解≫와 아울러 산삭하고 보충하여 책자에 수록하고, 나의 舊說과 두 사람의 견해가 은연중에 합치된 것들은 모두 내 說을 고쳐 두 사람의 說을 따랐다. 어리석은 내가 前賢과 암암리에 멀리서도 부합한 것이 매우 기쁘니, 진실로 감히 남의 훌륭한 업적을 훔치지 못한다.

竊謂先秦古子誼恉深遠이 如登岳觀海하여 莫能窮其涯涘라 畢王張蘇諸家 於此書斝校에 亦良勤矣나 然이나 其偶有不照하여 爲後人所匡正者 不可僂指數라 余幸生諸賢之後하여 得據彼成說하여 以推其未竟之緖라 然이나 此書甫成에 已有旋覺其誤者하니 則其不自覺而待補正於後人이 殆必有倍蓰於是者니 其敢侈然以自足邪(야)아 甲辰春에 取舊寫別冊하여 散入各卷하여 增定爲此本할새 幷識之以見疏陋之咎無可自掩하노니 且以睎望於後之能校讀是書者하노라 光緖丁未四月에 籒廎(주경)居士는 書하노라

삼가 생각건대 先秦시대 옛 전적은 그 의미가 심원하기가 마치 우뚝한 산에 올라 바다를 바라볼 때에 그 끝을 헤아릴 수 없는 것과 같다. 畢沅·王念孫·張惠言·蘇時學 諸家들이 이 책을 연구하고 교정하는 일에 또한 진실로 정성을 기울였지만 우연히 잘못 본 곳이 있으니, 後人이 匡正한 것이 이루 다 손꼽을 수 없을 만큼 많다.

내가 다행히 諸賢의 뒤에 태어나서 저 이미 나온 說에 의지하여 아직 다 밝히지 못한 단서를 미루어 밝힐 수 있었다. 그러나 이 책이 이루어지자마자 곧 그 오류가 발견되었으니, 나 자신도 발견하지 못한 채 후인이 補正해주기를 기다리는 곳이 필시 몇 곱절은 될 것이다. 감히 함부로 으스대며 自足할 수 있겠는가?

甲辰年(1904) 봄에 예전에 필사해놓은 別冊을 가져다가 각 권에 散入하고 增定하여 이 책을 지으면서 아울러 〈自序를〉 기록하여 스스로 감출 수 없는 疏陋한 허물을 드러내니, 또 뒷날 이 책을 능히 교정하며 읽어줄 자에게 바라노라.

光緖 丁未(1907) 4월에 籒廎居士(孫詒讓)가 書하노라.

親士 第一 제1편 선비를 친애함

'親士'는 선비를 가까이 하고 아끼는 것에 대해 논하는 장이다. 군주는 자신과 뜻을 같이 하는 자만을 취하여 쓸 것이 아니라 강직하고 바른 말을 하여 자신을 거스르는 자 역시 포용해야 한다는 논리이다.

畢沅云 衆經音義[1]에 **云 倉頡篇**[2]에 **曰 親**은 **愛也近也**라하며 **說文解字**[3]에 **云 士**는 **从一从十**이라 **孔子曰 推十合一爲士**라하며 **玉篇**[4]에 **云 傳曰 通古今**하고 **辯然不**를 **謂之士**[5]라하다 **此**는 **與脩身篇無稱子墨子云**하니 **疑翟所著也**라하다 **案 畢說未塙**[6]이라 **此書**는 **文多闕失**이라 **或稱子墨子曰**하고 **或否**하니 **疑多非古本之舊**니 **未可據以定爲墨子所自著之書也**라 **又此篇所論**이 **大抵尙賢篇之餘義**일새 **亦似不當爲第一篇**이라 **後人**

1) 衆經音義 : ≪一切經音義≫라고도 한다. 동일한 書名이 3종이 있다. 첫째, 649년 玄應이 449부의 불교 전적에서 뽑은 字句에 주석한 것으로 ≪玄應音義≫라고도 한다. 인용된 자료가 매우 풍부하여 훈고학자들에게 매우 중시되는 자료이며, 反切 注音法을 이용하여 중국어의 中古音을 연구하는 자료가 되기도 한다. 둘째, 807년 慧琳이 三藏 즉, 經·律·論 1,300부에서 가려 뽑은 자구에 주석을 단 것으로, ≪慧琳音義≫라고도 한다. 현응의 ≪一切經音義≫와 慧苑의 ≪華嚴音義≫를 함께 수록하였기 때문에 현응이 지은 것에 비하면 더욱 상세하다. 佛經音義의 집대성으로 일컬어진다. 셋째, 希麟이 지은 ≪續一切經音義≫이다. 대개 ≪衆經音義≫ 혹은 ≪一切經音義≫라 하면 혜림의 것을 지칭한다.

2) 蒼頡篇 : 漢나라 초기의 字書를 가리킨다. ≪蒼詁篇≫·≪爰歷篇≫·≪博學篇≫으로 구성되어 있으며, 이 3편을 총칭하여 '창힐편'이라고 하였다. ≪三蒼≫ 또는 ≪三倉≫이라고도 한다. ≪說文解字≫·≪爾雅≫ 등과 함께 주요 字書로 꼽힌다.

3) 說文解字 : 後漢의 許愼(B.C. 58?~B.C. 147?)이 20여 년에 걸쳐 완성한 것으로, 漢字의 形·義·音을 체계적이고 종합적으로 설명하였다. 중국 最古의 字書로, 원본은 전하지 않는다. 남아 있는 것은 宋나라 徐鉉이 펴낸 교정본으로 본문 14권과 敍目 1권으로 이루어져 있다. 淸나라 段玉裁의 ≪說文解字注≫가 ≪說文解字≫의 주석서로 가장 널리 알려져 있다.

4) 玉篇 : 六朝時代 梁나라 顧野王(519~581)의 저술이다. ≪說文解字≫ 계통의 字書이다. 총 30권이며, 문자마다 反切音을 달았다. 經傳史子의 訓注와 音義를 취하여 類書 형식의 상세한 解說를 한 것이 특징이다.

5) 通古今 辯然不 : ≪御定孝經衍義≫ 〈士章〉에 보인다.

6) 塙 : '確'의 古字이다.

因其持論尙正하여 與儒言相近이라하여 遂擧以冠首耳라 以馬總[7)]의 意林所引으로 校之하니 則唐以前本已如是矣라

畢沅 : ≪衆經音義≫에 "≪倉頡篇≫에 '親'은 아낀다는 뜻이고, 가까이한다는 뜻이다." 라 하였고, ≪說文解字≫에 "士는 一과 十을 합한 것이다. 孔子는 '十을 미루어 一에 합한 것이 士'라 하였다."라 하였고, ≪玉篇≫에 "傳에 이르기를 '古今에 통달하고 是非를 변석하는 자를 士'라 한다."라 하였다. 이 편과 〈脩身〉은 '子墨子云'이라는 말이 없으니, 墨翟의 저작인 듯하다.

案 : 畢沅의 설은 확실치 않다. 이 책(≪墨子≫)은 글에 誤脫이 많다. 어떤 곳에는 '子墨子曰'이라 되어 있고 어떤 곳에는 그렇지 않으니, 아마도 원래의 古本이 아닌 곳이 많은 듯하다. 따라서 이를 근거로 墨子가 직접 지은 책이라고 단정할 수는 없다. 게다가 이 편의 내용이 대저 〈尙賢〉의 내용을 이은 것이니, 아마도 제1편으로 삼아서는 안 될 것이다. 後人들이 이 편의 持論이 그래도 정당하여 儒家의 말과 서로 비슷하다고 하여 마침내 이 편을 들어서 첫머리에 둔 것일 뿐이다. 馬總의 ≪意林≫에 인용된 것으로 校勘해보니, 唐나라 이전의 板本들이 이미 이와 같았다.

1-1-1 入國而不存其士하면 則亡國矣요

賢士가 나라에 들어왔는데도 그를 찾아가 안부를 묻지〔存問〕 않는다면 그 나라는 패망할 것이다.

說文 子部에 云 存은 恤問也라하다

≪說文解字≫ 〈子部〉에 "存은 찾아가 안부를 묻는다는 뜻이다."라 하였다.

1-1-2 見賢而不急하면 則緩其君矣라 非賢無急이요 非士無與慮國이니

賢人을 만나보았는데도 〈등용하기를〉 서두르지 않는다면 그 임금을 소홀히 여기는 것이다. 현인이 아니라면 급급해할 것이 없고, 현사가 아니라면 국사를 함께 의논할 것이 없다.

說文 思部에 云 慮는 謀思也라하다

---

7) 馬總 : 唐나라 穆宗 때 사람이다. ≪意林≫ 5권을 지었다.

《說文解字》〈思部〉에 "慮는 꾀하고 생각한다는 뜻이다."라 하였다.

1-1-3 緩賢忘士而能以其國存者는 未曾有也니라

현인을 소홀히 하고 현사를 잊고도 능히 그 나라를 보존한 경우는 일찍이 없었다.

1-2-1 昔者에 文公[8]出走라가 而正[9]天下하며

옛날에 晉 文公은 국외로 망명하였다가 천하의 首長이 되었으며,

畢云 正은 讀如征이라하다 王念孫云 畢讀非也라 爾雅[10]에 曰 正은 長也라하다 晉文爲諸侯盟主라 故로 曰 正天下라하니 與下霸諸侯對文이라 又廣雅[11]에 正은 君也라하고 尙賢篇에 曰 堯舜禹湯文武之所以王天下正諸侯者라하니 凡墨子書言正天下正諸侯者는

---

8) 文公 : B.C. 697?~B.C. 628. 名은 重耳이다. 晉 獻公의 庶子이다. 헌공이 驪姬의 소생인 奚齊를 세자로 삼고자 하여 寵妃인 여희의 참소를 믿고 태자 申生을 죽이자, 중이와 그 아우 夷吾는 국외로 망명하였다. 중이는 狄으로 도망하여 19년 동안 천하를 周遊하다가 秦 穆公의 원조로 晉나라로 귀국, 62세에 즉위하여 내정을 회복하고 군사·경제 방면의 부흥을 이룩하였다. B.C. 632년 踐土 河南省에서 周 襄王을 맞아 중원 제후들과 동맹을 결성하고 춘추시대 제후들의 霸者가 되었다.

9) 正 : 吳毓江은 《墨子校注》에서 "正은 匡正이다. 《論語》〈憲問〉에 '管仲相桓公 霸諸侯 一匡天下(管仲이 桓公을 도와 제후를 제패하여 일거에 천하를 바로잡았다.)'라 하였는데, 《論衡》〈書虛〉에 이를 인용하면서 '一正天下'라고 썼다."라 하였다. 여기서는 王念孫의 설에 따라 번역하였다.

10) 爾雅 : 중국 最古의 訓詁書이다. 《釋名》 또는 《釋言》이라고도 한다. 지자와 편찬 시기는 분명치 않으며, 戰國時代(B.C. 403~B.C. 221) 말에서 前漢時代 武帝(재위 B.C. 141~B.C. 87) 사이일 것으로 추정할 뿐이다. 《爾雅》의 經文을 풀이하여 注를 낸 郭璞(276~324)의 《爾雅注》와, 《爾雅》의 경문과 《爾雅注》를 풀이한 邢昺(932~1010)의 《爾雅疏》가 가장 널리 알려져 있다. 唐나라 고조 때의 國學博士인 陸德明(550~630)이 《爾雅音義》를 짓고 자신의 저서인 《經典釋文》에 수록하였다.

11) 廣雅 : 《博雅》라고도 한다. 北魏 太和(227~232) 연간에 魏나라 학자 張揖이 《三蒼》과 《說文解字》 등을 참고하여 《爾雅》를 증보한 것이다. 총 10권이다. 古書의 字句를 해석하였으며 經書를 고증하고 주석을 달았다. 淸나라 王念孫(1744~1832)이 이를 증보하여 《廣雅疏證》과 《釋大》를 지었다.

非訓爲長이면 卽訓爲君이니 皆非征伐之謂라하다 案 王說이 是也라 呂氏春秋[12]順民篇에 云 湯克夏而正天下라한대 高誘注에 云 正은 治也라하니 亦非라

畢沅 : '正'은 독음이 '征(정)'과 같다.

王念孫 : 畢沅이 말한 독음은 옳지 않다. ≪爾雅≫에 "'正'은 '長'이다."라 하였다. 진 문공이 제후들의 盟主가 되었으므로 "천하의 正이 되었다.〔正天下〕"라 하였으니, 아래의 "제후들의 霸者가 되었다.〔霸諸侯〕"는 대목과 對句를 이룬다. 또 ≪廣雅≫에 "'正'은 '君'이다."라 하였고, ≪墨子≫ 〈尙賢〉에 "堯·舜·禹·湯·文·武가 천하를 통일하여 王이 되고 제후들의 首長이 된 까닭이다."라 하였으니, 무릇 ≪墨子≫에서 '正天下'와 '正諸侯'라 한 곳은, 訓이 '長'이 아니면 곧 '君'이 되니, 모두 '征伐'의 뜻은 아니다.

案 : 王念孫의 설이 옳다. ≪呂氏春秋≫ 〈順民〉에 "湯이 夏를 이기고 천하의 正이 되었다."라 하였는데, 高誘의 注에 "'正'은 '다스린다〔治〕'는 뜻이다."라 하였으니, 이 또한 옳지 않다.

1-2-2 桓公[13]去國이라가 而霸諸侯하며 越王句踐[14]遇吳王之醜라가

齊 桓公은 나라를 떠났다가 제후들의 霸者가 되었으며, 越王 句踐은 吳王(夫差)에게 치욕을 당하였다가

蘇時學云 醜는 猶恥也라하다 詒讓案 呂氏春秋不侵篇에 欲醜之以辭라한대 高注에 云

---

12) 呂氏春秋 : 秦나라의 呂不韋(?~B.C. 235)가 食客에게 저술을 맡겨 편찬한 것이다. 총 26권이다. 儒家를 중심으로 道家·墨家·法家·農家·陰陽家 등 선진시대의 諸說과 說話를 채택하여 수록하였다. 선진시대 사상사를 연구하는 데 주요한 자료로 꼽힌다. 略稱하여 ≪呂覽≫이라고 한다.

13) 桓公 : B.C. 716~B.C. 643. 姓은 姜, 氏는 呂, 名은 小白이다. 형인 齊 襄公이 暴惡하였기 때문에 이를 피해 莒로 달아났다가 양공이 連稱과 管至父에 의해 시해된 후에 귀국하여 政敵이었던 공자 糾를 누르고 즉위하였다. 管仲을 재상으로 삼고 鮑叔牙·寧戚 등의 보필을 받아 개혁을 추진, 內政을 회복하고 外治를 이루어 中原의 제후들에 의해 霸者로 추대되었다.

14) 越王句踐 : ?~B.C. 465. 會稽山 전투에서 吳王 夫差에게 참담하게 패배한 뒤 부차의 노복으로 들어가 치욕을 당하였다가 B.C. 473년에 오나라를 滅國시키고 춘추시대 말 吳·越 양국의 대결 구도를 완전히 종식시켰다. 文種과 范蠡를 책사로 두어 내정개혁에 힘쓰고 부국강병을 꾀하였다. 북으로 淮水를 건너 徐州에서 제후를 회합하고 周나라에 조공함으로써 方伯의 명을 받아 霸主가 되었다.

醜는 或作恥라하다

蘇時學 : '醜'는 '恥(부끄럽다)'와 같다.

詒讓案 : ≪呂氏春秋≫〈不侵〉에 "欲醜之以辭(그를 말로써 욕보이고자 한다.)"라 하였는데, 高誘의 注에 "'醜'는 어떤 곳에는 '恥'로 되어 있다."라 하였다.

桓公

1-2-3 而尙[15]攝中國之賢君하니

위로 중국의 賢君들을 위협하였으니,

畢云 尙은 與上通이라 攝은 合也니 謂合諸侯라 郭璞[16]注爾雅에 云 聶은 合이라하니 攝은 同聶이라하다 案 畢說은 未允이라 攝은 當與懾通하니 左襄十一年傳에 云 武震以攝威之[17]라하고 韓詩外傳[18]에 云 上攝萬乘이요 下不敢敖乎匹夫라하니 此義與彼同이니 謂越王之威 足以懾中國賢君也라

---

15) 尙 : 正德本에는 '上'으로 되어 있다.

16) 郭璞 : 276~324. 東晉 河東 聞喜 사람으로 字는 景純이다. 詩賦에 特長이 있었으며, 古文奇字·曆算·卜筮術에도 밝았다. 저서에 ≪爾雅注≫, ≪方言注≫, ≪山海經注≫, ≪水經注≫, ≪楚辭注≫가 있으며, 문집에 ≪郭弘農集≫이 있다.

17) 武震以攝威之 : ≪春秋左氏傳≫ 襄公 11년 조에 "9월에 諸侯가 군대를 동원하여 다시 鄭나라를 치니, …… 君王께서 만약 玉帛으로 晉나라와 和平을 맺으시겠다면 〈가하거니와〉 만일 그렇게 할 수 없다면 군대의 威力으로 晉나라를 두렵게 하는 것이 孤의 바람입니다.〔九月 諸侯悉師以復伐鄭……君若能以玉帛綏晉 不然則武震以攝威之 孤之願也〕"라고 보인다.

18) 韓詩外傳 : 前漢 景帝 때 韓嬰이 저술하였다. 內傳 4권과 外傳 6권으로 총 10권이었으나 南宋 이후로 外傳만 전한다.

畢沅 : '尙'은 '上(위)'과 통한다. '攝'은 합한다는 뜻이니, 제후들을 규합한다는 말이다. 郭璞의 ≪爾雅注≫에 "'聶'은 합한다는 뜻이다."라 하였으니, '攝'은 '聶(쥐다)'과 같다.

案 : 畢沅의 설은 온당하지 못하다. '攝'은 응당 '懾(위협하다)'과 통하니, ≪春秋左氏傳≫ 襄公 11년 조에 "武震以攝威之(군대의 威力으로 晉나라를 두렵게〔攝威〕 하는 것)"라 하였고, ≪韓詩外傳≫에 "上攝萬乘 下不敢敖乎匹夫(위로는 萬乘의 천자를 위협하고, 아래로는 匹夫에게도 감히 오만하게 굴지 않았다.)"라 하였으니, 이 뜻이 저 대목과 같다. 越王의 威容이 중국의 賢君을 위협하기에 충분하다는 말이다.

1-2-4 三子之能達名成功於天下也는 皆於其國에 抑而大醜也일새니라

세 사람(晉 文公·齊 桓公·越王 句踐)이 천하에 이름이 널리 알려져 성공할 수 있었던 것은 모두 자신의 나라에서 억눌려 크게 辱을 당하였기 때문이다.

畢云 猶曰 安其大醜라 廣雅에 云 抑은 安也라하다 兪樾云 抑之言은 屈抑也라 抑而大醜는 與達名成功相對니 言于其國엔 則抑而大醜요 于天下엔 則達名成功이라 正見其由屈抑而達이니 下文所謂敗而有以成也라 畢注는 于文義未得이라하다 案 兪說이 是也라

畢沅 : 〈'抑而大醜'는〉 '安其大醜(큰 치욕을 아무렇지도 않게 여긴다.)'와 같다. ≪廣雅≫에 "抑은 편안히 여긴다는 뜻이다."라 하였다.

兪樾 : '抑'이라는 말은 굽히고 억누른다는 뜻이니, "抑而大醜(억눌려 크게 욕을 당하였다.)"는 "達名成功(이름이 널리 알려져 성공하였다.)"과 서로 對句가 되니, 자기 나라에서는 억눌려 크게 욕을 당하고, 천하에서는 이름이 널리 알려져 성공했다는 말이다. 여기서 바로 굽히고 억눌림으로 말미암아 이름이 널리 알려지게 되었다는 것을 알 수 있으니, 아래 글에서 말한 "실패했다가 이내 성공을 거둔다.〔敗而有以成〕"는 것이다. 畢沅의 注는 글 뜻을 제대로 알지 못하였다.

案 : 兪樾의 설이 옳다.

1-2-5 太上無敗요

가장 좋은 것은 패배가 없는 것이요

畢云 李善文選注[19)]에 云 河上公注老子에 云 太上은 謂太古無名之君也라하다 案 太

上은 對其次爲文하니 謂等之最居上者는 不論時代今古也라 畢引老子注義는 與此不相當이라

畢沅：李善의 ≪文選注≫에 "≪老子≫ 河上公의 注에 '太上은 太古의 이름 없는 임금을 말하는 것'이라 하였다."라 하였다.

案：太上은 其次와 對句가 되니, 등급상 가장 높은 곳에 해당하는 자는 시대와 고금을 따지지 않는다는 말이다. 畢沅이 인용한 ≪老子注≫의 뜻은 여기에서 말한 것과 맞지 않다.

1-2-6 其次敗而有以成이니 此之謂用民이라하니라

그 다음은 실패했다가 이내 성공을 거두는 것이니, 이를 "백성을 부린다.〔用民〕"고 한다.

言以親士라 故로 能用其民也라

〈'用民'은 이 세 사람이〉 선비를 아끼고 가까이하였으므로, 그 백성을 부릴 수 있었다는 말이다.

1-3-1 吾聞之컨대 曰 非無安居也요 我無安心也며 非無足財也요 我無足心也라하니라

내가 듣건대 "편안히 살 곳이 없어서가 아니라 내게 편안한 마음이 없어서이며, 충분한 재물이 없어서가 아니라 내게 만족하는 마음이 없어서이다."라 하였다.

畢云 言不肯苟安이 如好利之不知足이라하니

畢沅：이익을 좋아하여 만족할 줄 모르는 것처럼 구차히 편안하고자 하지 않는다는 말이다.

---

19) 李善文選注：≪文選≫은 梁나라 昭明太子 蕭統이 秦·漢 이래 齊·梁代의 대표적인 詩文을 모아 엮은 책이다. 총 30권으로 ≪昭明文選≫이라고도 한다. ≪文選注≫는 李善이 唐나라 高宗 顯慶 연간에 지어 조정에 바친 책이다. 총 60권이다. 唐나라 이전 최고 수준의 古書 注釋으로 일컬어진다.

1-3-2 **是故**로 **君子**는 **自難而易**(이)**彼**하며

이런 까닭에 군자는 자신은 어려운 일에 처하고 남은 쉬운 일에 처하게 하며,

畢云 言自處於難이니 卽躬自厚而薄責人[20]之義라하다

畢沅 : 스스로 어려움에 처한다는 말이니, 곧 자신을 엄히 책망하고 남을 가볍게 책망한다는 뜻이다.

1-3-3 **衆人**은 **自易**(이)**而難彼**하나니 **君子進不敗其志**하며 **內究其情**하여

보통 사람들은 자신은 쉬운 일에 처하고 남은 어려운 일에 처하게 한다. 군자가 세상에 나아가서는 자신의 뜻을 굽히지 않고 물러나서는 그 실정을 궁구하여

內下에 畢增不字하다 云 舊脫此字나 據上文하여 增이라 疚는 究同이니 猶云內省不疚[21]라하다 俞云 內는 當作㕯(퇴)니 卽退字也라 進不敗其志와 退究其情은 正相對成文이니 所謂大行不加[22]요 窮居不損也라 因退從或體하여 作㕯하고 又闕壞而作內하여 畢氏遂據上句하여 增入不字하니 殊失其旨하다 案 俞說이 近是라

'內'자 아래 畢沅이 '不'자를 첨가하였다.

畢沅 : 舊本에는 이 '不'자가 빠져 있는데 윗글에 근거하여 첨가하였다. '疚'와 '究'는 같으니, '內省不疚(스스로를 돌이켜보아 허물이 없다.)'라는 말과 같다.

俞樾 : '內'는 '㕯'로 써야 하니, 곧 '退'자이다. "進不敗其志(나아가서는 그 뜻을 굽히지 않는다.)"와 "退究其情(물러나서는 그 실정을 궁구한다.)"은 그야말로 서로 짝이 되어 문장을

20) 躬自厚而薄責人 : ≪論語≫ 〈衛靈公〉에 "자신을 엄히 책망하고 남을 가볍게 책망한다면, 원망을 멀리하게 된다.〔躬自厚而薄責於人則遠怨矣〕"라고 보인다.

21) 內省不疚 : ≪論語≫ 〈顔淵〉에 "사마우가 군자에 대해 묻자 공자께서 '군자는 걱정하지 않고 두려워하지 않는다.'라 하셨다. 〈사마우가〉 '걱정하지 않고 두려워하지 않으면 군자라고 하는 것입니까?'라 하자, 공자께서 '안으로 자신을 돌아보아 허물이 없다면 무엇을 걱정하고 무엇을 두려워하겠는가?'라 하셨다.〔司馬牛問君子 子曰 君子不憂不懼 曰 不憂不懼 斯謂之君子矣乎 子曰 內省不疚 夫何憂何懼〕"라고 보인다.

22) 大行不加 : ≪孟子≫ 〈盡心 上〉에 "군자의 본성은 비록 크게 뜻을 펴도 더해지지 않고, 궁색하게 살더라도 덜해지지 않으니, 分數가 정해져 있기 때문이다.〔君子所性 雖大行不加焉 雖窮居不損焉 分定故也〕"라고 보인다.

이루니, 이른바 "크게 뜻을 펴도 더해지지 않고 窮塞하게 살더라도 덜해지지 않는다."는 것이다. '退'자는 異體字를 따라 '衲'로 되어 있기도 하고 또 字劃이 훼손되어 '內'로 되어 있기도 하여, 畢沅이 끝내 앞 문장에 근거하여 '不'자를 첨가하였으니, 그 뜻을 매우 잘못 보았다.

案 : 兪樾의 說이 옳은 듯하다.

1-3-4 **雖雜庸民**이라도 **終無怨心**은

비록 일반 백성들과 섞여 살더라도 끝내 원망하는 마음이 없는 것은,

畢云 言遺佚不怨[23])이라하다

畢沅 : 세상에 쓰이지 못해도 원망하지 않는다는 말이다.

1-3-5 **彼有自信者也**일새니라

그는 자신에 대한 믿음이 있기 때문이다.

1-3-6 **是故**로 **爲其所難者**는 **必得其所欲焉**이니 **未聞爲其所欲而免**[24])**其所惡**(오)**者也**라 **是故**로 **偪臣傷君**하며

이런 까닭에 자신이 어렵다고 여기는 일을 하는 사람은 반드시 그 바라는 바를 얻으니, 자신이 원하는 대로 일을 하고서 그 싫어하는 바를 면하였다는 말은 듣지 못하였다. 이런 까닭에 간사한 신하는 임금을 해치고

國語周語韋昭[25])**注**에 **云 偪**은 **迫也**라하니 **偪臣**은 **謂貴臣**[26])**權重迫君**이라 **然**이나 **此與謟**

23) 遺佚不怨 : ≪孟子≫ 〈公孫丑 上〉에 "〈유하혜는 벼슬에〉 나아감에 어짊을 숨기지 않아 반드시 그 道로써 하였으며, 벼슬에서 내쫓기거나 누락되어도 원망하지 않아 곤궁함을 당하더라도 근심치 않았다. 그러므로 말하기를 '너는 너이고 나는 나이니, 네가 비록 내 곁에서 옷을 걷고 몸을 드러낸들 네 어찌 나를 더럽힐 수 있겠는가.'라 하였다. 그러므로 悠悠히 남들과 함께 있으면서도 자신의 몸가짐을 잃지 않았다.〔進不隱賢 必以其道 遺佚而不怨 阨窮而不憫 故曰 爾爲爾 我爲我 雖袒裼裸裎於我側 爾焉能浼我哉 故由由然與之偕而不自失焉〕"라고 보인다.

24) 免 : 正德本에는 '免'자가 없다.

下同擧하여 而對弗弗之臣爲文이니 則不當云偪臣이라 偪은 疑佞之譌라

≪國語≫ 〈周語〉 韋昭의 注에 "'偪'은 핍박한다는 뜻이다."라 하였으니, 偪臣은 貴臣의 權勢가 커서 임금을 핍박한다는 말이다. 그러나 이 대목은 諂下와 함께 써서 弗弗之臣과 對句를 이루니, 偪臣이라 해서는 안 된다. '偪'은 '佞'자의 誤字인 듯하다.

1-3-7 諂下傷上이라

아첨하는 아랫사람은 윗사람을 해친다.

畢云 言佞人病國이 與偪臣同이라하다

畢沅 : 간사한 신하가 나라를 병들게 하는 것이 偪臣과 같다는 말이다.

1-3-8 君必有弗弗[27]之臣하며

임금에게는 반드시 뜻을 거스르는 신하가 있고

弗은 讀爲咈이니 說文 口部에 云 咈은 違也라하다

'弗'은 독음이 '咈(불)'이다. ≪說文解字≫ 〈口部〉에 "'咈'은 거스른다는 뜻이다."라 하였다.

1-3-9 上必有詻詻[28]之下하여

윗사람에게는 반드시 기탄없이 곧은 말 하는 아랫사람이 있어서,

廣雅釋訓에 云 詻詻은 語也라하다 周禮保氏鄭康成注에 云 軍旅之容이 暨暨詻詻[29]이라하다

---

25) 韋昭 : 三國시대 吳나라의 학자이다. 字는 弘嗣이다. 258년 孫休가 즉위하여 五經博士와 國學을 설립하자 박사좨주가 되어 서적 편찬 및 侍講을 담당하였다. 주요 저서에 ≪漢書音義≫ · ≪國語注≫ · ≪官職訓≫ · ≪三吳郡國志≫ 등이 있다.

26) 貴臣 : ≪儀禮≫ 〈喪服〉에 보인다.

27) 弗 : ≪說文解字≫에 "弗은 '撟(치켜들다)'의 뜻이다."라 하였다.

28) 詻詻 : 正德本에는 '絡絡'으로 되어 있다.

29) 軍旅之容 暨暨詻詻 : ≪禮記≫ 〈玉藻〉에 "戎容暨暨 言容詻詻(용모는 굳세고 말은 엄숙하다.)"이라고 보인다.

莊子人間世篇釋文[30]에 **引崔譔**하여 **云 逆擊**을 **曰 詻**이라하다 **案 詻**은 **洪頤煊**이 **謂與諤同**이라하니 **近是**라 **詳後**라 **畢云 禮記**에 **云 言容**이 **詻詻**이라한대 **鄭君注**에 **云 教令**이 **嚴也**라하다 **說文**에 **云 (論)〔詻〕**[31]은 **訟也**라하고 **玉篇**에 **云 魚格切**이라하다

≪廣雅≫〈釋訓〉에 "'詻詻'은 말한다는 뜻이다."라 하였고, ≪周禮≫〈保氏〉 鄭玄의 注에 "군대의 儀容이 날래고 사납다."라 하였고, ≪經典釋文≫의 ≪莊子≫〈人間世〉에 崔譔의 말을 인용하여 "되받아치는 것을 '詻'이라 한다."라 하였다.

案 : '詻'은 洪頤煊이 '諤'과 같다고 하였으니, 옳은 듯하다. 뒷부분(1-3-10)에 자세히 설명하였다.

畢沅 : ≪禮記≫에 "말하는 모습이 詻詻하다."라 하였는데, 鄭玄의 注에 "教令이 엄한 것이다."라 하였다. ≪說文解字≫에 "'詻'은 다투는 것이다."라 하였다. ≪玉篇≫에 "'魚'와 '格'의 반절이다."라 하였다.

1-3-10 分議者延延[32]하고 而(支苟)〔交敬〕[33]者詻詻하면

의견이 갈리어 의논하기를 오래도록 하고 서로 훈계하기를 따지듯이 한다면,

畢云 支苟[34]**二字**는 **疑誤**라하다 **洪頤煊云 延延**은 **長也**라 **支苟**는 **當是致敬之譌**라 **詻詻**은 **與諤諤同**이니 **言分議者**는 **皆延延以念久長**하며 **而致敬者**는 **又諤諤以盡其誠**이니 **卽上文**

---

30) 釋文 : ≪經典釋文≫을 가리키는 것으로, 이는 唐代 經學家인 陸德明의 저작이다. ≪周易≫, ≪古文尙書≫, ≪毛詩≫, ≪周禮≫, ≪儀禮≫, ≪禮記≫, ≪春秋左氏傳≫, ≪春秋公羊傳≫, ≪春秋穀梁傳≫, ≪孝經≫, ≪論語≫, ≪爾雅≫, ≪老子≫, ≪莊子≫ 등의 古音과 訓義에 대하여 고증한 것으로, 魏晉 이래 혼란해진 注音을 통일하기 위해 經文과 注文에 모두 反切이나 直音을 달았을 뿐 아니라, 漢·魏·六朝의 경학자들의 音切과 訓詁를 망라하여 수록함으로써 이후 經學의 기본서가 되었다. 모두 30卷이다.

31) (論)〔詻〕 : 육당문고본에는 '論'으로 되어 있고, 孫詒讓의 교감이 없다. 吳毓江은 ≪墨子校注≫에서 "'論'은 '詻'의 誤字이다. 畢沅의 刻本에 의거하여 고쳤다. ≪說文解字≫의 내용과도 합치한다."라 하였다. 吳毓江의 교감에 의거하여 '詻'으로 번역하였다.

32) 延延 : 吳毓江은 ≪墨子校注≫에서 "'延延'은 '長'이다. 의견이 갈리어 議論하는 자들이 거듭 爭諫하며 말을 길게 하는 것이다."라 하였다.

33) (支苟)〔交敬〕 : 저본에는 '支苟'로 되어 있으나, 孫詒讓의 주에 의거하여 '交敬'으로 바로잡았다.

34) 支苟 : 畢本에는 '支苟' 두 자가 없다.

所謂上必有詻詻之下也라 蘇云 支苟二字는 疑敬字之訛라 兪云 支苟는 乃稽秵[35](지구) 二字之假音이니 說文禾部에 秵는 稽秵也라하고 徐鍇[36]曰 稽秵는 不伸之意라하니 然則 稽秵者詻詻은 殆謂在下位者 或爲上所淩壓而不得申하여도 亦必詻詻然自伸其意而 後已니 上文所謂上必有詻詻之下 是也라 案 洪謂苟爲敬字之譌는 是也나 而以支爲 致는 則未塙이라 兪說은 尤誤라 以文義로 推之컨대 支는 疑當爲交니 形近而譌라 經說上 篇에 圜은 規寫交也라한대 今本交亦誤支니 是其證이라 敬은 讀爲儆이니 交儆은 謂交相 儆戒也라 苟는 卽敬之壞字라 國語楚語에 左史倚相이 見申公子亹하여 曰 唯子 老耄라 故로 欲見以交儆子라한대 韋注에 云 交는 夾也라하다

畢沅 : '支苟' 두 글자는 誤字인 듯하다.

洪頤煊 : '延延'은 오래 끈다는 뜻이다. '支苟'는 '致敬'이 잘못 전사된 것이다. '詻詻'은 '諤諤(기탄없이 곧은 말 하는 모양)'과 같으니, 議論하는 자들은 모두 신중을 기하여 생각을 오래하고, 공경을 지극히 하는 자들은 기탄없이 곧은 말을 하여 誠心을 다하는 것이니, 곧 윗글에서 말한 "윗사람에게는 반드시 기탄없이 곧은 말 하는 아랫사람이 있다.〔上必有詻詻之下〕"는 것이다.

蘇時學 : '支苟' 두 글자는 '敬'자의 와전인 듯하다.

兪樾 : '支苟'는 '稽秵' 두 글자의 假音字이다. ≪說文解字≫ 〈禾部〉에 "'秵'는 '稽秵'이다."라 하였고, 徐鍇는 "'稽秵'는 펴지 못한다는 뜻이다."라 하였으니, 그렇다면 '稽秵者詻詻'은 아마도 아랫자리에 있는 사람이 혹 윗자리에 있는 사람에게 억압당하여 뜻을 펴지 못하더라도 반드시 곧은 말을 하여 자신의 뜻을 말한 후에야 그친다는 뜻이니, 윗글에서 말한 "윗사람에게는 반드시 기탄없이 곧은 말 하는 아랫사람이 있다."는 것이 이것이다.

案 : 洪頤煊이 '苟'를 '敬'의 誤字로 본 것은 옳다. 그러나 '支'를 '致'로 본 것은 명확치 않다. 兪樾의 설은 더욱 잘못된 것이다. 글 뜻으로 미루어보건대 '支'는 '交'자가 되어야 마땅할 듯하니, 모양이 비슷하여 잘못된 것이다. ≪墨子≫ 〈經說 上〉의 "圜規寫交也"는 今本에 '交'가 마찬가지로 '支'로 잘못되어 있으니, 이것이 그 증거이다. '敬'은 독음이 '儆(경)'이니, '交儆'은 서로 경계한다는 뜻이다. '苟'는 '敬'자의 자획이 훼손된 것이다. ≪國

---

35) 秵 : 이 글자가 ≪說文解字≫와 ≪玉篇≫ 등에는 '𥝩'로 되어 있다.

36) 徐鍇 : 920~974. 南唐의 학자로 형인 徐鉉과 함께 문자학에 정통했다. 저서에 ≪說文解字繫傳≫ · ≪說文解字篆韻譜≫ · ≪歲時廣記≫ · ≪家傳方輿記≫ 등이 있다.

語≫ 〈楚語〉에 "左史 倚相이 申公子 亹를 뵙고 아뢰기를 '다만 선생께서 늙어서 정신이 없기 때문에 찾아뵙고서 도와 깨우쳐 드리고자 한 것입니다.〔唯子老耄 故欲見以交儆子〕'라 하였다."라 하였는데, 韋昭의 注에 "'交'는 '낀다〔夾〕'는 뜻이다."라 하였다.

1-3-11 焉可以長生保國이리

〈그 임금은〉 이와 같아야 비로소 오래 살고 나라를 보전할 수 있다.

王云 焉字는 下屬하여 爲句라 焉은 猶乃也니 言如是乃可以長生保國也라

王念孫 : '焉'자는 아래로 이어져 句가 된다. '焉'은 '乃'자와 같으니, '이와 같아야 비로소 오래 살고 나라를 保全할 수 있다'는 말이다.

1-3-12 臣下가 重其爵位而不言하여 近臣則喑하며

신하가 자신의 爵位를 소중히 여겨 바른말을 하지 않아서 近臣은 입을 다물고

畢云 當爲瘖이니 說文에 云 瘖(음)은 不能言也라하다 喑(암)은 宋齊에 謂兒泣不止를 曰 喑이라하나 非此義라 玉篇에 云 瘖(음)은 於深切이니 不能言이라하고 喑은 於金·於甘二切이니 啼極無聲也라하니 則作喑이 亦是라하다 詒讓案 喑은 瘖字同이니 尙賢下篇에 有瘖字라 晏子諫下篇에 云 近臣嘿이요 遠臣瘖이라하고 又云 朝居嚴이면 則下無言이요 下無言이면 則上無聞矣라 下無言을 則吾謂之瘖이라하고 上無聞을 則吾謂之聾이라하고 說苑[37]正諫篇에 晏子云 下無言을 則謂之喑이라하니 喑은 卽瘖也라 又穀梁文六年傳에 云 下闇이면 則上聾이라하니 闇은 與喑·瘖字亦通이니라

畢沅 : 〈'喑'은〉 '瘖'이 되어야 하니, ≪說文解字≫에 "'瘖'은 말을 못하는 것이다."라 하였다. "'喑'은 宋나라와 齊나라에서 어린아이가 울음을 그치지 않는 것을 '喑'이라 한다."라 하였으나 이 뜻은 아니다. ≪玉篇≫에 "'瘖'은 '於'와 '深'의 반절이니, 말을 못하는 것이다."라 하였고, "'喑'은 '於'와 '金'의 반절, '於'와 '甘'의 반절 두 가지 음이니, 울다가 목

37) 說苑 : 前漢의 劉向(B.C. 77?~B.C. 6?)의 저술이다. 총 20권이다. 춘추시대로부터 漢나라 초에 이르는 여러 학자의 전기와 일화를 모은 책이다. 宋나라의 曾鞏이 散佚된 것을 보충하였다.

이 잠겨 소리를 못내는 것이다."라 하였으니, '喑'으로 써도 옳다.

詒讓案 : '喑'은 '瘖'자와 같으니, ≪墨子≫ 〈尙賢 下〉에 '瘖'자가 있다. ≪晏子春秋≫ 〈諫下〉에 "가까운 신하는 침묵하고 먼 신하는 말을 잃는다.〔近臣嘿 遠臣瘖〕"라 하였고, 또 "조정이 엄하기만 하면 아래에서는 입을 다물고 아래에서 입을 다물면 위에서는 듣지 못한다. 아래에서 입을 다무는 것을 나는 '瘖'이라 하고 위에서 듣지 못하는 것을 나는 '聾'이라 한다."라 하였고, ≪說苑≫ 〈正諫〉에 "晏子가 이르기를 '아래에서 말이 없는 것을 喑'이라 하였다."라 하니, '喑'은 곧 '瘖'이다. 또 ≪春秋穀梁傳≫ 文公 6년 조에 "아래에서 침묵하면〔闇〕 위에서는 듣지 못한다."라 하였으니, '闇'은 '喑' · '瘖'자와도 통한다.

1-3-13 遠臣則唫하면

遠臣은 탄식만 한다면

范望의 太玄經[38]注에 云 唫은 猶噏也라하니 亦與吟同이라 文選의 蘇子卿古詩에 李善注引倉頡篇하여 云 吟은 歎也라한대 漢書息夫躬傳顔師古注에 云 唫은 古吟字라하다 畢云與噤音義同이라 史記에 蒯通이 曰 吟而不言이라하고 索隱[39]에 云 吟은 音戶蔭反이요 又音琴이라하다

范望의 ≪太玄經注≫에 "'唫'은 '噏(들이쉬다)'과 같다."라 하였으니, 또한 '吟'자와 같다. ≪文選注≫ 蘇子卿의 古詩에 李善이 ≪倉頡篇≫을 인용하여 말하기를 "'吟'은 탄식한다는 뜻이다."라 하였는데, ≪漢書≫ 〈息夫躬傳〉 顔師古의 注에 "'唫'은 '吟'의 古字이다."라 하였다.

畢沅 : 〈'吟'은〉 '噤'자와 음과 뜻이 같다. ≪史記≫ 〈淮陰侯列傳〉에 "蒯通이 '입을 다물고 말을 못하였다.〔吟而不言〕'고 하였다."라 하였고, ≪史記索隱≫에 "'吟'은 음이 '戶'와 '蔭'의

---

38) 太玄經 : ≪太玄經≫은 前漢 末의 楊雄(B.C. 53~A.D. 18)이 ≪周易≫을 모방하여 저술한 책이다. ≪漢書≫ 〈藝文志〉에는 총 19권이라고 하였으나, ≪文獻通考≫에는 총 10권이라 하였다. 현전하는 판본은 총 10권이다. 晉의 范望이 注를 달았다.

39) 索隱 : 司馬貞의 ≪史記索隱≫을 말한다. 南朝 宋나라 裴駰의 ≪史記集解≫, 唐나라 張守節의 ≪史記正義≫와 함께 ≪史記≫의 대표적인 주석서로 꼽힌다. 이 세 주석을 합하여 '三家注'라 칭하는데, 宋代에 ≪史記≫의 원문 아래에 주석으로 편입되었다. 司馬貞은 唐나라 사람으로 字는 子正이다. 玄宗(재위 712~756) 때 朝散大夫, 國子博士, 弘文館學士 등을 지냈다.

반절이고, 또 음이 '琴(금)'이다."라 하였다.

1-3-14 **怨結於民心**이요

백성들의 가슴에는 원망이 맺힐 것이요,

蘇云 喑唫心은 爲韻이라

蘇時學 : '喑'과 '吟'과 '心'은 韻이다.

1-3-15 **諂諛在側**하여 **善議障塞**(색)하면

아첨하는 자들이 곁에 있어 좋은 議論이 막혀버린다면

蘇云 側塞(색)은 亦爲韻이라

蘇時學 : '側'과 '塞' 역시 韻이다.

1-3-16 **則國危矣**리라 **桀紂不以其無天下之士邪**(야)아 **殺其身而喪天下**로다 **故**로 **曰歸**(궤)**國寶**는

나라는 위태로워질 것이다. 桀王과 紂王은 천하의 賢士가 없었기 때문이 아니겠는가? 자신은 죽임을 당하고 천하를 잃었도다. 그러므로 "나라에 바치는 보물로는

畢云 歸는 讀如齊人歸(궤)女樂(악)[40]之歸라하다

畢沅 : '歸'는 독음이 "齊人歸女樂(齊나라 사람이 女樂을 선물로 보냈다.)"의 '歸(궤)'와 같다.

1-3-17 **不若獻賢而進士**라하니라

賢人을 천거하고 賢士를 추천하는 일만 한 것이 없다."고 하는 것이다.

---

40) 齊人歸女樂 : ≪論語≫ 〈微子〉에 보인다.

1-4-1 **今有五錐**에

여기 다섯 개의 송곳이 있다면

說文 金部에 **云 錐**는 **銳也**라하고 **釋名釋用器**에 **云 錐**는 **利也**라하다

≪說文解字≫ 〈金部〉에 "'錐'는 뾰족하다는 뜻이다."라 하였고, ≪釋名≫ 〈釋用器〉에 "'錐'는 날카롭다는 뜻이다."라 하였다.

1-4-2 **此其銛**(섬)

그중 가장 뾰족한 것이

畢云 史記集解에 **云 徐廣曰 思廉反**이라 **駰案漢書音義**[41)]한대 **曰 銛**은 **謂利**라하다

畢沅 : ≪史記集解≫에 "徐廣이 '〈銛은〉 思와 廉의 반절이다.'라 하였다. 내(裵駰)가 ≪漢書音義≫를 살펴보니 '銛은 날카롭다는 뜻이다.'라 하였다."라 하였다.

1-4-3 銛**者**가 **必先挫**하며 **有五刀**에 **此其錯**

반드시 먼저 무뎌질 것이며, 다섯 개의 칼이 있다면 그중 가장 날카로운 것이

廣雅釋詁에 **云 錯**은 **磨也**라하다 **畢云 言磨錯之利**라하다

≪廣雅≫ 〈釋詁〉에 "'錯'은 간다는 뜻이다."라 하였다.

畢沅 : 갈아서 날카로워졌다는 말이다.

1-4-4 **錯者**가 **必先靡**(마)[42)]라

반드시 먼저 닳아 없어질 것이다.

礳(마)**之叚字**라 **今省**(생)**作磨**니 **謂銷磨也**라 **畢云 挫靡**는 **爲韻**이라 **靡字**는 **麻聲**이라하다

〈'靡'는〉 '礳'의 假借字이다. 지금 생략하여 '磨'라 쓰니, 마모된다는 뜻이다.

---

41) 漢書音義 : 晉 河南 사람인 晉灼이 ≪漢書≫에 注를 낸 것이다.

42) 靡 : 正德本에는 '磨蛇'로 되어 있다.

畢沅 : '挫'와 '靡'는 韻이다. '靡'자는 '麻'의 聲韻이다.

1-4-5 是以로 甘井近竭하고 招木近伐하며

그러므로 단 우물이 먼저 마르고 喬木이 먼저 베어지며,

畢云 招는 與喬音相近이라 竭伐은 爲韻이라하다 案 畢說이 是也라 經說下篇에 橋衡之橋도 亦作招하니 可證이라

畢沅 : '招'는 '喬'와 음이 서로 비슷하다. '竭'과 '伐'은 韻이다.

案 : 畢沅의 설이 옳다. ≪墨子≫ 〈經說 下〉에 '橋衡'의 '橋' 역시 '招'로 되어 있으니, 증거로 삼을 만하다.

1-4-6 靈龜近灼하고 神蛇近暴이리

신령스런 거북이 먼저 불에 지져지고 신령스런 뱀이 먼저 햇볕에 내놓아진다.

畢云 灼暴은 爲韻이라하다 兪云 四近字는 皆先字之誤라 上文에 曰 今有五錐에 此其銛銛者 必先挫요 有五刀에 此其錯錯者 必先靡(마)라하니 然則甘井四喩는 正承上文而言이니 亦必是先字明矣라 先은 篆書作[illegible]이요 近字는 古文作岸하고 篆書作爲[illegible]이니 兩形相似而誤라 案 兪說이 是也라 意林引此二句에 近正作先이라 莊子山木篇에 亦云 直木先伐이요 甘井先竭이라하다 暴蛇者는 蓋以求雨니 淮南子[43]齊俗訓에 云 犧牛粹毛[44] 宜於廟牲이나 其於以致雨엔 不若黑蜧라한대 許愼注에 云 黑蜧는 神蛇也니 潛於神淵이라가 能興雲雨라하다 春秋繁露[45]求雨篇에 云 春旱求雨에 暴巫[46]聚蛇라하다

---

43) 淮南子 : 前漢의 淮南王 劉安이 賓客과 方士 수천 명을 불러 지었다고 한다. 내편 21권, 외편 33권으로, 현재 內篇만 전해진다. '淮南子'라는 명칭은 梁나라 吳均의 ≪西京雜記≫에 처음 보이며, 그 전에는 ≪鴻烈≫ 또는 ≪淮南鴻烈≫이라 하였다. ≪漢書≫ 〈藝文志 雜家〉에 수록되어 있다.

44) 犧牛粹毛 : 잡색이 섞이지 않은 깨끗한 단색의 털을 가리킨다.

45) 春秋繁露 : ≪春秋≫의 주석서이다. 公羊學의 대가로 알려진 前漢 董仲舒의 저술이다. 南宋代에 4종류의 ≪춘추번로≫ 底本이 있었으며, 淸나라 乾隆 50년에 盧文弨 등 13인의 학자들이 이 저본들을 모두 모아 교정하여 총 17권 82편을 완성하였다.

畢沅 : '灼'과 '暴'은 韻이다.

俞樾 : 네 개의 '近'자는 모두 '先'자의 誤記이다. 윗글에서 "여기 다섯 개의 송곳이 있다면 그중 가장 뾰족한 것이 반드시 먼저 무뎌질 것이며, 다섯 개의 칼이 있다면 그중 가장 날카로운 것이 반드시 먼저 닳아 없어질 것이다."라 하였는데, 그렇다면 '甘井' 이하의 네 가지 비유는 바로 윗글을 이어서 말하였으니, 이 〈'近'자〉 역시 '先'자임이 분명하다. '先'자는 전서로 '[illegible]'이라 쓰며, '近'자는 古文에 '岓'이라 쓰고 전서로는 '[illegible]'이라 쓰니, 두 글자의 모양이 서로 유사하여 잘못된 것이다.

案 : 俞樾의 설이 옳다. 馬總의 ≪意林≫에서는 이 두 구를 인용하면서 '近'을 '先'으로 교정하여 썼다. ≪莊子≫ 〈山木〉에도 "直木先伐 甘井先竭(곧은 나무가 먼저 베어지며, 물맛 좋은 우물이 먼저 마른다.)"이라 하였다. 뱀을 햇볕에 말리는 것은 비가 내리기를 기원한 것이다. ≪淮南子≫ 〈齊俗訓〉에 "털이 純色인 犧牛는 사당의 제사에 쓰일 희생〔廟牲〕으로 적합하다. 그러나 비를 내리게 하는 데에는 黑蜧만 한 게 없다."라 하였는데, 許愼의 注에 "흑려는 신령스러운 뱀이다. 신령스러운 연못에 잠기어 있다가 구름과 비를 일으킬 수 있다."라 하였다. ≪春秋繁露≫ 〈求雨〉에 "봄에 가물어 비가 내리기를 기원할 때 무당을 뙤약볕 아래에 앉혀놓고〔暴巫〕 뱀을 모은다."라 하였다.

1-4-7 是故로 比干之殪(에)는 其抗也요

이러한 까닭에 比干이 죽임을 당한 것은 그 伉直함 때문이며,

抗亢은 聲類同이라 莊子刻意篇에 云 刻意尙行하며 離世異俗하며 高論怨誹하여 爲亢而已矣라하고 釋文에 李頤云 窮高를 曰 亢이라하다 蘇云 抗은 猶抗直이라하다

'抗'과 '亢'은 소리 부류가 같다. ≪莊子≫ 〈刻意〉에 "뜻을 높게 갖고 행실을 고상하게 하며, 세상에서 벗어나 俗習을 달리하며, 高遠한 논의를 하며 세상을 원망하고 비난하여 높은 체할 뿐이다."라 하였는데, ≪經典釋文≫에서 李頤는 "더 이상 높아질 데가 없는 것을 '亢'이라 한다."라 하였다.

---

46) 暴巫 : 비가 내릴 때까지 무당을 뙤약볕 아래에 앉혀놓는 것을 말한다. 무당은 神을 접하는 사람이므로 하늘이 이를 가엾게 여겨서 비를 내려주기를 바라는 것이다. ≪禮記≫ 〈檀弓下〉 鄭玄의 注에 "무당은 신을 접하는 것을 주재하니 하늘이 〈그를〉 가엾게 여겨서 비를 내려주기를 기원한 것이다.〔巫主接神 亦覬天哀而雨之〕"라고 보인다.

蘇時學 : '抗'은 높고도 곧은 것이다.

1-4-8 **孟賁之殺**은 **其勇也**요

孟賁이 살해된 것은 그 용맹함 때문이며,

孟子公孫丑篇 僞孫奭疏[47]에 **引皇甫謐**[48]의 **帝王世紀**하여 **云 秦武王**이 **好多力之人**한대 **齊孟賁之徒竝歸焉**이라 **孟賁生拔牛角**이라하다 **史記范雎傳集解**에 **引許愼**과 **漢書東方朔傳顔師古注**에 **竝云 孟賁衛人**이라하다 **案 依世紀說**컨대 **則賁在墨子後**니 **此文蓋後人所增竄**이라

≪孟子≫ 〈公孫丑〉의 僞作된 孫奭의 疏에서 皇甫謐의 ≪帝王世紀≫를 인용하여 말하기를 "秦 武王이 힘센 사람을 좋아하자, 齊나라 孟賁의 무리가 모두 귀의하였다. 맹분은 소뿔을 산 채로 뽑았다."라 하였다. ≪史記集解≫ 〈范雎列傳〉에서 許愼을 인용한 대목과 ≪漢書≫ 〈東方朔傳〉 顔師古의 注에 모두 "맹분은 衛나라 사람이다."라 하였다.

案 : ≪帝王世紀≫의 설에 의하면 맹분은 墨子 후대에 생존했으니, 이 문장은 아마도 후인이 덧붙여 넣은 듯하다.

1-4-9 **西施之沈**은 **其美也**요

西施가 물에 던져져 죽임을 당한 것은 그 아름다움 때문이며,

蘇云 案吳越春秋逸篇에 **云 吳亡後**에 **越浮西施於江**하고 **令隨鴟夷**[49]**以終**이라하니 **其言**이

---

47) 僞孫奭疏 : 十三經注疏 중 ≪孟子注疏≫를 말한다. 孫奭이 趙岐의 ≪孟子注≫를 바탕으로 ≪맹자주소≫를 저술하였고, 이후 阮元이 ≪十三經注疏校勘記≫를 짓고 刻本을 첨부함으로써 孫奭의 ≪맹자주소≫가 良書로서 간주되어 왔다. 그러나 淸나라의 고증학사들에 의해 僞書로 판명되었다.

48) 皇甫謐 : 皇甫謐은 西晉시대 인물로, 字는 士安, 名은 靜, 號는 玄晏이다. 역사에 조예가 깊었으며 당대 書淫이라 일컬어졌다. 주요 저서에 ≪帝王世紀≫ · ≪年歷≫ · ≪高士傳≫ · ≪逸士傳≫ 등이 있다.

49) 鴟夷 : 춘추시대 越나라 大夫인 陶朱公 范蠡이다. 越王 句踐을 도와 吳王 夫差를 죽여 會稽에서의 치욕을 씻은 뒤, 월나라를 떠나 齊나라로 가서 이름을 鴟夷子皮로 바꾸고 巨富로 살았다. ≪史記≫ 〈越王句踐世家〉 및 〈貨殖列傳〉에 자세히 보인다.

與此合하니 是吳亡西施亦死也라 墨子書記當時事必有據니 後世乃有五湖隨范蠡之說이나 誣矣라 詒讓案 吳越春秋[50]逸文은 見楊愼丹鉛錄引修文殿御覽[51]이라

蘇時學 : ≪吳越春秋≫ 逸篇에 "吳나라가 망한 후, 越나라 사람이 西施를 강에다 띄워 鴟夷를 따라 목숨을 끊게 하였다."라 하였는데, 그 말이 이와 부합하니, 바로 오나라가 망하고 서시 역시 죽은 것이다. 墨子가 당시의 일을 기록할 때에는 반드시 근거할 만한 것이 있었을 것이다. 후세에 〈서시가〉 五湖에서 〈배를 띄워〉 范蠡를 따랐다는 설이 있는데, 터무니없다.

詒讓案 : ≪吳越春秋≫의 逸篇의 글은 楊愼의 ≪丹鉛錄≫에서 ≪修文殿御覽≫을 인용한 대목에 보인다.

西施

1-4-10 **吳起之裂**은 **其事也**일새니라

吳起가 찢겨 죽임을 당한 것은 그가 일을 잘하였기 때문이다.

---

50) 吳越春秋 : 春秋時代 장강 하류 지역의 吳와 越이 패권을 다투는 과정을 기술한 책이다. 현전하는 판본은 총 10권이다. 사료를 바탕으로 하되 문학적인 요소를 가미하여 編年體 방식으로 기록하였다. 이 때문에 정통적인 사서에서 배제되어 ≪隋書≫ 〈經籍志〉에는 雜史類, ≪新唐書≫ 〈藝文志〉에서는 小說家類로 분류되어 있다.

51) 修文殿御覽 : 北齊의 後主가 즉위한 뒤 文林館을 설치하고 李德林과 安之推를 判館事로 삼아 편찬하도록 명하여 총 360권을 완성하였다. 가장 오래된 類書로서 魏 文帝의 勅編인 ≪皇覽≫ 120권, 梁의 ≪華林遍路≫ 620권, 北齊의 ≪修文殿御覽≫을 꼽는다. 모두 完帙로 남아 있지는 않으며, ≪황람≫과 ≪수문전어람≫의 극히 일부분만 현전한다.

淮南子繆稱訓에 云 吳起刻削而車裂이라하고 亦見氾論訓과 及韓詩外傳一과 呂氏春秋執一篇高注라 史記本傳에 不云車裂하니 蓋文不具라 畢云 謂事功이라하다 蘇云 墨子嘗見楚惠王而吳起之死當悼王二十一年이라 上距惠王之卒已五十一年이니 疑墨子不及見此事니 此蓋門弟子之詞也라하다 汪中說同이라 案 魯問篇에 墨子及見田齊大(태)公和어늘 和受命爲諸侯는 當楚悼王十六年이라 距起之死僅五年耳온 況非樂上篇에 說齊康公興樂萬이라하니 康公之薨이 復(부)在起死後二年이라 然則此書雖多後人增益이나 而吳起之死非墨子所不及見은 明矣라 蘇說은 攷之未審이라

≪淮南子≫ 〈繆稱訓〉에 "吳起가 너무 刻薄한 나머지 車裂刑에 처해졌다."라 하였고, 또한 ≪淮南子≫ 〈氾論訓〉과 ≪韓詩外傳≫ 1과 ≪呂氏春秋≫ 〈執一〉 高誘의 注에도 보인다. ≪史記≫ 〈吳起列傳〉에는 '車裂'이라는 말이 없는데, 아마도 글을 생략한 듯하다.

畢沅 : 〈'事'는〉 事功을 말한다.

蘇時學 : 墨子가 楚 惠王을 만난 적이 있고, 吳起가 죽은 것은 楚 悼王 21년이다. 위로 惠王이 죽은 때로부터 이미 51년이 지났으니, 아마도 墨子는 이 일을 직접 보지 못했을 것이다. 이는 墨子 제자의 말인 듯하다.

汪中의 설이 蘇時學의 설과 같다.

案 : ≪墨子≫ 〈魯問〉에 墨子가 田齊의 太公 和를 만났는데, 和가 勅命을 받아 제후가 된 것은 초 도왕 16년이니, 吳起가 죽은 때는 그로부터 겨우 5년 후이다. 게다가 ≪墨子≫ 〈非樂 上〉에서 "齊 康公이 '萬'이라는 樂을 흥기시키다.〔齊康公興樂萬〕"라 하였는데, 강공이 죽은 것은 다시 吳起가 죽고 나서 2년 후이니, 그렇다면 이 책이 비록 후인이 덧붙인 대목이 많지만 吳起의 죽음을 墨子가 직접 보지 못한 것은 아님이 분명하다. 蘇時學의 설은 고증이 자세하지 못하다

1-4-11 故로 彼人者 寡不死其所長이라 故로 曰 太盛難守也라하니라

그리므로 저들이 자신의 뛰어난 점 때문에 죽지 아니한 자가 드물다. 그러므로 "지나치게 盛大한 것은 지키기 어렵다."고 하는 것이다.

1-5-1 故로 雖有賢君이라도 不愛無功之臣하며 雖有慈父라도 不愛無益之子라 是故로

不勝其任而處其位는 **非此位之人也**요 **不勝其爵而處其祿**은 **非此祿之主也**라 **良弓難張**이나 **然可以及高入深**이요 **良馬難乘**이나 **然可以任重致遠**이요 **良才難令**이나 **然可以致**[52]**君見尊**이라 **是故**로 **江河**는 **不惡**(오)**小谷之滿己也**라

그러므로 비록 賢能한 임금이라 할지라도 功績이 없는 신하를 아껴주지 않으며, 慈愛로운 아비라 할지라도 쓸모없는 자식을 사랑하지 않는다. 이런 까닭에 그 任務를 감당하지도 못하면서 그 지위를 차지하는 자는 그 지위에 있을 만한 적임자가 아니며, 그 爵位를 감당하지도 못하면서 그 녹봉을 차지하는 자는 그 녹봉을 받을 만한 주인이 아니다.

좋은 활은 잡아당기기는 어렵지만 높이 쏘아 올려 깊이 박히게 할 수 있으며, 좋은 말은 타기는 어렵지만 무거운 짐을 싣고 멀리 갈 수 있으며, 좋은 인재는 부리기는 어렵지만 임금을 높여 존경받게 할 수 있다. 이런 까닭에 長江이나 黃河는 개울이 흘러들어와 자기를 채우는 것을 싫어하지 않는다.

說文谷部에 云 泉出通川爲谷이라하고 爾雅釋水에 云 水注川曰 谿라하고 注谿曰 谷이라하다

≪說文解字≫ 〈谷部〉에 "샘이 솟아나와 내로 흘러들어가는 것을 '谷'이라 한다."라 하였고, ≪爾雅≫ 〈釋水〉에 "물이 내로 흘러들어가는 것을 '谿'라 하고, '谿'로 흘러들어가는 것을 '谷'이라 한다."라 하였다.

1-5-2 **故**로 **能大**니라 **聖人者**는 **事無辭也**하며 **物無違也**라 **故**로 **能爲天下器**니라 **是故**로 **江河之水**는 **非一源之水也**[53]요

그러므로 커질 수 있다. 聖人은 일을 마다하지 않고 남을 거스르지 않는다. 그러므로 천하의 그릇이 될 수 있다. 이런 까닭에 長江과 黃河의 물은 하나의 근원에서 흘러나온 물이 아니며,

畢本에 作非一水之源也라 云 舊에 云非一源也라 據初學記[54]하면 江引此增二字하고

52) 致 : 正德本에는 '仕'로 되어 있다.

53) 江河之水 非一源之水也 : 諸本에는 '江河之水 非一源也'로 되어 있다. 正德本에는 '江河'가 '河江'으로 되어 있고, '源'이 '原'으로 되어 있다. 畢本에는 '江河之水 非一水之源也'로 되어 있다.

裘引此與舊同[55]이라 藝文類聚[56]에 引作非一水之源하고 北堂書鈔[57]에 引作非一源之水하다 古無源字러니 本書脩身에 云 原濁者流不淸이라하여 只作原이라하니 此類俗寫亂之요 非舊文也라하다 王云 此本에 作江河之水非一源之水也하고 今本에 脫之水二字나 而一源二字는 則不誤라 北堂書鈔衣冠部三과 初學記器物部에 引此竝作非一源之水하다 初學記地部中에 引作非一源之流하니 流字雖誤나 而一源二字는 仍與今本同이라 畢謂初學記作一水之源은 誤也라 太平御覽[58]服章部十一에 引作江河之水非一源千鎰之裘非一狐라하니 皆節去下二字나 而一源二字는 亦與今本同이라 其藝文類聚衣冠部에 引作非一水之源者는 傳寫誤耳라 案 王說是也라 今據補正이라

畢沅의 本에는 "非一水之源也"로 되어 있다.

畢沅 : 舊本에는 "非一源也"라 하였는데, ≪初學記≫에 의거하면, 〈地部 中〉 江第四에는 이를 인용한 곳에 〈'之流'라는〉 두 글자가 더 있고, 〈器物部〉 裘第八에는 이를 인용한 곳에 舊本과 동일하게 되어 있다. ≪藝文類聚≫에서는 이 대목을 인용한 곳에 "非一水之源"이라 되어 있고, ≪北堂書鈔≫에는 이 대목을 인용한 곳에 "非一源之水"라고 되어 있다. 古本에는 '源'자가 없었는데, 이 책 ≪墨子≫ 〈脩身〉에는 "原濁者流不淸(근원이 탁하면 지류가 맑지 못하다.)"이라 하면서, '原'이라고만 썼으니, 이러한 부류는 세상 사람들이 쓰면서 어지러워진 것이지 舊文은 아니다.

---

54) 初學記 : 唐나라의 徐堅 등이 古今의 詩文을 典據로 하여 편찬한 類書이다. 총 30권으로 23부 313項目으로 분류하였다.

55) 江引此增二字 裘引此與舊同 : ≪初學記≫ 권6 〈地部 中〉 江第四에는 "墨子曰 江河不惡小谷之滿己也 故能大 是故江河之水 非一源之流"로 되어 있고, 권26 〈器物部〉 裘第八에는 "墨子曰 江河之水 非一源 千鎰之裘 非一狐白"으로 되어 있다

56) 藝文類聚 : 唐나라 歐陽詢이 624년 勅命을 받아 편찬한 類書이다. 天·歲時·地·州·郡·山·水·符命·帝王 등 48部로 類別하여 사실을 考證·說明하고 권말에 관련된 詩文을 수록하였다. 총 100권이다.

57) 北堂書鈔 : 唐나라 虞世南이 편저한 중국 최초의 類書이다. 여러 책의 文句를 摘錄하여 19部 801類로 類別하였다. 총 160권이다

58) 太平御覽 : 宋代의 유명한 類書로, 北宋의 李昉, 李穆, 徐鉉 등이 왕명으로 편찬한 책이다. 太平興國 2년(977) 3월에 시작하여 太平興國 8년(983) 10월에 완성하였다. 天, 地, 人, 事, 物의 순으로 55部 550門으로 구성되었으며, 1,000여 종의 古書가 인용되어 宋代 이전의 문헌자료를 대량으로 보존하고 있다.

王念孫 : 이 本에는 "江河之水 非一源之水也"로 되어 있고, 今本에는 '之水' 두 글자가 빠졌으나, '一源' 두 글자는 잘못되지 않았다. ≪北堂書鈔≫ 〈衣冠部〉 3과 ≪初學記≫ 〈器物部〉에서 이 대목을 인용한 곳에 모두 "非一源之水"로 되어 있다. ≪初學記≫ 〈地部 中〉에서 이 대목을 인용한 곳에 "非一源之流"라고 되어 있으니, '流'자는 잘못되어 있는데, '一源' 두 글자는 여전히 今本과 같다. 畢沅이 ≪初學記≫를 〈인용하여〉 말하면서 "一水之源"이라고 쓴 것은 잘못이다. ≪太平御覽≫ 〈服章部〉 11에 이 대목을 인용한 곳에 "江河之水 非一源 千鎰之裘 非一狐"라 되어 있고, 모두 아래의 〈'之水'와 '之白'〉 두 글자를 뺐으나, '一源' 두 글자는 역시 今本과 같다. ≪藝文類聚≫ 〈衣冠部〉에서 이 대목을 인용한 곳에 "非一水之源"으로 되어 있는 것은 전사하면서 잘못된 것일 뿐이다.

案 : 王念孫의 설이 옳다. 이제 그 설에 의거하여 글자를 채워 넣고 바로잡는다.

1-5-3 千鎰之裘는

천 鎰의 값어치를 갖는 갖옷은

畢云 鎰은 **从金**이니 **俗寫**라 **本書貴義**에 **云 待女以千益**에 **只作益**이라하다 **文選注**에 **云 賈逵國語注曰 一溢**은 **二十四兩**이라하다 **漢書食貨志**에 **云 黃金以溢爲名**이라하고 **孟康**[59]**曰 二十兩爲溢也**라하다 **案 貴義篇**에 **本作千盆**이요 **非益字**니 **畢誤**라

畢沅 : '鎰'은 '金'이 부수이니, 세상 사람들이 이렇게 쓴다. 이 책 ≪墨子≫ 〈貴義〉의 "待女以千益"에서는 '益'이라고만 썼다. ≪文選注≫에 "賈逵의 ≪國語注≫에 '1溢은 24兩이다.'라 하였다."라 하였다. ≪漢書≫ 〈食貨志〉에 "황금은 '溢'로써 단위의 명칭을 삼는다."라 하였는데, 孟康은 "20兩이 溢이다."라 하였다.

案 : ≪墨子≫ 〈貴義〉에는 본래 '千盆'이라 되어 있지, '益'자가 아니니, 畢沅이 잘못 보았다.

1-5-4 非一狐之白也니

한 마리 여우의 흰 털가죽만으로 만든 것은 아니니,

玉藻에 **云 君衣狐白裘**라하고 **淮南子說山訓**에 **云 天下無粹白之狐**하고 **而有粹白之裘**니

---

59) 孟康 : 三國시대 曹魏 사람으로 字는 公休이다. 저서에 ≪漢書音義≫가 있다.

掇之衆白也라하고 晏子春秋[60]外篇에 云 景公이 賜晏子狐白之裘玄豹之茈(자)어늘 其貲千金이라하다 漢書匡衡傳顔[61]注에 云 狐白은 謂狐腋下之皮니 其毛純白이라 集以爲裘한대 輕柔難得이라 故로 貴也라하다

≪禮記≫〈玉藻〉에 "君은 순백의 여우 갖옷을 입는다."라 하였고, ≪淮南子≫〈說山訓〉에 "세상에 순백의 여우는 없고, 순백의 갖옷은 있으니, 수많은 여우의 흰 털을 모은 것이다."라 하였다. ≪晏子春秋≫〈外篇〉에 "齊 景公이 晏子에게 순백의 여우 갖옷〔狐白裘〕과 검은 표범 깔개〔玄豹茈〕를 하사하였는데, 그 값어치가 천금이었다."라 하였다. ≪漢書≫〈匡衡傳〉 顔師古의 注에 "'狐白'은 여우의 겨드랑이 아래 가죽을 말하니, 그 털이 순백색이다. 모아서 갖옷을 만드는데 가볍고 부드러워서 얻기 어렵기 때문에 귀하다."라 하였다

1-5-5 夫惡(오)有同方取不取同而已者乎아

어찌 道를 같이하는 자는 취하여 쓰지 않고, 자신과 뜻이 합치되는 자만을 취하여 쓸 것이 있겠는가.

畢云 惡는 讀如烏라 言聖人之與士同方相合이 猶江河同源相得이니 烏有不取諸此而自止者라하다 兪云 取不二字는 傳寫誤倒요 而字는 當在取同二字之上이요 已當爲人己之己라 此文은 本云 夫惡有同方不取而取同己者乎라 同方은 謂同道也요 同己는 謂與己意同也니 聖人但取其與道同하니 而不必其與己意同이라 故로 曰 夫惡有同方不取而取同己者乎라하다 傳寫錯誤하여 遂不可讀이어늘 畢曲爲之說하니 非是라 案 兪說近是라

畢沅 : '惡'는 독음이 '烏(오)'와 같다. 聖人이 士와 道를 같이하여 서로 뜻이 맞는 것이 長江과 黃河가 근원을 같이하여 서로 섞이는 것과 같으니, 어찌 여기서 취하지 않고 스스로 그만둘 리가 있겠느냐는 말이다.

兪樾 : '取不' 두 글자는 傳寫하면서 잘못 뒤바뀐 것이며, '而'자는 마땅히 '取同' 두 글자

60) 晏子春秋 : 춘추시대 齊나라 晏嬰의 言行을 문답식으로 기록한 책이다. 內篇인 〈諫上〉, 〈諫下〉, 〈問上〉, 〈問下〉, 〈雜上〉, 〈雜下〉와 外篇으로 구성되어 있다.

61) 顔 : 顔師古(581~645)를 말한다. 안사고는 唐나라 초기 사람으로 聲韻學 및 文字訓詁, 校勘學에 조예가 깊었다. ≪漢書≫에 注를 달았다.

앞에 있어야 하며, '已'는 '人己(남과 자기)'라고 할 때의 '己'자가 되어야 한다. 이 글은 본래 "夫惡有同方不取 而取同己者乎"이다. '同方'은 道를 같이한다는 뜻이고, '同己'는 자기와 뜻이 같은 것을 말한다. 성인은 다만 그 道가 같은 자만을 취할 뿐 굳이 자기와 뜻이 같은 자만을 고수하지 않았다. 그러므로 말하기를 "어찌 道를 같이하는 자를 취하여 쓰지 않고, 자신과 뜻이 합치되는 자만을 취하여 쓸 리가 있겠는가."라 한 것이다. 傳寫하면서 섞여 잘못되어 결국 읽을 수 없게 되었는데도, 畢沅은 왜곡해서 말을 만들었으니, 옳지 못하다.

案 : 兪樾의 설이 옳은 듯하다.

1-5-6 **蓋非兼王之道也**니라

이는 천하를 아우르는 왕의 도가 아닐 것이다.

1-5-7 **是故**로 **天地不昭昭**하며

이런 까닭에 天地는 빛나지만은 않으며,

說文日部에 **云 昭**는 **日明也**라하다 **中庸鄭注**에 **云 昭昭**는 **猶耿耿**이니 **小明也**라하다

≪說文解字≫ 〈日部〉에 "'昭'는 해가 밝은 것이다."라 하였다. ≪中庸≫ 鄭玄의 注에 "'昭昭'는 '耿耿(빛나는 모양)'과 같으니, 작게 밝은 것이다."라 하였다.

1-5-8 **大水不潦潦**하며

큰물은 맑지만은 않으며,

畢云 說文에 **云 潦**는 **雨大貌**라하다 **然**이나 **此義與明瞭同**이라 **老子**에 **云 水至淸**이면 **則無魚也**라하다

畢沅 : ≪說文解字≫에 "'潦'는 비가 많이 내리는 모양이다."라 하였다. 그러나 이 대목의 뜻은 '明瞭(밝다)'와 같다. ≪老子≫에 "물이 너무 맑으면 물고기가 없다."라 하였다.

1-5-9 **大火不燎燎**하며 **王德不堯堯**라 (者)〔若〕[62]

큰불은 타오르지만은 않으며, 왕의 덕은 높지만은 않다.

畢云 說文에 云 堯는 高也라 从垚(요)在兀上하니 高遠也라하다 白虎通[63]에 云 堯는 猶嶢嶢니 至高之貌라하다

畢沅 : ≪說文解字≫에 "'堯'는 높다는 뜻이다. '垚'가 '兀' 위에 있는 모양을 딴 것이니, 아득히 높은 것이다."라 하였다. ≪白虎通≫에 "'堯'는 '嶢嶢(높고 위태로운 모양)'와 같으니, 지극히 높은 모양이다."라 하였다.

1-5-10 乃千人之長也는

천 사람의 長과 같은 경우는

此는 與上云王德不相(家)〔冢〕[64]하니 疑上句者字當爲若이라 若乃는 連讀爲更端之詞니 下三語卽承此言之라

이는 위에서 말한 '王德'과 서로 이어지지 않으니, 아마도 윗 구절 '者'자는 '若'이 되어야 할 듯하다. '若乃'는 두 글자를 이어 읽어서 端緖를 바꾸는 말이 되니, 아래 세 어절은 곧 이를 이어서 말한 것이다.

1-5-11 其直如矢하고 其平如砥하여 不足以覆(부)萬物이라 是故로 谿陝者速涸하며

화살처럼 강직하기만 하고 숫돌처럼 공평하기만 하여 만물을 〈포용하여〉 덮기에 부족하다. 이런 까닭에 좁은 골짜기의 물은 빨리 마르며,

說文谷部에 云 谿는 山瀆無所通者라하고 𨸏部에 云 陝은 隘也라하니 俗作陿狹은 非라 畢

---

62) (者)〔若〕: 저본에는 '者'로 되어 있으나, 아래(1-5-10) 孫詒讓의 주에 의거하여 '若'으로 바로잡았다.

63) 白虎通 : ≪白虎通義≫, 혹은 ≪白虎通德論≫으로도 불린다. 漢나라 章帝 4년(79)에 白虎觀에서 五經에 대한 今文과 古文의 同異를 토론하였는데, 班固 등이 그 결과를 모아 만든 것이다. 今文經學을 기초로 經學의 통일을 추구했다는 평가를 받는다.

64) (家)〔冢〕: 저본에는 '家'으로 되어 있으나, 漢文大系本에 의거하여 '冢'으로 바로잡았다. 이하도 교감주 없이 '冢'으로 바로잡는다.

云 說文에 云 涸은 渴也라하니 讀若狐貈(학)之貈이라하다

≪說文解字≫ 〈谷部〉에 "'谿'는 산의 도랑이 다른 물길로 흘러갈 데가 없는 것이다."라 하였고, ≪說文解字≫ 〈𨸏(阜)部〉에 "'陜'은 좁다는 뜻이다."라 하였으니 세상 사람들이 '陿'·'狹'으로 쓰는 것은 잘못이다.

畢沅 : ≪說文解字≫에 "'涸'은 마른다는 뜻이다."라 하였으니 독음이 '狐貈'이라 할 때의 '貈'과 같다.

1-5-12 逝淺者速竭하며

얕게 흐르는 물은 빨리 말라버리며,

王引之云 逝淺二字는 義不相屬이니 逝는 當爲遊라 俗書游字를 作遊하니 與逝相似而誤라 遊는 即流字也라 曲禮注에 士視得旁遊目五步之中[65]이라하고 釋文에 遊作游라하고 云 徐는 音流라하다 流淺은 與谿陜對文이라 俞云 逝는 當讀爲澨니 古字通也라 詩有杕之杜篇에 噬肯適我라하고 釋文에 曰 噬는 韓詩에 作逝라하니 然則逝之通作澨는 猶逝之通作噬也라 成十五年左傳에 則決睢澨[66]라하고 楚辭湘夫人篇에 夕濟兮三澨라한대 杜預王逸注에 竝曰 澨는 水涯라하다 澨淺은 與谿陜對文이니 因叚逝爲澨라 其義遂晦라 案 王說이 近是라

王引之 : '逝'와 '淺' 두 글자는 뜻이 서로 이어지지 않으니, '逝'는 마땅히 '遊'가 되어야 한다. 세상 사람들이 '游'자를 쓸 때 '遊'라 쓰니, '逝'와 서로 비슷하여 잘못된 것이다. '遊'

---

65) 士視得旁遊目五步之中 : ≪禮記≫ 〈曲禮 下〉에 "天子를 볼 때에는 시선이 동구래깃보다 위로 올라가서는 안 되며 띠보다 아래로 내려가서는 안 된다. 國君을 볼 때에는 그 얼굴의 아래에서 동구래깃 위의 사이를 보아야 하고, 大夫를 볼 때에는 그 얼굴을 보고, 士를 볼 때에는 곁으로 5보의 사이를 보아야 한다. 무릇 볼 때는 얼굴보다 위를 보면 오만한 것이며 띠보다 아래를 보면 근심스러운 것이며 흘겨보면 간사한 것이다.〔天子視不上於袷 不下於帶 國君綏視 大夫衡視 士視五步 凡視上於面則敖 下於帶則憂 傾則姦〕"라고 보인다.

66) 則決睢澨 : ≪春秋左氏傳≫ 成公 15년 조에 "말을 내달려 그를 뒤쫓으니, 華元이 睢水의 堤防을 터서 길을 막고, 성문을 닫아걸고 성벽 위에 올라가 방비하자, 左師·두 司寇·두 宰 등이 마침내 楚나라로 달아났다.〔騁而從之 則決睢澨 閉門登陴矣 左師二司寇二宰 遂出奔楚〕"라고 보인다.

는 곧 '流(흐르다)'자이다. ≪禮記≫ 〈曲禮〉의 注에 "士視得旁遊目五步之中(士를 볼 때에는 곁으로 다섯 보의 거리를 두고 보아야 한다.)"이라 하였다. ≪經典釋文≫에 '遊'를 '游'라 쓰고 말하기를 "徐錯는 '音이 流(류)이다.'라 하였다."라 하였다. '流淺'은 '谿陝'과 對句이다.

兪樾 : '逝'는 마땅히 독음이 '澨(서)'가 되어야 하니, 옛날에는 글자를 통용하였다. ≪詩經≫ 〈有杕之杜〉에 "噬肯適我(내게로 와주셨으면)"라 하였고, ≪經典釋文≫에 이르기를 "噬는 ≪韓詩外傳≫에 '逝'로 되어 있다."라 하였으니, 그렇다면 '逝'를 '澨'와 통용하여 쓰는 것은 '逝'를 '噬'와 통용하여 쓰는 것과 같다. ≪春秋左氏傳≫ 成公 15년 조에 "則決睢澨"라 하였고, ≪楚辭≫ 〈湘夫人〉에 "夕濟兮三澨(저물녘 삼서를 건너다.)"라 하였는데, 杜預와 王逸의 注에 모두 "'澨'는 물가이다."라 하였다. '澨淺'은 '谿陝'과 對句이니, '逝'를 가차하여 '澨'라 하였기 때문에 그 뜻이 모호해지고 말았다.

案 : 王引之의 설이 옳은 듯하다.

1-5-13 (**墝**埆)〔磽**确**〕[67]**者**는

돌무더기 메마른 땅은

畢云 墝埆은 **當爲**磽确이라 **磬石也**니 **見說文**이라 **俗寫**从**土**라 **何休公羊學**[68]에 **曰 墝埆 不生五穀**이라하다

畢沅 : '墝埆'은 '磽确'이 되어야 한다. 단단한 돌을 말하는 것으로, ≪說文解字≫에 보인다. 세상 사람들이 쓰면서 '土'를 부수로 하였다. ≪春秋公羊傳≫ 宣公 12년 何休의 注에 "墝埆은 五穀을 산출해내지 못한다."라 하였다.

1-5-14 **其地不育**하며 **王**[69]**者淳澤**이 **不出宮中**이면

그 地力이 〈오곡을〉 키워내지 못하며 왕의 두터운 은택이 궁중을 벗어나지 못하면

---

67) (墝埆)〔磽确〕: 저본에는 '墝埆'으로 되어 있으나, 畢沅의 주에 의거하여 '磽确'으로 바로잡았다. 埆이 沈本, 寶曆本, 李本, 四庫全書本, 繹史本에는 '埆'으로 되어 있고, 道藏本, 正德本, 陸本, 唐本, 潛本, 茅本, 緜眇閣本, 堂策檻本, 陳本에는 '埆'으로 되어 있다.

68) 何休公羊學 : ≪春秋公羊傳≫의 何休(129~182) 注를 말한다.

69) 王 : 道藏本, 正德本, 陸本, 唐本, 沈本, 茅本, 李本, 堂策檻本에는 모두 '三'으로 되어 있다.

淮南子齊俗訓高注에 云 淳은 厚也라하다

≪淮南子≫〈齊俗訓〉高誘의 注에 "'淳'은 두텁다는 뜻이다."라 하였다.

1-5-16 **則不能流國矣**니라

〈그 은택이〉 온 나라에 두루 미칠 수 없다.

脩[1]身 第二 제2편 자신을 검속함

'脩身'은 자신을 검속하는 것에 대해 논하는 장이다. 군자는 가까운 것을 잘 살피고 가까운 것부터 닦아나가는 자로, 末端을 성대하게 하기를 힘쓰지 않고 根本을 안정되게 세운다. 이러한 군자의 道는 거짓으로 꾸며서 할 수 있는 것이 아니라 자신을 검속하면서 평소의 행실을 닦음으로서 자연스럽게 드러난다고 하였다.

畢云 脩治之字从彡이요 从肉者는 脩脯字니 經典에 假借多用此라하다

畢沅 : 다스린다는 뜻의 '修'자는 '彡'을 부수로 한다. '肉(月)'을 부수로 하는 경우는 저며 말린 고기라는 뜻의 '脩'자이니, 경전에서 假借하여 이 글자를 많이 쓴다.

2-1-1 君子戰雖有陳호대 而勇爲本焉하며 喪雖有禮호대 而哀爲本焉하며 士雖有學[2]호대 而行爲本焉하니라

君子는 전투에는 비록 陣法이 있더라도 용맹이 근본이 되며, 喪에는 비록 禮規가 있더라도 슬픔이 근본이 되며, 벼슬살이에는 비록 學問이 있더라도 實行이 근본이 된다.

兪云 君子二字는 衍文也라 此蓋以戰雖有陳과 喪雖有禮二句로 起士雖有學一句하니 若冠以君子二字면 則旣言君子不必又言士矣라 馬總意林에 作君子雖有學호대 行爲

---

1) 脩 : 陸本, 堂策檻本, 四庫全書本에는 '修'로 되어 있는데, 저본에는 '脩'로 되어 있다.

2) 士雖有學 : 孫詒讓은 '君子'를 衍字가 아니라고 보았으니, '士'를 '士君子'라고 할 때의 '士'로 본 듯하다. ≪墨子校注≫에 吳毓江은 "士는 〈公孟〉에서 '姑學乎 吾將仕子'라고 할 때의 '仕'로 읽어야 한다."라 하였다. 즉, ≪墨子≫에 대한 기존 주석가들이 대부분 士를 '士君子'의 '士'로 읽었는데 이는 옳지 않으며, '戰(전투하다)'·'喪(상 치르다)'·'士(벼슬하다)' 세 글자는 모두 일〔事〕을 지칭하는 것이라고 하였다. 이렇게 보는 것이 십분 타당하고 손이양의 훈고에도 방해되지 않으므로, 吳毓江에 의거하여 '벼슬살이에는 學問이 있더라도 實行이 근본이 된다.'라고 번역하였다.

本焉하며 戰雖有陳호대 勇爲本焉하며 喪雖有禮호대 哀爲本焉이라하여 與今本不同이라 然이나 有君子字하고 即無士字하니 亦可知今本既言君子又言士之誤矣라 士雖有學이 與君子雖有學으로 文異而義同하다 案 說苑建本篇載孔子語 與此略同하다 君子는 似非衍文이니 亦見家語六本篇[3]이라하다

兪樾 : '君子'라는 두 자는 衍文이다. 이는 대개 '戰雖有陳(전투에는 비록 陣法이 있더라도)'과 '喪雖有禮(喪에는 비록 禮規가 있더라도)' 두 句로써 '士雖有學(벼슬살이에는 비록 學問이 있더라도)' 한 句를 일으킨 것이니, 만일 '君子' 두 글자를 첫머리에 두었다면 이미 군자라고 말한 이상 굳이 또 '士'라고 말할 필요는 없다. 馬總의 ≪意林≫에 "君子雖有學 行爲本焉 戰雖有陳 勇爲本焉 喪雖有禮 哀爲本焉(군자는 비록 學問이 있더라도 實行이 근본이 되며, 전투에는 비록 陣法이 있더라도 용맹이 근본이 되며, 喪에는 비록 禮規가 있더라도 슬픔이 근본이 된다.)"이라 하여, 今本과 같지 않다. 그러나 '君子'라는 글자는 있고 곧 '士'라는 글자는 없으니, 역시 今本에 '君子'라고 말하고 다시 '士'라고 말한 것이 잘못된 것임을 알 수 있다. '士雖有學'은 '君子雖有學'이라는 대목과 글은 다르고 뜻은 같다.

案 : ≪說苑≫ 〈建本〉에 실린 孔子의 말이 이와 대략 같다. '君子'는 衍文이 아닌 듯하니, ≪孔子家語≫ 〈六本〉에도 보인다.

2-1-2 是故로 置本不安者면 無務豐末하며

이런 까닭에 근본을 세움이 안정되지 못하면 末端을 성대하게 하기를 힘쓰지 말며,

---

3) 家語六本篇 : ≪孔子家語≫ 〈六本〉에 "行己有六本焉 然後爲君子也 立身有義矣而孝爲本 喪紀有禮矣而哀爲本 戰陣有列矣而勇爲本 治政有理矣而農爲本 居國有道矣而嗣爲本 生財有時矣而力爲本 置本不固無務農桑 親戚不悅無務外交 事不終始無務多業 記聞而言無務多說 比近不安無務求遠 是故反本脩迹 君子之道也(操行에 여섯 가지 근본이 있으니, 이 여섯 가지 근본이 제대로 되어야 군자가 된다. 立身에는 義로움이 있더라도 孝가 근본이 되며, 喪에는 禮가 있더라도 슬픔이 근본이 되며, 전투에는 陣法이 있더라도 용맹함이 근본이 되며, 政治에는 條理가 있더라도 農業이 근본이 되며, 나라를 유지하는 데에는 道가 있더라도 後嗣를 세우는 것이 근본이 되며, 재물을 생산하는 데에는 時期가 있더라도 힘씀이 근본이 된다. 근본을 세움이 견고하지 못하면 農桑에 힘쓰지 말며, 친척이 기뻐하며 따르지 않으면 外人과 교유하기를 힘쓰지 말며, 일에 처음과 끝이 없으면 많은 일을 벌이기를 힘쓰지 말며, 들어서 외운 것만을 말한다면 많은 말을 하기를 힘쓰지 말며, 가까이 있는 것이 불안하면 멀리 있는 것을 구하기를 힘쓰지 말아야 한다. 이런 까닭에 근본으로 돌아가고 가까운 것을 닦는 것이 군자의 도이다.)"라고 보인다.

置는 與植通하니 詩商頌那에 置我鞉鼓라한대 鄭箋에 云 置는 讀曰 植이라하다 方言에 云 植은 立也라하다 兪云 者는 衍字也라 下文에 近者不親이면 無務來遠하며 親戚不附면 無務外交하며 事無終始면 無務多業하며 擧物而闇이면 無務博聞하니 上句竝無者字하니 是其證이라

'置'는 '植'과 통한다. ≪詩經≫ 〈商頌 那〉에 "置我鞉鼓(내 鞉鼓를 세워둔다.)"라 하였는데, 鄭玄의 箋에 "'置'는 독음이 '植(식)'이다."라 하였다. ≪方言≫에 "'植'은 세운다는 뜻이다."라 하였다.

兪樾 : 〈'置本不安者'의〉 '者'는 衍字이다. 아래 글에 "가까운 이를 친애하지 않으면〔近者不親〕 멀리 있는 이를 오게 하기를 힘쓰지 말며, 친척들이 따르지 않으면〔親戚不附〕 外人과 교유하기를 힘쓰지 말며, 일에 처음과 끝이 없으면〔事無終始〕 많은 일을 벌이기를 힘쓰지 말며, 한 가지 일도 제대로 알지 못하면〔擧物而闇〕 널리 듣기를 힘쓰지 말아야 한다."라 하였으니, 앞 구절에 모두 '者'자가 없으니, 이것이 그 증거이다.

2-1-3 近者不親이면 無務來遠하며 親戚不附면

가까운 이를 친애하지 않으면 멀리 있는 이를 오게 하기를 힘쓰지 말며, 친척들이 따르지 않으면

曲禮에 云 兄弟親戚이 稱其慈也라한대 孔穎達疏에 云 親指族內요 戚言族外라하다 案古多稱父母爲親戚하니 詳兼愛下篇이라 此則似通內外族姻言之니 與孔義同하다

≪禮記≫ 〈曲禮〉에 "兄弟親戚 稱其慈也(형제와 친척들이 그 자애로움을 칭찬한다.)"라 하였는데, 孔穎達의 疏에 "'親'은 '종족 안〔族內〕'을 가리키고, '戚'은 '종족 밖〔族外〕'을 말한다."라 하였다.

案 : 옛날에 흔히 父母를 일컬어 親戚이라 일컬었으니, ≪墨子≫ 〈兼愛 下〉에 상세히 보인다. 여기서는 內外의 族親과 姻親을 통칭하여 말한 듯하니, 공영달의 疏와 뜻이 같다.

2-1-4 無務外交며 事無終始면 無務多業하며

外人과 교유하기를 힘쓰지 말며, 일에 처음과 끝이 없으면 많은 일을 벌이기를

힘쓰지 말며,

爾雅釋詁에 云 業은 事也라하다

≪爾雅≫ 〈釋詁〉에 "'業'은 일이라는 뜻이다."라 하였다.

2-1-5 擧物而闇이면 無務博聞하라 是故로 先王之治天下也에 必察邇來遠하시니라

한 가지 일도 제대로 알지 못하면 널리 듣기를 힘쓰지 말아야 한다. 이런 까닭에 先王은 천하를 다스림에 반드시 가까운 이를 잘 살피고 멀리 있는 이를 오게 하였다.

2-1-6 君子察邇而邇脩者也며 見(현)不脩行

군자는 가까운 것을 잘 살피고 가까운 것부터 닦아나가는 자이며, 行實이 닦여지지 않은 것을 드러내어

畢讀句하다

畢沅은 '見不脩行'에서 구두를 떼었다.

2-1-7 見毁면

비방을 받으면

畢讀句하다

畢沅은 '見毁'에서 구두를 떼었다.

2-1-8 而反之身者也[4]니 此以怨省(생)而行脩矣라 譖慝之言을 無入之耳[5]하며

4) 君子察邇……而反之身者也 : 諸本에는 '君子察邇而邇脩者也 見不脩行見毁 而反之身者也'로 되어 있는데, 正德本에는 '君子察爾修身也 修身見毁 而反之身者也'로 되어 있다.

5) 之耳 : 畢本에는 '于耳'로 되어 있는데, 舊本에는 모두 '之耳'로 되어 있다.

자신을 반성하는 자이니, 이렇게 함으로써 남에게 원망을 사는 일은 줄고 자신의 행실은 닦여진다. 讒訴하는 말과 邪慝한 말을 귀담아듣지 않으며,

之는 畢本譌于하니 今據道藏本正하다 王校同이라 畢云 玉篇에 云 慝은 他得切이니 惡也라하다 經典에 多此字니 古只作匿이라하다 王云 譖慝은 卽讒慝이니 僖二十八年左傳에 閒執讒慝之口[6]라하니 是也라 讒與譖古字通이라 故로 小雅巷伯篇에 取彼譖人이라하고 緇衣注及後漢書馬援傳에 竝引하여 作取彼讒人이라하다 無入之耳는 言不聽讒慝之言也라 故로 下文에 曰 雖有詆訐(저알)之民이라도 無所依矣라하다

'之'는 畢沅의 板本에는 '于'로 잘못되어 있는데, 이제 道藏本에 의거하여 바로잡는다. 王念孫의 교정도 같다.

畢沅 : ≪玉篇≫에 "'慝'은 '他'와 '得'의 반절이니, 邪惡하다는 뜻이다."라 하였다. 經典에 이 글자가 많으니, 옛날에는 〈필획을 생략하여〉 '匿(특)'이라고만 썼다.

王念孫 : '譖慝'은 곧 '讒慝(참소하고 사악하다)'의 뜻이니, ≪春秋左氏傳≫ 僖公 28년 조에 "閒執讒慝之口(讒慝한 자의 입을 틀어막다)"라 한 것이 이것이다. '讒'과 '譖'은 옛날에는 글자를 통용하였다. 그러므로 ≪詩經≫ 〈小雅 巷伯〉에 "取彼譖人(저 모함하는 이 잡아다가)"라 하였고, ≪詩經≫ 〈鄭風 緇衣〉의 注와 ≪後漢書≫ 〈馬援列傳〉에서 모두 이를 인용하면서 "取彼讒人"이라 하였다. "無入之耳"는 讒慝한 말을 듣지 않는다는 말이다. 그러므로 아래 글에 "비록 남의 허물을 들추어 비방하려는 사람들이 있더라도 꼬투리를 잡을 데가 없다."라 한 것이다.

2-1-9 批扞(한)之聲을

공격하고 어지럽히는 말을

廣雅釋詁에 云 批는 擊也라 易林[7]睽之賁에 云 批捍之言이 我心不快라하니 批扞은 卽

---

6) 閒執讒慝之口 : ≪春秋左氏傳≫ 僖公 28년 조에 "子玉이 伯棼으로 하여금 楚子에게 出戰을 요청하게 하며 말하기를 '감히 기필코 공을 세우고자 해서가 아닙니다. 원컨대 저 참특한 자의 입을 틀어막고자 합니다.'라 하니, 楚王은 노하여 그에게 약간의 군대만 주었으니, 西廣·東宮과 若敖의 六卒만이 실로 그를 따랐다.〔子玉使伯棼請戰曰 非敢必有功也 願以間執讒慝之口 王怒 少與之師 唯西廣東宮 與若敖之六卒實從之〕"라고 보인다.

批捍也라 畢云 說文에 云 扞은 忮也라하고 玉篇에 云 忓은 古安切이요 又胡旦切이니 擾也라하다

≪廣雅≫〈釋詁〉에 "'批'는 공격한다는 뜻이다."라 하였다. ≪易林≫〈睽之 賁〉에 "批捍之言 我心不快(공격하고 배척하는 말이 내 마음에 불쾌하다.)"라 하였으니, '批扞'은 곧 '批捍'이다.

畢沅 : ≪說文解字≫에 "'扞'은 '忮(거스르다)'의 뜻이다."라 하였고, ≪玉篇≫에 "'忓'은 '古'와 '安'의 반절이고, 또 '胡'와 '旦'의 반절이니, 어지럽힌다는 뜻이다."라 하였다.

2-1-10 無出之[8]口하며 殺傷人之孩[9]를

입 밖으로 내지 않으며, 남을 죽이거나 해치려는 의도를

畢云 當讀如根荄라하다

畢沅 : 〈'孩'는〉 마땅히 '根荄(풀뿌리)'와 같은 뜻으로 읽어야 한다.

2-1-11 無存之心하니 雖有詆訐之民이라도

마음에 품지 않으니, 남의 허물을 들추어 비방하려는 사람들이 있더라도

畢云 說文에 云 詆는 訶也요 訐(알)은 面相斥罪也라하고 玉篇에 云 詆는 都禮切이요 訐은 居謁切이니 攻人之陰私也라하다

畢沅 : ≪說文解字≫에 "'詆'는 꾸짖는다는 뜻이다. '訐'은 면전에서 대놓고 꾸짖는다는 뜻이다."라 하였고, ≪玉篇≫에 "'詆'는 '都'와 '禮'의 반절이고, '訐'은 '居'와 '謁'의 반절이니, 남의 은밀한 비밀을 공격한다는 뜻이다."라 하였다.

---

7) 易林 : 焦贛(?~?)의 저서로, ≪周易≫의 이치를 풀이한 것이다. 焦贛은 前漢 말의 역술 이론가이며, 焦貢이라고도 한다. 자는 延壽이다. 孟喜에게 ≪주역≫을 배웠으며, 象數學 가운데 占候를 중시하는 일파를 창시하였고, 경방에게 역학을 전수한 것으로 전해진다.

8) 之 : 正德本에는 '諸'로 되어 있다.

9) 孩 : 正德本에는 '孩'자가 없다.

2-1-12 **無所依矣**라 **故**로 **君子力事日彊**하며 **願欲日逾**(투)하며

꼬투리를 잡을 데가 없다. 그러므로 군자는 力事를 날로 힘쓰고 願慾을 날로 경시하여

逾(투)는 當讀爲偸니 同聲叚借字니 此與力事日彊으로 文相對라 禮記表記에 云 君子莊敬日强하며 安肆日偸라한대 鄭注에 云 偸는 苟且也라하니 此義與彼로 正同이라

'逾'는 마땅히 '偸(투)'로 읽어야 한다. 소리가 같아서 가차한 글자이다. 이는 '力事日彊'과 서로 對句이다. ≪禮記≫ 〈表記〉에 "君子莊敬日强 安肆日偸(君子가 莊重하고 恭敬스러우면 날로 강해지며 安逸하고 放恣하면 날로 구차해진다.)"라 하였는데, 鄭玄의 注에 "'偸'는 구차하다는 뜻이다."라 하였으니, 이 뜻이 여기서 말하는 것과 똑같다.

2-1-13 **設壯日盛**하니라

단장한 모습은 날로 성대해진다.

畢云 設壯은 疑作爲飾莊이라하다

畢沅 : '設壯'은 아마도 '飾莊(단장한 모습)'이 되어야 할 듯하다.

2-1-14 **君子之道也**는 **貧則見廉**하며 **富則見義**하며

군자의 道는 가난할 때는 그의 청렴함을 보고 부유할 때는 그의 의로움을 보며,

畢云 字當爲弟(의)다 說文에 云 墨翟書義从弗이라하니 則漢時本如此하다 今書義字는 皆俗改也라하다 王引之云 弗은 於聲義에 均有未協이니 弗當作𢍉하니 𢍉은 古文我字니 與弗相似라 故로 譌作弗耳라 周晉姜鼎銘에 我字作𢍉하니 是其明證이라 羛之從𢍉聲이 與義之從我聲으로 一也라 說文에 我字下重文未載하고 古文에 作𢍉하다 故로 於此亦不知爲𢍉字之譌하니 蓋鍾鼎古篆을 漢人亦不能遍識也라

畢沅 : '義'자는 마땅히 '羛'가 되어야 한다. ≪說文解字≫에 "墨翟의 글에서 '義'자는 '弗'을 부수로 한다."라 하였으니, 漢나라 때의 판본도 이와 같았던 것이다. 지금 ≪墨子≫의 '義'자는 모두 세상 사람들이 고친 것이다.

王引之 : '弗'은 소리나 뜻에서 모두 어울리지 않는다. '弗'자는 마땅히 '𢦏'로 써야 한다. '𢦏'자는 古文에서 '我'자이니, '弗'자와 서로 비슷하기 때문에 '弗'로 잘못 쓴 것일 뿐이다. 周나라 ≪晉姜鼎銘≫에 '我'자가 '𢦏'자로 되어 있으니, 이것이 그 명백한 증거이다. '羛'자가 '𢦏' 聲韻을 따르는 것이 '義'자가 '我' 聲韻을 따르는 것과 같다. ≪說文解字≫에 '我' 아래에 重文(異體字)은 싣지 않았고, 古文에는 '𢦏'로 되어 있다. 그러므로 여기에서도 '𢦏'자의 誤記임을 알지 못한 것이다. 아마도 鍾鼎의 古篆을 漢나라 사람조차도 다 알지는 못한 듯하다.

2-1-15 生則見愛하며 **死則見哀**라 **四行者**는 **不可虛假**라 **反之身者也**[10)]니라 **藏於心者無以竭愛**며 **動於身者無以竭恭**이며 **出於口**[11)]**者無以竭馴**[12)]이니

살아 있을 때에는 〈그가 남을〉 사랑함을 보고 죽었을 때에는 〈사람들이 그를〉 哀悼함을 본다. 이 네 가지 행실은 거짓으로 꾸며서 할 수 있는 게 아니라 자신을 돌아보아서 행실을 닦아야 가능한 것이다. 마음에만 감춘 자는 慈愛로움을 다할 수 없으며, 몸으로만 움직이는 자는 恭敬함을 다할 수 없으며, 입으로만 말하는 자는 雅馴함을 다할 수 없으니,

馴은 **猶雅馴**이라 **史記五帝本紀**에 **云 不雅馴**이라하고 **張守節正義**[13)]에 **云 馴**은 **訓**(순)이라하다 **案 馴**은 **訓字通**이라 **周禮地官**叙官의 **鄭衆**[14)]**注**에 **云 訓**은 **讀爲馴**이라하니 **訓與爾雅釋訓義同**이니 **謂出口者 皆典雅之言**이라

---

10) 四行者……反之身者也 : 正德本에는 '四者行不可虛假反身者也'로 되어 있다.

11) 口 : 底本 傍注에 "'口'자는 原本에 '日'로 잘못되어 있으나, 畢沅의 刻本에 의거하여 〈'口'로〉 개정했다."라고 하였다.

12) 馴 : 正德本에는 '訓'으로 되어 있다.

13) 張守節正義 : ≪史記正義≫를 말한다. 唐나라 張守節이 지은 것으로, ≪史記≫에 대한 주석서이다. 원래는 모두 30권의 단행본이었으나, 宋나라 초기에 ≪史記≫ 원문 아래에 주석이 들어가는 체제로 다시 편집되는 과정에서 많은 부분이 망실되었다고 한다.

14) 鄭衆 : ?~83. 字는 仲師이며, 東漢의 경학자로 章帝 때 大司農을 지냈으므로 鄭司農이라 하였다. 후대에 鄭玄과 구별하기 위해 정중을 '先鄭', 정현을 '後鄭'이라 불렀다. 鄭興의 春秋左氏學을 계승하였으며, ≪周易≫·≪詩經≫·≪周禮≫·≪國語≫ 및 曆算에 밝았다. 저서에 ≪春秋難記條例≫ 등이 있다.

'馴'은 '雅馴(고아하고 점잖다)'과 같다. ≪史記≫ 〈五帝本紀〉에 "不雅馴"이라 하였고, 張守節의 ≪史記正義≫에 "'馴'은 '訓(순하다)'의 뜻이다."라 하였다.

案 : '馴'은 '訓'과 글자를 통용한다. ≪周禮≫ 〈地官 敍官〉 鄭衆의 注에 "'訓'은 독음이 '馴(순)'이다."라 하였으니, '訓'은 ≪爾雅≫ 〈釋訓〉의 뜻과 같다. 입에서 나온 것이 모두 典雅한 말이라는 뜻이다.

2-1-16 暢之四支하고

팔다리에 두루 펴지고

說文肉部에 云 职는 體四职也니 或作肢라하다 支는 卽肢之省(생)이라 易坤文言에 云 美在其中하여 而暢於四支라한대 孔穎達疏에 云 四支는 猶言手足이라하다

≪說文解字≫ 〈肉部〉에 "'职'는 몸의 四职이니, 혹은 '肢'로 쓴다."라 하였다. '支'는 곧 '肢'자의 자획이 생략된 것이다. ≪周易≫ 坤卦 〈文言傳〉에 "아름다움이 그 내면에 있어 四支에 펴진다."라 하였는데, 孔穎達의 疏에 "四支는 手足이라는 말과 같다."라 하였다.

2-1-17 接之肌膚하여

살갗에 두루 미쳐

小爾雅[15]廣詁에 云 接은 達也라하고 亦與挾通하니 儀禮鄉射禮鄭注에 云 古文挾皆作接이라하다 俗作浹하니 義竝同이라 呂氏春秋論威篇에 云 其藏於民心하고 捷於肌膚也하여 深痛疾固라하대 高注에 云 捷은 養也라하다 案 捷接字亦通하니 高失其義라

≪小爾雅≫ 〈廣詁〉에 "'接'은 도달한다는 뜻이다."라 하였다. 또한 '挾'과 통하니, ≪儀禮≫ 〈鄉射禮〉 鄭玄의 注에 "古文에 '挾'은 모두 '接'으로 되어 있다."라 하였다. 세상 사람들이 '浹(미치다)'이라 쓰니, 뜻이 모두 같다. ≪呂氏春秋≫ 〈論威〉에 "其藏於民心 捷於肌

15) 小爾雅 : 訓詁學 저자으로, ≪爾雅≫의 체제를 따라 古書에 나오는 詞語를 해석한 책이다. ≪漢書≫ 〈藝文志〉에 ≪小爾雅≫ 1편이 들어있지만 편찬자의 이름은 전하지 않으며, ≪隋書≫ 〈經籍志〉와 ≪唐書≫ 〈藝文志〉에는 李軌가 주석한 ≪小爾雅≫ 1권이 목록에 있지만 원본은 전하지 않는다. 지금 ≪小爾雅≫라고 하는 것은 ≪孔叢子≫에 일부 수록된 것으로, 모두 13장으로 구성되어 있다.

膚也 深痛疾固(백성들이 마음에 간직되었고 피부에 와닿듯 하여 절실하게 여기고 굳게 지켜)"라 하였는데, 高誘의 注에 "'捷(첩)'은 기른다는 뜻이다."라 하였다.

案 : '捷'과 '接'은 또한 글자를 통용하니, 高誘는 그 뜻을 잘못 보았다.

2-1-18 華髮隳(휴)顚[16]이라도

백발이 되고 머리카락이 다 빠지더라도

道藏本에 顚作巓하니 非라 後漢書邊讓傳李賢注에 云 華髮은 白首也라하다 畢云 隳字當爲墮라하다 詒讓案 說文髟部에 云 鬌는 髮墮也라하고 頁部에 云 顚은 頂也라하다 墮與鬌通하니 墮顚卽禿頂이라 新序雜事篇에 云 齊宣王謂閭丘卬曰 士는 亦華髮墮顚而後에야 可用耳이라하다

道藏本에는 '顚(엎어지다)'이 '巓(꼭대기)'으로 되어 있으니, 옳지 않다. ≪後漢書≫ 〈邊讓傳〉 李賢의 注에 "'華髮'은 흰 머리이다."라 하였다.

畢沅 : '隳'자는 마땅히 '墮'가 되어야 한다.

詒讓案 : ≪說文解字≫ 〈髟部〉에 "'鬌'는 머리카락이 빠진다는 뜻이다."라 하였고, 〈頁部〉에 "'顚'은 정수리이다."라 하였다. '墮'는 '鬌(머리털이 빠지다)'와 통하니, '墮顚'은 곧 대머리라는 뜻이다. ≪新序≫ 〈雜事〉에 "齊 宣王이 閭丘卬에게 '士亦華髮墮顚 而後可用耳(士는 역시 백발이 되고 머리카락이 빠지고 난 뒤에야 쓰일 만하다.)'라 하였다."라 하였다.

2-1-19 而猶弗舍者는 其唯聖人乎인저

그만두지 않는 이는 오직 聖人뿐이다.

2-2-1 志不彊者면 智不達하며 言不信者면 行不果니라

뜻이 굳세지 않으면 지혜가 達通하지 못하며, 말이 미덥지 않으면 행실이 이뤄지지 못한다.

16) 隳顚 : 諸本에는 '隳巓'으로 되어 있고, 正德本에는 '隨顚'으로 되어 있다.

畢云 文選注에 云 許君注淮南子에 云 果는 成也라하다

畢沅 : ≪文選注≫에 "≪淮南子≫ 許愼의 注에 '果는 이룬다는 뜻'이라 하였다."라 하였다.

2-2-2 擄財不能以分人者면 不足與友하며 守道不篤하고 徧物不博하고

재물을 움켜쥐고 남에게 나눠주지 못하면 더불어 벗하기에 부족하며, 篤實하게 道를 지키지도 못하고 博通하게 사물을 분별하지도 못하고

兪云 徧은 亦辯也라 儀禮鄕飮酒禮에 衆賓辯有脯醢라하고 燕禮에 大夫辯受酬라하고 少牢饋食禮에 辯擩于三豆라하다 今文辯皆作徧하니 是는 辯與徧通用이라 物言徧이요 是非言辯이니 文異而義同이라

兪樾 : '徧' 역시 分辨한다는 뜻이다. ≪儀禮≫ 〈鄕飮酒禮〉에 "衆賓辯有脯醢(여러 빈객에게도 두루 육포와 젓이 있다.)"라 하였고, ≪儀禮≫ 〈燕禮〉에 "大夫辯受酬(대부들은 모두 상대가 권하는 잔을 받는다.)"라 하였고, ≪儀禮≫ 〈少牢饋食禮〉에 "辯擩於三豆(모두 三豆에 찍어 먹는다.)"라 하였다. 今文에 '辯'을 모두 '徧'이라 썼으니, 이는 '辯'을 '徧'자와 通用한 것이다. 사물을 분별할 때에는 '徧'이라 하고, 是非를 분변할 때에는 '辯'이라 하니, 글자는 다르나 뜻은 같다.

2-2-3 辯是非不察者면 不足與游니라 本不固者면 末必幾하며

細密하게 시비를 분변하지도 못하면 더불어 교유하기에 부족하다. 뿌리가 튼튼하지 못하면 잎이나 가지가 반드시 부실하며,

畢云 廣雅에 云 幾는 微也라하다 或禾(계)字之假音니 說文에 云 禾는 木之曲頭니 止不能上也라하다 王云 爾雅에 幾는 危也라하니 言木本不固者면 其末必危也라 畢引廣雅하여 幾는 微也라하니 已非塙詁하고 又引說文하여 以幾作爲禾하니 則失之愈遠矣라

畢沅 : ≪廣雅≫에 "'幾'는 미미하다는 뜻이다."라 하였다. 혹 '禾'자의 假音字이니, ≪說文解字≫에 "'禾'는 나무의 구부러진 가지 끝이니, 더 이상 위로 뻗지 못하고 그친 것이다."라 하였다.

王念孫 : ≪爾雅≫에 "'幾'는 위태롭다는 뜻이다."라 하였으니, 나무의 뿌리가 튼튼하게 뿌리내리지 못하면 그 가지 끝도 반드시 위태롭다는 말이다. 畢沅이 ≪廣雅≫를 인용하면서 '幾는 미미하다는 뜻이다'라고 하였으니, 이미 고증이 적절치 못한 것이고, 또 ≪說文解字≫를 인용하면서 '幾'자를 '禾'자로 썼으니, 더욱 잘못 안 것이다.

2-2-4 雄[17]而不脩者면

용맹하면서도 자신을 닦지 않으면

畢云 雄은 **猶勇**이라하다

畢沅 : '雄'은 '勇(용맹하다)'과 같다.

2-2-5 其後必惰[18]하며 原濁者면 流不清[19]하며 行不信者면 名必秏[20]니라

뒤에는 반드시 나태해지며, 源泉이 탁하면 下流가 맑지 못하며, 행실이 미덥지 못하면 名聲은 반드시 떨어진다.

畢云 舊从耒니 **非**라 **玉篇**에 **云** 秏는 **可到切**[21]이니 **減也**요 **敗也**라 **詩**에 **云** 秏斁下(土)〔土〕[22]라하다 **又云 耗**는 **正作**秏라하다

畢沅 : 〈'秏'는〉 舊本에서는 '耒'를 따랐으나, 옳지 않다. ≪玉篇≫에 "'秏'는 '可'와 '到'의 반절이니, 줄어든다는 뜻이며 무너진다는 뜻이다. ≪詩經≫ 〈大雅 雲漢〉에 '秏斁下土(下土에 폐해를 입히고 패하게 함)'라 하였다."라 하였다. ≪玉篇≫에 또 "'耗'는 바로 '秏'라 쓴

---

17) 雄 : 孫詒讓은 "雄而不脩者 其後必惰" 대목의 '雄'과 '惰'를 對句로 보았고, 吳毓江은 '雄'과 '後'를 對句로 보았다. ≪墨子校注≫에서 吳毓江은 ≪老子≫의 "知其雄 守其雌"를 인용하면서 "그 注에 '雄은 先에 속한다.'라 하였다. 이는 雄이라는 글자에 先의 뜻이 있어, 後라는 글자와 對를 이룬다."라 하였다. 吳毓江의 설도 통하기에 아울러 밝혀둔다.

18) 惰 : 正德本, 陸本에는 '隋'로 되어 있다.

19) 流不清 : 緜眇閣本, 陳本에는 '流必溷'으로 되어 있다.

20) 秏 : 舊本에는 모두 '耗'로 되어 있다.

21) 可到切 : ≪玉篇≫에는 '呼到切'로 되어 있다.

22) (土)〔土〕: 저본에는 '士'로 되어 있으나, ≪詩經≫에 의거하여 '土'로 바로잡았다.

다."라 하였다.

2-2-6 **名不徒生而譽**[23)]**不自長**하나니 **功成名遂**니라 **名**[24)]**譽不可虛假**라 **反之身者也**니라 **務言而緩行**이면 **雖辯必不聽**하며 **多力而伐功**[25)]이면 **雖勞必不圖**니라

명성은 근거 없이 생기지 않으며 명예는 절로 자라나지 않는다. 功이 이루어져야 명성이 따라오는 것이다. 명예는 거짓으로 꾸며서 할 수 있는 게 아니며 자신을 돌아보아서 행실을 닦아야 가능한 것이다. 말하는 데 힘쓰면서 실행하는 데 기민하지 못하면 비록 말을 잘하더라도 필경 〈누구도 그 말을〉 들으려 하지 않을 것이다. 力量이 뛰어나지만 〈자신의〉 功勞를 떠벌린다면 비록 수고롭더라도 반드시 〈누구도 그와 함께〉 일을 도모하려 하지 않을 것이다.

蘇云 圖는 **謀也**라 **春秋傳**에 **曰 勞之不圖 報於何有**[26)]라하다

蘇時學 : '圖'는 꾀한다는 뜻이다. ≪春秋左氏傳≫에 "勞之不圖 報於何有"라 하였다.

2-2-7 **慧者**는 **心辯而不繁**[27)]**說**하며 **多力而不伐功**하니 **此以名譽揚天下**라 **言無務爲多而務爲智**하며 **無務爲文而務爲察**이라 **故**[28)]로 **(彼)〔非〕**[29)]**智無**[30)]**察**하고

---

23) 譽 : 吳毓江은 ≪墨子校注≫에서 "緜眇閣本에는 '譽'자 다음 한 칸이 비워져 있다. 아마도 衍字를 삭제한 듯하다."라 하였다.

24) 名 : 正德本에는 '名'자가 없다.

25) 功 : 緜眇閣本, 陳本에는 모두 '功'자가 없다. 아래의 경우도 같다.

26) 勞之不圖 報於何有 : ≪春秋左氏傳≫ 僖公 28년 조에 "晉侯가 曹나라를 포위하여…… 晉侯는 僖負羈의 집에 들어가지 말라는 令을 내려 그 家族이 禍를 면하도록 하였으니, 〈밥에 구슬을 넣어주었던〉 恩惠에 報答한 것이다. 魏犨와 顚頡이 怒하여 말하기를 '우리의 功勞에는 보답하려고도 하지 않고 어찌하여 〈僖負羈의 恩惠는〉 보답하는가.'라 하고서 僖負羈의 집을 불살랐다.〔晉侯圍曹 …… 令無入僖負羈之宮而免其族 報施也 魏犨顚頡怒曰 勞之不圖 報於何有 爇僖負羈氏〕"라고 보인다.

27) 繁 : 正德本에는 '繫'로 되어 있다.

28) 故 : 茅本, 寶曆本, 李本, 堂策檻本, 四庫全書本에는 모두 '故'자 아래 '以'자가 있다.

29) (彼)〔非〕 : 저본에는 '彼'로 되어 있으나, 畢沅의 주에 의거하여 '非'로 바로잡았다.

30) 無 : 諸本에는 '無'로 되어 있고, 正德本에는 '與'로 되어 있다. 손이양은 '無'로 보았으나, 吳

지혜로운 자는 마음속으로 분변하면서도 번다하게 발설하지 않으며, 역량이 뛰어나면서도 공로를 자랑하지 않는다. 이 때문에 천하에 명예를 드날리니, 말할 때에는 번다하게 하려고 애쓰지 않고 지혜롭게 되기를 힘쓰며, 〈공로를〉 꾸미려고 애쓰지 않고 잘 살피기를 힘쓴다. 그러므로 지혜로운 자가 아니면 잘 살피지도 못하고

畢云 彼는 當爲非라하다

畢沅 : '彼'는 마땅히 '非'가 되어야 한다.

2-2-8 在身而(情)〔惰〕[31)]하여

스스로는 나태해져서

當爲惰니 形近而誤라 上云 雄而不脩者는 其後必惰라하다

〈'情'은〉 마땅히 '惰(게으르다)'가 되어야 한다. 글자의 모양이 비슷하여 잘못된 것이다. 위(2-2-4, 5)에서 "雄而不脩者 其後必惰"라 하였다.

2-2-9 反其(路)〔務〕[32)]者也니라

힘써야 할 일에 위반된다.

路는 當爲務니 卽(家)〔冢〕上務爲智와 務爲察而言하니 謂違反其所當務之事라 明鬼下篇에 云 今執無鬼者曰 鬼神者固無有하니 則此反聖王之務라하니 此義與彼同하다 畢讀在身而情反其路者也九字句하고 云 言非智無察이니 則所欲反其道라 說文에 云 情은 人之陰气有欲者라하니 失之라

'路'는 마땅히 '務'가 되어야 한다. 즉, 윗 구절인 '務爲智'와 '務爲察'을 이어서 말한 것이니, 그 마땅히 힘써야 할 일에 위반된다는 말이다. ≪墨子≫ 〈明鬼 下〉에 "지금 귀신이

毓江은 正德本에 의거하여 '與'로 바로잡았다.

31) (情)〔惰〕 : 저본에는 '情'으로 되어 있으나, 孫詒讓의 주에 의거하여 '惰'로 바로잡았다.

32) (路)〔務〕 : 저본에는 '路'로 되어 있으나, 孫詒讓의 주에 의거하여 '務'로 바로잡았다.

없다고 주장하는 사람이 '귀신은 본래부터 없다.'라 하였는데, 이는 聖王의 임무에 위반된다."라 하였으니, 이 뜻이 저 대목의 뜻과 같다. 畢沅은 '在身而情反其路者也'의 아홉 글자를 하나의 句로 읽으면서 "지혜로운 자가 아니면 살피지 못하니, 欲求하는 것들이 그 道에 反한다는 말이다. ≪說文解字≫에 '情은 사람의 陰氣에 欲求가 있는 것'이라 하였다."라 하였으니, 畢沅이 잘못 본 것이다.

2-2-10 善無主[33]於心者不留하며 行莫辯於身者不立하니라 名不可簡而成也요 譽不可巧而立也라 君子以身戴行者也라

善함이 그 마음에서 나오지 않는 자는 이름을 남기지 못하고, 행실이 자신의 말과 일치하지 않는 자는 이름을 세우지 못한다. 명성은 아무렇게나 이루어지는 게 아니며 명예는 기교를 부려 세울 수 없다. 군자는 몸소 실행하는 자이다.

戴載古通이니 春秋隱十年經에 伐戴[34]라하고 穀梁에 作伐載라하다 釋名釋姿容에 云 戴는 載也라하다

'戴'와 '載'는 옛날에 글자를 통용하였으니, ≪春秋≫ 隱公 10년 經文에는 '伐戴'라 하였고, ≪春秋穀梁傳≫에는 '伐載'로 되어 있다. ≪釋名≫ 〈釋姿容〉에 "'戴'는 싣는다는 뜻이다."라 하였다.

2-2-11 思利尋焉이어나

이익만을 생각하여 중시하거나

儀禮有司徹賈公彦疏에 引服虔左傳注에 云 尋之言重也니 溫也라하다 畢云 尋은 習이라하다

≪儀禮≫ 〈有司徹〉 賈公彦의 疏에서 ≪春秋左氏傳≫ 服虔의 注를 인용한 곳에 "'尋'은 거듭한다는 말이니, 익숙히 한다는 뜻이다."라 하였다.

---

33) 主 : 正德本에는 '生'으로 되어 있다. 이에 의거하여 번역하였다.

34) 伐戴 : ≪春秋左氏傳≫ 隱公 10년 經文에 "〈가을에 宋人과 衛人이 군대를 거느리고 鄭나라를 침입하였다.〉 宋人과 蔡人과 衛人이 연합하여 戴國을 치니, 鄭伯이 이들을 공격하여 힘들이지 않고 승리하였다.〔宋人蔡人衛人伐戴 鄭伯伐取之〕"라고 보인다.

畢沅 : '尋'은 익힌다는 뜻이다.

2-2-12 **忘名忽焉**하여 **可以爲士於天**[35]**下者**는 **未嘗有也**니라

명성을 잊고 소홀히 하면서 천하에 賢士가 된 자는 있었던 적이 없다.

35) 天 : 正德本에는 '兲'으로 되어 있다. '兲'은 '天'의 古字이다.

所染 第三 제3편 물들임

'所染'은 물듦에 대헤 논하는 장이다. 실에 물이 드는 것처럼 나라에도 물듦이 있으며, 士도 물듦이 있다. 자신을 물들인 사람이 마땅한가 그렇지 않은가에 따라, 천하에 왕 노릇 하면서 功名이 천지를 다 덮을 수도 있고 나라는 멸망하고 자신은 죽어 천하의 사람들의 수치거리가 될 수도 있다. 道理를 행하면 편안하고 장구할 수 있는데, 道理를 행하는 것은 물들임이 마땅한 데에서 나온다는 말이다.

畢云 呂氏春秋에 **有當染篇**하니 **文略同**이라하다 **蘇云 篇中**에 **言中山尙宋康**은 **皆墨子後事**이며 **而禽子**[1]는 **爲墨子弟子**로대 **至與傳說**(열)**竝稱**하니 **此必非墨子之言**이라 **蓋亦出於門弟子**라하다 **汪中**[2]**云 宋康之滅**은 **在楚惠王卒後一百五十七年**이라 **墨子蓋嘗見染絲者而歎之**하니 **爲墨之學者增成其說耳**라하다 **案 此篇**은 **固不出墨子**라 **但中山尙疑卽桓公**[3]한대 **時代正與墨子相及**하니 **蘇說未審**이라

畢沅 : ≪呂氏春秋≫에 〈當染〉이 있으니, 글이 대략 이 편과 같다.

蘇時學 : 〈所染〉에서 中山尙과 宋 康王에 대해 말한 것은 모두 墨子 死後의 일이며, 禽子는 墨子의 弟子인데도 심지어 傳說과 병칭하고 있으니, 이는 분명 墨子의 말이 아닐 것이다. 아마도 이 역시 門下의 弟子에게서 나온 듯하다.

汪中 : 宋 康王이 滅亡한 것은 楚 惠王이 죽은 뒤 157년의 일이다. 墨子가 아마도 실을 물들이는 자를 보고 탄식한 적이 있었던 듯하니, 墨學을 하는 자가 자기의 說을 채워 넣어 글을 완성한 것일 뿐이다.

---

1) 禽子 : 禽滑釐를 말한다. 墨家의 鉅子였으며, 守城述에 능하였다.

2) 汪中 : 1744~1794. 淸나라 江蘇 江都 사람. 字는 容甫이다. 阮元, 焦循과 함께 揚州學派의 대표적 인물이다. 顧炎武를 사숙하였으며, 王念孫・劉台拱 등과 교유했다. ≪儀禮≫와 ≪大戴禮記≫와 ≪爾雅≫를 교감하였다. 저서에 ≪尙書考≫, ≪春秋述義≫, ≪墨子表微≫, ≪墨子序≫, ≪述學≫ 등이 있다.

3) 桓公 : 中山桓公을 말한다. 中山桓公은 戰國시대 中山國의 君主이다. 중산국은 기원전 406년에 魏나라 樂羊에 의해 멸망하였다가 기원전 380년 전후에 중산환공에 의해 부흥하였다. 북쪽으로 燕國과 交戰하고, 남쪽으로 長城을 築造하여 趙國을 방어하였다. 기원전 296년에 趙國에 의해 멸망하였다.

案 : 이 篇은 진실로 墨子에게서 나오지 않았다. 다만 中山尙은 아마도 곧 中山桓公인 듯한데, 時代가 바로 墨子의 생존 시기와 서로 겹치니, 蘇時學의 설은 잘 살피지 못한 것이다.

3-1-1 **子墨子言見染絲者而歎**하여 **曰**

子墨子께서 실을 물들이는 자를 보고 탄식하여 말하기를

言字는 **疑衍**이라 **公羊隱十一年**의 **何休注**에 **云 稱子冠氏上者**는 **著其爲師也**니 **其不冠子者**는 **他師**라하다 **列子天瑞篇**의 **張**[4]**注**에 **云 載子於姓上者**는 **首章是弟子之所記故也**라하다

'言'자는 아마도 衍字인 듯하다. ≪春秋公羊傳≫ 隱公 11년 조의 何休 注에 "'氏' 위에 '子'라는 호칭을 얹는 것은 그가 스승임을 드러낸 것이니, '子'라고 씌우지 않는 것은 남의 스승이다."라 하였다. ≪列子≫ 〈天瑞〉 張湛 주에 "姓 위에 '子'를 얹은 것은 首章이 바로 弟子가 기록한 것이기 때문이다."라 하였다.

3-1-2 **染於蒼**하면 **則蒼**하며

"푸른 염료에 물들이면 푸르게 되며

廣雅釋器에 **云 蒼**은 **靑也**라하다

≪廣雅≫ 〈釋器〉에 "'蒼'은 파랗다는 뜻이다."라 하였다.

3-1-3 **染於黃**하면 **則黃**하니

노란 염료에 물들이면 노랗게 되니,

韓詩外傳에 **云 藍有靑**이언마는 **而絲假之**면 **靑於藍**이요 **地有黃**이언마는 **而絲假之**면 **黃於**

4) 張 : 張湛이다. 東晉시대 사람으로, 字는 處度이다. 저서에 ≪列子注≫, ≪衝虛至德眞經注≫ 등이 있다.

地라하다 淮南子說林訓에 云 墨子見練絲而泣之러니 爲其可以黃可以黑이라하다

≪韓詩外傳≫에 "쪽에도 푸른색이 있지만 쪽으로 실을 물들이면 그 색이 쪽보다 푸르며, 흙에도 노란색이 있지만 흙으로 실을 물들이면 그 색이 흙보다 노랗다."라 하였다. ≪淮南子≫ 〈說林訓〉에 "墨子가 실을 마전하는 것〔練絲〕을 보고서 슬퍼하였으니, 〈물들이는 데에 따라〉 노랗게도 될 수 있고 검게도 될 수 있기 때문이었다."라 하였다.

3-1-4 所入者[5]變하면 其色亦變하나니라 五入必

담는 데가 변하면 실의 색깔도 변한다. 다섯 번 염료통에 담그기를 마치니

考工記鍾氏에 染羽에 三入爲纁(훈)이요 五入爲緅(추)요 七入爲緇라한대 鄭注에 云 玄은 其六入者與인저하다 爾雅釋器에 云 一染謂之縓(전)이요 再染謂之赬(정)이요 三染謂之纁이라하다 必은 讀爲畢이니 左隱元年傳에 同軌畢至[6]라하대 白虎通義崩薨篇에 引畢作必하니 是其證이라 言五入畢而爲五色也라 高誘云 一入一色[7]이라하다 畢云 一本無必字라하다

≪考工記≫ 〈鍾氏〉에 "깃털을 물들일 때, 세 번 염료통에 깃털을 담그면 분홍색〔纁〕이 되며, 다섯 번 담그면 검붉은 색〔緅〕이 되며, 일곱 번 담그면 검은색〔緇〕이 된다."라 하였는데, 鄭玄의 注에 "검은색〔玄〕은 아마도 여섯 번 넣은 것이리라."라 하였다. ≪爾雅≫ 〈釋器〉에 "한 번 물들인 것을 '縓'이라 하며, 두 번 물들인 것을 '赬'이라 하며, 세 번 물들인 것을 '纁'이라 한다."라 하였다. '必'은 독음이 '畢(필)'이니, ≪春秋左氏傳≫ 隱公 元年 傳에 "同軌畢至"라 하였는데, ≪白虎通義≫ 〈崩薨〉에서 이 대목을 인용한 곳에 '畢'이 '必'로 되어 있으니, 이것이 그 증거이다. 다섯 번 담그기를 마치면 다섯 가지 색깔이 된다

---

5) 所入者 : 실이나 천을 물들이기 위해 염료를 풀어놓은 염료통에 물들일 재료를 넣어 담가두는 것을 말한다.

6) 同軌畢至 : ≪春秋左氏傳≫ 隱公 元年의 傳에 "天子는 7개월 만에 葬事를 지내니 同軌(天子 統治圈 내의 諸侯를 말함)가 모두 이르고, 제후는 5개월 만에 장사를 지내니 同盟國이 이르고, 大夫는 3개월 만에 장사를 지내니 다른 나라의 같은 지위에 있는 官員이 이르고, 士는 달을 넘겨 장사를 지내니 다른 나라의 인척이 이른다.〔天子七月而葬 同軌畢至 諸侯五月 同盟至 大夫三月 同位至 士踰月 外姻至〕"라고 보인다.

7) 高誘云 一入一色 : ≪呂氏春秋≫ 〈當染〉의 注에 나온다.

는 말이다. 高誘는 "한 번 담글 때마다 한 가지 색이 된다."라 하였다.

畢沅 : "어떤 本에는 〈'五入必' 대목에〉 '必'자가 없다."라 하였다.

3-1-5 而已하니 則爲五色矣라

五色이 되었구나!

畢云 呂氏春秋에 無則字어늘 後漢書注에 引作五入之則爲五色하며 太平御覽에 引作五入則爲五色이라하다

畢沅 : ≪呂氏春秋≫에 '則'자가 없는데, ≪後漢書≫ 注에서 〈이 '五入必而已 則爲五色矣' 대목을〉 인용한 곳에는 '五入之則爲五色'으로 되어 있으며, ≪太平御覽≫에서 이 대목을 인용한 곳에는 '五入則爲五色'으로 되어 있다.

3-1-6 故로 染不可不愼也라하니라

그러므로 물들이는 것을 신중하게 하지 않아서는 안 된다."라 하였다.

治要[8)]에 作可不愼耶하다

≪群書治要≫에는 '可不愼耶(신중하게 하지 않아서야 되겠는가.)'로 되어 있다.

3-2-1 非獨染絲然也니 國亦有染이라

유독 실을 물들이는 일만 그런 것이 아니라, 나라 역시 물듦이 있다.

畢云 太平御覽과 吳淑의 事類賦에 俱作治國亦然이라하니 有節文이라하다

畢沅 : ≪太平御覽≫과 吳淑의 ≪事類賦≫에는 모두 "治國亦然(나라를 다스리는 것 또한 그러하다.)"으로 되어 있으니, 글을 축약한 것이다.

3-2-2 舜은 染於許由

8) 治要 : ≪群書治要≫이다. 唐나라 태종의 勅命으로 魏徵 等이 편찬한 책이다. 經書 및 正史, 諸子書에서 政治와 관련된 대목을 발췌하여 모은 것으로, 631년에 완성되었다. 총 50권이다.

舜임금은 許由와

高誘云 許由는 陽城人이니 堯聘之不至라하다

≪呂氏春秋≫ 高誘의 注에 "許由는 陽城 사람이니, 堯임금이 그를 예를 갖추어 불렀으나 나오지 않았다."라 하였다.

許由

3-2-3 伯陽하며

伯陽에 물들었으며,

畢云 高誘注呂氏春秋에 云 伯陽은 蓋老子也니 舜時師之者也라하며 楊倞注荀子에 云 老子는 姓李요 字伯陽이요 號聃이니 著書五千言이라하다 案컨대 此云 舜染은 則非聃也라하다 詒讓案 呂氏春秋本味篇에 云 堯舜은 得伯陽續耳然後成이라한대 注에 云 伯陽續耳는 皆賢人이니 堯用之以成功也라하다 御覽八十一引尸子에 云 舜은 事親養老爲天下法하다 其遊也에 得六人하니 曰雒陶方回續耳伯陽東不識秦不空이니 皆一國之賢者也라하다 陶潛[9]의 聖賢群輔錄에 引皇甫謐逸士傳에 舜友七子라하니 亦有伯陽이라 韓非子說疑篇에 作晉伯陽하며 漢書古今人表에 作柏陽하며 北堂書鈔四十九引尸子에 作柏楊하니 此伯陽은 自是舜時賢人이니 高以爲老子는 繆라

畢沅 : ≪呂氏春秋≫ 高誘의 注에 "伯陽은 아마도 老子인 듯하니, 舜임금이 당시에 노자를 스승으로 섬긴 것이다."라 하였으며, ≪荀子≫ 楊倞이 注에 "老子는 姓이 李이며, 字는 伯陽이며, 號는 聃이니, 5천 字의 글을 지었다."라 하였다. 생각건대 이 편에서 "순임금이 伯陽에 물들었다."고 할 때의 伯陽은 老聃이 아니다.

詒讓案 : ≪呂氏春秋≫ 〈本味〉에 "堯임금과 舜임금은 伯陽과 續耳를 얻고 나서야 功業

9) 陶潛 : 365~427. 東晉 廬江 潯陽 사람. 字는 淵明 또는 元良이며, 號는 五柳先生이다. 저서에 ≪陶淵明集≫이 있다.

을 이루었다."라 하였는데, 이 대목의 注에 "伯陽과 續耳는 모두 賢人이니, 堯임금이 이들을 등용하여 功業을 이루었다."라 하였다. ≪修文殿御覽≫ 81에서 ≪尸子≫를 인용한 곳에는 "舜임금은 어버이를 섬기고 노인을 봉양하는 것으로 세상 사람들의 본보기가 되었다. 그가 周遊할 적에 여섯 賢人을 얻었으니, 이들이 바로 雒陶·方回·續耳·伯陽·東不識·秦不空이니, 모두 一國의 賢者였다."라 하였다. 陶潛의 ≪聖賢群輔錄≫에 皇甫謐의 ≪逸士傳≫을 인용한 곳에는 "순임금이 일곱 현자를 벗으로 삼았다."라 하였으니, 〈이 일곱 현자 중에〉 역시 伯陽이 있다. ≪韓非子≫ 〈說疑〉에는 '晉伯陽'으로 되어 있으며, ≪漢書≫ 〈古今人表〉에는 '柏陽'으로 되어 있으며, ≪北堂書鈔≫ 49에서 ≪尸子≫를 인용한 대목에는 '柏楊'으로 되어 있다. 이 편의 '伯陽'은 본래 舜임금 시대의 賢人이니, 高誘가 伯陽을 老子라고 여긴 것은 잘못이다.

3-2-4 禹는 染於皐陶(요)伯益[10)]하며 湯은 染於伊尹[11)]仲虺[12)]하며

禹임금은 皐陶와 伯益에 물들었으며, 湯王은 伊尹과 仲虺에 물들었으며,

皐陶

伊尹

10) 皐陶伯益 : 皐陶는 순임금 때 刑獄에 관한 법을 관장하였으며, 伯益은 순임금 때 산과 물과 草木과 禽獸를 관리하였다.

11) 伊尹 : 殷나라 湯王의 재상이다. '尹'은 '右相'이라는 뜻이다. ≪孟子≫ 〈萬章 上〉에 자세하다. 有莘國의 들에서 농사지으며 堯舜의 道를 좋아하였는데, 탕왕이 禮를 갖추어 세 차례 초빙하자 출사하여 탕왕의 大業을 완수하였다.

12) 仲虺 : 殷나라 湯王의 賢臣이다. 左相이었으며 伊尹과 함께 湯王의 大業을 완성하였다.

高誘云 仲虺居薛이라가 爲湯之左相이라하다

≪呂氏春秋≫ 高誘의 注에 "仲虺는 薛에 살다가 탕왕의 左相이 되었다."라 하였다.

3-2-5 **武王**은 **染於太公周公**하니 **此四王者**는 **所染當**이라

武王은 太公과 周公에 물들었으니, 이 네 왕은 〈자신을〉 물들인 자가 마땅하였다.

高誘云 所從染得其人이라 故로 曰 當이라하다

≪呂氏春秋≫ 高誘의 注에 "자신을 물들이는 사람으로 적임자를 얻었다. 그러므로 '마땅하다'고 한 것이다."라 하였다.

太公

周公

3-2-6 **故**로 **王天下**하고 **立爲天子**하여 **功名蔽天地**라

그러므로 천하에 왕 노릇 하였고 즉위하여 天子가 되어 功名이 천지를 다 덮었다.

高誘云 蔽는 猶極也라하다

≪呂氏春秋≫ 高誘의 注에 "'蔽'는 '極(다하다)'과 같다."라 하였다.

3-2-7 **擧天下之仁義顯人**에 **必稱此四王者**하니라

천하의 仁義로우면서 顯達한 사람을 들 때 반드시 이 네 왕을 일컫는다.

高誘云 稱美其德以爲喩也라하다

≪呂氏春秋≫ 高誘의 注에 "네 왕의 德을 讚美하여 비유로 삼았다."라 하였다.

3-2-8 **夏桀**은 **染於干辛**

夏나라 桀王은 干辛과

畢云 呂氏春秋에 云 夏桀은 染於羊辛이라하고 又愼大에 云은 桀爲無道하며 干辛任威陵轢諸侯하여 以及兆民이라한대 高誘曰 干辛은 桀之諛臣이라하다 說苑에 云 桀은 用干莘이라하며 班固의 古今人表에 云 干辛崇侯가 與之爲惡則行이라하고 表에 又作干莘이라하니 同說苑이라하다 詒讓案 呂氏春秋知度篇에 云 桀用羊辛이라한대 漢書顔注에 云 干莘은 桀之勇人也라하며 抱樸子良規篇에 亦作干辛하다

畢沅 : ≪呂氏春秋≫ 〈當染〉에 "夏나라의 桀王은 羊辛에 물들었다."라 하였고, 또 ≪呂氏春秋≫ 〈愼大〉에 "桀王은 無道한 짓을 하였으며, 干辛은 멋대로 위세를 부리면서 諸侯들을 능멸하여 兆民에게까지 그 화가 미쳤다."라 하였는데, 高誘의 注에 "干辛은 桀王의 아첨하는 奸臣이다."라 하였다. ≪說苑≫ 〈尊賢〉에 "桀王은 干莘을 등용하였다."라 하였으며, 班固의 ≪漢書≫ 〈古今人表〉에 "干辛과 崇侯가 함께 惡行을 하기에 떠났다."라 하였으며, 〈古今人表〉에 또 '干莘'으로도 되어 있으니, ≪說苑≫과 같다.

詒讓案 : ≪呂氏春秋≫ 〈知度〉에 "桀王은 羊辛을 등용하였다."라 하였으며, ≪漢書≫ 顔師古의 注에 "干莘은 桀王의 勇人이다."라 하였으며, ≪抱樸子≫ 〈良規〉에도 '干辛'으로 되어 있다.

3-2-9 **推哆**(추치)하며

推哆에 물들었으며,

畢云 本書明鬼에 云 王手禽[13]推哆大戲라하고 下又云 推哆大戲는 (主別)〔生列〕[14]兕

虎하며 指畫殺人이라하다 古今人表에 作雅侈라하다 詒讓案 推哆는 晏子春秋諫上篇과 賈子新書[15]連語篇에 作推侈하다 韓子說疑篇에 又作侯侈하며 淮南子主術訓에 又作推移하다 惟抱樸子良規篇에 作推哆하여 與此同이라

畢沅 : ≪墨子≫ 〈明鬼 下〉에 "王手禽推哆大戲(湯王이 推哆와 大戲를 맨손으로 사로잡았다.)"라 하였고, 아래에 또 "推哆大戲 生列兕虎 指畫殺人(추치와 대희는 외뿔 들소와 범을 산 채로 찢어 죽였으며, 손가락으로 그어서 사람을 죽였다.)"이라 하였다. ≪漢書≫ 〈古今人表〉에는 '雅侈'로 되어 있다.

詒讓案 : '推哆'는 ≪晏子春秋≫ 〈諫 上〉과 賈誼의 ≪新書≫ 〈連語〉에는 '推侈'로 되어 있다. ≪韓非子≫ 〈說疑〉에는 또 '侯侈'로 되어 있으며, ≪淮南子≫ 〈主術訓〉에는 또 '推移'로 되어 있다. 오직 ≪抱樸子≫ 〈良規〉에만 '推哆'로 되어 있으니, 이 편과 같다.

3-2-10 殷紂는 染於崇侯惡來하며

殷 紂王은 崇侯와 惡來에 물들었으며,

高誘云 崇은 國이요 侯는 爵이니 名은 虎라 惡來는 嬴姓이니 飛廉之子요 紂之諛臣이라하다 史記秦本記에 云 蜚廉生惡來하니 惡來有力하며 蜚廉善走라 父子俱以材力事殷紂하다 周武王之伐紂에 竝殺惡來라하다

≪呂氏春秋≫ 高誘의 注에 "崇은 국명이요 侯는 작위니, 이름이 虎이다. 惡來는 姓이 嬴이니, 飛廉의 아들로 紂王의 아첨하는 奸臣이다."라 하였다. ≪史記≫ 〈秦本記〉에 "蜚廉이 惡來를 낳았으니, 惡來는 힘이 장사였고, 蜚廉은 잘 달렸다. 父子가 함께 재주와 힘으로 殷 紂王을 섬겼다. 周 武王이 紂王을 칠 때, 惡來도 함께 죽였다."라 하였다.

---

13) 禽 : '禽'자는 '擒(사로잡다)'자와 통용한다. 推哆와 大戲는 모두 桀王의 신하이며, 湯王과의 전투에서 사로잡혔다.

14) (主別)〔生列〕: 畢本과 底本에는 모두 '主'로 되어 있으며, 系本에는 '生'으로 되어 있다. ≪墨子≫ 〈明鬼 下〉에는 "推哆大戲 生列兕虎 指畫殺人"으로 되어 있으니, 이에 의거하여 저본의 '主別'을 '生列'로 바로잡았다.

15) 新書 : 漢나라 賈誼(B.C. 200~B.C. 168)가 찬한 책으로, 모두 10권이다. ≪賈誼新書≫ 또는 ≪賈子新書≫라고도 한다. 前 5권은 條奏文이며, 後 5권은 先賢의 禮樂政術 등을 인용·서술하였다. 원본은 58편이라고 하는데, 이 중 3편이 전하지 않는다.

3-2-11 厲王은 染於厲公長父(보)

周 厲王은 厲公長父와

治要에 作文하니 誤라 畢云 呂氏春秋에 厲作虢한대 注에 云 虢榮은 二卿士라하다 洪云 案荀子成相篇楊倞注引墨子에 作瓓公長父하며 呂氏春秋當染篇에 厲王染於虢公長父라하니 瓓는 卽虢字之譌라 今本에 作厲字는 又後人所改라하다 蘇云 厲公은 虢君謚라하다 詒讓案 荀子成相篇에 云 執公長父之難에 厲王流於彘라한대 楊注[16)]引此에 云 瓓公은 與執公不同이라 不知孰是라 或曰 執公長父는 卽詩云皇父也라하니 執은 或作郭이라하다 案荀子別本에 作郭하여 與呂覽合하니 是也라 虢郭은 古通이라 洪은 以瓓로 爲虢之譌하니 亦近是라 蘇는 以厲爲虢公謚하니 未塙이라 竹書記年[17)]에 厲王三年에 淮夷侵洛하니 王命虢公長父伐之나 不克이라한대 後漢書東夷傳에 作虢仲하니 今本紀年은 出於摭拾이라 未知足據否라

≪群書治要≫에는 〈'父'가〉 '文'으로 되어 있으니, 잘못이다.

畢沅 : ≪呂氏春秋≫ 〈當染〉에 〈'厲公'의〉 '厲'가 '虢'으로 되어 있는데, 注에 "'虢'과 '榮'은 두 卿士이다."라 하였다.

洪頤煊 : 생각건대 ≪荀子≫ 〈成相〉 楊倞의 注에서 ≪墨子≫를 인용한 곳에는 "瓓公長父"로 되어 있으며, ≪呂氏春秋≫ 〈當染〉에는 "厲王染於虢公長父(厲王이 虢公長父에 물들었다.)"라 하였으니, '瓓'는 곧 '虢'자의 誤字이다. 今本에 '厲'자로 되어 있는 것은 또 후인이 고친 것이다.

蘇時學 : 厲公은 虢君의 謚號이다.

詒讓案 : ≪荀子≫ 〈成相〉에 "執公長父의 難에 厲王이 彘 땅으로 유배되었다."라 하였는데, 楊倞의 注에 이 대목을 인용하면서 "瓓公은 執公과 같지 않으니, 어느 것이 옳은지

---

16) 楊注 : 현존하는 ≪荀子≫ 20권 32편은 楊倞이 정리한 주석서이다. 前漢의 劉向이 당대 전하던 322편을 편집하여 ≪孫卿新書≫ 32편으로 편찬하였다가, 이후 이를 唐나라 楊倞이 순서를 바꾸고 注를 내었다.

17) 竹書紀年 : 春秋時代 晉國史官과 戰國時代 魏國史官이 지은 것으로 ≪古文紀年≫ 또는 ≪汲塚紀年≫이라고도 한다. 夏, 殷, 周에서 戰國時代 魏나라에 이르기까지의 역사를 기록한 編年體 通史이다. 위나라 襄王의 묘에서 발굴되었는데, 모두 20편이며, 先秦史를 연구하는데 매우 중요한 史料이다. 원본은 북송 때 유실되었다.

알지 못하겠다. 혹자는 '孰公長父는 곧 ≪詩經≫에서 말하는 皇父이다.'라 하니, '孰'은 어떤 곳에는 '郭'으로 되어 있다."라 하였다. 생각건대 ≪荀子≫ 別本에는 '郭'으로 되어 있어 ≪呂氏春秋≫와도 합치하니, 이것이 옳다. '虢'과 '郭'은 옛날에는 통용하였다. 洪頤煊이 '厲'를 '虢'의 誤字로 본 것이 또한 아마 옳은 듯하다. 蘇時學은 '厲'를 虢公의 시호라 하였으니, 확실치 않다. ≪竹書記年≫에 "厲王 3년에 淮夷가 洛을 침략하니, 王이 虢公長父에게 명하여 그를 치게 하였으나 이기지는 못하였다."라 하였는데, ≪後漢書≫ 〈東夷傳〉에 〈'虢公長父'가〉 '虢仲'으로 되어 있으니, 今本 ≪竹書紀年≫은 이곳저곳의 기록을 모아서 만든 것이어서 근거할 만한지는 잘 모르겠다.

3-2-12 榮夷終하며

榮夷終에 물들었으며,

呂氏春秋當染同이라 **國語周語**에 **厲王**이 **說**(열)**榮夷公**하여 **爲卿士**라한대 **韋注**에 **云 榮**은 **國名**이요 **夷**는 **謚也**라하다 **書叙**에 **有榮伯**[18]이라 **史記周本紀集解**에 **引馬融**하여 **云 榮伯**은 **周同姓**이라 **畿內諸侯爲卿大夫也**라하니 **夷公**은 **蓋榮伯之後**라 **畢云 終**은 **一本**에 **作公**하다 **史記**에 **厲王**이 **好利**하여 **近榮夷公**이라하다 **蘇云 終**은 **或榮夷公名**이라하다

≪呂氏春秋≫ 〈當染〉도 이와 같이 되어 있다. ≪國語≫ 〈周語〉에 "厲王이 榮 夷公을 좋아하여 卿士로 삼았다."라 하였는데, 韋昭의 注에 "榮은 나라 이름이며, 夷는 시호이다."라 하였다. ≪尙書≫ 書叙에 '榮伯'이 있다. ≪史記集解≫ 〈周本紀〉에 馬融의 說을 인용하여 "榮伯은 周나라 宗室과 같은 姬姓이다. 畿內의 諸侯는 卿大夫이다."라 하였으니, 夷公은 아마도 榮伯의 후손인 듯하다.

畢沅 : '終'은 어떤 本에는 '公'으로 되어 있다. ≪史記≫ 〈周本紀〉에 "厲王이 잇속 차리기를 좋아하여 榮 夷公을 가까이하였다."라 하였다.

蘇時學 : '終'은 어쩌면 榮 夷公의 이름일 수도 있다.

---

18) 書叙 有榮伯 : ≪尙書≫ 〈周書 周官〉의 書序에 나온다. '書叙(書序)'는 '敍'라고도 한다. '小序'와 '大序'가 있다. 예부터 전해오는 ≪尙書≫의 서문으로 魯의 恭王이 궁전을 지으려고 공자가 살던 집을 헐었을 때 여러 가지 고서와 함께 얻은 것이다. ≪尙書≫ 각 편이 쓰인 연유를 간략히 설명하고 있다.

3-2-13 幽王은 染於傅公夷

周 幽王은 傅公夷와

治要에 作幾하다 蘇云 傅公夷는 無攷라 國語에 惠王時有傅氏한대 注에 曰 傅氏는 貍(리)姓也니 在周爲傅氏라하다

≪群書治要≫에는 〈'夷'가〉 '幾'로 되어 있다.

蘇時學：傅公夷는 누군지 상고할 수 없다. ≪國語≫ 〈周語 上〉에 周 惠王 때에 傅氏가 있었는데, 注에 "傅氏는 姓이 貍이니, 周나라에서 傅氏가 되었다."라 하였다.

3-2-14 蔡公穀하니

蔡公穀에 물들었으니,

畢云 蔡는 一本作祭(채)라 呂氏春秋에 作虢公鼓祭公敦이라하다 詒讓案 高誘謂虢公鼓卽虢石父라하니 見國語晉語鄭語한대 未知是否라 蘇云 蔡公穀은 呂覽에 作祭公敦하니 竊謂當從呂覽作祭公爲是라 祭는 爲周畿內國이니 周公少子所封이라 自文公謀父[19]以下로 世爲卿士於周하니 隱元年所書祭伯來[20]者가 卽其後也라 若蔡는 當幽王時하여 唯有釐侯所事[21]요 不聞更有名穀者라하다 案 蘇說이 是也라

畢沅：'蔡'는 어떤 本에는 '祭'로 되어 있다. ≪呂氏春秋≫에는 〈'傅公夷'와 '蔡公穀'이〉 '虢公鼓'와 '祭公敦'으로 되어 있다.

詒讓案：高誘는 '虢公鼓'가 곧 '虢石父'라고 하였으니, ≪國語≫ 〈晉語〉와 〈鄭語〉에도 보이는데, 옳은지 모르겠다.

---

19) 文公謀父：底本 傍注에 "'文公謀父'는 蘇時學의 ≪墨子刊誤≫ 권1의 原文이 이와 같다. 그러나 '文公'이라 하면 위아래 글의 뜻이 전혀 통하지 않을 뿐더러 史書에도 '文公謀父'라는 사람은 없다. 이제 상고해보건대 '文'은 응당 '祭'의 誤字인 듯하다. '祭公謀父'는 ≪國語≫ 〈周語 上〉에 보이며, 周 穆王의 卿士이다."라 하였다.

20) 祭伯來：≪春秋左氏傳≫ 隱公 元年 조에 "冬十有二月 祭伯來(겨울 12월에 祭伯이 왔다.)"라 하였는데, 그 傳에 "祭伯 諸侯爲王卿士者 祭國 伯爵也(祭伯은 제후로서 왕의 卿士가 된 자이다. 祭는 國名이며 伯은 爵名이다.)"라 한 대목이 보인다.

21) 釐侯所事：춘추시대 蔡나라의 군주로, 이름이 姬所事(재위 B.C. 809~B.C. 761)이다.

蘇時學 : '蔡公穀'은 ≪呂氏春秋≫에 '祭公敦'으로 되어 있으니, 내 생각에는 마땅히 ≪呂氏春秋≫를 따라서 '祭公'이 되어야 옳을 듯하다. '祭'는 周나라 畿內의 나라이니, 周公의 少子가 封해진 곳이다. 文公謀父 이후 대대로 周나라에서 卿士가 되었으니, ≪春秋≫ 隱公 元年 조에 기록된 '祭伯來'라고 할 때의 '祭'가 바로 그 후손이다. 蔡나라의 경우는 周幽王 때에 오직 釐侯 所事만 있었고, 이름이 '穀'인 자가 더 있었다는 기록은 없다.

案 : 蘇時學의 說이 옳다.

3-2-15 **此四王者**는 **所染不當**이라 **故**로 **國殘身死**하여 **爲天下僇**(륙)이라

이 네 왕은 〈자신을〉 물들인 사람이 마땅치 않았다. 그러므로 나라는 멸망하고 자신은 죽어 천하의 사람들에게 치욕을 당하였다.

高誘云 不當者는 不得其人이라 僇은 辱也라하다 僇은 治要에 作戮하다 畢云 此戮字는 假音이라하다

≪呂氏春秋≫ 高誘의 注에 "'不當'이란 적임자를 얻지 못한 것이다. '僇'은 치욕을 당한다는 뜻이다."라 하였다. '僇'은 ≪群書治要≫에 '戮'으로 되어 있다.

畢沅 : 이 '戮'자는 〈'僇'의〉 借音字이다.

3-2-16 **擧天下不義辱人**에 **必稱此四王者**하니라

천하의 不義하면서 치욕을 당한 사람을 들 때 반드시 이 네 왕을 일컫는다.

舊本에 稱下脫此字라 今據道藏本補하니 與上文及治要合이라 呂氏春秋當染에 亦同하다 高誘云 稱其惡以爲戒也라하다

舊本에는 '稱' 아래에 '此'자가 빠져 있다. 이제 道藏本에 의거하여 채워 넣으니, 윗글과 ≪群書治要≫에 합치한다. ≪呂氏春秋≫ 〈當染〉이 또한 이와 같다. ≪呂氏春秋≫ 高誘의 注에 "그 惡行을 일컬어서 경계로 삼았다."라 하였다.

3-2-17 **齊桓**은 **染於管仲鮑叔**하며 **晉文**은 **染於舅犯高偃**하며

齊 桓公은 管仲과 鮑叔에 물들었으며, 晉 文公은 舅犯과 高偃에 물들었으며,

齊桓晉文下는 治要에 竝有公字하다 畢云 未詳이라 呂氏春秋에 高는 作卻[22]하다 疑當爲郤하니 晉有郤氏라하다 王云 高는 當爲𩫏(곽)이라 𩫏은 卽城郭之郭이니 形與高相近할새 因譌爲高라 賈子過秦篇에 據億丈之𩫏이라한대 今本에 𩫏譌作高하니 墨子多古字라 後人不識이라 故로 傳寫多誤耳하다 左傳에 晉大夫卜偃[23]은 晉語에 作郭偃한대 韋注에 曰 郭偃은 晉大夫卜偃也라하다 商子更法篇과 韓子南面篇이 竝與晉語同하다 呂氏春秋에 作郤偃하니 郤은 卽郭之譌요 非郤氏之郤也라 太平御覽治道部一에 引呂氏春秋에 正作郭偃하다 梁玉繩[24]云 高與郭은 聲之轉也라하다 兪云 高는 亦可讀如郭이라 詩緜篇毛傳에 曰 王之郭門을 曰皐門이라하니 郭偃之爲高偃은 猶郭門之爲皐門也라하다

'齊桓'과 '晉文' 아래에는 ≪群書治要≫에 모두 '公'자가 있다.

畢沅 : 자세히 알 수 없다. ≪呂氏春秋≫에 '高'는 '卻'으로 되어 있다. 마땅히 '郤'이 되어야 할 듯하니, 晉나라에 郤氏가 있었기 때문이다.

管仲

王念孫 : '高'는 '𩫏'이 되어야 한다. '𩫏'은 곧 '城郭'이라고 할 때의 '郭'이니, 모양이 '高'자와 비슷하여 이 때문에 '高'로 잘못된 것이다. 賈誼의 ≪新書≫ 〈過秦〉에 "據億丈之𩫏(억장의 성곽에 의지하다.)"이라 하였는데, 今本에는 '𩫏'자가 '高'자로 잘못되어 있다. ≪墨子≫에는 古字가 많아서 後人들이 잘 알지 못하였다. 그러므로 傳寫하면서 잘못된 글자가 많다. ≪春秋左氏傳≫의 晉나라 大夫 '卜偃'은 ≪國語≫ 〈晉語〉에는 '郭偃'으

---

22) 卻 : 畢本에는 '郤'으로 되어 있는데, 孫詒讓이 교감하면서 '卻'으로 고쳐 인용하였다.

23) 卜偃 : 卜筮를 맡은 晉나라 大夫이다. 魯나라의 梓愼, 宋나라의 子韋, 楚나라의 甘公, 魏나라의 石申 등이 占卜과 星象에 밝았다고 한다.

24) 梁玉繩 : 1744~1819. 淸나라 浙江 錢塘 사람이다. 字는 曜北, 號는 諫菴 또는 淸白士이다. 저서에 ≪史記志疑≫, ≪漢書古今人表考≫, ≪呂子校補≫ 등이 있다.

로 되어 있는데, 韋昭의 注에 "郭偃은 晉나라 大夫인 卜偃이다."라 하였다. ≪商子≫ 〈更法〉과 ≪韓非子≫ 〈南面〉에는 모두 〈'郭偃'으로 되어 있으니,〉 ≪國語≫ 〈晉語〉와 같다. ≪呂氏春秋≫에는 '郤偃'으로 되어 있는데, '郤'은 곧 '郭'의 誤字이니, '郤氏'라고 할 때의 '郤'이 아니다. ≪太平御覽≫ 〈治道部〉 1에서 ≪呂氏春秋≫를 인용한 곳에는 '郭偃'으로 바르게 되어 있다. 梁玉繩은 "'高'는 '郭'과 소리가 轉變한 것이다."라 하였다.

兪樾 : '高' 또한 '郭'과 같이 읽을 수 있다. ≪毛詩≫ 〈緜〉의 毛傳에 "王의 郭門을 '皋門'이라고 한다."라 하였으니, '郭偃'이 '高偃'이 되는 것은 '郭門'이 '皋門'이 되는 것과 같다.

3-2-18 楚莊은 染於孫叔

楚 莊王은 孫叔과

左宣十一年傳에 楚令尹蔿艾獵이 城沂라한대 孔穎達疏引服虔[25)]에 云 艾獵은 蔿賈之子孫叔敖也라하다 洪适隸釋[26)]漢孫叔敖碑에 云 楚相孫君은 諱饒요 字叔敖라하니 不知何據라

≪春秋左氏傳≫ 〈宣公〉 11년 조에 "楚나라 令尹인 蔿艾獵이 沂에 城을 쌓았다."라 하였는데, 孔穎達의 疏에 服虔의 說을 인용하여 "艾獵은 蔿賈의 아들인 孫叔敖이다."라 하였다. 洪适의 ≪隸釋≫ 〈漢孫叔敖碑〉에 "楚나라 相인 孫君은 諱가 饒, 字가 叔敖이다."라 하였으니, 무엇을 근거로 한지는 모르겠다.

3-2-19 沈尹하며

沈尹에 물들었으며,

畢云 呂氏春秋에 作沈尹蒸하고 又贊能[27)]에 有沈尹莖하다 楚莊王이 欲以爲令尹한대 沈尹莖辭하여 曰 期思之鄙人이 有孫叔敖者니 聖人也라하고 又尊師에 云 楚莊王[28)]이 師

25) 服虔 : ?~? 後漢 河南 滎陽 사람으로 字는 子愼이다. 저서에 ≪春秋左氏傳解≫가 있다.

26) 隸釋 : 宋代 洪适(1117~1184)이 碑帖을 고증하여 편찬한 책이다. 총 27편이며 漢代 碑石의 碑文과 碑陰 등 258종과 魏晉 시기 石刻 17종을 수록하였다. 隸書 석각 문자를 楷書로 쓰고 異體字와 假借字를 고증하였다. 현전하는 석각자료 집록 중 最古의 저작으로 알려져 있다.

27) 贊能 : 畢本에는 '贊賢'으로 되어 있는데, 孫詒讓이 교감하면서 '贊能'으로 고쳐 인용하였다.

孫叔敖沈申巫라한대 高誘曰 沈縣大夫라하고 新序에 作沈尹竺하다 案 申尹莖巫竺은 皆字之誤라하다 李惇[29]云 宣十二年左傳에 邲之戰에 孫叔敖令尹也而將中軍者爲沈尹이라한대 注에 云 沈은 或作寢하니 寢縣也[30]라하다 韓詩外傳所載楚樊姬事가 與淮南子新序로 正同이로대 但淮南新序에 竝曰 虞邱子라하고 惟外傳은 則曰 沈令尹이라하니 乃知沈尹이 卽虞邱子하다 令尹者는 其官이요 沈者는 其氏或食邑也라하다 案 李說이 是也라 沈尹莖은 呂氏春秋察傳篇에 又作沈尹筮하니 字形이 竝相近하니 未知孰爲正也라 至余知古渚宮舊事[31]에 作沈尹華하니 以呂氏春秋去宥篇으로 攷之하니 乃楚威王臣이니 蓋誤竝爲一也라

畢沅 : ≪呂氏春秋≫ 〈當染〉에는 '沈尹蒸'으로 되어 있고, 또 ≪呂氏春秋≫ 〈贊能〉에는 '沈尹莖'으로 되어 있다. 楚 莊王이 그를 令尹으로 삼고자 하였는데, 沈尹莖이 사양하며 말하기를 "期思의 鄙人 중에 孫叔敖라는 자가 있으니, 聖人입니다."라 하였다. 또 ≪呂氏春秋≫ 〈尊師〉에 "楚 莊王이 孫叔敖와 沈申巫를 스승으로 섬겼다."라 하였는데, 高誘의 注에 "沈은 縣의 대부이다."라 하였고, ≪新序≫에는 '沈尹竺'으로 되어 있다. 생각건대 '申'·'尹'·'莖'·'巫'·'竺'은 모두 誤字이다.

李惇 : ≪春秋左氏傳≫ 宣公 12년 조에 "邲의 전투에서 孫叔敖가 令尹이고 中軍을 거느린 장수는 沈尹이었다."라 하였는데, 그 注에 "'沈'은 어떤 곳에는 '寢'으로 되어 있으니,

---

28) 楚莊王 : 저본 傍注에 "'王'자는 원래 빠져 있는데, ≪呂氏春秋≫ 〈尊師〉에 의거하여 채워 넣는다."라 하였다.

29) 李惇 : 1734~1784. 淸나라 江蘇 高郵 사람으로 字는 成裕 또는 孝臣이다. 劉台拱, 王念孫, 汪中, 賈田祖 등과 교유하여 古學을 창도하였다. 저서에 ≪群經識小錄≫, ≪尙書古文說≫, ≪毛詩三條辨≫, ≪左傳通釋≫ 등이 있다.

30) 宣十二年……寢縣也 : ≪春秋左氏傳≫ 宣公 12년 조에 "沈尹將中軍 子重將左 子反將右 將飮馬於河而歸(沈尹이 中軍을 거느리고, 子重이 左軍을, 子反이 右軍을 거느리고서 黃河에 가서 말에 물을 먹이고 楚나라로 돌아가려 하였다.)"라 하였는데, 그 注에 "沈或作寢 寢縣也 今汝陰固始縣(沈은 '寢'으로도 쓴다. 寢縣은 지금 汝陰 固始縣이다.)"이라고 보인다.

31) 渚宮舊事 : ≪渚宮故事≫라고도 하며 모두 5卷이다. 따로 ≪補遺≫ 1卷이 있다. 唐나라 사람 余知古가 撰하였다. ≪渚宮舊事≫의 原書는 10卷이었으며, 그 記事는 위로 周朝의 鬻熊에서 시작하여 唐末에까지 이른다. 宋朝에 관한 것이 5권 정도였는데, 乾隆 50년에 紀昀 等이 校定하고 아울러 1卷을 지어 ≪四庫全書≫에 편입시켰다. 孫星衍 등이 校補하는 데 참여하였다.

寢縣이다."라 하였다. ≪韓詩外傳≫에 실린 楚樊姬의 故事가 ≪淮南子≫·≪新序≫와 똑같은데, 다만 ≪淮南子≫·≪新序≫에는 모두 '虞邱子'라 하였고, 오직 ≪韓詩外傳≫에만 '沈令尹'이라 하였으니, 沈尹이 곧 虞邱子임을 알 수 있다. '令尹'은 그의 관직이며 '沈'이란 그 氏 또는 食邑이다.

案 : 李惇의 說이 옳다. 沈尹莖은 ≪呂氏春秋≫ 〈察傳〉에는 또 '沈尹筮'로 되어 있으니, 字形이 모두 비슷하니, 어느 것이 바른지 모르겠다. 심지어 余知古의 ≪渚宮舊事≫에는 '沈尹華'로 되어 있는데, ≪呂氏春秋≫ 〈去宥〉를 가지고 상고해보건대 '楚 威王의 신하'이니, 아마도 모두 잘못 합쳐서 한 사람으로 본 듯하다.

3-2-20 吳闔閭는 染於伍員

吳나라 闔閭는 伍員과

閭는 **呂氏春秋當染篇**에 **作廬**하다 **左昭二十七年傳**과 **史記吳世家同**하다 **此及後非攻中篇**에 **竝作閭**하며 **與史記十二諸侯年表**와 **淮南子泰族訓**과 **吳越春秋同**하다

'閭'는 ≪呂氏春秋≫ 〈當染〉에는 '廬'로 되어 있다. ≪春秋左氏傳≫ 昭公 27년 조와 ≪史記≫ 〈吳世家〉도 같다. 이 편과 ≪墨子≫의 뒷부분 〈非攻 中〉에는 모두 '閭'로 되어 있으니, ≪史記≫ 〈十二諸侯年表〉와 ≪淮南子≫ 〈泰族訓〉과 ≪吳越春秋≫도 같다.

3-2-21 文義하며

文義에 물들었으며,

當染에 **作文之儀**하다 **畢云 呂氏春秋尊師**에 **云 吳王闔閭**가 **師伍子胥文之儀**라한대 **高誘曰 文**은 **氏**요 **之儀**는 **名**이라하다 **案 彼有之字者**는 **如庾公差**를 **孟子**에 **云 之斯**하며 **專諸**를 **史記**에 **云 設諸**[32]하니 **音之緩急**이라하다

≪呂氏春秋≫ 〈當染〉에는 '文之儀'로 되어 있다.

---

32) 設諸 : ≪史記≫에 '設諸'는 보이지 않는다. ≪史記集解≫에서 賈逵는 "〈專諸는〉 吳나라의 勇士이다."라 하였으며, ≪史記索隱≫에 '專'은 '剸'으로도 되어 있고, ≪春秋左氏傳≫에는 '鱄設諸'로 되어 있다.

畢沅 : ≪呂氏春秋≫ 〈尊師〉에 "吳王 闔閭가 伍子胥와 文之儀를 스승으로 삼았다."라 하였는데, 高誘의 注에 "文은 氏이고 之儀는 名이다."라 하였다. 생각건대, 저 ≪呂氏春秋≫ 〈尊師〉에 '之'자가 있는 것은 '庾公差'를 ≪孟子≫ 〈離婁 下〉에서 '庾公之斯'라 하고 '專諸'를 ≪史記≫에서 '專設諸'라 하는 것과 같으니, 音의 緩急을 맞춘 것이다.

3-2-22 越句踐은 染於范蠡

越나라 句踐은 范蠡와

高誘云 范蠡는 楚三戶人也니 字少伯이라하다

≪呂氏春秋≫ 高誘의 注에 "范蠡는 楚나라 三戶 사람이니, 字가 少伯이다."라 하였다.

3-2-23 大夫種하니라

大夫 種에 물들었다.

畢云 高誘注呂氏春秋에 云 大夫種은 文氏요 字는 子禽이니 楚之鄒人이라하다 詒讓案 文選豪士賦序李注에 引吳越春秋에 云 文種者은 楚南郢人也니 姓은 文이요 字는 少禽이라한대 太平寰宇記[33]說同하다 呂覽注의 鄒는 卽郢之譌라

畢沅 : ≪呂氏春秋≫ 高誘의 注에 "大夫인 種은 文氏이고 字는 子禽이니, 楚나라 鄒 사람이다."라 하였다.

詒讓案 : 李善의 ≪文選注≫ 〈豪士賦序〉에서 ≪吳越春秋≫를 인용한 곳에 "文種은 楚나라 南郢 사람이니, 姓이 文이고 字가 少禽이다."라 하였는데, ≪太平寰宇記≫의 說도 같다. ≪呂氏春秋≫ 注의 '鄒'는 곧 '郢'의 誤字이다.

3-2-24 此五君者는 所染當이라

이 다섯 임금은 〈자신을〉 물들인 사람이 마땅하였다.

---

33) 太平寰宇記 : 北宋 樂史가 편찬한 지리서이다. 賈耽의 ≪十道志≫와 李吉甫의 ≪元和郡縣志≫를 기초로 하여 해당 지역의 人物, 題詠, 古迹 등을 수록한 것으로, 총 193권이다. 악사는 자가 正子이다.

舊脫者字라 今據治要增하니 與呂氏春秋合이라

舊本에는 '者'자가 빠져 있는데, 이제 ≪群書治要≫에 의거하여 덧붙여 넣으니, ≪呂氏春秋≫와도 합치한다.

3-2-25 故로 霸諸侯하여 功名傳於後世하니라

그러므로 제후들의 霸者가 되었고, 功名이 후세에까지 전해졌다.

治要에 無功字라

≪群書治要≫에는 '功'자가 없다.

3-2-26 范吉射는 染於長柳朔王胜(성)하며

〈晉나라〉 范吉射는 長柳朔과 王胜에 물들었으며,

治要에 長은 作張하다 畢云 呂氏春秋에 長은 作張하며 胜은 作生字한대 高誘注에 云 吉射는 晉范獻子鞅之子昭子也라 張柳朔과 王生二人者는 吉射家臣也라하다 詒讓案 左哀五年傳에 初에 范氏之臣王生이 惡(오)張柳朔하여 言諸昭子하여 使爲柏人이라한대 此長柳朔과 王胜이 卽張柳朔과 王生이니 呂覽이 與左傳同하다 長柳는 古複姓이니 漢書藝文志에 有長柳占夢하다 但據左傳則朔生은 乃范氏之賢臣이며 朔은 竝死范氏之難한대 與此書異니 或所聞不同이라

≪群書治要≫에 '長'은 '張'으로 되어 있다.

畢沅 : ≪呂氏春秋≫에 '長'은 '張'자로 되어 있으며, '胜'은 '生'자로 되어 있는데, 高誘의 注에 "吉射는 晉나라 范獻子 鞅의 아들 昭子이다. 張柳朔과 王生 두 사람은 吉射의 家臣이다."라 하였다.

詒讓案 : ≪春秋左氏傳≫ 哀公 5년 조에 "예전에 范氏의 家臣인 王生이 張柳朔을 미워하여 昭子에게 말하여 柏人의 〈邑宰로〉 삼게 하였다."라 하였는데, 이 長柳朔과 王胜이 곧 張柳朔과 王生이니, ≪呂氏春秋≫의 내용도 ≪春秋左氏傳≫과 같다. 長柳는 옛날의 複姓이니, ≪漢書≫ 〈藝文志〉에도 '長柳占夢'이 있다. 단 ≪春秋左氏傳≫에 의하면 張柳朔

과 王生은 范氏의 賢臣이며, 張柳朔은 范氏의 難에 함께 죽었다고 하는데, 이 책의 내용과는 다르니, 아마도 들은 것이 같지 않은 듯하다.

3-2-27 中行(항)寅은 染於籍秦高彊하며

〈晉나라〉 中行寅은 籍秦과 高彊에 물들었으며,

畢云 呂氏春秋에 作黃藉秦하니 非라 高誘注에 云 寅은 晉大夫中行(항)穆子之子荀子也라 黃藉秦과 高彊은 其家臣이라 高彊은 齊子尾之子니 奔晉하여 爲中行氏之臣이라하다 史記索隱에 云 系本[34]에 籍秦은 晉大夫籍游之孫이요 籍談之子라하다 詒讓案 呂覽注에 荀子는 當作荀文子라하니 卽寅은 謚也라 見定八年左傳하다

畢沅 : ≪呂氏春秋≫에 '黃藉秦'으로 되어 있으니, 옳지 않다. ≪呂氏春秋≫ 高誘의 注에 "中行寅은 晉나라 大夫인 中行穆子의 아들 荀子이다. 黃藉秦과 高彊은 그의 家臣이다. 高彊은 齊나라 子尾의 아들이니, 晉나라로 달아나 中行氏의 家臣이 되었다."라 하였다. ≪史記索隱≫에 "系本에 '籍秦은 晉나라 大夫인 籍游의 손자이고 籍談의 아들이다.'라 하였다."라 하였다.

詒讓案 : ≪呂氏春秋≫의 注에 "'荀子'는 마땅히 '荀文子'가 되어야 한다."라 하였으니, 곧 '寅'은 諡號이다. ≪春秋左氏傳≫ 定公 8년 조에 보인다.

3-2-28 吳夫差는 染於王孫雒

吳나라 夫差는 王孫雒과

---

34) 系本 : ≪世本≫이라고도 하는데, '世本'이라는 이름은 最初로 ≪周禮≫ 〈春官 小史〉에 보인다. '系'는 天子의 帝系를 말하고 諸侯의 世系는 世本이라고 한다. '本'은 기원이라는 뜻으로 上古의 帝王과 諸侯, 卿大夫의 世系를 적은 것이다. 15편으로 구성되어 있다. ≪世本≫은 이후에 唐 太宗 李世民을 諱하여 명칭을 바꾸어 '系本'이라고 일컬었다. ≪世本≫의 作者는 자세하지 않으나, 현대 學者 중에는 글 안에서 '趙王遷'을 '今王遷'이라고 한 데에서 이 책이 戰國시대 말엽의 趙나라 사람에 의해 지어진 것으로 본다. 책이 완성된 시기는 秦 始皇 13년~19년이다. 漢朝 이후에 ≪世本≫이 分作되어 '古世本'과 '劉向 等이 整理하고 諸家가 注를 낸 世本'의 兩種이 있다. 古世本은 唐朝에는 남아 있었으나 殘缺되었고 南宋에 이르러 모두 散佚되었다.

雒은 畢校改雄하고 云 舊誤作雒이라하다 盧文弨云 今外傳吳語에 王孫雄이라 舊宋本作王孫雒하니 墨子所染篇同하다 吳越春秋夫差內傳과 句踐伐吳外傳과 越絶[35]請糴內傳에 皆作王孫駱하다 說苑雜言篇에 作公孫雒하고 唯呂氏春秋當染篇에 作王孫雄하다 史記越世家에 作公孫雄하며 宋公序[36]作國語補音에 定作雄字하고 且爲之說하여 曰 漢改洛爲雒하니 疑雒字는 非吳人所名이라하다 今按컨대 宋說殊誤라 周禮職方氏에 豫州其川熒雒이라하며 春秋文八年經書에 公子遂會雒戎이라한대 傳에 作伊雒之戎하며 宣三年傳에 楚子伐陸渾之戎하고 遂至于雒이라하니 是漢以前에 本有雒字하니 豈東京[37]創製此字乎아 以駱字證之컨대 則雒字是矣라하다 顧廣圻校同하다 王云 盧說이 是也라 隸書雄字는 或作𨾴하니 與雒相似라 故로 雒譌爲雄하다 困學紀聞左氏類에 引國語呂氏春秋에 竝作雒하다 韓子說疑篇에 有吳王孫額(액)한대 額은 卽雒之譌이니 則其字之本作雒이 益明矣리히다

'雒'은 畢沅이 교감하여 '雄'으로 고쳤다.

畢沅 : 〈'雄'자는〉 舊本에 '雒'으로 잘못되어 있다.

盧文弨 : 지금 ≪韓詩外傳≫과 ≪國語≫ 〈吳語〉에는 '王孫雄'으로 되어 있다. 옛 宋나라 판본에는 '王孫雒'으로 되어 있으니, ≪墨子≫ 〈所染〉과 같다. ≪吳越春秋≫ 〈夫差內傳〉과 〈句踐伐吳外傳〉, ≪越絶書≫ 〈請糴內傳〉에 모두 '王孫駱'으로 되어 있다. ≪說苑≫ 〈雜言〉에 '公孫雒'으로 되어 있는데, 오직 ≪呂氏春秋≫ 〈當染〉에만 '王孫雄'으로 되어 있다. ≪史記≫ 〈越世家〉에는 '公孫雄'으로 되어 있으며, 宋公序가 지은 ≪國語補音≫에도 확정하여 '雄'자로 되어 있을 뿐만 아니라, 이에 대해 설명하기를 "漢나라 때 '洛'자를 '雒'자로 고쳤으니, 아마도 '雒'자는 吳나라 사람들이 이름에 쓰는 글자는 아닌 듯하다."라 하였다.

35) 越絶 : ≪越絶書≫를 말한다. 東漢 말 袁康의 저작이다. 袁康(?~?)은 會稽 사람으로, 字는 君高이다. ≪越絶書≫의 내용은 ≪吳越春秋≫와 대략 같다.

36) 宋公序 : 宋나라 宋庠을 지칭한다. 송상은 安陸 사람으로 자는 公序, 처음 이름은 郊, 시호는 元憲이다. 兵部侍郎·同平章事·樞密使를 역임하고 봉작은 鄭國公이다. 저서로 ≪國語補音≫·≪紀年通譜≫·≪尊號錄≫·≪宋元憲集≫ 등을 남겼다. 아우 宋祁와 함께 小宋·大宋 등 二宋으로 불렸다.

37) 東京 : 東漢, 즉 後漢의 별칭이다. 長安은 前漢의 도읍이고 洛陽은 後漢의 도읍이다. 천도한 이후로 장안을 西京이라 부르고 낙양을 東京이라 부른 데서 유래한다.

이제 살펴보건대 宋公序의 說은 매우 잘못되었다. ≪周禮≫ 〈職方氏〉에 "豫州其川熒雒(豫州는 그 川〈의 이름〉이 熒雒이다.)"이라 하였으며, ≪春秋左氏傳≫ 文公 8년 조 經文에 "公子遂會雒戎(公子遂가 雒戎과 회합하였다.)"이라 하였는데, 그 傳에 "伊雒之戎(伊雒의 戎)"이라 하였으며, ≪春秋左氏傳≫ 宣公 3년 조에 "楚子伐陸渾之戎 遂至于雒(楚子가 陸渾의 戎을 정벌하고 드디어 雒에 이르렀다.)"이라 하였으니, 이는 漢나라 이전에 본래 '雒'자가 있었던 것이다. 어찌 東漢 때에 이 글자를 처음 만들었겠는가. '駱'자를 가지고 고증해보면 '雒'자가 옳다. 顧廣圻의 교감도 같다.

王念孫 : 盧文弨의 說이 옳다. 隸書로 '雄'자는 '㕎'자로도 쓰는데, '雒'자와 형태가 비슷하기 때문에 '雒'자가 잘못되어 '雄'자가 된 것이다. ≪困學紀聞≫ 左氏類에서 ≪國語≫와 ≪呂氏春秋≫를 인용한 곳에 모두 '雒'으로 되어 있다. ≪韓非子≫ 〈說疑〉에 吳나라 王孫頟이 있는데, '頟'자는 곧 '雒'의 誤字이니, 그 글자가 본래 '雒'자로 되어 있었음이 더욱 분명하다.

3-2-29 太宰嚭(비)하며

太宰 嚭에 물들었으며,

定四年左傳에 云 伯州犁之孫嚭가 爲吳太宰라하다 畢云 高誘注呂氏春秋에 云 嚭는 晉伯宗之孫이요 楚州犁[38]之子라하다 詒讓案 嚭는 爲伯州犁孫이니 史記吳世家와 越絶書와 吳越春秋와 杜預春秋釋例에 說竝同이로대 唯高誘呂氏春秋當染과 重言兩篇注에 以爲州犁之子하니 誤也라 國語吳語韋注가 誤與高同하다

≪春秋左氏傳≫ 定公 4년 조에 "伯州犁의 손자인 嚭가 吳나라의 太宰가 되었다."라 하였다.

畢沅 : ≪呂氏春秋≫ 高誘의 注에 "嚭는 晉나라 伯宗의 손자이고 楚나라 州犁의 아들이다."라 하였다.

詒讓案 : 嚭는 伯州犁의 손자이니, ≪史記≫ 〈吳世家〉와 ≪越絶書≫와 ≪吳越春秋≫와 杜預의 ≪春秋釋例≫에 說이 모두 같은데, 오직 ≪呂氏春秋≫ 〈當染〉과 〈重言〉 두 篇의 高誘의 注에만 '州犁의 아들'이라 하였으니, 잘못이다. ≪國語≫ 〈吳語〉 韋昭의 注 또한

38) 犁 : 畢本에는 '黎'로 되어 있는데, 孫詒讓이 교감하면서 '犁'로 고쳐 인용하였다.

高誘의 注와 같이 잘못되어 있다.

3-2-30 知伯搖는 染於智國張武하며

〈晉나라〉 知伯搖는 智國과 張武에 물들었으며,

畢云 搖는 一本作瑤라하다 詒讓案 呂氏春秋當染에 亦作瑤한대 高誘注에 云 智瑤는 宣子申之子襄子也라 國武二人은 其家臣이라하다 國語晉語에 云 三卿宴於藍臺할새 知襄子戲韓康子而侮段規러니 知伯國聞之하고 諫曰 主不備면 難必至矣리라한대 韋注에 云 伯國은 晉大夫知氏之族이라하다 左哀二十三年傳에 晉荀瑤伐齊러니 將戰에 長武子請卜이라한대 杜注에 云 武子는 晉大夫라하다 案컨대 知國과 張武는 蓋卽知伯國長武子也라 長과 張은 字通이라 淮南子人閒訓에 云 張武敎智伯으로 奪韓魏之地러니 而擒於晉陽이라하다

畢沅 : '搖'는 어떤 本에는 '瑤'로 되어 있다.

詒讓案 : ≪呂氏春秋≫ 〈當染〉에 또한 '瑤'로 되어 있는데, 高誘의 注에 "智瑤는 宣子 申의 아들인 襄子이다. 智國과 張武 두 사람은 그의 家臣이다."라 하였다. ≪國語≫ 〈晉語〉에 "三卿이 藍臺에서 잔치를 할 때, 知襄子가 韓康子를 희롱하고 段規를 모독하니, 知伯國이 이를 듣고서 諫하기를 '임금께서 대비를 하지 않으시면 難이 필경 이를 것입니다.'라 하였다."라 하였는데, 韋昭의 注에 "知伯國은 晉나라 大夫인 知氏의 一族이다."라 하였다. ≪春秋左氏傳≫ 哀公 23년 조에 "晉나라 荀瑤가 齊를 정벌하였는데, 장차 교전하려 할 때 長武子가 점치기를 청하였다."라 하였는데, 杜預의 注에 "長武子는 晉나라 大夫이다."라 하였다. 살펴보건대 知國과 張武는 아마도 知伯國과 長武子인 듯하다. '長'과 '張'은 글자를 통용한다. ≪淮南子≫ 〈人閒訓〉에 "張武가 智伯으로 하여금 韓나라와 魏나라의 땅을 빼앗게 하였는데, 晉陽에서 사로잡았다."라 하였다.

3-2-31 中山尙은 染於魏義偃長하며

〈魏나라〉 中山尙은 魏義와 偃長에 물들었으며,

畢云 偃은 呂氏春秋에 作樞한대 高誘注에 云 尙은 魏公子牟之後이니 魏得中山以邑

之하다 義와 長은 其二臣이라하다 蘇云 中山은 爲魏之別封이니 非春秋時之鮮虞也라 魏文侯가 滅中山而封其少子摯러니 至赧王二十年하여 爲趙武靈王所滅하니 其君이 有武公桓公이니 見世本이라 此名尙者는 當爲最後之君이라하다 案 中山은 卽春秋之鮮虞이니 左傳定四年에 始見於傳이라 其初에 亡於魏하니 文侯十七年에 使樂(악)羊圍中山하고 三年滅之하여 以其地封子擊하며 後擊立爲太子라가 改封次子摯하다 後中山復國하고 又亡於趙하니 則惠文王四年滅之하니 竝見史記魏趙世家及樂毅傳하다 據水經滱水酈道元[39]注와 及太平御覽百六十一引十三州志에 竝謂中山桓公이 爲魏所滅하니 則尙은 或卽桓公이며 墨子猶及見之라 高蘇는 以爲魏別封하니 非也라 至列子仲尼篇과 莊子讓王篇과 呂氏春秋審爲篇과 淮南子道應訓하여 竝云 魏中山公子牟라하며 高誘와 張湛이 皆謂魏伐中山하여 以邑子牟라하다 然이나 魏牟는 與趙平原君과 秦魏冄(염)范雎와 同時요 其時中山入趙가 已久니 安得尙屬魏리오 則牟所封이 必非鮮虞之中山이며 而尙亦必非牟後가 殆無疑義라 張湛又以子牟爲魏文侯子한대 蓋掍牟與摯爲一人하니 其說尤謬라 則楊倞已疑之矣[40]어늘 畢引高說而不審校其時代하니 亦其疏也라

畢沅 : '偃'은 ≪呂氏春秋≫에 '榎'으로 되어 있는데, 高誘의 注에 "尙은 魏나라 公子 牟의 후손이니, 魏나라가 中山을 획득하고 그에게 食邑으로 주었다. 魏義와 偃長은 그의 두 신하이다."라 하였다.

蘇時學 : 中山은 魏나라의 別封이니, 春秋시대의 鮮虞가 아니다. 魏 文侯가 中山을 멸망시키고 少子인 摯를 그 땅에 봉해주었는데, 周 赧王 20년에 이르러 趙 武靈王에 의해 멸망하였으니, 그 임금이 武公과 桓公이었다. ≪世本≫에 보인다. 여기에서 이름이 '尙'인 자는 응당 中山의 最後 임금일 것이다.

案 : 中山은 곧 春秋시대의 鮮虞이니, ≪春秋左氏傳≫ 定公 4년 조의 傳에 처음으로 보인다. 中山이 처음에는 魏나라에게 멸망하였으니, 文侯 17년에 樂羊(악양)에게 中山을

---

39) 酈道元 : 酈道元(466?~527)은 北魏 范陽 涿縣 사람으로, 字는 善長이다. 孝文帝 때의 문신으로 治書侍御史와 荊州刺史를 지냈다. 저서에 ≪水經注≫가 있다. ≪水經注≫는 총 40권이며, 여러 地圖와 地志를 참고하여 하천 수계를 기준으로 하여 그 부근의 도시와 邑, 古跡과 지형, 인물과 신화 등을 수록한 종합지리서이다.

40) 張湛又以子牟爲魏文侯子……楊倞已疑之矣 : ≪荀子≫ 〈非十二子〉의 '是它囂魏也'에 대한 楊倞의 注에 보인다.

포위하게 하고 3년 만에 멸망시켜 그 땅을 아들 擊에게 봉하였으며, 나중에 擊을 세워 太子로 삼았다가 다시 次子인 摯에게 봉하였다. 이후에 中山이 나라를 收復하였다가 다시 趙나라에게 망하였으니, 趙 惠文王 4년에 중산을 멸망시켰다. 위 내용이 모두 ≪史記≫〈魏世家〉와 〈趙世家〉 및 〈樂毅傳〉에 보인다. 酈道元의 ≪水經注≫〈滱水〉 및 ≪太平御覽≫ 161에서 ≪十三州志≫를 인용한 곳에 모두 中山 桓公이 魏나라에 의해 멸망하였으니, 尙은 곧 中山 桓公인 듯하며 墨子도 오히려 생전에 그를 보았을 것이다. 高誘와 蘇時學이 中山을 魏나라의 別封이라고 한 것은 옳지 않다. 심지어 ≪列子≫〈仲尼〉와 ≪莊子≫〈讓王〉과 ≪呂氏春秋≫〈審爲〉와 ≪淮南子≫〈道應訓〉에 모두 '魏나라 中山 公子 牟'라 하였고, 高誘와 張湛이 모두 '魏나라가 中山을 정벌하여 아들 牟에게 食邑으로 주었다.'라 하였다. 그러나 魏나라의 牟는 趙나라의 平原君과 秦나라의 魏冄 및 范雎와 동시대에 살았고, 그때는 中山이 趙나라에 들어간 지 이미 오래이니, 어떻게 尙이 魏나라에 속할 수 있겠는가. 그렇다면 牟가 封해진 곳이 분명 鮮虞의 中山은 아니며, 尙도 결코 牟의 후손은 아닐 것임이 의심할 나위가 없는 것이다. 張湛이 또 公子 牟를 魏 文侯의 아들이라고 하였는데, 아마도 牟를 摯와 같은 사람이라고 혼동하였으니, 그 說이 더욱 잘못되었다. 이것을 楊倞은 이미 의심했는데도 畢沅은 高誘의 說을 끌어다 쓰며 그 시대를 제대로 校勘하지 못하였으니, 또한 엉성하다 하겠다.

3-2-32 宋康은 染於唐鞅佃不禮하니라

宋 康王은 唐鞅과 佃不禮에 물들었다.

佃은 道藏本에 作佃(주)하니 非라 畢云 呂氏春秋에 佃은 作田하니 是요 禮는 作禮하니 誤라하다 詒讓案 宋王偃이 爲齊湣王所滅하나 謚는 康이니 見國策宋策하다 呂氏春秋에 作宋康王하며 荀子王霸篇에 又作宋獻하다 佃不禮는 荀子解蔽篇楊注에 引亦作田不禮하며 漢書古今人表에 有田不禮하니 則似據趙世家也라 呂氏春秋淫辭篇에 云 宋王이 謂其相唐鞅曰 寡人所殺戮者가 衆矣로대 而群臣愈不畏하니 其故何也오 唐鞅이 對曰 王之所罪는 盡不善者也니 罪不善이면 善者故爲不畏니이다 王欲群臣之畏也는 不若無辨其善與不善而時罪之하니 若此면 則群臣畏矣리다한대 居無幾何하여 宋君殺唐鞅이라하다 荀子解蔽篇에 亦云 唐鞅이 蔽於欲權而逐戴子라하고 又云 唐鞅이 戮於宋이라하니 皆其事也라 史記趙世家에 載趙主父使田不禮로 相太子章이라가 後爲李兌所殺事하니 當宋康

之末年하니 **或卽一人先仕宋而後仕趙與**인저 **蘇云 宋康之亡**은 **當楚頃襄王十一年**하니 **上去楚惠王之卒一百四十三年**이라 **此不獨與墨子時世不値**요 **且與中山之亡相距止數年**하니 **而皆在孟子之後**라 **孟子言方千里者九**[41)]는 **則中山未亡**이요 **言宋王行仁政**[42)]은 **則宋亦未亡**이라 **若此書爲墨子自著**인댄 **則墨子時世更在孟子之後**하니 **不知孟子之闢墨子**는 **正在墨學方盛之時**니 **其必不然也審矣**라하다

'佃'은 道藏本에 '佃'로 되어 있으니, 옳지 않다.

畢沅：≪呂氏春秋≫ 〈當染〉에 '佃'은 '田'으로 되어 있으니, 옳다. '禮'는 '禋'으로 되어 있으니, 잘못이다.

詒讓案：宋王 偃(宋 康王)이 齊 湣王에게 멸망하였다. 시호는 康이니, ≪戰國策≫ 〈宋策〉에 보인다. ≪呂氏春秋≫에는 '宋康王'으로 되어 있으며, ≪荀子≫ 〈王霸〉에는 또 '宋獻'으로 되어 있다. '佃不禮'는 ≪荀子≫ 〈解蔽〉 楊倞의 注에서 이 대목을 인용한 곳에는 또한 '田不禋'으로 되어 있으며, ≪漢書≫ 〈古今人表〉에 '田不禮'가 있으니, 아마도 ≪史記≫ 〈趙世家〉에 의거한 듯하다. ≪呂氏春秋≫ 〈淫辭〉에 "宋王이 그 재상 唐鞅에게 이르기를 '寡人에게 죽임을 당한 자가 많은데도, 群臣이 갈수록 나를 두려워하지 않으니, 그 이유가 무엇인가.'라 하니, 唐鞅이 대답하기를 '王께서 징벌하는 자는 모두 不善한 자입니다. 不善한 자를 징벌하면 善한 자는 이 때문에 두려워하지 않습니다. 왕께서 群臣이 두려워하기를 바란다면 善한 자와 不善한 자를 구별하지 않고 그때그때 징벌하는 편이 좋으니, 이렇게 하시면 群臣이 두려워할 것입니다.'라 하였는데, 얼마 지나지 않아, 宋나라 임금이 唐鞅을 죽였다."라 하였다. ≪荀子≫ 〈解蔽〉에 또한 이르기를 "唐鞅이 權力慾에 마음이 가려져 戴子를 축출하였다."라 하였고, 또 "唐鞅이 宋나라 임금에게 죽임을 당하였다."라 하였으니, 모두 그 일이다. ≪史記≫ 〈趙世家〉에 趙나라 主父가 田不禮로 하여금 太子 章을 보좌케 하였다가 이후에 李兌에 의해 살해당했다는 故事가 실려 있는데, 이는 宋 康王의 末年에 해당하니, 어쩌면 동일한 사람이 먼저는 宋나라에서 벼슬하다가 나중에 趙나라에서 벼슬했던 것이리라.

蘇時學：宋 康王이 멸망한 해는 楚 頃襄王 11년에 해당하니, 楚 惠王이 죽은 해로부터 143년 이후이다. 이는 墨子의 시대와 겹치지 않을 뿐만 아니라 中山이 망한 해와도 단지

41) 方千里者九：≪孟子≫ 〈梁惠王 上〉에 나온다.

42) 宋王行仁政：≪孟子≫ 〈滕文公 下〉에 萬章이 "宋은 작은 나라로 이제 장차 王政을 행하려 한다.〔宋小國也 今將行王政〕"라고 한 말이 보인다.

수년의 차이가 나니, 모두 孟子 사후의 일이다. 孟子가 말한 '方千里者九(사방 천 리 되는 제후국이 아홉)'는 中山이 아직 망하기 전이며, '宋王行仁政(宋나라 임금이 어진 정치를 행함)'은 宋나라 또한 아직 망하기 전이다. 만일 이 책이 墨子가 직접 지은 것이라면 墨子가 살았던 때가 다시 孟子보다 더 후대가 되니, 모르긴 해도 孟子가 墨子를 물리쳤다는 것은 그야말로 墨學이 한창 盛大했을 때였을 것이니, 필시 그렇지 않았을 것임이 분명하다.

3-2-33 此六君者는 所染不當이라 故로 國家殘亡하고

이 여섯 임금은 〈자신을〉 물들인 사람이 마땅치 못하였다. 그러므로 나라는 멸망하고

畢云 家는 呂氏春秋에 作皆라하다

畢沅 : '家'는 ≪呂氏春秋≫ 〈當染〉에 '皆'로 되어 있다.

3-2-34 身爲刑戮하며 宗廟破滅하고 絶無後類하며

자신은 죽임을 당하였으며, 종묘는 破損되고 후손은 滅絶되었으며,

荀子禮論篇에 云 先祖者는 類之本也라한대 楊注에 云 類는 種也라하다 逸周書[43]嘗麥篇에 云 殷無類於冀州라하다

≪荀子≫ 〈禮論〉에 "先祖는 類의 뿌리이다."라 하였는데, 楊倞의 注에 "'類'는 '種族'이다."라 하였다. ≪逸周書≫ 〈嘗麥〉에 "殷나라는 冀州에 후손이 남아 있지 않았다."라 하였다.

3-2-35 君臣離散하고 民人流亡하니라 擧天下之貪暴苛擾者에

43) 逸周書 : ≪周書≫ 혹은 ≪周志≫, ≪汲冢周書≫라고도 한다. '汲冢周書'라고 하는 것은 西晉 武帝 때 汲郡의 戰國시기 무덤에서 竹簡 형태로 발굴되었기 때문이다. 여기에서 발굴된 일체의 문건을 汲冢書라 하는데, 현전하는 ≪逸周書≫는 발굴하고 유전하는 과정에서 많은 부분 유실되었다. 현전하는 ≪逸周書≫는 총 10권이다. 正文 70편으로 구성되어 있는데, 文王・武王・周公・成王・康王・穆王・厲王・景王의 사적이 실려 있다.

임금과 신하는 뿔뿔이 흩어지고 백성들은 살 곳을 잃고 떠돌아다녔다. 천하의 탐욕스럽고 포악하여 가혹한 정치를 했던 자를 들 때

畢云 擾는 擾字之誤이니 經典通用此라하다

畢沅 : '擾'는 '擾'의 誤字이니, 經典에서 이 글자를 通用한다.

3-2-36 **必稱此六君也**니라

반드시 이 여섯 임금을 일컫는다.

3-2-37 **凡君之所以安者**는 **何也**오 **以其行理也**일새니라

무릇 임금이 편안할 수 있는 이유는 무엇인가. 道理를 행하기 때문이다.

廣雅釋詁에 云 理는 道也라하다

≪廣雅≫ 〈釋詁〉에 "'理'는 '道'이다."라 하였다.

3-2-38 **行理**는 **性於染當**이라

道理를 행하는 것은 물들임이 마땅한 데에서 나온다.

畢云 性은 當爲生이라 一本作在하니 誤라하다 詒讓案 治要及呂氏春秋에 竝作生하다

畢沅 : '性'은 마땅히 '生'이 되어야 한다. 어떤 本에는 '在'로 되어 있으니, 誤字이다.
詒讓案 : ≪群書治要≫와 ≪呂氏春秋≫ 〈當染〉에 모두 '生'자로 되어 있다.

3-2-39 **故**로 **善爲君者**는 **勞於論人**하고

그러므로 임금 노릇을 잘하는 자는 인재를 가려 쓰는 데에는 수고롭고

高誘云 論은 猶擇也라하다

≪呂氏春秋≫ 高誘의 注에 "'論'은 '擇(고르다)'과 같다."라 하였다.

3-2-40 而佚於治官이요

관리를 다스리는 데에는 편안하다.

佚은 治要에 作逸하다

'佚'은 ≪群書治要≫에 '逸'로 되어 있다.

3-2-41 不能爲君者는 傷形費神하며 愁心勞意나 然이나 國逾危하고 身逾辱이라

임금 노릇을 잘 못하는 자는 몸을 손상하고 정신을 허비하며 마음을 근심스럽게 하고 생각을 수고롭게 한다. 그러나 나라는 더욱 위태로워지고 자신은 더욱 치욕스러워진다.

逾는 治要에 竝作愈하다 呂氏春秋當染에 同한대 高誘云 愈는 益也라하다

'逾'는 ≪群書治要≫에 모두 '愈'로 되어 있다. ≪呂氏春秋≫ 〈當染〉도 똑같이 〈'愈'로 되어 있는데,〉 高誘의 注에 "'愈'는 '益(더욱)'이다."라 하였다.

3-2-42 此六君者 非不重其國愛其身也요 以不知要故也니라

이 여섯 임금이 자기 나라를 소중히 여기고 자신의 몸을 아끼지 않았던 것이 아니라, 要領을 알지 못했기 때문이었다.

高誘云 不知所行之要約也라하다

≪呂氏春秋≫ 高誘의 注에 "하는 일의 요령을 몰랐던 것이다."라 하였다.

3-2-43 不知要者는 所染不當也니라

要領을 알지 못했던 것은 물든 바가 마땅치 않아서이다.

高誘云 所從染不得其人也라하다

≪呂氏春秋≫ 高誘의 注에 "내가 물들여지는 대상으로 적임자를 얻지 못한 것이다."라 하였다.

3-3-1 **非獨國有染也**요 **士亦有染**이니라

유독 나라에만 물듦이 있는 것이 아니라 士 또한 물듦이 있다.

以後至篇末은 與呂氏春秋當染篇으로 文絶異라

여기서부터 이 편의 끝까지는 ≪呂氏春秋≫ 〈當染〉과는 글이 전혀 다르다.

3-3-2 **其友皆好仁義**하여 **淳謹畏令**하면 **則家日益**하며 **身日安**하며 **名日榮**하며 **處官**이 **得其理矣**하니

그의 벗들이 모두 仁義를 좋아하여 淳厚하고 謹實하며 법령을 두려워하면, 집안은 날로 번창하며 자신은 날로 편안하고, 이름은 날로 영화로워지며 관직에서 일을 보는 것이 도리에 맞을 것이니,

畢云 理는 猶治라하다 詒讓案 理는 亦道也라

畢沅 : '理'는 '治(다스리다)'와 같다.
詒讓案 : '理'는 또한 '道'라는 뜻이다.

3-3-3 **則段干木**[44]과

段干木과

畢云 呂氏春秋에 云 田子方[45]은 學于子貢하며 段干木은 學于子夏[46]라하다 詒讓案 呂覽尊師篇에 又云 段干木은 晉國之大駔(장)也니 學于子夏라하다 史記老子傳集解에 云 段干은 是魏邑名也라 魏世家有段干木[47]하니 蓋因邑爲姓이라하다 風俗通氏姓의 注에

44) 段干木 : 段干은 姓이고 木은 이름이다. 晉나라 상인이었다가 재능을 인정받아 魏 文侯(B.C. 445~B.C. 396)의 빈객이 되었다.

45) 田子方 : 戰國시대 魏 文侯의 스승이다. ≪漢書≫ 〈儒林傳〉에서 子夏의 학통으로 소개하고 있다.

46) 呂氏春秋……學于子夏 : 畢本에는 '呂氏春秋云 田子方學于子夏 段干木'으로 되어 있다. 손이양이 誤脫字를 바로잡고 인용한 듯하다.

47) 有段干木 : 底本 旁注에 "'段干木' 아래 원본에는 '本'자가 잘못 들어가 있는데, ≪史記集解≫

云 姓은 段이요 名은 干木[48]이라하니 恐或失之矣라

畢沅 : ≪呂氏春秋≫ 〈當染〉에 "田子方은 子貢에게 배웠으며, 段干木은 子夏에게 배웠다."라 하였다.

詒讓案 : ≪呂氏春秋≫ 〈尊師〉에 "段干木은 晉나라의 大駔이니, 子夏에게 배웠다."라 하였다. ≪史記集解≫ 〈老子傳〉에 "段干은 魏나라의 邑名이다. 〈魏世家〉에 段干木이 있으니, 아마도 食邑으로 姓으로 삼은 듯하다."라 하였다. ≪風俗通≫ 〈氏姓〉의 注에 "姓은 段이고 名은 干木이다."라 하였으니, 아마도 잘못 본 듯하다.

3-3-4 禽子와

禽子와

詳公輸篇하다 畢云 呂氏春秋에 云 禽滑釐는 學于墨子하며 許犯은 學于禽滑釐라한대 此稱禽子하니 則墨子門人小子之文矣라하다

≪墨子≫ 〈公輸〉에 상세히 보인다.

畢沅 : ≪呂氏春秋≫ 〈當染〉에 "禽滑釐는 墨子에게 배웠으며, 許犯은 禽滑釐에게 배웠다."라 하였는데, 여기서는 禽子라 칭했으니, 墨子의 門人의 제자가 쓴 글이다.

傳說

3-3-5 傳說(열)[49]之徒가

傳說 같은 무리가

傳說(열)은 見尙賢中篇이라 此與段干木

〈老子傳〉에 의거하여 삭제하였다."라 하였다. 漢文大系本에는 '本'자가 아래로 연결되어 '本蓋因邑爲姓'으로 되어 있다.

48) 風俗通氏姓注云 姓段名干木 : 底本 旁注에 "살펴보건대 今本 ≪風俗通≫은 이미 〈氏姓〉이 없어졌다. 이 대목의 注는 마땅히 ≪齊東野語≫ 卷1에 인용된 것에 근본해야 한다."라 하였다.

49) 傳說 : 殷 高宗 때의 재상이다. 토목공으로 있으면서 발탁되었다가 三公의 반열에 올랐다.

禽子竝擧나 似不類라 疑後人所增竄也라

傅說은 ≪墨子≫ 〈尙賢 中〉에 보인다. 여기서 〈서로를 물들인 사례로〉 段干木·禽子와 아울러 들어 말하였으나, 아마도 걸맞지 않는 듯하다. 아마도 後人이 덧붙여 넣은 듯하다.

3-3-6 是也라 其友皆好矜奮하며

이들이다. 그의 벗들이 모두 우쭐거리기를 좋아하며

荀子正名篇에 云 有兼聽之明而無奮矜之容이라하고 又子道篇 楊注에 云 奮은 振矜也라하다

≪荀子≫ 〈正名〉에 "有兼聽之明而無奮矜之容(아울러 많은 말을 듣는 총명함이 있으면서 우쭐거리는 교만한 모습이 없다.)"이라 하였으며, 또 ≪荀子≫ 〈子道〉 楊倞의 注에 "'奮'은 우쭐거린다는 뜻이다."라 하였다.

3-3-7 創作[50]比周하면

제멋대로 굴며 패거리를 짓는다면

左文十八年傳에 云 頑嚚(은)不友를 是與比周라한대 杜注에 云 比는 近也오 周는 密也라하다

≪春秋左氏傳≫ 文公 18년 조에 "頑嚚不友 是與比周(德義를 본받지 않는 자, 忠信을 말하지 않는 자, 형제간에 우애하지 않는 자들을 친밀하게 대한다.)"라 하였는데, 杜預의 注에 "'比'는 가까이한다는 뜻이고, '周'는 친밀하다는 뜻이다."라 하였다.

3-3-8 則家日損하며 身日危하며 名日辱하며 處官이 失其理矣하니 則子西와 易牙[51]와

---

50) 創作 : ≪春秋公羊傳≫ 序에 '二創'에 대한 설명에 의하면, '創作'에는 經傳에 위배되어 제멋대로 글을 짓는 것과 他經을 인용하면서 句讀를 변경하는 것이 있다.

51) 易牙 : 춘추시대 齊나라 사람. 名은 巫이며, 雍巫 또는 狄牙라고도 한다. 요리 솜씨가 뛰어났으며, 親子를 음식으로 만들어 바쳐 齊 桓公의 신임을 얻었다. 豎刀와 함께 정권을 농단하였다.

豎刀(조)[52]之徒가 是也라

집안은 날로 쇠락하며 자신은 날로 위태로워지고, 이름은 날로 치욕스러워지며 관직에서 일을 보는 것이 도리에 맞지 않을 것이니, 子西와 易牙와 豎刀 같은 무리가 이들이다.

蘇云 春秋時에 子西有三하니 一爲鄭公孫夏요 一爲楚鬭宜申이요 一爲楚公子申이라 玆所擧는 蓋鬭宜申也라하다 畢云 經傳에 或作豎貂(조)하니 此作刀者는 貂省(생)文이라 舊作刁하니 非라 玉篇에 云 刀는 丁幺切이니 亦姓이니 俗作刁라하다 案 論語憲問篇에 或問子西하니 曰 彼哉彼哉라한대 集解에 馬融云 子西는 鄭大夫이니 或曰 楚令尹子西[53]라하다 此子西或亦斥楚公子申하니 蘇說未塙이라 易牙豎刀는 竝見公羊僖十八年傳이라 左僖二年傳에 作寺(시)人貂라한대 杜注에 云 寺人은 奄官豎貂也라하니 貂刀는 字通이라

蘇時學 : 春秋시대에 子西라는 사람이 셋이 있으니, 그중 한 명이 鄭나라의 公孫夏이며, 다른 한 명이 楚나라의 鬭宜申이며, 다른 한 명이 楚나라의 公子 申이다. 여기서 든 사람은 아마도 鬭宜申인 듯하다.

畢沅 : 經傳에 어떤 곳에는 '豎貂'라 되어 있으니, 여기에 '刀'로 되어 있는 것은 '貂'의 자획을 생략한 것이다. 舊本에 '刁'으로 되어 있으니, 옳지 않다. ≪玉篇≫에는 "'刀'는 '丁'과 '幺'의 반절이다. 姓으로도 쓰니, 俗字로는 '刁'라고 쓴다."라 하였다.

案 : ≪論語≫ 〈憲問〉에 "혹자가 子西에 대해 묻자 孔子가 말하기를 '저 사람이여! 저 사람이여!'라 하였다."라 하였으며, 何晏의 ≪論語集解≫에 "馬融의 說에 '子西는 鄭나라 大夫이니, 혹자는 楚나라 令尹인 子西라고 한다.'라 하였다."라 하였는데, 이 子西는 어떤 本에서는 또한 楚나라 公子 申을 排斥하였으니, 蘇時學의 설은 확실치 않다. 易牙와 豎刀는 모두 ≪春秋公羊傳≫ 僖公 18년 조에 보인다. ≪春秋左氏傳≫ 僖公 2년 조에 '寺人貂'라 되어 있는데, 杜預의 注에 "寺人은 宦官인 豎貂이다."라 하였으니, '貂'와 '刀'는 글자를 통용한다.

---

52) 豎刀 : 춘추시대 齊나라 사람. 스스로 거세하여 궁에 들어가 齊 桓公의 신임을 얻었다. 管仲이 죽자, 易牙와 함께 정권을 농단하였다.

53) 令尹子西 : 춘추시대 楚나라 사람. 令尹이었던 자서는 으스대기 좋아하는 성벽의 白公을 벗으로 삼았다가 그의 반란에 도리어 희생되었다.

3-3-9 詩에 曰 必擇所堪하며

詩에 이르기를 "반드시 담글 데를 가려야 하며

畢云 堪은 當爲媅(담)이니 字假音이라하다 王云 媅은 訓爲樂이니 與染義無涉이라 堪은 當讀爲湛이니 湛與漸漬之漸同이라 說文에 作瀸하고 云 漬也라하다 月令에 湛熾必絜이라한대 鄭注에 曰 湛은 漬也라하다 內則說八珍之漬에 云 湛諸美酒라한대 注에 曰 湛은 亦漬也라하다 考工記鍾氏에 以朱湛丹秫이라한대 注에 曰 鄭司農이 云 湛은 漬也라한대 玄謂湛讀如漸車帷裳[54]之漸이라하니 是湛與漸同이니 湛漬는 皆染也라 楚辭七諫에 日漸染而不自知兮라한대 王注에 曰 稍漬爲漸하며 汙變爲染이라하며 考工記鍾氏注에 曰 漬는 亦染也라하니 必擇所湛은 猶云 必擇所染耳라 荀子勸學篇에 曰 蘭槐之根是爲芷(지)이니 其漸之滫(수)中이라 君子不近하고 庶人不服하니 其質非不美也요 所漸者然也라하며 晏子春秋襍篇에 曰 今夫蘭本三年而成이면 湛之苦酒하니 則君子不近이요 庶人不佩라 湛之麋醢하면 而賈匹馬矣니 非蘭本美也요 所湛然也라 願子之必求所湛이라하며 說苑襍言篇에 曰 今夫蘭本三年을 湛之以鹿醢라가 旣成이면 則易以匹馬하니 非蘭本美也라 願子詳其所湛하고 旣得所湛이라도 亦求所湛이라하니 義竝與墨子同이라하다 案 王說이 是也라 蘇云 此蓋逸詩라하다

畢沅 : '堪'은 마땅히 '媅'이 되어야 하니, 借音字이다.

王念孫 : '媅'은 즐겁다는 뜻이니, '染(물들이다)'과는 字義가 전혀 다르다. '堪'은 마땅히 독음을 '湛(담)'으로 읽어야 하니, '湛'은 '漸漬(점차 젖어들다)'라고 할 때의 '漸'과 같다. ≪說文解字≫에 '瀸'으로 되어 있고, "〈'湛'은〉 '漬'이다."라 하였다. ≪禮記≫ 〈月令〉에 "湛熾必絜(쌀을 담가 씻고 찌는 일을 반드시 깨끗하게 한다.)"이라 하였는데, 鄭玄의 注에 "'湛'은 '漬'라는 뜻이다."라 하였다. ≪禮記≫ 〈內則〉에 '八珍之漬'를 설명한 곳에 "湛諸美酒(맛 좋은 술에 담그다.)"라 하였는데, 注에 "'湛'은 또한 '漬'이다."라 하였다. ≪周禮≫ 〈考工記 鍾氏〉에 "以朱湛丹秫('朱'는 붉은 조를 물에 담가 〈3개월간 불을 때어 물감을 만든다.〉)"이라 하였는데, 鄭玄의 注에 "鄭司農(鄭衆)이 말하기를 '湛은 漬이다.'라고 하였는데, 나(玄)는 '湛'을 '漸車帷裳(나의 수레 휘장이 물드누나.)'이라고 할 때의 '漸'으로 읽어야

54) 漸車帷裳 : ≪詩經≫ 〈衛風 氓〉에 나온다.

한다고 생각한다."라 하였으니, 여기서의 '湛'이 '漸'과 같다. '湛'과 '漬'는 모두 물들인다는 뜻이다. ≪楚辭≫ 〈七諫〉에 "日漸染而不自知兮(나날이 물드는데도 스스로 알아차리지 못하는구나!)"이라 하였는데, 王逸의 注에 "稍漬爲漸 汙變爲染(조금씩 스며드는 것을 '漸'이라 하며, 뒤집어써서 변하는 것을 '染'이라 한다.)"이라 하였다. ≪周禮≫ 〈考工記 鍾氏〉의 注에 "'漬'는 또한 물들인다는 뜻이다."라 하였으니, '必擇所湛'은 '必擇所染'이라고 말하는 것과 같다. ≪荀子≫ 〈勸學〉에 "蘭槐之根是爲芷 其漸之滫中 君子不近 庶人不服 其質非不美也 所漸者然也(蘭槐의 뿌리가 芷인데 이를 시큼한 냄새가 나는 쌀뜨물에 담가둔다. 그래서 군자는 이를 가까이하지 않고 소인은 이를 허리춤에 착용하지 않으니, 이는 그 바탕이 좋지 못한 것이 아니라 물드는 데가 그렇기 때문이다.)"라 하였으며, ≪晏子春秋≫ 〈襍〉에 "今夫蘭本三年而成 湛之苦酒 則君子不近 庶人不佩 湛之麋醢 而賈匹馬矣 非蘭本美也 所湛然也 願子之必求所湛(이제 저 蘭의 뿌리가 3년이 되어 다 자라면 苦酒에 담가두니, 君子는 이를 가까이하지 않고 庶人은 이를 허리춤에 차지 않는다. 麋醢에 담가두면 匹馬의 값어치를 하니, 이는 蘭이 본래 아름다워서가 아니라 물드는 데가 그렇기 때문이다. 바라건대 그대는 반드시 담글 데를 구하라.)"이라 하였으며, ≪說苑≫ 〈襍言〉에 "今夫蘭本三年 湛之以鹿醢 既成 則易以匹馬 非蘭本美也 願子詳其所湛 既得所湛 亦求所湛(이제 저 3년 된 蘭의 뿌리를 鹿醢에 담가두었다가 물들면 匹馬와 바꾸니, 이는 蘭이 본래 아름다워서가 아니다. 바라건대 그대는 그 담글 데를 상세히 살피고 이미 담글 데를 얻었더라도 또한 담글 데를 구하라.)"이라고 하였으니, 뜻이 모두 ≪墨子≫와 같다.

案 : 王念孫의 설이 옳다.

蘇時學 : 이 시는 아마도 逸詩인 듯하다.

3-3-10 **必謹所堪者**가 **此之謂也**니라

반드시 담글 데를 삼가야 한다."라 한 것이 이를 두고 한 말이다.

法儀 第四　제4편 본보기

'法儀'는 준칙 혹은 본보기에 대해 논하는 장이다. 工人들이 일을 할 때에 기준으로 삼는 본보기가 있듯이 천하를 다스리고 대국을 다스릴 때에도 반드시 다스림의 준칙 혹은 본보기가 있어야 한다. 부모나 스승, 임금은 본보기로 삼기에 부족하며, 오직 하늘을 본보기로 삼아야 한다고 하였다. 하늘의 덕은 만물을 보듬어 아껴주고 이롭게 하는 것이기 때문이다.

畢云 法은 說文에 云 灋은 刑也라 平之如水하니 从水라 廌(치)[1]는 所以觸不直者去之라 法은 今文省(생)이라하다 此借爲法度之義라 儀는 義如渾天儀之儀라 說文에 云 檥는 榦[2]也라하니 儀與檥音相近이요 又說文에 云 儀는 度也라하니 亦通이라하다 詒讓案 爾雅釋詁에 云 儀는 榦也라하니 與說文의 檥와 說解[3]同이라 管子形勢解篇에 云 法度者 萬民之儀表也라하니 此篇所論은 蓋天志之餘義라

畢沅 : '法'은 ≪說文解字≫에 "'灋'은 '刑'이라는 뜻이다. 공평히 하기를 물과 같이 하니, 水를 부수로 한다. '廌'는 정직하지 못한 자를 뿔로 받아 몰아내는 것이다. '法'은 今文에 〈'灋'자를〉 생략해서 쓰는 것이다."라 하니, 이를 가차하여 '法度'라는 뜻이 된다. '儀'는 뜻이 '渾天儀'의 '儀'와 같다. ≪說文解字≫에 "'檥'는 흙벽 기둥이라는 뜻이다."라 하니, '儀'는 '檥'와 소리가 서로 비슷하다. 또 ≪說文解字≫에 "'儀'는 법도라는 뜻이다."라 하니, 또한 통한다.

詒讓案 : ≪爾雅≫ 〈釋詁〉에 "'儀'는 흙벽 기둥이라는 뜻이다."라 하였으니, ≪說文解字≫의 '檥'에 대한 설명과 같다. ≪管子≫ 〈形勢解〉에 "法度란 만백성의 본보기이다."

---

1) 廌(치) : '廌'는 외뿔 달린 聖獸로, 是非와 善惡을 가릴 줄 아는 상상의 동물이다. ≪論衡≫ 〈是應〉에 "解廌는 외뿔 달린 羊으로 죄 있는 자를 알아보는 능력을 타고났다. 皐陶가 獄事를 처리할 때에 그 죄가 의심되는 자가 있으면, 해치의 뿔에 그의 몸을 닿게 하였다.〔解廌者一角羊 性知有罪 皐陶治獄 其罪疑者 令羊觸之〕"라고 보인다.

2) 榦 : 흙담이나 성벽을 쌓을 때 양쪽에 세우는 楨榦이다. 표준이 되는 사물, 모범이 될 만한 사람을 비유할 때 쓴다.

3) 說文檥說解 : ≪說文解字≫에 "榦也 从木義聲 魚羈切(〈檥는〉 榦이다. 木을 부수로 하며 義(의)는 소리이다. 魚와 羈의 반절이다.)"이라 하였다.

라 하였다. 이 편의 내용은 아마도 ≪墨子≫ 〈天地〉의 내용을 이은 듯하다.

4-1-1 **子墨子曰 天下從事者**가 **不可以無法儀**니 **無法儀而其事能成者**는 **無有也**니라

子墨子께서 말씀하셨다.

"천하의 일하는 자들이 본보기가 없이 〈일을 해서는〉 안 되니, 본보기가 없이 그 일을 잘 이루어내는 자는 없다.

舊本에 **脫**하니 **今據群書治要增**하다

舊本에 〈'無有' 뒤에 '也'자가〉 빠져 있으니, 이제 ≪群書治要≫에 의거하여 붙여 넣는다.

4-1-2 **雖至士之爲將相者**하야도 **皆有法**이요 **雖至百工從事者**하야도 **亦皆有法**이니라 **百工爲方以矩**하며 **爲圓以規**하며 **直以繩**하며 **正以縣**하니라

비록 士가 장수나 재상이 되는 데 있어서도 모두 본보기가 있게 마련이며, 비록 工人들이 일을 하는 데 있어서도 모두 본보기가 있게 마련이다. 공인들은 곱자〔矩〕로 각을 만들고 그림쇠〔規〕로 원을 만들며, 먹줄〔繩〕로 직선을 맞추고 추를 매단 줄〔縣〕로 수직을 맞춘다.

畢云 此縣은 **挂正字**라하다 **詒讓案 考工記輿人**에 **云 圜者**는 **中規**며 **方者**는 **中矩**며 **立者**는 **中縣**이며 **衡者**는 **中水**라 **莊子馬蹄篇**에 **云 匠人**이 **曰 我善治木**이라 **曲者中鉤**요 **直者應繩**이라하니 **卽此義**라

畢沅 : 이 '縣'은 '挂(매달다)'의 正字이다.

詒讓案 : ≪周禮≫ 〈考工記 輿人〉에 "둥근 것은 그림쇠〔規〕에 맞추고 각진 것은 곱자〔矩〕에 맞추며, 세로로 선 것은 추를 매단 줄〔縣〕에 맞추고 가로로 누운 것은 수준기〔水〕에 맞춘다."라 하였고, ≪莊子≫ 〈馬蹄〉에 "匠人이 말하기를 '나는 나무를 잘 다룬다. 굽은 것을 만들면 굽은 자〔鉤〕에 딱 맞고 곧은 것을 만들면 먹줄〔繩〕에 딱 맞는다.'라 하였다."라 하니, 곧 이러한 뜻이다.

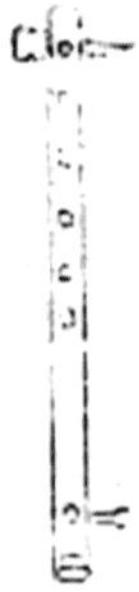

規

矩

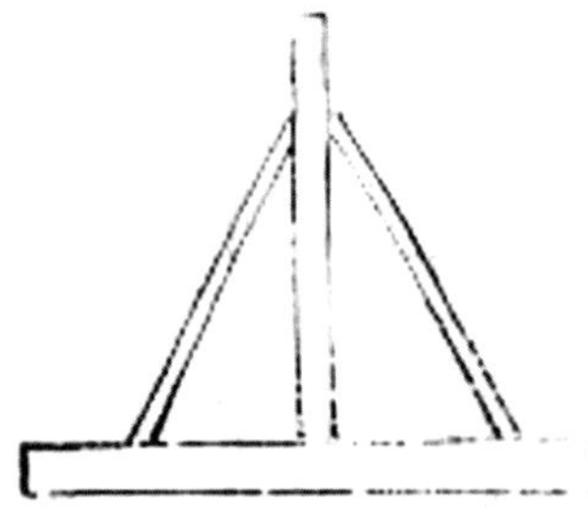

準

繩

4-1-3 **無巧工不巧工**이요 **皆以此五者**를 **爲法**하니라

솜씨가 뛰어난 工人이건 그렇지 못한 工人이건 간에 모두 이 다섯 가지를 본보기로 삼는다.

俞云 五는 當作四라 上文에 百工爲方以矩하며 爲圓以規하며 直以繩하며 正以縣이라하니 竝無五者라 詒讓案 以考工記校之컨대 疑上文或當有平以水三字[4]라 蓋本有五者어늘 而脫其一與아

俞樾 : '五'는 마땅히 '四'가 되어야 한다. 윗글에 "공인들은 곱자〔矩〕로 각을 만들고 그림쇠〔規〕로 원을 만들며, 먹줄〔繩〕로 직선을 맞추고 추를 매단 줄〔縣〕로 수직을 맞춘다."라 되어 있으니, 모두 합쳐도 다섯 가지가 안 된다.

詒讓案 : ≪周禮≫ 〈考工記〉로 校勘해보니, 아마도 윗글은 마땅히 "平以水(水準器로 수평을 맞춘다.)"라는 세 글자가 있어야 할 듯하다. 아마도 본래 다섯 가지가 있는데, 그중 한 가지가 빠진 듯하다.

4-1-4 **巧者**는 **能中之**며

솜씨가 뛰어난 자는 〈생각한 대로〉 들어맞게 할 수 있으며,

畢云 史記索隱에 云 倉頡篇에 云 中은 得也라하다

4) 當有平以水 : ≪周禮≫ 〈考工記 輿人〉에 보인다.

畢沅 : ≪史記索隱≫에 "≪倉頡篇≫에 '中은 들어맞다는 뜻이다.'라 하였다."라 하였다.

4-1-5 不巧者는 雖不能中이라도 放依以從事면

솜씨가 뛰어나지 못한 자는 비록 들어맞게 할 수는 없더라도 〈이 다섯 가지 工具를 가지고〉 본떠서 일을 하면

畢云 說文에 云 仿은 相似也라하니 放은 與仿同이라하다

畢沅 : ≪說文解字≫에 "'仿'은 비슷하다는 뜻이다."라 하니, '放'은 '仿(본뜨다)'과 같다.

4-1-6 猶逾已[5)]니라

오히려 그만두고 하지 않는 것보다 낫다.

畢云 猶勝于已라하다

畢沅 : 오히려 그만두고 하지 않는 것보다 낫다는 뜻이다.

4-1-7 故로 百工從事 皆有法所[6)]度(탁)이니라

그러므로 工人들이 일을 함에 모두 기준으로 삼는 본보기가 있다.

---

5) 已 : 底本 旁注에 "'已'는 明나라 판각된 諸本 및 畢沅의 刻本과 本書의 판본이 모두 같다. 畢沅의 注에도 '已'로 되어 있다. 民國 때, ≪四部備要≫ 등의 판본은 필원의 注를 잘못 해석하여, 正文과 注文의 '已'자를 고쳐 '己'로 썼으며, 이후에 飜印本 및 지금 유행하는 各本들이 대부분 이를 좇아 '己'로 썼으니, 참으로 잘못된 것이다. '已'자의 訓은 '止(그치다)'이니, 여기에서의 뜻은 작위함이 없음을 가리킨다. '猶逾已'는 '오히려 그만두고 하지 않는 것보다 낫다'는 뜻이다. 요즘 쓰는 말로는 '하지 않는 것보다 훨씬 낫다.'라는 말이다. ≪論語≫ 〈陽貨〉에서 '不有博奕者乎 爲之猶賢乎已(장기와 바둑이 있지 않은가? 이런 것이라도 하는 것이 그만두는 것보다 낫다.)'라고 하였는데, '賢'과 '逾'는 모두 '勝(낫다)'의 뜻이니, '猶賢乎已'와 '猶逾已'는 뜻이 같다. ≪孟子≫ 〈盡心 上〉에는 '爲期之喪 猶愈於已(朞年喪이라도 하는 것이 그만두는 것보다 낫다.)'라고 하였으니, '猶逾於已'는 ≪墨子≫ 본문의 '猶逾已'이다. 이는 古人들의 成語이니 지금 通行本 중에 '己'자로 된 것은 모두 잘못이다."라 하였다.

6) 有法所度 : '所'자가 없다면 "法으로 헤아림〔度〕이 있다."라 해석된다.

治要에 無所字라 下同이라

≪群書治要≫에는 〈'皆有法所度' 대목에〉 '所'자가 없다. 아래 〈'而無法所度'의 대목도〉 같다.

4-1-8 今大者治天下하며 其次治大國이어늘 而無法所度(탁)이면 此不若百工辯也라하니라

이제 크게는 천하를 다스리고, 그 버금으로는 대국을 다스리면서 기준으로 삼는 본보기가 없다면, 이는 공인들이 〈工具를 가지고〉 정확하게 재느니만 못한 것이다."

畢云 說文에 云 辯은 治也라하다

畢沅 : ≪說文解字≫에 "'辯'은 다스린다는 뜻이다."라 하였다.

4-2-1 然則奚以爲治法而可오 當皆法其父母가 奚若고

그렇다면 무엇을 〈天下와 大國을〉 다스리는 본보기로 삼아야 되겠는가. 모두 자기 부모를 본보기로 삼아보는 것이 어떻겠는가.

當은 與嘗通이니 嘗은 試也라 詳天志下篇이라 王引之云 當은 竝與儻同이라하다 畢云 奚若은 與何如同이라하다

'當'은 '嘗'과 글자를 통용하니, '嘗'은 시험 삼아 해본다는 뜻이다. ≪墨子≫〈天志 下〉에 자세히 보인다.

王引之 : '當'은 모두 '儻(혹시)'과 같다.

畢沅 : '奚若'은 '何如'와 같다.

4-2-2 天下之爲父母者衆이로대 而仁者寡하니 若皆法其父母인댄 此法不仁也라 法不仁이면 不可以爲法이니 當皆法其學이 奚若고

천하에 부모 된 자는 많지만 仁한 자는 드무니, 만일 모두 자기 부모를 본받는

다면 이는 不仁한 자를 본받는 것이다. 不仁한 자를 본받는다면 본보기라 할 수 없으니, 〈그렇다면〉 모두 자기 스승을 본보기로 삼아보는 것이 어떻겠는가.

學은 謂師也라

'學'은 스승을 이른다.

4-2-3 天下之爲學者衆이로대 而仁者寡하니 若皆法其學인댄 此法不仁也라 法不仁은 不可以爲法이니 當皆法其君이 奚若고 天下之爲君者衆이로대 而仁者寡하니 若皆法其君인댄 此法不仁也라 法不仁은 不可以爲法이니라 故로 父母學君三者는 莫可以爲治法이니라

천하에 스승 된 자는 많지만 仁한 자는 드무니, 만일 모두 자기 스승을 본받는다면 이는 不仁한 자를 본받는 것이다. 不仁한 자를 본받는다면 본보기라 할 수 없으니, 〈그렇다면〉 자기 임금을 본보기로 삼아보는 것이 어떻겠는가. 천하에 임금 된 자는 많지만 仁한 자는 드무니, 만일 모두 자기 임금을 본받는다면 이는 不仁한 자를 본받는 것이다. 不仁한 자를 본받는다면 본보기라 할 수 없다. 그러므로 부모와 스승과 임금의 세 가지는 〈천하와 대국을〉 다스리는 본보기로 삼아서는 안 된다.

下에 舊有而可二字라 王云 旣言莫可以爲治法이면 則不當更有而可二字니 此涉下句而衍이라하다 案 王說이 是也라 今據刪하다

〈'莫可以爲治法' 대목의〉 아래에 舊本에는 '而可' 두 글자가 있다.

王念孫 : 이미 '莫可以爲治法'이라고 말했다면 다시 '而可'라는 두 글자가 있어서는 안 된다. 이는 아래 구절과 연결되면서 잘못 들어간 것이다.

案 : 王念孫의 설이 옳다. 이제 이 설에 의거하여 삭제한다.

4-3-1 然則奚以爲治法而可오 故로 曰 莫若法天이라하니 天之行은 廣而無私하며 其施는 厚而不德하며

그렇다면 무엇을 〈천하와 대국을〉 다스리는 본보기로 삼으면 되겠는가. 그러므

로 말하기를 "하늘을 본받는 것만 한 것이 없다."라 하는 것이다. 하늘의 운행은 넓으면서도 사사로움이 없으며, 그 베풂은 두터우면서도 德이라 내세우지 않으며,

治要에 作息[7]하다

≪群書治要≫에 〈'德'이〉 '息'으로 되어 있다.

4-3-2 其明은 **久而不衰**라 **故**로 **聖王**이 **法之**라 **旣以天爲法**하니 **動作有爲必度**(탁)**於天**이라 **天之所欲**이면 **則爲之**하며 **天所不欲**이면 **則止**하니라 **然而天何欲何惡**(오)**者也**오 **天必欲人之相愛相利**하고 **而不欲人之相惡**(오)**相賊也**라 **奚以知天之欲人之相愛相利**하고 **而不欲人之相惡**(오)**相賊也**오 **以其兼而愛之**하며 **兼而利之也**일새니라 **奚以知天兼而愛之**하며 **兼而利之也**오

그 밝음은 長久하면서도 쇠미해지지 않는다. 그러므로 聖王께서 하늘을 본받으셨다. 이미 하늘을 본보기로 삼았으니, 움직이고 행하는 모든 것들을 반드시 하늘을 헤아려서 한다. 하늘이 바라는 것이라면 하고 하늘이 바라지 않는 것이라면 그만둔다.

그렇다면 하늘은 무엇을 바라고 무엇을 싫어하는가. 하늘은 분명 사람들이 서로 아끼고 서로 이롭게 하는 것을 바라지 사람들이 서로 미워하고 서로 해치는 것을 바라지 않는다.

하늘은 사람들이 서로 아끼고 서로 이롭게 하는 것을 바라지 사람들이 서로 미워하고 서로 해치는 것을 바라지 않는다는 것을 어떻게 아는가. 하늘은 〈만물을〉 아울러 아껴주고 아울러 이롭게 해주기 때문이다.

하늘은 〈만물을〉 아울러 아껴주고 아울러 이롭게 해준다는 것을 어떻게 아는가.

---

7) 息 : ≪墨子校注≫에서 吳毓江은 '德'을 '息'으로 보는 것은 잘못이라 하였다. ≪群書治要≫에 '德'자가 '悳'으로 되어 있는 부분이 많은데, '息'자와 형태가 비슷하여 필사할 때 실수하기 쉽다는 것이다. 이에 吳毓江은 '德'을 글자 그대로 보아 '厚而不德'을 '〈그 베풂이〉 두터우면서도 덕으로 내세우지 않는다.'라고 해석하였다. 여기서는 吳毓江의 설에 의거하여 번역하였다.

治要에 知天下에 有之字라

≪群書治要≫에는 〈'奚以知天兼而愛之兼而利之也' 대목의〉 '知天' 다음에 '之'자가 있다.

4-3-3 以其兼而有之하며 兼而食之也일새니라 今天下無大小國히

하늘은 〈만물을〉 아울러 살려주고 아울러 먹여주기 때문이다. 이제 천하의 大國과 小國을 막론하고

大小는 治要에 作小大라

'大小'는 ≪群書治要≫에 '小大'로 되어 있다.

4-3-4 皆天之邑也니 人無幼長貴賤히 皆天之臣也라 此以莫不(犓)〔芻牛〕[8)]羊하며

모두 하늘의 고을이며, 사람은 長幼와 貴賤을 막론하고 모두 하늘의 신하이다. 이런 까닭에 모두 소와 양을 꼴 먹여 기르며,

畢云 當云牛羊이라하다

畢沅 : 〈'羊'은〉 마땅히 '牛羊'이라 해야 한다.

4-3-5 豢犬豬하며

개와 돼지를 곡식 먹여 기르며,

畢云 說文에 云 犓는 以芻莝으로 養牛也라 豢은 以穀圈으로 養豕也라 玉篇에 云 犓는 則俱切이니 今作芻라하다 陸德明 莊子音義에 云 司馬云 牛羊曰 芻요 犬豕曰 豢이라하다 蘇云 案 犓는 乃芻牛兩字而誤合爲一者니 文當云芻牛羊이라하다

畢沅 : ≪說文解字≫에 "'犓'는 꼴을 먹여 소를 기르는 것이다. '豢'은 우리에 가둔 채 곡식을 먹여 돼지를 기르는 것이다."라 하였다. ≪玉篇≫에 "'犓'는 '則'과 '俱'의 반절이니,

---

8) (犓)〔芻牛〕: 저본에는 '犓'로 되어 있으나, 아래(4-3-5) 蘇時學의 주에 의거하여 '芻牛'로 바로잡았다.

지금은 '芻'라고 쓴다."라 하였다. 陸德明의 ≪莊子音義≫에 "司馬彪가 말하기를 '소와 양은 「芻」라 하고, 개와 돼지는 「豢」이라 한다.'라 하였다."라 하였다.

蘇時學 : 생각건대, 犓는 곧 '芻'자와 '牛'자 두 글자가 잘못 합쳐져서 한 글자가 된 것이니, 글은 마땅히 '芻牛羊'이라 해야 한다.

4-3-6 絜(결)[9]爲酒醴粢盛하여

정결하게 술과 단술과 제사 음식을 차려

畢云 潔字는 正作絜이라 說文에 云 粢는 稷也라하고 餈는 稻餅也라하니 然則粢盛之字作齍(자)라하다

畢沅 : '潔'자는 正字로 '絜'이라 쓴다. ≪說文解字≫에 "'粢'는 기장이다."라 하였고, "'餈'는 '稻餅'이다."라 하였으니, 그렇다면 '粢盛'이라는 글자는 '齍(고대 곡물을 담는 祭器)'가 되어야 한다.

4-3-7 以敬事天이라 此不爲兼而有之하며 兼而食之邪아 天苟兼而有食之하나니 夫奚說以不欲人之相愛相利也리오 故로 曰 愛人利人者는 天必福之요 惡(오)人賊人者는 天必禍之라하며 曰 殺不辜者는 得不祥焉이라하니 夫奚[10]說人爲其相殺而天與禍乎아 是以로 知天欲人相愛相利요

경건하게 하늘을 섬기지 않는 이가 없다.

이는 〈하늘이〉 아울러 살려주고 아울러 먹여주기 때문이 아니겠는가. 하늘은 진실로 아울러 살려주고 먹여주니, 어찌 〈하늘이〉 사람들이 서로 아끼고 서로 이롭게 하기를 바라지 않는다고 할 수 있겠는가.

그러므로 말하기를 "남을 아끼고 남을 이롭게 하는 자는 하늘이 반드시 그에게 福을 내리며, 남을 미워하고 남을 해치는 자는 하늘이 반드시 禍를 내린다."라 하였으며, 〈또〉 말하기를 "죄 없는 이를 죽인 자는 상서롭지 못하게 될 것이다."라

---

9) 絜 : 四庫全書本에는 '絜'이 '潔'로 되어 있다.

10) 夫奚 : 李本에는 '夫奚' 이하의 백여 자가 빠져 있다.

하였다. 어찌하여 사람들이 서로 죽이면 하늘이 禍를 내린다고 말하는가.

이런 까닭에 하늘은 사람들이 서로 아끼고 서로 이롭게 하기를 바라지

舊本에 無知字하니 治要同이라 王云 是以下에 有知字어늘 而今本脫之하니 則文義不明이라 上文에 曰 奚以知天之欲人之相愛相利하며 而不欲人之相惡(오)相賊也아하니 奚以知는 正與是以知로 相應이라 案 王說이 是也라 今據增하다

舊本에는 〈'是以知天欲人相愛相利'라는 대목에〉 '知'자가 없으니, ≪群書治要≫도 같다.

王念孫 : '是以' 다음에 '知'자가 있는데, 今本에는 이 글자가 빠져 있으니, 글의 뜻이 분명치 못하다. 윗글에 "奚以知天之欲人之相愛相利 而不欲人之相惡相賊也"라 하였으니, '奚以知(어떻게 아는가.)'라는 대목은 '是以知(이것으로써 안다.)'라는 대목과 서로 조응한다.

案 : 王念孫의 설이 옳다. 이제 그 설에 의거하여 덧붙인다.

4-3-8 而不欲人相惡(오)相賊也라

사람들이 서로 미워하고 서로 해치는 것을 바라지 않는다는 것을 알 수 있다.

4-4-1 昔之聖王禹湯文武는 兼愛天下之百姓하여

옛날 聖王인 禹王과 湯王, 文王과 武王은 천하의 백성을 아울러 사랑하여

禹王

湯王

畢云 舊脫愛字하니 **以意增**이라하다

畢沅 : 舊本에는 〈'兼愛天下之百姓'의 대목에〉 '愛'자가 빠져 있으니, 뜻으로 판단하여 채워 넣는다.

4-4-2 **率以尊天事鬼**하니 **其利人多**라 **故**로 **天福之**하사 **使立爲天子**하시고 **天下諸侯皆賓事之**케하시니라

앞장서서 하늘을 받들고 귀신을 섬기니, 사람들을 이롭게 함이 많았다. 그러므로 하늘이 그들에게 복을 내려 세워서 天子가 되게 하시고 천하의 제후들이 모두 그를 공경히 섬기게 하셨다.

廣雅釋詁에 **云 賓**은 **敬也**라하다

≪廣雅≫ 〈釋詁〉에 "'賓'은 공경한다는 뜻이다."라 하였다.

4-4-3 **暴王桀紂幽**厲는 **兼惡**(오)**天下之百姓**하여 **率以詬天侮鬼**하니

暴君인 桀王과 紂王, 幽王과 厲王은 천하의 백성을 아울러 미워하여 앞장서서 하늘을 모독하고 귀신을 업신여기니,

廣雅釋詁에 **云** 詬는 罵(매)**也**라하다 **左昭十三年傳**에 **楚靈王**이 **投龜**하고 詬**天而呼**[11)]라한대 **釋文**에 **云** 詬는 詈**辱也**라하다

≪廣雅≫ 〈釋詁〉에 "'詬'는 모독한다는 뜻이다."라 하였다. ≪春秋左氏傳≫ 昭公 13년조에 "楚 靈王이 거북을 던져버리고 하늘을 향해 욕을 하며 부르짖었다."라 하였는데, ≪經典釋文≫에 "'詬'는 꾸짖고 욕한다는 뜻이다."라 하였다.

---

11) 左昭十三年傳……詬天而呼 : ≪春秋左氏傳≫ 昭公 13년 傳에 "當初에 楚 靈王이 점을 쳐 '내가 천하를 얻을 수 있겠는가?'라 물었는데, 그 거북점이 '不吉'로 나오자, 龜甲을 던져버리고〔投龜〕 하늘을 향해 욕하며 울부짖기를 '이 區區한 것(天下)을 나에게 주지 않으려 한다면, 내 기필코 스스로 차지하겠다.'라 하였다. 백성들은 靈王의 慾望이 끝도 없는 것을 걱정하여, 叛軍을 따르기를 마치 집으로 돌아가듯 하였다.〔初 靈王卜曰 余尚得天下 不吉 投龜 詬天而呼曰 是區區者而不余畀 余必自取之 民患王之無厭也 故從亂如歸〕"라고 보인다.

4-4-4 **其賊人多**라

사람을 해침이 많았다.

其賊은 舊本에 作賊其라 兪云 按 當作其賊人多니 與上文의 其利人多故天福之로 相對라 案 兪校 是也라 今據乙[12]하다

'其賊'은 舊本에 '賊其'로 되어 있다.

兪樾 : 살펴보건대, 마땅히 '其賊人多'가 되어야 하니, 윗글의 "其利人多 故天福之"와 서로 對句가 된다.

案 : 兪樾의 교감이 옳다. 이제 이에 의거하여 〈'賊'과 '其'의〉 글자 순서를 바꾼다.

4-4-5 **故**로 **天禍之**하사 **使遂**(추)**失其國家**하시고

그러므로 하늘이 그들에게 禍를 내려 마침내 그 국가를 잃게 하시고

遂는 與隊(추)通하니 易震에 遂泥[13]라하다 釋文에 云 遂는 荀本에 作隊하고 俗作墜하니 義同이라 淮南子天文訓에 高注에 云 隊는 隕也라하다

'遂'는 '隊'와 글자를 통용하니, ≪周易≫ 震卦에 "遂泥(수렁에 빠지다)"라 하였다. ≪釋文≫에 "遂는 荀本에는 '隊'로 되어 있다."라 하였고, 세상 사람들은 '墜'라 쓰니, 뜻은 같다. ≪淮南子≫ 〈天文訓〉 高誘 注에 "隊는 떨어진다는 뜻이다."라 하였다.

4-4-6 **身死爲僇於天下**[14]하사

그 몸은 죽어 천하 사람들에게 치욕을 당하여

僇은 治要에 作戮하다 大學에 辟則爲天下僇矣[15]라한대 孔穎達疏에 云 僇은 謂刑僇

---

12) 乙 : 글자의 위아래가 뒤바뀐 것을 바로잡아 교정하는 것을 말한다.

13) 遂泥 : ≪周易≫ 震卦의 九四爻 爻辭에 보인다.

14) 身死爲僇於天下 : ≪墨子校注≫에서 吳毓江은 "≪呂氏春秋≫ 〈當染〉에 '國殘身死 爲天下僇'이라 하였는데, 高誘 주에 '僇은 辱이다.'라 하였다."라 하였다. 吳毓江의 설에 의거하여 '爲僇於天下'를 '천하 사람들에게 치욕을 당하다.'로 번역하였다.

15) 辟 : ≪大學≫ 傳文 10章에 "≪詩經≫ 〈小雅 節彼南山〉에 이르기를 '우뚝 솟은 저 남산이여,

也라하다 荀子非相篇에 云 爲天下大僇이라한대 楊注에 云 僇은 與戮同이라하다

'僇'은 ≪群書治要≫에 '戮'으로 되어 있다. ≪禮記正義≫ 〈大學〉에 "辟則爲天下僇矣(치우치면 천하 사람들에게 죽임을 당한다.)"라 하였는데, 孔穎達의 疏에 "'僇'은 刑僇당한다는 뜻이다."라 하였다. ≪荀子≫ 〈非相〉에 "爲天下大僇(천하에서 가장 치욕스러운 사람이 되었다.)"이라 하였는데, 楊倞의 注에 "'僇'은 '戮'과 같다."라 하였다.

4-4-7 **後世子孫**이 **毁之**하여 **至今不息**케하시니라 **故**로 **爲不善以得禍者**는 **桀紂幽厲是也**요 **愛人利人以得福者**는 **禹湯文武 是也**니라 **愛人利人**하여 **以得福者 有矣**요 **惡**(오)**人賊人**하여 **以得禍者**도 **亦有矣**니라

후세에 자손 대대로 그들을 헐뜯어 지금까지도 그치지 않게 하셨다. 그러므로 不善을 하여 禍를 받은 자는 桀王·紂王·幽王·厲王이 바로 이들이며, 사람들을 아끼고 사람들을 이롭게 하여 복을 받은 자는 禹王·湯王·文王·武王이 바로 이들이다. 사람들을 아끼고 사람들을 이롭게 하여 복을 받은 자가 있으며, 사람들을 미워하고 사람들을 해쳐 禍를 받은 자 또한 있다.

文王

武王

바윗돌이 가파르고 가파르도다. 훌륭하고 훌륭하신 太師 尹氏여, 백성들이 모두 우러러 보는구나.'라 하였으니, 나라를 가진 이는 삼가지 않아서는 안 된다. 치우치게 되면 천하 사람들에게 죽임을 당할 것이다.〔詩云 節彼南山 維石巖巖 赫赫師尹 民具爾瞻 有國者不可以不愼 辟則爲天下僇矣〕"라고 보인다.

七患 第五　제5편 일곱 가지 근심

'七患'은 나라가 어지러워지는 일곱 가지 근심에 대해 논하는 장이다. '七患'에 대비하기 위해서는 '國備'를 제대로 갖추어야 한다. 묵자가 말하는 '국비'란 창고에 식량을 비축하고 무기고에 병기를 비축하며 성곽을 견고히 수리하는 것이다.

以下二篇所論은 皆節用之餘義라

이하 〈七患〉과 〈辭過〉 2편의 내용은 〈節用〉의 내용을 이은 것이다.

5-1-1 子墨子曰 國有七患하니 七患者는 何오 城郭溝池를 不可守而治宮室이 一患也요 邊國至境에

子墨子께서 말씀하시기를 "나라에는 일곱 가지 근심이 있다."라 하였다. 일곱 가지 근심이란 무엇인가. 성곽이나 垓字를 지키지도 못하면서 宮室을 치장하는 것이 첫 번째 근심이다. 적국이 邊境에 이르렀는데도

畢云 當爲竟이라 本書耕柱에 云 楚四竟之田이라하니 只作竟이라하다 洪云 邊은 當是適字之譌니 古敵字多作適하다 言敵國至境而四隣莫救라 故로 可患也라하다

畢沅 : 〈'境'은〉 '竟'이 되어야 한다. 이 책 《墨子》 〈耕柱〉에 "楚四竟之田"이라 하였는데, '竟'으로만 되어 있다.

洪頤煊 : '邊'은 마땅히 '適'의 誤字일 것이니, 옛날에 '敵'자를 흔히 '適'으로 썼다. 敵國이 변경에 이르렀는데도 사방의 이웃나라 중에 구원하러 오는 나라가 없으므로 근심할 만하다.

5-1-2 四隣莫救가 二患也요 先盡民力無用之功하며 賞賜無能之人하여 民力盡於無用하며 財寶虛於待客이 三患也요 仕者는 持祿하며 游者는 愛佼하고

사방 이웃나라 가운데 구원하러 오는 나라가 없는 것이 두 번째 근심이다. 백성들의 힘을 쓸모없는 일에 먼저 써버리고 능력 없는 사람에게 賞을 내리어, 백성들의 힘은 쓸데없는 데 소진하며 재화는 빈객 접대에 허비하는 것이 세 번째 근심이다. 벼슬하는 자들은 녹봉을 지키기만 하며 유세하는 자들은 무리 지어 친밀하게 지내기만 하고

舊本에 持는 譌待요 愛佼는 譌憂反이라 群書治要에 引待作持하고 反作佼하다 王云 待는 當爲持요 憂反은 當爲愛交라 呂氏春秋愼大篇注에 持는 猶守也라하니 言仕者守其祿하고 游者愛其交는 皆爲己而不爲國家也라 管子明法篇에 曰 小臣이 持祿養交는 不以官爲事라하다 晏子春秋問篇에 曰 士者는 持祿하고 游者는 養交라한대 養交는 與愛交同意라 今本에 持는 作待하고 愛交는 作憂反하니 則義不可通이라 逸周書大開篇에 禱無愛玉이라한대 今本에 愛譌作憂하다 隸書에 交字는 或作([illegible])〔[illegible]〕[1]하니 與反相似而譌라하다 兪云 王說이 是矣라 然이나 以憂爲愛字之誤는 恐未必然하다 古書에 多言持祿養交하고 尟(선)言持祿愛交者라 且持養二字는 同義하니 荀子勸學篇에 除其害者以持養之라하며 榮辱篇에 以相群居以相持養이라하며 議兵篇에 高爵豐祿以持養之라하며 呂氏春秋長見篇에 申侯伯善持養吾意라하니 竝以持養連文하다 墨子天志篇에 亦云 持養其萬民이라하니 然則此文旣云持祿하니 必云養交요 不當云愛交也라 墨子原文에 蓋本作恙(양)交하니 恙은 卽養之叚字이니 古同聲通用이어늘 後人不達叚借之旨하여 改其字作憂라 而墨子原文不可復(부)見矣라하다 案 王校是也라 今據正하다 佼는 卽交字通하니 今從治要正하다 管子七臣七主篇에 云 好佼友而行私請이라하고 又明法篇에 云 以黨擧官하면 則民務佼而不求用이라하며 明法解에 云 群臣相推以美名하고 相假以功伐하여 務多其佼而不爲主用이라하니 竝以佼爲交하다 此云 愛佼는 猶管子云好佼務佼也라 韓非子三守篇에 云 群臣持祿養交라하며 荀子臣道篇에 云 偸合苟容以之持祿養交而已耳라하니 諸書竝云持祿이라하니 與此書同하고 而養交之文은 則與此書微異라 兪校必欲改憂爲恙하여 以傅合之하니 則又求之太深하니 恐未塙이라

---

1) ([illegible])〔[illegible]〕: 저본에는 '[illegible]'로 되어 있으나, ≪孫籀廎先生集≫(藝文印書館)에 의거하여 '[illegible]'로 바로잡았다.

舊本에 '持'는 '待'로 잘못되어 있고, '愛佼'는 '憂反'으로 잘못되어 있다. ≪群書治要≫에서 이 대목을 인용한 곳에 '待'는 '持'로 되어 있고, '反'은 '佼'로 되어 있다.

王念孫 : '待'는 마땅히 '持'가 되어야 하고, '憂反'은 마땅히 '愛交'가 되어야 한다. ≪呂氏春秋≫ 〈愼大〉 注에 "持는 守(지키다)와 같다."라 하였으니, 벼슬살이하는 자들이 자기 祿俸만 지키고, 遊說하는 자들이 자기 패거리만 아끼는 것은 모두 자기를 위한 것이지 국가를 위한 것이 아니라는 말이다. ≪管子≫ 〈明法〉에 "小臣持祿養交 不以官爲事(小臣이 자기 祿俸만 지키고 자기 패거리만 기르는 것은 官을 일로 삼지 않은 것이다.)"라 하였다. ≪晏子春秋≫ 〈問〉에 "士者持祿 游者養交(士는 祿俸을 지키고, 遊說하는 자는 패거리를 기른다.)"라 하였는데, '養交'는 '愛交'와 뜻이 같다. 今本에는 '持'가 '待'로 되어 있고 '愛交'가 '憂反'으로 되어 있으니, 뜻이 통하지 않는다. ≪逸周書≫ 〈大開〉에 "禱無愛玉(기도에는 옥을 아끼지 않는다.)"이라 하였는데, 今本에 '愛'가 '憂'로 잘못되어 있다. 隸書로 '交'자는 '𠫭'라고도 쓰는데, '反'자와 비슷하여 잘못된 것이다.

兪樾 : 王念孫의 說이 옳다. 그러나 '憂'를 '愛'의 誤字라고 한 것은 아마도 꼭 그렇지는 않은 듯하다. 옛글에 '持祿養交'라는 말은 많고 '持祿愛交'라는 말은 드물다. 게다가 '持'와 '養' 두 글자는 뜻이 같으니, ≪荀子≫ 〈勸學〉에 "除其害者 以持養之(그 해로운 것을 제거하여 그것을 기른다.)"라 하였으며, ≪荀子≫ ≪榮辱≫에 "以相群居 以相持養(서로 모여 살면서 서로 기른다.)"이라 하였으며, ≪荀子≫ ≪議兵≫에 "高爵豐祿 以持養之(爵位를 높여주고 祿俸을 넉넉히 주어 그를 기른다.)"라 하였으며, ≪呂氏春秋≫ 〈長見〉에 "申侯伯善持養吾意(申侯 伯은 나의 뜻을 잘 기른다.)"라 하였으니, 모두 '持養'이라고 붙여 썼다. ≪墨子≫ 〈天志〉에 또한 "持養其萬民(온 백성을 기른다.)"이라 하였으니, 그렇다면 이 글에서 이미 '持祿'이라고 하였으니, 반드시 '養交'라고 해야지 '愛交'라고 해서는 안 된다. ≪墨子≫ 原文에는 아마도 본래 '恙交'라고 되어 있었을 것이니, '恙'은 곧 '養'의 假借字이다. 옛날에는 소리가 같아 通用하였는데, 後人이 假借하는 뜻을 잘 알지 못하고 '恙'자를 '憂'자로 고쳤으리라 생각되지만 ≪墨子≫의 原文을 다시 볼 수는 없다.

案 : 王念孫의 교감이 옳다. 이제 그의 說에 의거하여 바로잡는다. '佼'는 곧 '交'와 글자를 통용하니, 이제 ≪群書治要≫에 따라 바로잡는다. ≪管子≫ 〈七臣七主〉에 "好佼友而行私請(사람들과 친분 쌓기를 좋아하고 사사롭게 청탁한다.)"이라 하였으며, 또 ≪管子≫ 〈明法〉에 "以黨擧官 則民務佼而不求用(黨을 가지고 官을 천거하면 백성이 교제에만 힘쓰고 등용될 것을 구하지 않는다.)"이라 하였으며, ≪管子≫ 〈明法解〉에 "群臣相推以美名 相假以功伐 務多其佼而不爲主用(群臣이 美名으로 서로를 밀어주고 功伐로 서로를 띄워주어 그 교제를 많게 하

는 데 힘쓰고, 그 자신은 임금을 위해 쓰이지 않는다.)"이라 하였으니, 모두 '佼'를 '交'의 뜻으로 썼다. ≪墨子≫의 이곳에서 '愛佼'라고 하는 것은 ≪管子≫에서 '好佼'와 '務佼'라고 말한 것과 같다. ≪韓非子≫ 〈三守〉에 "群臣持祿養交(群臣이 녹봉을 지키고 교유하는 벗을 기른다.)"라 하였으며, ≪荀子≫ 〈臣道〉에 "偸合苟容 以之持祿養交而已耳(구차히 영합하여 이로써 녹봉을 지키고 교유하는 벗을 기를 뿐이다.)"라 하였다. 여러 책에서 모두 '持祿'이라 하였으니 이 ≪墨子≫와 같고, '養交'라는 글은 이 ≪墨子≫와는 조금 다르다. 兪樾은 교감하여 굳이 '憂'를 '恙'으로 고쳐 牽强附會하고자 하였으니, 또한 뜻을 너무 깊이 천착한 것이니, 아마도 확실치 않은 듯하다.

5-1-3 君脩法討臣하며 臣懾而不敢拂이

임금은 법을 만들어 신하를 벌하며 신하들은 벌벌 떨며 감히 거스르지 못하는 것이

舊本에 臣字不重하니 今據群書治要補하다 拂은 治要에 作咈하다 案 咈은 正字요 拂은 叚字라 說文手部에 云 拂은 過擊也라하고 口部에 云 咈은 違也라하다 荀子臣道篇에 云 事暴君者는 有補削無撟拂이라한대 楊注에 云 拂은 違也라하다 賈子保傅篇에 云 潔廉而切直하여 匡過而諫邪者를 謂之拂하니 拂者는 拂天子之過者也라하다 書堯典에 咈哉라하며 僞孔傳[2]에 云 咈은 戾也라하다

舊本에는 '臣'자가 중복되지 않았으니, 이제 ≪群書治要≫에 의거하여 채워 넣는다. '拂'은 ≪群書治要≫에는 '咈'로 되어 있다.

案 : '咈'은 正字이고, '拂'은 假借字이다. ≪說文解字≫ 〈手部〉에 "'拂'은 지나치며 부딪친다는 뜻이다."라 하였으며, 〈口部〉에 "'咈'은 어긴다는 뜻이다."라 하였다. ≪荀子≫ 〈臣道〉에 "事暴君者 有補削無撟拂(暴君을 섬기는 자는 잘못을 감싸주기만 하고 바로잡거나 거역함

---

2) 僞孔傳 : ≪尙書≫에는 今文과 古文 및 僞古文이 있었다. ≪今文尙書≫는 伏生으로부터 전수된 것으로 총 29편이다. ≪古文尙書≫는 先秦 古文字로 쓰여진 것이다. 孔子의 집 벽에서 찾아낸 것으로 ≪금문상서≫에 비해 16편이 더 많다. 이를 孔安國이 조정에 進納하였다. '僞古文'은 ≪고문상서≫의 僞作이다. 東晉의 梅賾이 바친 ≪고문상서≫ 58편을 말한다. 공안국의 傳을 위작하여 함께 바쳤다. 복생의 ≪금문상서≫ 29편을 33편으로 나누고, 여기에 〈大禹謨〉, 〈五子之歌〉, 〈泰誓〉 등 위작한 25편을 덧붙여 총 58편이 되었다.

은 없다.)"이라 하였는데, 楊倞의 注에 "'拂'은 어긴다는 뜻이다."라 하였다. ≪賈子≫ 〈保傅〉에 "청렴하고 강직하여 잘못을 바로잡고 삿됨을 간하는 것을 '拂'이라 하니, '拂'은 天子의 잘못에 대해 바른말 하는 것이다."라 하였다. ≪書經≫ 〈虞書 堯典〉에 "咈哉(옳지 않다.)"라 하였으며, ≪僞古文尚書≫의 僞孔安國傳에 "'咈'은 어그러진다는 뜻이다."라 하였다.

5-1-4 四患也요 君自以爲聖智而不問事하며 自以爲安彊而無守備하며 四隣謀之不知戒가 五患也요 所信者는 不忠하며 所忠者는 不信이

네 번째 근심이다. 임금이 스스로 자신이 명철하고 지혜롭다고 여겨 政事를 묻지 않으며, 스스로 평안하고 강하다고 여겨 수비하지 않으며, 사방의 이웃나라가 침략할 계책을 세우고 있는데도 경계할 줄 모르는 것이 다섯 번째 근심이다. 〈왕에게〉 신임을 받는 자들은 충성스럽지 않으며 충성스러운 자들은 〈왕이〉 신임하지 않는 것이

上句信字는 舊本에 譌言하고 又無兩者字하니 今據群書治要補正하다

윗 句의 '信'자는 舊本에 '言'으로 잘못되어 있고, 게다가 〈'所信者不忠 所忠者不信' 대목에〉 두 '者'자가 없으니, 이제 ≪群書治要≫에 의거하여 채워 넣고 바로잡는다.

5-1-5 六患也요 畜種菽粟은

여섯 번째 근심이다. 가축과 곡식은

畜은 治要에 作蓄하니 字通이라 畢云 菽은 正爲尗(숙)이라하다

'畜'은 ≪群書治要≫에 '蓄'으로 되어 있으니, 글자를 통용한다.

畢沅 : '菽'은 正字로 '尗(콩)'이다.

5-1-6 不足以食(사)之하며 大臣은 不足以事之하며

〈백성들을〉 먹이기에 부족하며, 대신들은 임무를 맡겨 부리기에 부족하며,

畢云 舊脫以字하고 一本有라하다 詒讓案 群書治要에 亦有以字라 荀子正名篇楊注에

云 事는 任使也라하다

畢沅 : 舊本에는 '以'자가 빠져 있고, 어떤 本에는 '以'자가 있다.

詒讓案 : ≪群書治要≫에 또한 '以'자가 있다. ≪荀子≫ 〈正名〉 楊倞의 注에 "'事'는 맡겨서 부린다는 뜻이다."라 하였다.

5-1-7 賞賜는 不能喜하며 誅罰은 不能威가 七患也니라 以七患으로 居國에 必無社稷이요

포상은 백성들을 기쁘게 할 수 없으며, 誅罰은 위엄을 세울 수 없는 것이 일곱 번째 근심이다. 일곱 가지 근심을 가지고서는 나라를 차지하더라도 필경 사직을 잃으며,

無는 疑當爲亡(무)라 畢云 國稷은 爲韻이라하다

'無'는 아마도 '亡'가 되어야 할 듯하다.

畢沅 : '國'과 '稷'은 韻이다.

5-1-8 以七患으로 守城에 敵至國傾이니

일곱 가지 근심을 가지고서는 성을 지키더라도 적이 이르면 나라는 기울어지고 마니,

畢云 城傾은 爲韻이라하다

畢沅 : '城'과 '傾'은 韻이다.

5-1-9 七患之所當이면 國必有殃이니라

일곱 가지 근심이 하나라도 있으면 나라에는 반드시 재앙이 있다.

畢云 當殃은 爲韻이라하다

畢沅 : '當'과 '殃'은 韻이다.

5-2-1 凡五穀者는 民之所仰也요 君之所以爲養也라 故로 民無仰이면 則君無養이며

무릇 五穀이란 백성들이 우러러 바라는 바이며 임금이 자신의 봉양으로 삼는 바이다. 그러므로 백성들이 우러러 바랄 바가 없으면 임금은 자신을 봉양할 바가 없으며,

畢云 仰養은 爲韻이라하다

畢沅 : '仰'과 '養'은 韻이다.

5-2-2 民無食(사)면 則不可事니라

백성들에게 먹일 게 없으면 그들을 부릴 수 없다.

畢云 食事는 爲韻이라하다

畢沅 : '食'와 '事'는 韻이다.

5-2-3 故로 食은 不可不務也며 地는 不可不力也며 用은 不可不節也니라

그러므로 食糧은 〈비축하기를〉 힘쓰지 않아서는 안 되며, 土地는 民力을 다하지 않아서는 안 되며, 財用은 절제하지 않아서는 안 된다.

力은 畢本에 作爲立이라 云 立節은 爲韻이라하다 案 畢本譌하니 今據道藏本及明刻本正하다 王云 畢說은 非也라 古音에 立은 在緝部하며 節은 在質部하니 則立節은 非韻이라 原本에 立은 作力하며 力은 在職部하니 力節은 亦非韻이라하다

'力'은 畢本에 '立'으로 되어 있다.

畢沅 : '立'과 '節'은 韻이다.

案 : 畢本은 잘못되었으니, 이제 道藏本과 明刻本에 의거하여 바로잡는다.

王念孫 : 畢沅의 說은 옳지 않다. 古音에 '立'자는 '緝'部에 있고, '節'자는 '質'部에 있으니, '立'과 '節'은 韻이 아니다. 原本에 '立'은 '力'으로 되어 있으며, '力'은 '職'部에 속해 있으니, '力'과 '節' 또한 韻이 아니다.

5-2-4 五穀을 盡收하면 則五味盡御於主하고

五穀을 다 거두면 五味의 음식을 임금에게 다 올리고

獨斷[3)]에 **云 御者**는 **進也**니 **凡飮食入於口**를 **曰 御**라하다

≪獨斷≫에 "'御'는 〈음식을〉 올린다는 뜻이니, 무릇 음식이 입에 들어가는 것을 '御'라 한다."라 하였다.

5-2-5 不盡收하면 則不盡御하니라

〈五穀을〉 다 거두지 못하면 〈五味의 음식을 임금에게〉 다 올리지 못한다.

白虎通義諫諍篇에 **云 陰陽不調**면 **五穀不熟**이라 **故**로 **王者**는 **爲不盡味而食之**라하다 **畢云 主御**는 **爲韻**이라하다 **王云 古音**에 **主**는 **在厚部**하며 **御**는 **在御部**하니 **則主御**는 **非韻**이라하다

≪白虎通義≫ 〈諫諍〉에 "陰陽이 고르지 못하면 五穀이 여물지 않는다. 그러므로 王者는 五味를 다 먹지 않는다."라 하였다.

畢沅 : '主'와 '御'는 韻이다.

王念孫 : 古音에 '主'는 厚部에 있으며, '御'는 御部에 있으니, '主'와 '御'는 韻이 아니다.

5-2-6 一穀不收를 謂之饉이요 二穀不收를 謂之旱이요

〈五穀 가운데〉 한 가지 곡식을 거두지 못한 것을 '饉'이라 하며, 두 가지 곡식을 거두지 못한 것을 '旱'이라 하며,

兪云 按 旱者는 **不雨也**니 **不得爲二穀不收之名**이라 **疑旱**은 **乃罕字之誤**라 **一穀不收**를 **謂之饉**이요 **二穀不收**를 **謂之罕**이라 **饉也罕也**는 **皆稀少之謂**니 **饉**은 **猶僅也**라 **故**로 **襄二十四年穀梁傳**에 **作一穀不升謂之**嗛이라하니 嗛은 **猶歉也**라 **然則二穀不收謂之罕**과 **其義正一律矣**라하다

兪樾 : 살펴보건대 '旱'은 비가 내리지 않는 것이니, 두 가지 곡식을 거두지 못하는 것에 대한 명칭이 될 수 없다. 아마도 '旱'은 '罕'자의 誤字인 듯하다. 한 가지 곡식을 거두

---

3) 獨斷 : 後漢 말 蔡邕(132~192)의 저작이다. 총 2권으로, 조정의 제도와 칭호 등을 정리한 것이다.

지 못하는 것을 '饉'이라 하며, 두 가지 곡식을 거두지 못하는 것을 '罕'이라 한다. '饉'이니 '罕'이니 하는 것은 다 '稀少함'을 이르니, '饉'은 '僅(겨우)'과 같다. 그러므로 ≪春秋穀梁傳≫ 襄公 24년 조에 "一穀不升謂之嗛(한 가지 곡식을 거두지 못하는 것을 '嗛'이라 한다.)"이라 하니, '嗛'은 '歉(부족하다)'과 같다. 그렇다면 두 가지 곡식을 거두지 못하는 것을 '罕'이라 한다는 것과 그 뜻이 똑같다.

5-2-7 三穀不收를 謂之凶이요 四穀不收를 謂之餽(궤)요

세 가지 곡식을 거두지 못한 것을 '凶'이라 하며, 네 가지 곡식을 거두지 못한 것을 '餽'라 하며,

畢云 漢書食貨志에 云 負擔餽饟이라한대 師古曰 餽는 亦饋字이니 言須饋餉이라하다 邵晉涵[4]云 餽는 與匱通이라 鄭注月令에 曰 匱는 乏也라하다 王云 須餽餉을 不得謂之餽니 畢說非요 邵說是也라하다

畢沅 : ≪漢書≫ 〈食貨志〉에 "負擔餽饟(등짐을 지고 양식을 운반하였다.)"이라 하였는데, 顔師古가 이르기를 "'餽'는 또한 '饋'자이니, '須饋餉(모름지기 양식을 운송해야 했다.)'이라는 말이다."라 하였다.

邵晉涵 : '餽'는 '匱'와 통한다. ≪禮記≫ 〈月令〉 鄭玄 注에 "'匱'는 모자란다는 뜻이다."라 하였다.

王念孫 : '須餽餉'을 '餽'라 이를 수는 없으니, 畢沅의 說은 옳지 않고 邵晉涵의 說이 옳다.

5-2-8 五穀不收를 謂之饑니라

다섯 가지 곡식을 거두지 못한 것을 '饑'라 한다.

畢云 太平御覽에 引作飢하니 誤라 此飢는 餓字라하다 又畢本에 此下增五穀不孰謂之大侵八字하다 云 八字는 舊脫하니 據藝文類聚增하다 穀梁傳에 云 一穀不升을 謂之嗛하며 二穀不升을 謂之饑하며 三穀不升을 謂之饉하며 四穀不升을 謂之康하며 五穀不升을 謂

---

4) 邵晉涵 : 1743~1796. 淸나라 浙江 餘姚 사람이다. 字는 與桐 또는 二雲, 號는 南江이다. 저서에 ≪爾雅正義≫, ≪孟子述義≫, ≪穀梁正義≫ 등이 있다.

之大侵이라하다 爾雅에 云 穀不孰爲饑요 蔬不孰爲饉이요 果不孰爲荒이라하니 與此異라하다 王云 旣言五穀不收謂之饑하면 則不得又言五穀不孰謂之大侵이라 藝文類聚百穀部에 引墨子五穀不孰謂之大侵者는 乃涉上文引穀梁傳五穀不升謂之大侵而衍이라 故로 太平御覽時序部二十과 百穀部一에 引墨子가 皆無此八字라 墨子所記가 本與穀梁傳不同하니 不可强合也라 下文에 饑則盡無祿이라한대 畢이 依類聚하여 於饑下에 增大侵二字나 亦御覽所無라하다 案 王說이 是也라 釋慧苑華嚴經音義二에 引饑에 亦作飢하고 下無五穀不孰八字하다

畢沅 : ≪太平御覽≫에서 이 대목을 인용한 곳에는 '飢'로 되어 있으니, 잘못이다. 이 '飢'는 '餓'자이다.

또 畢本에는 이 아래에 '五穀不孰謂之大侵'이라는 여덟 자를 보태 넣었다.

畢沅 : 여덟 자가 舊本에는 빠져 있는데, ≪藝文類聚≫에 의거하여 보태 넣는다. ≪春秋穀梁傳≫에 "한 가지 곡식을 거두지 못하는 것을 '嗛'이라 하고, 두 가지 곡식을 거두지 못하는 것을 '饑'라 하고, 세 가지 곡식을 거두지 못하는 것을 '饉'이라 하고, 네 가지 곡식을 거두지 못하는 것을 '康'이라 하고, 다섯 가지 곡식을 거두지 못하는 것은 '大侵'이라 한다."라 하였으며, ≪爾雅≫에 "곡식이 여물지 않는 것이 '饑'이며, 푸성귀가 자라지 않는 것이 '饉'이며, 열매가 익지 않는 것이 '荒'이다."라 하였으니, 이와는 다르다.

王念孫 : 이미 "五穀不收謂之饑"라 말했다면 또 "五穀不孰謂之大侵"이라고 말해서는 안 된다. ≪藝文類聚≫ 〈百穀部〉에서 ≪墨子≫의 "五穀不孰謂之大侵"을 인용한 것은 바로 윗글에서 ≪春秋穀梁傳≫의 "五穀不升謂之大侵"이라고 인용한 대목과 연관하여 衍文이 된 것이다. 그러므로 ≪太平御覽≫ 〈時序部 20〉과 〈百穀部 1〉에서 ≪墨子≫를 인용한 곳에 모두 이 여덟 자가 없다. ≪墨子≫에 기록된 것이 본래 ≪春秋穀梁傳≫과 같지 않으니, 굳이 합치시켜서는 안 된다. 아래 글에 "饑則盡無祿"이라 하였는데, 畢沅이 ≪藝文類聚≫에 의거하여 '饑' 아래에 '大侵' 두 글자를 더하였으니, 또한 ≪太平御覽≫에는 없는 것이다.

案 : 王念孫의 說이 옳다. 승려 慧苑의 ≪華嚴經音義≫ 2에서 '饑'를 인용한 곳에 또한 '飢'로 되어 있고, 아래에 '五穀不孰謂之大侵' 여덟 자는 없다.

5-2-9 歲饉이면 則仕者大夫以下는 皆損祿五分之一하며 旱이면 則損五分之二하며 凶이면 則損五分之三하며 餽면 則損五分之四하며 饑면

그해가 '饉'이면 대부 이하 벼슬아치는 모두 그 녹봉의 5분의 1을 줄이며, '旱'이면 5분의 2를 줄이며, '凶'이면 5분의 3을 줄이며, '餽'면 5분의 4를 줄이며, '饑'면

畢據藝文類聚하여 增大侵二字하니 誤라 今不從하다

畢沅은 ≪藝文類聚≫에 의거하여 '大侵' 두 글자를 더하였으니, 잘못이다. 이제 따르지 않는다.

5-2-10 則盡無祿하고 稟食而已矣하니라

녹봉을 다 없애고 稟食만을 준다.

稟食은 謂有稍食[5)]而無祿也라 說文亩部에 云 稟은 賜穀也라하다 周禮司士鄭注에 云 食은 稍食也라하고 又宮正注에 云 稍食은 祿稟이라하다

'稟食'은 稍食만 있고 祿은 없는 것을 말한다. ≪說文解字≫ 〈亩部〉에 "'稟'은 곡식을 내려주는 것이다."라 하였다. ≪周禮≫ 〈司士〉 鄭玄의 注에 "'食'은 '稍食'이다."라 하였고, 또 ≪周禮≫ 〈宮正〉 注에 "'稍食'은 祿稟이다."라 하였다.

5-2-11 故로 凶饑存乎國이면 人君은 徹鼎食五分之(五)〔三〕[6)]하며

그러므로 '凶'이나 '饑'가 나라에 있으면 임금은 鼎食의 5분의 3을 줄이며,

曲禮鄭注에 云 徹은 去也라 五分之五는 義不可通하니 疑當作五分之三이라 玉藻에 云 諸侯는 日食特牲하며 朔月少牢[7)]라한대 此五鼎은 則少牢也라 以禮經攷之컨대 蓋羊一이요

---

5) 稍食 : 古代에 官府에서 月 단위로 주는 官俸을 말한다. ≪周禮≫ 〈天官 宮正〉에 "均其稍食(그 녹봉을 고르게 하였다.)"이라 하였는데, 鄭玄의 注에 "稍食祿稟(稍食은 祿稟이다.)"이라 하였으며, 賈公彦의 疏에 "稍則稍稍與之 則月俸是也(稍는 조금씩 주는 것이니, 月俸이 이것이다.)"라 하였다.

6) (五)〔三〕: 저본에는 '五'로 되어 있으나, 孫詒讓의 주에 의거하여 '三'으로 바로잡았다.

7) 少牢 : 옛날 祭禮에 쓰던 犧牲을 말한다. 牛와 羊과 豕를 다 갖춘 것을 '太牢'라 하고, 羊과 豕의 두 가지만 쓰는 것을 '少牢'라 한다. ≪禮記≫ 〈王制〉에 "天子社稷皆太牢 諸侯社稷皆少牢(천자는 사직에 지내는 제사에 모두 '태뢰'를 쓰고 제후는 사직에 지내는 제사에 모두 '소뢰'를 쓴다.)"라 하였으며, ≪大戴禮記≫ 〈曾子天圓〉에 "大夫之祭 牲羊 曰少牢(대부의 제사에는 양을 희생으

豕二요 倫膚[8]三이요 魚四요 腊(석)五이니 五者가 各一鼎이라 徹其三者는 去其牢肉이니 則唯食魚腊하고 不特殺也라 白虎通義諫諍篇에 云 禮에 曰 一穀不升하면 徹鶉鷃하며 二穀不升하면 徹鳧鴈하며 三穀不升하면 徹雉兎하며 四穀不升하면 損囿獸하며 五穀不升하면 不備三牲이라하니 白虎通은 蓋據天子而言이라 故로 云 三牲이라하다 大荒에 不特殺하니 則不止不備而已라

≪禮記≫ 〈曲禮〉 鄭玄의 注에 "'徹'은 뺀다는 뜻이다."라 하였다. '五分之五'는 뜻이 통하지 않으니, 아마도 마땅히 '五分之三'이 되어야 한다. ≪禮記≫ 〈玉藻〉에 "諸侯는 日食에 特牲을 쓰고, 朔月에 少牢를 쓴다."라 하였는데, 여기서의 '五鼎'은 곧 '少牢'이다. 禮經을 가지고 상고해보건대, 대개 羊이 1, 豕가 2, 倫膚가 3, 魚가 4, 腊이 5이니 다섯 가지가 각기 한 鼎이다. 그중에서 세 가지를 뺀다는 것은 그 牢肉을 뺀다는 것이니, 오직 魚(어류)와 腊(포)만 먹고 犧牲은 죽이지 않는 것이다. ≪白虎通義≫ 〈諫諍〉에 "≪禮記≫에 '한 가지 곡식을 거두지 못하면 鶉鷃(메추라기)을 빼고, 두 가지 곡식을 거두지 못하면 鳧鴈(오리와 기러기)을 빼고, 세 가지 곡식을 거두지 못하면 雉兎(꿩과 토끼)를 빼고, 네 가지 곡식을 거두지 못하면 囿獸(가둬놓고 기르는 가축)를 빼고, 다섯 가지 곡식을 거두지 못하면 三牲을 갖추지 않는다.'라 하였다."라 하였으니, ≪白虎通義≫에서는 대개 天子를 기준으로 하여 말하였으므로 '三牲'이라 한 것이다. 大荒에는 犧牲을 죽이지 않으니, 그렇다면 '三牲을 갖추지 않는다'는 정도에 그칠 뿐만은 아니다.

5-2-12 大夫는 徹縣하며

大夫는 樂器를 치우며,

周禮小胥에 云 卿大夫는 判縣이라한대 鄭注에 謂左右縣이라하다 曲禮에 云 大夫無故不徹縣이라한대 孔疏에 云 徹은 亦去也라하다

≪周禮≫ 〈小胥〉에 "卿大夫는 判縣을 한다."라 하였는데, 鄭玄의 注에 "〈判縣은〉 左右에 악기를 매다는 것이다."라 하였다. ≪禮記≫ 〈曲禮〉에는 "大夫無故不徹縣(大夫는 緣故 없

로 쓰고 이를 '소뢰'라 한다.)"라 하였다.

8) 倫膚 : 肉類의 좋은 부분을 가려내어 잘 손질한 것이다. '倫'은 '掄'과 통한다. ≪儀禮≫ 〈公食大夫禮〉에 "倫膚七"이라 하였는데, 鄭玄의 注에 "倫 理也(倫은 손질한다는 뜻이다.)"라 하였다.

이 縣을 치우지 않는다.)"이라 하였는데, 孔穎達의 疏에 "'徹'은 또한 제거한다는 뜻이다."라 하였다.

5-2-13 士는 不入學하니라

士는 〈자제들을〉 학교에 들이지 않는다.

周書糴匡篇에 云 成年에 餘子[9]務藝하며 年儉에 餘子務穡이라하니 是不入學也라

≪逸周書≫〈糴匡〉에 "풍년에 餘子는 작물을 가꾸는 데 힘쓰고, 흉년에 餘子는 곡식을 거두는 데 힘쓴다."라 하였으니, 이것이 학교에 들어가지 않는 것이다.

5-2-14 君朝之衣는 不革制하며

임금이 조회할 때 입는 옷은 새로 만들지 않으며,

君朝之衣는 天子는 皮弁服이요 諸侯는 則冠弁服也라 周禮司服에 云 眡(시)[10]朝則皮弁服이라한대 鄭注에 云 視朝는 視內外朝之事라 皮弁之服은 十五升白布衣하며 積素以爲裳이라하고 又凡甸冠弁服이라한대 注에 云 冠弁은 委貌[11]이니 其服은 緇布衣하고 亦積素以爲裳하여 諸侯以爲視朝之服이라하니 是也라 周書大匡篇에 云 大荒에 祭服은 漱(수)不制라한대 朝服은 輕於祭服하니 不制明矣라 蘇云 革은 改也라하다

임금이 조회할 때 입는 옷은, 天子는 皮弁服이고 諸侯는 冠弁服이다. ≪周禮≫〈司服〉에 "眡朝則皮弁服(조회를 볼 때는 皮弁服을 입는다.)"이라 하였는데, 鄭玄의 注에 "視朝는 內朝와 外朝의 일을 보는 것이다. 皮弁服이란 15升인 白布로 衣(윗옷)를 만들며, 흰 명주를 주름잡아 裳(치마)을 만든다."라 하였으며, 또 "凡甸冠弁服(무릇 甸에서는 冠弁服을 한다.)"이라 하였는데, 鄭玄의 注에 "冠弁은 委貌이니, 그 服은 緇布로 衣(윗옷)를 만들며, 이것

9) 餘子 : 服役하는 正卒 이외의 子弟를 말한다. 古代 軍制에 집집마다 한 사람이 正卒이 된다. 그 외 자제는 모두 '餘子'이다.

10) 眡(시) : '視'의 古字이다.

11) 委貌 : 옛 冠의 명칭이다. ≪周禮≫〈司服〉 鄭玄의 주에 "'委'는 '安(편안하다)'과 같다. 용모를 편안하게 한다는 말이다.〔委 猶安也 言所以安正容貌〕"라 하였다.

역시 흰 명주를 주름잡아 裳(치마)을 만들어, 諸侯가 조회를 보는 服으로 삼는다."라 하였으니, 이것이다. ≪逸周書≫ 〈大匡〉에 "大荒에는 祭服은 빨아서 다시 입고 새로 짓지는 않는다."라 하였는데, 朝服은 祭服보다는 가볍게 여기니, 다시 짓지 않는 것이 분명하다.

蘇時學 : '革'은 고친다는 뜻이다.

5-2-15 諸侯之客과 四隣之使는 雍食而不盛하며

제후들의 賓客과 사방 이웃 나라의 사신은 음식만을 대접하고 盛饌을 베풀어주지 않으며,

畢云 雍食은 疑一饔字라 說文에 云 饔은 孰食也라하다 王云 雍食은 當爲雍飧이라 周官外饔에 凡賓客之飧饔饗食(사)[12]之事라한대 鄭注에 曰 飧은 客始至之禮요 饔은 旣將幣之禮라하니 飧饔은 卽饔飧也라 饔雍은 古字通이라하다 案 王說이 是也라 糴匡篇에 云 年儉에 賓祭以中盛[13]하며 年饑에 則勤而不賓하며 大荒에 賓旅設位有賜라하니 與此略同하다

畢沅 : 雍食은 아마도 '饔' 한 글자인 듯하다. ≪說文解字≫에 "'饔'은 익힌 음식이다."라 하였다.

王念孫 : '雍食'은 마땅히 '雍飧'이 되어야 한다. ≪周禮≫ 〈外饔〉에 "凡賓客之飧饔饗食之事(무릇 빈객에 대한 飧饔과 饗食의 일)"라 하였는데, 鄭玄의 注에 "'飧'은 客이 처음 도착했을 때에 〈음식을 대접하는〉 禮이고, '饔'은 이미 幣帛을 바친 뒤에 〈음식을 대접하는〉 禮이다."라 하였으니, '飧饔'이 곧 '饔飧'이다. '饔'과 '雍'은 옛날에는 글자를 통용하였다.

案 : 王念孫의 說이 옳다. ≪逸周書≫ 〈糴匡〉에 "年儉에는 賓祭를 中盛으로써 하며, 年饑에는 삼가서 賓禮를 하지 않으며, 大荒에는 賓旅에게 자리를 베풀고 下賜만 있다."라 하였으니, 이와 대략 같다.

5-2-16 徹驂騑(참비)하며

12) 饗食(사) : 외국 사신에게 饗應을 베푸는 饗禮와 食禮의 병칭이다.

13) 中盛 : '盛'은 古代에 祭祀를 올릴 때, 容器에 穀物을 담은 것을 말한다. 보통 六穀으로 黍, 稷, 稻, 粱, 麥, 瓜를 쓴다. '中盛'은 이 중 稻와 粱을 쓰지 않는다. ≪逸周書≫ 〈糴匡〉에 "年儉穀不足 賓祭以中盛(흉년에는 곡식이 부족하여 賓祭에 中盛으로써 한다.)"이라고 하였다.

〈수레는 服馬만 두고〉 곁말을 없애며,

畢云 高誘注呂氏春秋에 云 在中曰服하며 在邊曰騑라하다

畢沅 : ≪呂氏春秋≫ 〈執一〉 高誘의 注에 "가운데 있는 말을 '服'이라 하며, 곁에 있는 말을 '騑'라 한다."라 하였다.

5-2-17 塗不芸하며

길은 修理하고 掃除하지 않으며,

穀梁襄二十四年傳에 云 大侵之禮는 廷道不除라한대 范甯注에 云 廷內道路를 不修除也라하다 畢云 塗는 俗寫从土라 本書非攻中에 云 涂道之脩遠이라하니 只作涂하다 芸은 耘이니 省(생)文이라하다

≪春秋穀梁傳≫ 24년 조에 "大侵을 당한 해의 禮는 朝廷의 길을 掃除하지 않는다."라 하였는데, 范甯의 注에 "朝廷 안의 道路를 수리하고 소제하지 않는다."라 하였다.

畢沅 : '塗'는 俗字로는 '土'를 부수로 하는데, 이 책 ≪墨子≫ 〈非攻 中〉에는 "涂道之脩遠(길이 멀다)"이라 하여 다만 '涂'로 되어 있다. '芸'은 '耘'이니, 글자의 자획을 생략한 것이다.

5-2-18 馬不食粟하며 婢妾不衣帛하니 此告不足之至也니라

말은 곡식을 먹이지 않으며, 첩과 시녀는 비단옷을 입지 않으니, 이는 식량이 매우 부족함을 알리는 뜻이다.

5-3-1 今有負其子而汲者가 隊(추)其子於井中하면

이제 자기 자식을 업고서 물을 긷는 자가 〈물을 긷다가〉 자기 자식을 우물 속에 빠뜨렸다면

畢云 此는 墜正字라 說文에 云 隊는 从高隊也라하다 井은 讀如阱이라하다 案 阱은 不當云汲이니 畢誤라

畢沅 : 이 '隊'는 '墜'의 正字이다. ≪說文解字≫ 〈𨸏部〉에 "隊는 높은 데서 떨어지는 것이다."라 하였다. '井'은 '阱(정)'과 같이 읽는다.

案 : '阱(함정)'이라면 '汲(물을 긷다)'이라 해서는 안 되니, 畢沅이 잘못 본 것이다.

5-3-2 **其母**는 **必從而道之**하리니

그 어미는 분명 따라 들어가 자식을 끌어낼 것이니,

蘇云 道는 **與導同**이니 **謂引也**라하다

蘇時學 : '道'는 '導'와 같으니, 이끈다는 말이다.

5-3-3 **今歲凶民饑道餓**인댄 **重其子此疚於隊**(추)리니

이제 그 해가 '凶'이고 백성들은 굶주리며 길거리에는 주려 죽은 자들이 있다면, 이 괴로움은 자기 자식을 우물에 빠뜨린 것보다 더 중할 것이니,

畢云 言重於其子라하다 **王引之云 重其子此疚於隊**는 **當作此疚重於隊其子**라 **疚**는 **病也**니 **言此病**이 **較之隊其子者**에 **爲尤重也**라 **今本**에 **顚倒**하여 **不成文義**라하다 **案 王說**이 **是也**라 **蘇說同**하다

畢沅 : 〈우물에 빠진〉 자식보다 중하다는 말이다.

王引之 : '重其子此疚於隊'는 마땅히 '此疚重於隊其子'가 되어야 한다. '疚'는 괴로움이다. 이 괴로움이 그 자식을 우물에 빠뜨린 것과 비교하여 더욱 중하다는 말이다. 今本에는 글자의 순서가 뒤바뀌어서 글의 뜻이 통하지 않는다.

案 : 王引之의 說이 옳다. 蘇時學의 說도 같다.

5-3-4 **其可無察邪**(야)아 **故**로 **時年歲善**이면

어찌 살피지 않을 수가 있겠는가. 그러므로 그 해가 풍년이면

畢云 說文에 **云 秊**[14]은 **穀孰也**라하다 **故**로 **曰 時年**이라하다 **案 年歲**는 **連讀**하니 **年**은 **卽歲**

14) 秊 : '年'의 本字이다.

也니 畢非라

畢沅 : ≪說文解字≫ 〈禾部〉에 "'秊'은 곡식이 여문다는 뜻이다."라 하였다. 그러므로 '時年'이라 한 것이다.

案 : '年'과 '歲'는 이어서 읽어야 하니, '年'은 곧 '歲'이다. 畢沅은 옳지 않다.

5-3-5 **則民仁且良**이요 **時年歲凶**이면 **則民吝且惡**이라 **夫民何常此之有**리오

백성들은 어질고 착하며, 그 해가 '凶'이면 백성들은 인색하고 악해진다. 백성들의 마음이 어찌 늘 일정할 수 있겠는가.

句하다

여기서 구두를 뗀다.

5-3-6 **爲者疾**하며 〔**食者寡**하면 **則歲無凶**이요 **爲者緩**하며〕[15] **食者衆**하면 **則歲無豐**이라

일하는 자는 빨리 하고 먹는 자는 적다면 凶年인 해가 없을 것이며, 일하는 자는 느리고 먹는 자는 많다면 豐年인 해가 없을 것이다.

兪云 疾은 當爲寡라 爲之者寡하며 食之者衆하면 則雖有豐年이라도 不足以供之라 故로 歲無豐也라 今作爲者疾하면 則不可通矣니 蓋後人據大學以改之[16]而不知其非也라하다 案 兪說은 未塙이라 此疑當作爲者疾하며 食者寡하면 則歲無凶이요 爲者緩하며 食者衆하면 則歲無豐이라 此上文咸以歲善與歲凶으로 對擧하니 是其證라 今本에 脫食者寡至爲者緩十字하여 文義遂舛牾不合矣라

兪樾 : '疾'은 마땅히 '寡'가 되어야 한다. 일을 하는 자는 적고 먹는 자는 많다면 비록 풍년이더라도 양식을 댈 수 없다. 그러므로 풍족한 해가 없는 것이다. 이제 '爲者疾(일하는 자가 빨리 하고)'이라고 한다면 뜻이 통하지 않는다. 아마도 後人이 ≪大學≫에 의거하

15) 食者寡……爲者緩 : 저본에는 없으나 孫詒讓의 주에 의거하여 보충하였다.

16) 據大學以改之 : ≪大學≫ 傳 10장에 "재물을 생산하는 데 큰 방법이 있으니, 생산하는 자가 많고 먹는 자가 적으며 하기를 빨리 하고 쓰기를 느리게 하면 재물이 항상 풍족할 것이다. 〔生財有大道 生之者衆 食之者寡 爲之者疾 用之者舒 則財恒足矣〕"라 하였다.

여 고친 듯하니, 그것이 잘못된 줄 모른 것이다.

案 : 兪樾의 說은 확실치 않다. 이는 아마도 마땅히 '爲者疾 食者寡 則歲無凶 爲者緩 食者衆 則歲無豐'으로 되어야 한다. 이 대목 위의 글이 모두 歲善과 歲凶을 상대하여 말하였으니, 이것이 그 증거이다. 今本에는 '食者寡'에서부터 '爲者緩'까지의 10자가 빠져 있어 글의 뜻이 마침내 어긋나 맞지 않는다.

5-3-7 **故**로 **曰 財不足**이면 **則反之時**하며 **食不足**이면 **則反之用**이라하니라 **故**로 **先民**은 **以時生財**하여

그러므로 "재물이 부족하면 때에 맞추어 일하였는지를 돌이켜보며 식량이 부족하면 씀씀이를 돌이켜본다."라 하는 것이다. 그러므로 옛날의 賢人들은 때에 맞추어 재물을 생산하여

禮記坊記鄭注에 **云 先民**은 **謂上古之君也**라하며 **書伊訓孔疏**에 **引賈逵國語注**에 **云 先民**은 **古賢人也**라하다

≪禮記≫ 〈坊記〉 鄭玄의 注에 "先民은 上古시대의 임금이다."라 하였으며, ≪書經≫ 〈商書 伊訓〉 孔穎達 疏에 賈逵의 ≪國語注≫를 인용한 곳에 "先民은 옛날의 賢人이다."라 하였다.

5-3-8 **固本而用財**하니 **則財足**이니라

근본을 견고히 하고 재물을 썼으니, 재물이 풍족하였던 것이다.

5-3-9 **故**로 **雖上世之聖王**이라도 **豈能使五穀常收**며 **而旱水不至哉**리오 **然而無凍餓之民者**는 **何也**오 **其力時急而自養儉也**일새니라 **故**로 **夏書**에 **曰 禹七年水**라하며 **殷書**에 **曰 湯五年旱**[17]이라하니

그러므로 비록 上古의 聖王이라 할지라도 어찌 五穀을 늘 다 거두며, 가뭄과 홍수가 이르지 않게 할 수 있겠는가. 그런데도 헐벗고 굶주린 백성들이 없었던 것은

17) 夏書曰……湯五年旱 : 현전하는 ≪尙書≫에는 이 내용이 없다.

어째서인가. 제때에 힘을 썼으며, 자신의 봉양은 검소하였기 때문이다. 그러므로 ≪尙書≫ 〈夏書〉에 "禹王 때에는 7년 동안 홍수가 있었다."라 하였으며, ≪尙書≫ 〈殷書(商書)〉에 "湯王 때에는 5년 동안 가뭄이 들었다."라 하였으니,

畢云 管子權數에 云 管子曰 湯七年旱하며 禹五年水라하니 與此文互異라 莊子秋水에 云 湯之時에 八年七旱이라하며 荀子王霸에 云 禹十年水하며 湯七年旱이라하며 賈誼新書憂民에 云 禹有十年之蓄이라 故로 免九年之水하며 湯有十年之積이라 故로 勝七年之旱이라하며 淮南子主術에 云 湯之時七年旱이라하니 又異라하다 詒讓案 呂氏春秋順民篇에 云 昔者에 湯克夏而正天下할새 天大旱하여 五年不收일새 湯乃以身禱於桑林이라하니 與此書所言正合이라 王充論衡感虛篇에 亦云 書傳에 言湯遭七年旱하고 或言五年하니 是古書本有二說也라

畢沅 : ≪管子≫ 〈權數〉에 "管子가 이르기를 '湯王 때에는 7년 동안 가뭄이 들었고, 禹王 때에는 5년 동안 홍수가 났다."라 하였으니, 이 글과 서로 다르다. ≪莊子≫ 〈秋水〉에 "湯王 때에 8년 동안 일곱 번 가뭄이 들었다."라 하였으며, ≪荀子≫ 〈王霸〉에 "禹王 때에는 10년 동안 홍수가 있었으며, 湯王 때에는 7년 동안 가뭄이 있었다."라 하였으며, 賈誼의 ≪新書≫ 〈憂民〉에 "禹王은 10년을 대비할 식량이 있었기 때문에 9년간의 홍수에 〈재난을〉 면하였으며, 湯王은 10년을 대비할 식량이 있었기 때문에 7년간의 가뭄을 극복하였다."라 하였으며, ≪淮南子≫ 〈主術〉에 "湯王 때 7년 동안 가뭄이 들었다."라 하였으니, 또 다르다.

詒讓案 : ≪呂氏春秋≫ 〈順民〉에 "옛날에 湯王이 夏나라를 이기고 天下의 首長이 되었을 때, 큰 가뭄이 들어서 5년 동안 곡식을 거두지 못하여, 湯王이 이에 桑林에서 몸소 기도하였다."라 하였으니, 이 책에서 말한 것과 그야말로 부합한다. 王充의 ≪論衡≫ 〈感虛〉에 또한 "≪尙書大傳≫에 湯王이 7년의 가뭄을 만났다고도 하고 5년의 가뭄을 만났다고도 하니, 이는 古書에 본래 두 가지 說이 있었던 것이다."라 하였다.

5-3-10 此其離凶餓甚矣라

이는 그 '凶'과 '餓'를 만난 것이 심했던 것이다.

畢云 離는 讀如羅[18]라하다 詒讓案 凶餓는 當作凶饑하니 卽(豕)〔冢〕上三穀四穀不收而

言이라 下云 不可以待凶饑하고 又云 民見凶饑則亡이 皆其證也라 此涉下凍餓而誤하다

畢沅 : '離'는 '羅'와 같이 읽는다.

詒讓案 : '凶餓'는 마땅히 '凶饑'로 되어야 하니, 위의 '三穀不收'・'四穀不收'라는 대목을 이어서 말한 것이다. 아래에서 '不可以待凶饑(凶이나 饑에 대비할 수 없다.)'라거나 또 '民見凶饑則亡(백성은 凶과 饑를 당하면 죽는다.)'이라 한 것이 모두 그 증거이다. 이는 아래 '凍餓'와 연결되면서 잘못된 것이다.

5-3-11 然而民不凍餓者는 何也오 其生財密하고 其用之節也일새니라

그런데도 백성들이 헐벗고 굶주리지 않은 것은 어째서인가. 재물을 생산한 것은 많고 재물을 쓰는 것은 절약하였기 때문이다.

5-4-1 故로 倉無備粟이면 不可以待凶饑하며

그러므로 창고에 비축해놓은 곡식이 없다면 凶이나 饑에 대비할 수 없으며,

倉은 舊本에 譌作食하다 兪云 食은 乃倉字之誤이니 倉無備粟은 與下句庫無備兵으로 文正相對하니 若作食字하면 失其旨矣라 下文에 云 食者國之寶也요 兵者國之爪也라한대 食字는 卽此文粟字이니 不得據彼而疑此文當作食也라하다 案 兪校是也라 今據正하다

'倉'은 舊本에 '食'으로 잘못되어 있다.

兪樾 : '食'은 곧 '倉'의 誤字이니, 이곳의 '倉無備粟'은 아래 구의 '庫無備兵'과 글이 정확히 서로 對가 되니, 만일 '食'으로 되어 있다면 그 本旨를 잃게 될 것이다. 아래 글에 "食者國之寶也 兵者國之爪也(식량은 나라의 보배요 병기는 나라의 발톱이다.)"라 하였는데, 이 '食'자는 곧 이 글의 '粟'자이니, 이에 의거하여서 이 대목의 '倉'자는 '食'이 되어야 마땅하다고 의심해서는 안 된다.

案 : 兪樾의 校勘이 옳다. 이제 〈그의 설에〉 의거하여 바로잡는다.

5-4-2 庫無備兵이면 雖有義라도 不能征無義하며 城郭不備全이면 不可以自守하며

---

18) 羅 : 여기서는 '罹(만나다, 당하다)'의 뜻이다.

心無備慮면 不可以應卒하니 是若慶忌無去〔備〕[19]之心이면 不能輕出하니라

무기고에 비축된 병기가 없다면 아무리 의로운 자라 하더라도 의롭지 못한 자를 정벌할 수 없으며, 성곽이 완전히 갖춰져 있지 않으면 스스로를 지킬 수 없으며, 마음에 미리 생각해둔 계책이 없으면 갑작스러운 일에 대응할 수 없으니, 이는 慶忌가 대비하는 마음을 없애지 않았다면 경솔하게 〈要離를〉 따라 나서 〈죽음에 이르지〉 않았을 것이라는 것과 같다.

要離[20]殺吳王子慶忌가 見呂氏春秋忠廉篇한대 高注에 云 慶忌者는 吳王僚之子也니 有力捷疾하여 而人皆畏之라 無能殺之者라하니 案 淮南子說山訓高注와 及吳越春秋闔閭內傳에 竝以慶忌爲王僚子라하고 惟淮南詮言訓許注에 以爲僚之弟子하니 未知孰是라 畢云 言慶忌雖勇이로대 猶輕出致死라 昔吳王이 患慶忌之在隣國하고 恐合諸侯來伐이이늘 要離詐以負罪出奔할새 戮妻子斷右手하고 如衛하여 求見慶忌하여 與東之吳할새 渡江中流順風而刺慶忌하니 事見吳越春秋闔閭內傳이라하다 蘇云 去下에 據上文當脫備字라하다

要離가 吳나라 王의 아들 慶忌를 살해한 것이 ≪呂氏春秋≫ 〈忠廉〉에 보이는데, 高誘의 注에 "慶忌는 吳王 僚의 아들이니, 힘이 세고 민첩하여 사람들이 모두 그를 두려워해서 그를 죽일 수 있는 자가 없었다."라 하였다.

案：≪淮南子≫ 〈說山訓〉 高誘의 注와 ≪吳越春秋≫ 〈闔閭內傳〉에 모두 慶忌를 吳王 僚의 아들이라고 하였고, 오직 ≪淮南子≫ 〈詮言訓〉 許愼의 注에만 僚의 弟子라 하였으니, 어느 것이 옳은지 모르겠다.

畢沅：慶忌가 비록 용맹하였지만 오히려 경솔하게 나섰다가 죽음에 이르렀다는 말이다. 옛날에 吳王이 慶忌가 이웃 나라에 있는 것을 늘 憂患으로 여겨, 慶忌가 諸侯들 규합하여 공격해올까 두려워하였는데, 要離가 죄를 지은 것처럼 가장하고 出奔하면서 妻子를 죽이고 자기 오른손을 끊고서 衛나라로 가서 慶忌를 만나보고자 하였다. 함께 동쪽으로

19) 〔備〕：저본에는 '備'가 없으나, 蘇時學의 주에 의거하여 보충하였다.

20) 要離：春秋시대 吳나라 刺客이다. 吳王 闔廬는 자객 專諸를 시켜 오왕 僚를 죽이고, 다시 요리를 시켜 衛나라로 망명 가 있는 오왕 요의 아들 慶忌를 죽이게 하였다. 요리는 죄인을 사칭하여 경기를 속여 살해하였다. 임무를 마치고 요리는 伏劍自殺하였다고 전한다. ≪史記≫ 〈刺客列傳〉에 자세하다.

吳나라로 가면서 江을 건너다가 강 한복판에 이르러 순풍이 불 때 慶忌를 죽였으니, 그 일이 ≪吳越春秋≫ 〈闔閭內傳〉에 보인다.

蘇時學 : '去' 아래에, 윗글에 의거하면 분명 '備'자가 빠져 있다.

5-4-3 **夫桀**은 **無待湯之備**라 **故**로 **放**하며 **紂**는 **無待武之備**라 **故**로 **殺**하니라

桀王은 湯王을 막을 대비가 없었으므로 쫓겨났으며, 紂王은 武王을 막을 대비가 없었으므로 살해되었다.

王引之云 禦敵을 **謂之待**하다 **魯語**에 **帥大讎**하여 **以憚小國**이면 **其誰云待之**라하며 **楚語**에 **其獨何力以待之**라한대 **韋注**에 **竝云 待**는 **禦也**라하다

王引之 : 敵을 막는 것을 '待'라 한다. ≪國語≫ 〈魯語〉에 "帥大讎 以憚小國 其誰云待之(큰 원한을 따라서 작은 나라와 환난을 맺으면 그 누가 그것을 막겠습니까.)"라 하였으며, ≪國語≫ 〈楚語〉에 "其獨何力以待之(홀로 무슨 힘으로 그것을 막아내랴.)"라 하였는데, 韋昭의 注에 모두 "'待'는 막는다는 뜻이다."라 하였다.

5-4-4 **桀紂**는 **貴爲天子**하며 **富有天下**나 **然而皆滅亡於百里之君者**는 **何也**오

桀王과 紂王은 존귀하기로는 天子가 되었으며 부유하기로는 天下를 소유하였다. 그러나 모두 사방 백 리 되는 나라의 임금에 의해 멸망하였던 것은 어째서인가.

孟子公孫丑篇에 **云 湯以七十里**하며 **文王以百里**라하다

≪孟子≫ 〈公孫丑〉에 "湯王은 70리로써 하였으며, 文王은 백 리로써 하였다."라 하였다.

5-4-5 **有富貴而不爲備也**라 **故**로 **備者**는 **國之重也**니 **食者**는 **國之寶也**요 **兵者**는 **國之爪也**요 **城者**는 **所以自守也**니

富와 貴를 가지고서도 대비하지 않았기 때문이다. 그러므로 대비란 나라의 중대한 일이다. 식량은 나라의 보배이며 병기는 나라의 발톱이며 성곽은 자신을 지키는 수단이니,

畢云 寶爪守는 爲韻이라하다

畢沅 : '寶'와 '爪'와 '守'는 韻이다.

5-4-6 此三者는 國之具也니라

이 세 가지는 나라가 반드시 갖추어야 할 것들이다.

5-4-7 故로 曰 以其極賞을

그러므로 지나친 포상을

周書命訓篇에 云 極賞하면 則民賈其上하며 賈其上하면 則民無讓하며 無讓이면 則不順이라하다

≪逸周書≫ 〈命訓〉에 "賞을 지나치게 내리면 백성은 윗사람에게 흥정을 하며, 윗사람에게 흥정을 하면 백성들에게 사양하는 마음이 없으며, 사양하는 마음이 없으면 순종하지 않는다."라 하였다.

5-4-8 以賜無功하며 虛其府庫하여 以備車馬衣裘奇怪하며 苦其役徒하여 以治宮室觀樂이라가 死又厚爲棺椁하고

공로가 없는 자에게 내리며, 府庫를 다 비워 수레와 말과 갖옷과 奇物을 갖추며, 자기가 부리는 사람들을 수고롭게 하여 궁실을 치장하고 보며 즐기다가, 죽어서도 후하게 棺槨을 만들고

畢云 舊作槨하니 俗寫라하다

畢沅 : 舊本에는 〈'椁'이〉 '槨'으로 되어 있으니, 俗字로 이렇게 쓴다.

5-4-9 多爲衣裘라 生時治臺榭라가

좋은 옷과 갖옷을 많이 갖춘다. 살아 있을 때에는 누대와 정자를 치장하다가

畢云 當爲謝라 荀子王霸에 云 臺謝甚高라한대 楊倞曰 謝는 榭同이라하다 陸德明左氏音義에 云 榭는 本亦作謝라하니 知古無榭字라하다

畢沅 : '榭'는 마땅히 '謝'가 되어야 한다. ≪荀子≫ 〈王霸〉에 "臺謝甚高(누대가 매우 높다.)"라 하였는데, 楊倞이 이르기를 "謝는 榭와 같다."라 하였다. 陸德明의 ≪經典釋文≫ 〈左氏音義〉에 "'榭'는 본래 또한 '謝'로 되어 있다."라 하였으니, 옛날에는 '榭'자가 없었음을 알 수 있다.

5-4-10 死又脩墳墓라 故로 民苦於外하며 府庫單於內하고

죽어서는 또 무덤을 크게 짓는다. 그러므로 백성들은 밖에서 고달프고 府庫는 안에서 바닥나며,

畢云 史記에 云 王之威亦單矣라한대 集解에 云 徐廣曰 單은 亦作殫(탄)이라하며 索隱에 云 按 單은 音丹이니 單은 盡也라하다

畢沅 : ≪史記≫ 〈春申君列傳〉에 "王之威亦單矣(왕의 위엄 역시 바닥난다.)"라 하였는데, ≪史記集解≫에 "徐廣이 이르기를 '單은 또한 殫(다하다)으로 되어 있다.'라 하였다."라 하였으며, ≪史記索隱≫에 "살펴보건대 '單'은 音이 '丹(단)'이니, '單'은 다한다는 뜻이다."라 하였다.

5-4-11 上不厭其樂하며 下不堪其苦라 故로 國離寇敵하면 則傷하며

윗사람들은 쾌락에 물리지도 않고 아랫사람은 괴로움을 감당하지 못한다. 그러므로 나라는 外敵의 침입을 당하면 상해를 입으며

畢云 離讀如羅라하다

畢沅 : '離'는 '羅'와 같이 읽어야 한다.

5-4-12 民見凶饑하면 則亡하나니 此皆備不具之罪也일새니라 且夫食者는 聖人之所寶也라 故로 周書에 曰 國無三年之食者면 國非其國也요 家無三年之食者면 子非

其子也라하니 **此之謂國備**니라

백성들은 '凶'과 '饑'를 당하면 죽고 마니, 이는 모두 대비를 제대로 갖추지 못한 죄이다. 더구나 식량은 聖人이 보배로 여긴 것이다. 그러므로 ≪周書≫에 "나라에 3년 치 식량이 없다면 나라는 〈더 이상〉 자기 나라가 아니며, 집안에 3년 치 식량이 없다면 자식은 〈더 이상〉 자기 자식이 아니다."라 하였으니, 이를 일길어 '國備'라고 한다.

畢云 周書에 **云 夏箴**에 **曰 小人**은 **無兼年之食**이면 **遇天饑**에 **妻子非其有也**며 **大夫**는 **無兼年之食**이면 **遇天饑**에 **臣妾輿馬非其有也**며 **國**은 **無兼年之食**이면 **遇天饑**에 **百姓非其有也**라하니 **墨蓋夏敎**라 **故**로 **義略同**이라하다 **案 畢據周書文傳篇文**하고 **此文亦本夏箴**이로대 **而與文傳小異**라 **攷穀梁莊二十八年傳**에 **云 國無三年之畜 曰國非其國也**라하니 **與此文略同**하다 **疑先秦所傳夏箴文**이 **本如是也**라 **又御覽五百八十八**에 **引胡廣百官箴敍**에 **云 墨子著書**에 **稱夏箴之辭**라하니 **蓋卽指此**라 **若然**이면 **此書當亦稱夏箴**하여 **與周書同**이로대 **而今本脫之**라

畢沅 : ≪逸周書≫에 "〈夏箴〉에 '小人은 2년 치 식량이 없으면 饑年을 만났을 때 妻子가 그의 것이 아니게 되며, 大夫는 2년 치 식량이 없으면, 饑年을 만났을 때 臣妾과 車馬가 그의 것이 아니게 되며, 나라는 2년 치 식량이 없으면 饑年을 만났을 때 百姓이 그의 것이 아니게 된다."라 하였으니, 墨學은 대개 夏나라의 가르침이므로 뜻이 대략 같다.

案 : 畢沅은 ≪逸周書≫ 〈文傳〉의 글에 의거하였으나, 이 글 또한 〈夏箴〉에 근본하고 있으면서도 〈文傳〉과는 조금 다르다. 상고해보건대 ≪春秋穀梁傳≫ 莊公 28년 조에 "國無三年之畜 曰國非其國也(나라에 3년 동안 사용할 비축이 없으면 '나라는 그의 나라가 아니다.'라고 한다.)"라 하였으니, 이 글과 대락 같다. 아마도 先秦시대에 傳해진 〈夏箴〉의 글이 본래 이와 같은 듯하다. 또 ≪太平御覽≫ 588에서 胡廣의 ≪百官箴敍≫를 인용한 곳에 "墨子가 책을 저술할 때 〈夏箴〉의 말을 일컬었다."라 하였으니, 아마도 곧 이를 가리킨 듯하다. 그렇다면 이 글은 마땅히 또한 ≪逸周書≫에서와 같이 〈夏箴〉이라 일컬어야 할 터인데, 今本에는 이것이 빠져 있다.

辭過 第六　제6편 허물을 물리침

'辭過'는 허물을 물리치는 것에 대해 논하는 장이다. 집을 짓는 법식, 옷을 짓는 법식, 음식을 만드는 법식, 배와 수레를 만드는 법식, 媵妾과 私人을 두는 법식 등 크게 다섯 가지를 들어 설명한다. 이 다섯 가지는 제작하고 사용하는데 節度가 있어 지나친 허례허식을 사양하며 검약하고 절제해야 한다고 주장한다.

畢云 辭受之字는 **从受**[1]하니 **經典假借用此**라 **過**는 **謂宮室衣服飮食舟車蓄私**의 **五者之過也**라하다 **詒讓案 此篇**은 **與節用篇**으로 **文意略同**이어늘 **群書治要**에 **引幷入七患篇**하니 **此疑後人妄分**이요 **非古本也**라

畢沅 : '辭受(사양함과 받음)'라고 할 때의 '辭'자는 '受'가 부수(辤)이니, 經典에서 假借하여 이 글자를 쓴다. '過'는 宮室·衣服·飮食·舟車·蓄私(여러 첩을 둠)의 다섯 가지 허물이다.

詒讓案 : 이 편은 ≪墨子≫ 〈節用〉과 글 뜻이 대략 같은데, ≪群書治要≫에 인용하면서 모두 ≪墨子≫ 〈七患〉에 넣었으니, 이는 아마도 後人이 잘못 나눈 것이지 古本은 아닌 듯하다.

6-1-1 子墨子曰 古之民이

子墨子께서 말씀하셨다.
"옛날의 백성들이

畢云 太平御覽에 **引作上古之民**이라하다

---

1) 辭受之字 从受 : '辭'는 ≪說文解字≫ 〈辛部〉에 "訟也 从𤔔 𤔔猶理辜也(시비곡절을 다툰다는 뜻이다. '𤔔'이 부수이니, '𤔔'은 죄를 다스린다는 말과 같다.)"라 하였고, '辤(사)'는 ≪說文解字≫ 〈辛部〉에 "不受也 从辛从受 受辛宜辤之(받지 않는다는 뜻이다. '辛'이 부수이거나 '受'가 부수이니, 고통을 받으면 마땅히 사양한다.)"라 하였다. 이 편에서 '辭過'할 때의 '辭'자는 '辤(받지 아니하다)'자를 가차하여 썼다는 말이다.

畢沅 : 〈'古之民'은〉 ≪太平御覽≫에서 이 대목을 인용한 곳에 '上古之民'으로 되어 있다.

6-1-2 未知爲宮室[2)]時엔

아직 집을 지을 줄 모르던 때에는

畢云 舊脫室字러니 據太平御覽增이라하다 詒讓案 趙蕤(유)長短經[3)]適變篇에 引亦有室字라 禮運에 云 昔者先王未有宮室에 冬則居營窟이요 夏則居橧巢라하다

畢沅 : 舊本에 '室'자가 빠져 있는데, ≪太平御覽≫에 의거하여 덧붙여 넣는다.

詒讓案 : 趙蕤의 ≪長短經≫ 〈適變〉에서 이 대목을 인용한 곳에 또한 '室'자가 있다. ≪禮記≫ 〈禮運〉에 "옛날 선왕께서 아직 궁실이 없었을 때, 겨울에는 굴에서 살았고 여름에는 다락집에서 살았다."라 하였다.

6-1-3 就陵阜而居어나 穴而處러니

구릉에 나아가 살거나 동굴에 들어가 살았는데,

穴上에 疑脫一字라

〈'穴而處'의〉 '穴'자 위에 아마도 한 글자가 빠진 듯하다.

6-1-4 下潤濕傷民이라 故로 聖王이 作하여 爲宮室하니라

땅이 낮은 곳은 습기가 차 백성들을 병들게 하였다. 그러므로 성왕이 일어나 집을 지었다.

畢云 工은 太平御覽에 引作人이라하다

---

2) 宮室 : ≪爾雅≫ 〈釋宮〉에 "상고에는 귀천 없이 모두 집을 '宮'이라 불렀는데, 秦漢 이래로 왕의 것만을 '宮'이라 일컬었다."라고 보인다.

3) 長短經 : 唐代 趙蕤의 저서이다. ≪反經≫이라고도 한다. 儒家, 道家, 兵家, 法家, 陰陽家, 農家 等 諸家의 思想을 융합하여, 政治와 外交, 軍事와 用人 等을 논하였다. 趙蕤는 傑出한 道家이자 縱橫家로, 李白과 더불어 '趙蕤는 術數, 李白은 文章'이라 하여 唐代의 '蜀中二傑'로 병칭되었다.

畢沅 : 〈'聖王'의〉 '王'은 ≪太平御覽≫에서 이 대목을 인용한 곳에 '人'으로 되어 있다.

6-1-5 **爲宮室之法**은

집을 짓는 법식은

畢云 太平御覽에 **引作制**라하다

畢沅 : 〈'法'은〉 ≪太平御覽≫에서 이 대목을 인용한 곳에 '制'로 되어 있다.

6-1-6 **曰 室高**는 **足以**辟(피)**潤濕**하며

'집터의 높이는 습기를 피할 정도면 되고,

謂堂基之高라 **舊本脫室字**러니 **今據群書治要補**라 辟는 **治要長短經**에 **竝作避**라 **濕字**는 **治要無**라 **畢云** 辟는 **避字**이니 **假音**이라하다

〈室高는〉 '집터의 높이'라는 뜻이다. 舊本에는 '室'자가 빠져 있는데, 이제 ≪群書治要≫에 의거해서 채워 넣는다. '辟'는 ≪群書治要≫와 ≪長短經≫에 모두 '避'로 되어 있다. '濕'자는 ≪群書治要≫에는 없다.

畢沅 : '辟'는 '避(피하다)'자이니, 假音字이다.

6-1-7 **邊**은 **足以**圉**風寒**하며

벽은 바람과 추위를 막을 정도면 되고,

畢云 邊은 **太平御覽**에 **引作中**하니 **非**라 圉는 **李善注左思賦**에 **引作御**하며 **太平御覽**에 **引作禦**라 **玉篇**에 **云** 圉는 **禁也**라하다

畢沅 : '邊'은 ≪太平御覽≫에서 이 대목을 인용한 곳에 '中'으로 되어 있으니, 옳지 않다. '圉'는 ≪文選≫ 〈左思賦〉 李善의 注에서 이 대목을 인용한 곳에 '御'로 되어 있으며, ≪太平御覽≫에서 이 대목을 인용한 곳에 '禦'로 되어 있다. ≪玉篇≫에 "'圉'는 막는다는 뜻이다."라 하였다.

6-1-8 上은 足以待雪霜雨露하며

지붕은 눈과 서리, 비와 이슬을 막을 정도면 되고,

王引之云 待는 禦也라 節用篇에 待는 作圉하니 圉는 即禦字也라하다

王引之 : '待'는 막는다는 뜻이다. ≪墨子≫ 〈節用〉에 '待'는 '圉'로 되어 있으니, '圉'는 곧 '禦'자이다.

6-1-9 宮牆之高는

담의 높이는

禮記儒行의 鄭注에 云 宮은 謂牆垣也라하다 畢云 太平御覽에 引作牆高二字라하다

≪禮記≫ 〈儒行〉 鄭玄의 注에 "'宮'은 담을 말한다."라 하였다.

畢沅 : ≪太平御覽≫에서 이 대목을 인용한 곳에 〈'宮牆之高' 네 글자는〉 '牆高' 두 글자로 되어 있다.

6-1-10 足以別男女之禮라하다 謹此則止하니

남녀의 禮를 구별할 정도면 된다.'라 하였다. 겨우 이 정도에 그쳤으니,

畢云 謹은 廑字이니 假音이라하다

畢沅 : '謹'은 '廑(겨우)'자이니, 假音字이다.

6-1-11 凡費財勞力하되 不加利者는 不爲也시니라

무릇 財物를 소비하고 民力를 수고롭게 하되 더 이로울 게 없는 것들은 하지 않았다.

舊本脫凡字러니 今據治要補라 畢云 此下에 舊接是故聖王作爲宮室云云하니 今移라하다

舊本에 '凡'자가 빠져 있는데, 이제 ≪群書治要≫에 의거하여 채워 넣는다.

畢沅 : 이 대목 아래에 舊本에는 '是故聖王作爲宮室……'이 이어져 있는데, 이제 〈'民所

苦者 非此也 苦於厚作歛於百姓' 대목(6-1-15) 아래로〉 옮긴다.

6-1-12 役으로

〈국가가 制定한〉 負役으로

畢云 當云以其常役이니 **上脫三字**라하다

畢沅 : 마땅히 '以其常役(그 국가의 부역으로)'이라고 해야 하니, 〈'役'자〉 위에 〈'以其常'〉 세 글자가 빠져 있다.

6-1-13 脩其城郭하면 則民勞而不傷하며 以其常正으로

성곽을 수축하면 백성들이 수고스럽더라도 〈이들의 생업을〉 해치게 되지는 않으며, 〈국가가 제정한〉 세금으로

蘇云 正은 **同征**이라하다

蘇時學 : '正'은 '征(세금)'과 같다.

6-1-14 收其租稅하면 則民費而不病하니

조세를 거두면 백성들이 재물을 축내어 〈세금을 내더라도〉 고통으로 여기지는 않으니,

道藏本에 **則民**은 **作民則**이라

道藏本에 '則民'은 '民則'으로 되어 있다.

6-1-15 民所苦者는 非此也요 苦於厚作歛[4]於百姓이니라

백성들이 고통으로 여기는 것은 이런 것들이 아니라 백성들에게 세금을 많이 거두는 것에 대해 고통스러워하는 것이다.

---

4) 厚作歛 : '歛'은 '斂'의 俗字이다. '作'은 '籍'이고, '斂'은 '收', '厚'는 '重'과 통용된다.

舊本에 此三十九字[5] 在作誨婦人治之下러니 盧文弨校하여 云 當在此라하니 畢據移正이라 王云 作斂은 與籍斂同이라 籍은 古讀若昨이라 節用上篇에 其籍斂厚라하다

舊本에는 이 서른아홉 자가 〈이 편 하단(6-2-5, 6)의〉 '作誨婦人治' 아래에 있는데, 盧文弨가 校勘하면서 "마땅히 여기에 있어야 한다."라 하였으니, 畢沅이 이에 의거하여 옮겨 바로잡았다.

王念孫 : '作斂'은 '籍斂(세금을 거두다)'과 같으니, 籍은 옛날에 독음이 '昨(작)'과 같다. ≪墨子≫ 〈節用 上〉에 "其籍斂厚(세금을 거두는 것이 많다.)"라 하였다.

6-1-16 是故로 聖王이 作하여 爲宮室은 便於生이요

이런 까닭에 성왕이 일어나 집을 지은 것은 살기에 편하도록 한 것이지

治要에 作使上二字하니 誤라 畢云 太平御覽에 引作以便生이라하다

〈'便於生'은〉 ≪群書治要≫에 '使上' 두 글자로 되어 있으니, 잘못이다.

畢沅 : 〈'便於生'은〉 ≪太平御覽≫에서 이 대목을 인용한 곳에 '以便生'으로 되어 있다.

6-1-17 不以爲觀樂也며 作爲衣服帶履는 便於身이요

보고 즐길 거리로 삼은 것이 아니며, 의복과 허리띠와 신발을 만든 것은 몸에 편하도록 한 것이지

治要에 作使身하니 誤라

〈'便於身'은〉 ≪群書治要≫에 '使身'으로 되어 있으니, 잘못이다.

6-1-18 不以爲辟怪也라

진기한 볼거리로 삼은 것이 아니다.

---

5) 三十九字 : "脩其城郭 則民勞而不傷 以其常正 收其租稅 則民費而不病 民所苦者 非此也 苦於厚作斂於百姓"의 39자를 말한다.

畢云 辟은 僻字니 假音이라하다

畢沅 : '辟'은 '僻(치우치다)'자이니, 假音字이다.

6-1-19 故로 節於身하여 誨於民이라 是以로 天下之民이 可得而治하며

그러므로 자신을 절제하여 백성을 가르쳤다. 이런 까닭에 천하의 백성들이 잘 다스려졌으며,

長短經에 作故天下之人하고 無可得而治四字라

≪長短經≫에는 〈'是以天下之民'이〉 '故天下之人'으로 되어 있고, '可得而治' 네 자가 없다.

6-1-20 財用可得而足이니라

財用이 넉넉해졌다.

長短經에 有也字라

≪長短經≫에는 〈'可得而足' 뒤에〉 '也'자가 있다.

6-1-21 當今之主가

지금의 임금이

長短經에 作王이라

〈'主'는〉 ≪長短經≫에 '王'으로 되어 있다.

6-1-22 其爲宮室은 則與此異矣니 必厚作斂於百姓하여

집을 짓는 것은 이 〈聖人의 法式과〉 다르니, 반드시 백성들에게 세금을 많이 거두어

治要長短經에 竝無作字라

≪群書治要≫와 ≪長短經≫에는 모두 '作'자가 없다.

6-1-23 暴奪民衣食之財하여 以爲宮室의 臺榭曲直之望과 靑黃刻鏤之飾이라

백성들의 衣食에 드는 財物을 마구 빼앗아 집을 지음에, 경치를 조망할 굽고 곧은 형태의 누대와 울긋불긋 채색을 하거나 조각을 한 장식들을 만든다.

畢云 已上六句[6]는 太平御覽節이라하다

畢沅 : 이상의 여섯 句는 ≪太平御覽≫에는 빠져 있다.

6-1-24 爲宮室이 若此라 故로 左右皆法象之라

집을 짓는 것이 이와 같았다. 그러므로 左右의 사람들이 그것을 본받았다.

長短經에 法下에 有而字라

≪長短經≫에는 '法' 아래에 '而'자가 있다.

6-1-25 是以로 其財가 不足以待凶饑振孤寡라

이런 까닭에 그 財物이 흉년의 饑饉을 대비하고 고아와 과부를 賑恤하기에 부족하였다.

振은 舊本에 作賑하니 俗字라 今據治要正이라

'振'은 舊本에 '賑'으로 되어 있는데, 俗字이다. 이제 ≪群書治要≫에 의거하여 바로잡는다.

6-1-26 故로 國貧而民難治也니라

그러므로 나라는 가난해지고 백성들은 다스리기 어려웠다.

---

6) 已上六句 : '是以天下之民可得而治 財用可得而足 當今之主其爲宮室則與此異矣 必厚作斂於百姓 暴奪民衣食之財 以爲宮室臺榭曲直之望靑黃刻鏤之飾'을 가리킨다.

長短經에 治作理하니 蓋避唐諱改[7]라

≪長短經≫에는 '治'가 '理'로 되어 있으니, 아마도 唐나라 때의 諱字를 피하여 고친 듯하다.

6-1-27 **君實欲天下之治而惡(오)其亂也**인댄

임금이 진실로 천하가 잘 다스려지기를 바라고 천하가 어지러워지는 것을 싫어한다면

實은 治要에 作誠이라

'實'은 ≪群書治要≫에 '誠'으로 되어 있다.

6-1-28 **當爲宮室**을 **不可不節**이니라

집을 짓기를 節制하지 않아서는 안 된다.

王引之云 當猶則也라하다

王引之 : '當'은 '則(~한다면)'과 같다.

6-2-1 **古之民**이 **未知爲衣服時**에 **衣皮帶茭(교)**러니

옛날의 백성들이 아직 옷을 지어 입을 줄 모르던 시절에 가죽을 걸치고 풀을 꼬아 띠를 만들어 허리에 둘렀는데,

畢云 衣皮는 藝文類聚에 引作衣皮毛하니 非라 說文에 云 茭는 乾芻라하다 王云 乾芻는 非可帶之物이니 畢說은 非也라 說文에 筊는 竹索(삭)也라 其草索(삭)은 則謂之茭라 尙賢篇에 曰 傅說(열)被褐帶索(삭)이라하니 謂草索也라 此言帶茭는 猶彼言帶索矣라하다 詒讓案 禮運에 說上古하여 云 未有麻絲에 衣其羽皮라하니 帶茭는 疑卽喪服之絞[8]帶니 傳云

7) 避唐諱改 : 唐 高宗(재위 649~683)의 이름이 '治'이다.

8) 絞 : 底本 旁注에 "'絞'는 원래 '茭'로 잘못되어 있었는데, ≪儀禮≫ 〈喪服〉에 의거하여 고쳤

絞帶者는 繩帶也라하다

畢沅 : '衣皮'는 ≪藝文類聚≫에 이 대목을 인용하면서 '衣皮毛'로 썼으니, 옳지 않다. ≪說文解字≫에 "'茭'는 '乾芻(마른 꼴)'이다."라 하였다.

王念孫 : 乾芻는 띠를 만들 수 있는 물건이 아니니, 畢沅의 설은 옳지 않다. ≪說文解字≫에 "'筊'는 '竹索(대나무를 꼬아 만든 줄)'이다."라 하였다. 풀을 꼬아 만든 것은 '茭'라 하니, ≪墨子≫ 〈尙賢〉에 "傅說被褐帶索(傅說이 갈옷을 걸치고 새끼를 띠로 삼아 허리에 둘렀다.)"이라 하였으니, 〈여기서의 '索'은〉 '草索(풀을 꼬아 만든 줄)'을 말한다. 이 편에서 '帶茭'라고 말한 것은 〈尙賢〉에서 말하는 '帶索'과 같다.

詒讓案 : ≪禮記≫ 〈禮運〉에서 상고시대를 말하면서 "삼이나 명주가 없었을 때에는 깃털과 가죽을 옷으로 걸쳤다."라 하였으니, '帶茭'는 아마도 곧 ≪儀禮≫ 〈喪服〉의 '絞帶'니, 鄭玄의 傳에 "'絞帶'는 '繩帶'이다."라 하였다.

6-2-2 冬則不輕而(溫)〔煗〕[9)]하며

겨울에는 가볍고 따뜻하지 않았으며,

長短經에 作煗이라 案 下文에 輕煗이 常見하니 似是라

〈'溫'은〉 ≪長短經≫에 '煗'으로 되어 있다.

案 : 아래 글에 '輕'과 '煗'이 자주 보이니, 옳은 듯하다.

6-2-3 夏則不輕而凊(청)이라

여름에는 가볍고 시원하지 않았다.

曲禮에 冬溫而夏凊이라한대 釋文에 云 凊은 七性反이라 字從冫하니 秋冷也라 本或作水旁은 非也라 說文仌部에 云凊은 寒也라하다

≪禮記≫ 〈曲禮〉에 '冬溫而夏凊(겨울에는 따뜻하게 해드리고 여름에는 시원하게 해드린다.)'이라 하였는데, ≪經典釋文≫에 "'凊'은 '七'과 '性'의 반절이다. 이 글자는 '冫'이 부수이다."라 하였다.

9) (溫)〔煗〕 : 저본에는 '溫'으로 되어 있으나, 孫詒讓의 주에 의거하여 '煗'으로 바로잡았다.

니, 가을의 서늘한 기운이다. 다른 판본에는 '冫'가 부수로 되어 있으니, 옳지 않다. ≪說文解字≫ 〈仌部〉에 '凊은 차다는 뜻이다.'라 하였다."라 하였다.

6-2-4 聖王이 以爲不中人之情이라

성왕이 사람의 實情에 맞지 않다고 여겼다.

情은 治要에 作溫凊二字하니 誤라

情은 ≪群書治要≫에 '溫凊' 두 글자로 되어 있으니, 잘못이다.

6-2-5 故로 作하여 誨婦人

그러므로 〈성인이〉 일어나 아녀자들에게

長短經에 作上에 有聖人二字하니 與下文同이라 但上已云聖王인댄 則此不當重復이니 恐不足據라

≪長短經≫에 '作' 위에 '聖人' 두 자가 있으니, 아래 글과 같다. 다만 위에 이미 '聖王'이라고 하였다면 여기에서 마땅히 중복해서 써서는 안 되니, 아무래도 근거로 삼기에 부족한 듯하다.

6-2-6 治絲麻와

생사와 삼을 손질하는 일과

畢云 治下에 舊有役脩其城郭云云四十八字[10]러니 今移前이라하다

畢沅 : '治' 아래에 舊本에는 '役脩其城郭……'의 48자가 있는데, 이제 앞쪽으로 옮겼다.

6-2-7 梱布絹하여

베와 비단을 짜는 일을 가르쳐서

10) 舊有役脩其城郭云云四十八字 : 6-1-12의 '役'에서 6-1-16의 '爲宮室'까지 48자를 말한다.

畢云 梱字는 當爲稛이니 說文에 云 絭束也라하다 詒讓案 非樂上에 作細布縿하며 非命下에 作捆布縿하니 此梱은 或當爲捆이니 亦稛之叚字라 絹은 當爲綃이니 綃는 與繰로 通이라 故로 彼二篇에 又誤縿하니 詳非樂篇이라

畢沅 : '梱'자는 마땅히 '稛'이 되어야 하니, ≪說文解字≫에 "〈稛은〉 묶는다는 뜻이다."라 하였다.

詒讓案 : ≪墨子≫ 〈非樂 上〉에 "細布縿"으로 되어 있고, ≪墨子≫ 〈非命 下〉에 "捆布縿"으로 되어 있는데, 여기서 '梱'은 마땅히 '捆'이 되어야 하니, 또한 '稛'의 假借字이다. '絹(명주)'은 마땅히 '綃(생사)'가 되어야 하니, '綃'는 '繰(통견)'와 통한다. 그러므로 저 두 편에 '縿'이라고 또 잘못 썼으니, ≪墨子≫ 〈非樂〉에 자세히 보인다.

6-2-8 以爲民衣하니라 爲衣服之法은 冬則練帛之中은

백성들의 옷을 짓게 하였다. 의복을 짓는 법식은 '겨울에는 누임질한 비단옷을 안에 껴입는 것은

說文糸部에 云 練은 湅繒[11]也라하고 繒은 帛也라하다 畢云 中은 讀去聲이라하다 案 畢說은 非也라 中卽中衣이니 凡上服은 以內之衣를 通稱中衣라 深衣鄭目錄[12]에 云 大夫以上은 祭服은 中衣用素라하니 練帛卽素也라 詩唐風揚之水의 孔穎達疏에 云 中衣者는 朝服[13]祭服之裏衣也니 其制如深衣라하다 儀禮聘禮賈疏에 云 凡服은 四時不同이라 假令冬有裘하니 襯身有禪衫[14]하고 又有襦袴하며 襦袴之上에 有裘하며 裘上에 有裼衣하며 裼衣之上에 有上服하니 皮弁祭服之等이라 若夏는 以絺綌하니 絺綌之上엔 則有中衣하며 中衣之上에 加以上服也라하내 案 裼衣를 亦通謂之中衣피 冬엔 或服裘하고 或服袍襺차니

11) 湅繒 : 무명이나 모시는 누임질을 한다. 누임질이란 잿물을 내려 그 물에 무명이나 모시를 삶고, 이를 꺼내 방망이질을 하여 때가 빠지고 하얗게 될 때까지 본빨래를 한 다음, 깨끗이 헹구어 햇볕에 널어 말리는 것을 말한다.

12) 目錄 : 鄭玄의 저작에 ≪三禮目錄≫이 있다.

13) 朝服 : 底本 旁注에 "'服'자는 원래 빠져 있는데, ≪詩經≫ 〈唐風 揚之水〉 孔穎達 疏에 의거하여 채워 넣는다."라 하였다.

14) 禪衫 : 상체에 입는 홑옷이다. 單衫 혹은 적삼이라 한다.

皆有中衣라 **中**은 **經典亦作衷**이니 **說文衣部**에 **云 衷**은 **裏褻衣**라하고 **穀梁宣九年傳**에 **云 或衣其衣**하고 **或衷其襦**[15)]라한대 **范注**에 **云 衷者**는 **襦在裏也**라하다 **是**는 **對文**이니 **衷爲裏衣**하니 **散文則通言衣**라 **故**로 **節用中篇**에 **云 冬服紺緅之衣**는 **足以爲輕且暖**이라하다

≪說文解字≫ 〈糸部〉에 "'練'은 '繒'을 누임질한다는 뜻이다."라 하였으며, "繒은 비단이다."라 하였다.

畢沅 : '中'은 去聲(맞다, 맞추다)으로 읽는다.

案 : 畢沅의 說은 옳지 않다. '中'은 곧 '中衣'이니, 무릇 '上服(여러 옷을 차려 입고 겉에 입는 옷)'의 안에 입는 옷을 통칭하여 '中衣'라 한다. ≪禮記≫ 〈深衣〉 鄭玄의 ≪三禮目錄≫에 "大夫 이상은, 祭服은 中衣에 素(흰색 천)를 쓴다."라 하였는데, 본문에서 말하는 '練帛'이 바로 '素'이다. ≪詩經≫ 〈唐風 揚之水〉 孔穎達 疏에 "中衣는 朝服과 祭服의 속에 입는 옷이니, 그 제도가 深衣와 같다."고 하였다. ≪儀禮≫ 〈聘禮〉 賈公彦의 疏에 "무릇 복식은 四時에 입는 것이 같지 않다. 가령 겨울에 갖옷을 입으니, 襯身(속옷)으로는 襌衫(홑옷 적삼)이 있고 또 襦袴(홑바지)가 있으며, 襦袴의 위에 갖옷이 있으며, 갖옷의 위에 裼衣가 있으며, 裼衣의 위에 上服이 있으니, 皮弁과 祭服 등이다. 여름엔 絺綌을 입으니, 絺綌의 위에는 中衣가 있으며, 중의의 위에는 上服을 덧입는다."라 하였다.

案 : 裼衣를 또한 통칭하여 中衣라고도 한다. 겨울에는 갖옷을 입거나 袍襺(솜옷)을 입는데, 모두 안에 입는 中衣가 있다. '中'은 經典에 또한 '衷'으로 되어 있으니, ≪說文解字≫ 〈衣部〉에 "'衷'은 안에 입는 속옷이다."라 하였으며, ≪春秋穀梁傳≫ 宣公 9년 조에 "或衣其衣 或衷其襦(그의 윗옷을 겉에 걸치기도 하고, 그의 속옷을 안에 입기도 하였다.)"라 하

---

15) 或衣其衣 或衷其襦 : ≪春秋穀梁傳≫ 宣公 9년 조에 "陳나라가 그 대부 泄冶를 죽였다. 國名으로 칭하면서 '그 대부를 죽였다'고 하는 것은, 죄가 없는데 죽였기 때문이다. 설야에게 죄가 없다니, 어찌 된 일인가? 陳 靈公이 夏徵舒 모친인 夏姬와 정을 통하였는데, 公孫寧과 儀行父도 그녀와 정을 통했다. 이들은 하희의 윗옷을 겉에 걸치기도 하고, 하희의 속옷을 안에 입기도 하면서, 〈임금과 신하가〉 서로 조정에서 희학질을 하였다. 설야가 이를 듣고 조정에 들어가 諫言하기를 '나라 안 사람들에게 소문이 퍼지는 것은 그나마 괜찮습니다만, 어진 사람에게 이러한 이야기가 들어가게 해서는 안 됩니다.'라 하였다. 영공이 설야의 말을 듣고 慙愧하게 여겼으나 그 말을 듣지 않고 〈의행보와 공손영을 시켜〉 설야를 죽였다.〔陳殺其大夫 泄冶 稱國以殺其大夫 殺無罪也 泄冶之無罪如何 陳靈公通於夏徵舒之家 公孫寧儀行父亦通其家 或衣其衣 或衷其襦 以相戲於朝 泄冶聞之 入諫曰 使國人聞之則猶可 使仁人聞之則不可 君愧於泄冶 不能用其言 而殺之〕"라고 보인다.

였는데, 范寧의 注에 "'衷'은 안에 입는 襦衣이다."라 하였다. '或衣其衣 或衷其襦'는 對文이니, '衷'은 속옷이다. 일반적인 글에서는 윗옷을 통틀어 '衣'라 한다. 그러므로 ≪墨子≫ 〈節用 中〉에 "冬服紺緅之衣 足以爲輕且暖(겨울에는 감색과 검붉은 색으로 된 '衣'를 입는 것은 〈이 정도면〉 족히 가볍고 따뜻하다고 여겼기 때문이다.)"이라 한 것이다.

6-2-9 足以爲輕且煖하며

〈이 정도면〉 족히 가볍고 따뜻하다고 여겨서이고,

畢云 文選注에 引作煗(난)이라하다 詒讓案 後文에 煗字兩見이라 說文火部에 煖과 煗은 竝訓溫也라 長短經에 仍作煖이라

畢沅 : ≪文選注≫에서 이 대목을 인용한 곳에 〈'煖'이〉 '煗'으로 되어 있다.

詒讓案 : 뒤에 나오는 글에 '煗'자가 두 군데 보인다. ≪說文解字≫ 〈火部〉에 '煖'과 '煗'은 모두 따뜻하다는 뜻으로 풀이하였다. ≪長短經≫에는 그대로 '煖'으로 되어 있다.

6-2-10 夏則絺綌(치격)之中은

여름에 홑 속옷을 안에 껴입는 것은

說文糸部에 云 絺는 細葛也라하고 綌은 粗葛也라하다 禮家[16]說以絺綌上에 加中衣라한대 此卽以絺綌으로 爲中衣하니 則內衣를 通得謂之中也라

≪說文解字≫ 〈糸部〉에 "'絺'는 가는 갈포이다."라 하였고, "'綌'은 거친 갈포이다."라 하였다. 禮家는 "絺綌 위에 中衣를 덧입는다."라고 하였는데, 여기서는 絺綌을 中衣라고 하였으니, 안에 입는 옷을 통틀어 中이라고 할 수 있다.

6-2-11 足以爲輕且凊이라하니

〈이 정도면〉 족히 가볍고 시원하다고 여겨서이다.'라 하였으니,

---

16) 禮家 : ≪儀禮≫를 주석한 賈公彦을 가리킨다. 唐나라 洺州 永年 사람. 禮學에 조예가 깊어 孔穎達과 ≪禮記正義≫ 편찬에 참여하였다. 저서에 ≪禮記疏≫, ≪孝經疏≫, ≪論語疏≫ 등이 있다.

舊本에 脫煖至且十二字러니 畢本據北堂書鈔하여 增煖夏則絺綌輕且七字라 王云 夏則絺綌輕且凊은 本作夏則絺綌之中足以爲輕且凊하니 與冬則練帛之中足以爲輕且煖으로 對文이라 北堂書鈔衣冠部三에 引作冬則練帛輕且煖夏則絺綌輕且凊하니 省(생)文也라 若下二句內에 獨少之中足以爲五字면 則與上二句로 不對矣라 群書治要所引에 上下皆有此五字하니 當據補라하다 案 王校 是也라 長短經에 引云 夏則絺紘足以爲輕凊하니 亦有足以爲三字라

舊本에 '煖'부터 '且'까지 〈'煖夏則絺綌之中足以爲輕且'의〉 열두 자가 빠져 있는데, 畢本에서는 ≪北堂書鈔≫에 의거하여 '煖夏則絺綌輕且' 일곱 자만을 더 채워 넣었다.

王念孫 : '夏則絺綌輕且凊'은 본래 '夏則絺綌之中 足以爲輕且凊'으로 되어 있을 터이니, 이 대목은 '冬則練帛之中 足以爲輕且煖'과 對句이다. ≪北堂書鈔≫ 〈衣冠部 3〉에 이 대목을 인용하면서 '冬則練帛輕且煖 夏則絺綌輕且凊'으로 썼으니, 글자를 생략한 것이다. 만약 아래 두 구(夏則絺綌之中 足以爲輕且凊)에서 오직 '之中足以爲' 다섯 자를 없애면 위의 두 구(冬則練帛之中 足以爲輕且煖)와 對句가 되지 않는다. ≪群書治要≫에 인용된 곳에는 윗 구와 아래 구 모두 이 다섯 자(之中足以爲)가 있으니, 마땅히 이에 의거하여 채워 넣어야 한다.

案 : 王念孫의 校勘이 옳다. ≪長短經≫에서 이 대목을 인용한 곳에 '夏則絺紘 足以爲輕凊'이라 하였으니, 역시 '足以爲' 세 자가 있다.

6-2-12 **謹此則止**니라 **故**로 **聖人之爲衣服**은

겨우 이 정도에 그쳤다. 그러므로 聖人이 의복을 지은 것은

舊本에 脫之字러니 今據治要補라

舊本에 '之'가 빠져 있는데, 이제 ≪群書治要≫에 의거하여 채워 넣는다.

6-2-13 **適身體**하고 **和肌膚**면

몸에 잘 맞고 살갗에 편안하면

畢云 北堂書鈔에 引云 以適身體以和肌膚라하다

畢沅 : ≪北堂書鈔≫에서 이 대목을 인용한 곳에 '以適身體 以和肌膚'라 하였다.

6-2-14 而足矣요 非榮耳目而觀愚民也라

되었지, 〈자신의〉 耳目을 기쁘게 하거나 愚民에게 보이려고 해서가 아니었다.

長短經에 非下에 有以字라

≪長短經≫에 '非' 아래에 '以'자가 있다.

6-2-15 當是之時하여 堅車良馬를 不知貴也하며 刻鏤文采를 不知喜也니 何則고 其所道[17]之然일새니라 故로 民衣食之財가 家足以待旱水凶饑者는 何也오 得其所以自養之情하여 而不(感)〔惑〕[18]於外也일새니라

이때에는 견고한 수레와 좋은 말을 귀하게 여길 줄을 몰랐으며, 조각을 하거나 문양을 채색하는 것을 좋아할 줄도 몰랐으니, 어째서인가. 그 〈백성을〉 인도한 것이 그러했기 때문이다. 그러므로 백성들이 입고 먹는 데 드는 재물이 집집마다 가뭄과 홍수와 흉년과 기근에 대비할 정도가 되었으니, 어째서인가. 생계를 꾸려가는 실정을 알아서 外物에 미혹되지 않았기 때문이다.

感은 治要同이라 案 當爲惑之誤라 也字는 治要無라

〈'不感於外也'의〉 '感'은 ≪群書治要≫에 똑같이 '感'으로 되어 있다. 살펴보건대 '惑'자의 誤字일 것이다. '也'자는 ≪群書治要≫에 없다.

6-2-16 是以로 其民은 儉而易(이)治하며

이런 까닭에 그 백성은 儉約하여 다스리기 쉬웠으며,

長短經에 引儉上有用字라

---

17) 道 : 여기서는 '導(인도하다)'의 뜻이다.

18) (感)〔惑〕 : 저본에는 '感'으로 되어 있으나, 孫詒讓의 주에 의거하여 '惑'으로 바로잡았다.

≪長短經≫에서 이 대목을 인용한 곳에는 '儉' 위에 '用'자가 있다.

6-2-17 其君은 用財節而易(이)贍也니라

그 임금은 재물을 쓰는 것이 節度가 있어 넉넉해지기 쉬웠다.

畢云 呂氏春秋適音에 云 不充則不詹이라한대 高誘曰 詹은 足也라 詹讀如澹然無爲之澹라하다 文選注에 云 許君注淮南子에 云 澹은 足也라한대 古無从貝字니 此俗寫라하다

畢沅 : ≪呂氏春秋≫ 〈適音〉에 '不充則不詹(채우지 않으면 넉넉하지 않다.)'이라 하였는데, 高誘의 注에 "詹은 넉넉하다는 뜻이다. 詹은 독음이 '澹然無爲(담담하게 작위함이 없다.)'의 澹(담)과 같다."라 하였다. ≪文選注≫에 "≪淮南子≫ 許愼의 注에 '澹은 넉넉하다는 뜻이다.'라 하였다."라 하였는데, 옛날에는 '貝'자를 부수로 하는 글자인 〈'贍'자가〉 없었으니, 이는 세상 사람들이 〈轉寫하면서 '贍'자로〉 쓴 것이다.

6-2-18 府庫實滿하여 足以待不然하며

府庫는 가득 채워져 있어 非常한 변고에 대비할 수 있었으며,

不然은 謂非常之變也라 漢書司馬相如傳에 發巴蜀之士호대 各五百人以奉幣하여 衛使者不然이라한대 顏注에 引張揖[19]하여 云 不然之變也라하다 治要에 作不極하고 蘇云 不然은 疑當作不時라하니 竝誤라

不然은 非常한 변고를 말한다. ≪漢書≫ 〈司馬相如傳〉에 "發巴蜀之士 各五百人以奉幣衛使者不然(巴蜀의 士를 출동시켜 각 5백 명이 폐백을 들고 가서 非常한 變故에 使者를 보위하게 하였다.)"이라 하였는데, 顏師古의 注에 張揖의 ≪廣雅≫를 인용하면서 '不然之變也(예사롭지 않은 변고이다.)'라 하였다. ≪群書治要≫에는 〈'不然'이〉 '不極'으로 되어 있으며, 蘇時學은 "'不然'은 마땅히 '不時'가 되어야 할 듯하다."라 하였으니, 모두 잘못이다.

19) 引張揖 : 魏나라 太和(227~232) 연간에 張揖이 ≪爾雅≫에는 없는 경전의 註釋을 보충하고 또 새로 생겨난 의미를 첨가하여 ≪廣雅≫ 10권을 완성하였다. 여기서는 顏師古가 ≪廣雅≫의 내용을 인용하였다는 말이다.

6-2-19 **兵革不頓**하며

병기와 갑옷이 망가지지 않았으며,

襄四年左傳에 **甲兵不頓**이라한대 **杜注**에 **云 頓**은 **壞也**라

≪春秋左氏傳≫ 襄公 4년 조에 "甲兵不頓(갑옷과 병기가 망가지지 않는다.)"이라 하였는데, 杜預의 注에 "頓은 망가진다는 뜻이다."라 하였다.

6-2-20 **士民不勞**라도 **足以征不服**이라 **故**로 **霸王之業**이 **可行於天下矣**니라

士民이 수고하지 않아도 복종하지 않는 나라를 정벌할 수 있었다. 그러므로 霸王의 대업이 천하에 행해질 수 있었던 것이다.

6-2-21 **當今之主**

지금의 임금이

舊本에 **作爲王**이니 **長短經同**이라 **今據治要正**하니 **與上下文合**이라

舊本에 '王'으로 되어 있으니, ≪長短經≫도 같다. 이제 ≪群書治要≫에 의거하여 바로잡으니, 위아래의 글과 합치된다.

6-2-22 **其爲衣服**은 **則與此異矣**라 **冬則輕煗**하고

의복을 만드는 것은 이 〈聖人의 法式과〉 다르다. 겨울에는 가볍고 따뜻한 옷을 짓고

治要에 **作煖**하니 **下同**이라

≪群書治要≫에 '煖'으로 되어 있으니, 아래도 같다.

6-2-23 **夏則輕凊**이 **皆已具矣**어늘 **必厚作斂於百姓**하여

여름에는 가볍고 시원한 옷을 만드는 것이 모두 이미 갖추어져 있는데도 굳이

백성들에게 세금을 많이 거두어

長短經에 無作字라

≪長短經≫에 '作'자가 없다.

6-2-24 暴奪民衣食之財하여 以爲錦繡文采靡曼之衣하며

백성들이 입고 먹는 데 드는 재물을 마구 빼앗아 문양의 수를 놓은 아름답고 가벼운 옷들을 만들며,

舊本에 倒作衣之라 兪云 衣之는 當作之衣니 此十字는 一句讀라하다 詒讓案 長短經에 正作以爲文彩靡曼之衣하니 今據乙이라 小爾雅廣言에 云 靡는 細也라하다 漢書韓信傳에 靡衣媮(투)食이라한대 顔注에 云 靡는 輕麗也라하다 文選七發의 李注에 云 曼은 輕細也라하다

舊本에 〈'之衣'의〉 글자 위치가 바뀌어 '衣之'로 되어 있다.

兪樾 : '衣之'는 마땅히 '之衣'로 되어야 하니, 이 열 글자는 하나의 句로 읽어야 한다.

詒讓案 : ≪長短經≫에는 바르게 "以爲文彩靡曼之衣"로 썼으니, 이제 이에 의거하여 글자 위치를 바꿨다. ≪小爾雅≫ 〈廣言〉에 "'靡'는 섬세하다는 뜻이다."라 하였다. ≪漢書≫ 〈韓信傳〉에 '靡衣媮食(가볍고 고운 옷을 입고 구차하게 먹음)'이라 하였는데, 顔師古의 注에 "'靡'는 가볍고 곱다는 뜻이다."라 하였다. ≪文選≫ 〈七發〉 李善의 注에 "'曼'은 가볍고 섬세하다는 뜻이다."라 하였다.

6-2-25 鑄金以爲鉤하며 珠玉以爲(珮)〔佩〕[20]라

금을 녹여 허리띠의 장식고리를 만들며, 珠玉으로 佩物을 만든다.

大戴禮記保傅篇에 云 玉佩上有蔥衡하며 下有雙璜하며 衝牙蚍珠로 以納其間하며 琚瑀以雜之라 珮는 治要에 作佩하니 長短經同이라 畢云 當爲佩니 古無此字라하다

≪大戴禮記≫ 〈保傅〉에 "玉佩 위에 蔥衡이 있으며, 아래에 한 쌍의 璜이 있으며, 衝牙

20) (珮)〔佩〕 : 저본에는 '珮'로 되어 있으나, 畢沅의 주에 의거하여 '佩'로 바로잡았다.

와 玭珠로 그 사이에 끼워놓으며, 琚와 瑀를 그 사이에 섞는다."라 하였다. '珮'는 ≪群書治要≫에 '佩'로 되어 있으니, ≪長短經≫도 같다.

畢沅 : 〈'珮'는〉 마땅히 '佩'가 되어야 하니, 옛날에는 이 글자가 없었다.

6-2-26 女工作文采하며 男工作刻鏤하여 以爲身服하니

女工은 문양을 만들고 채색하는 일을 하며, 男工은 장신구에 조각하는 일을 하여 군주의 몸에 착용하는 복식을 만든다.

治要에 作以身服之하다

〈'以爲身服'은〉 ≪群書治要≫에 '以身服之(자신이 착용한다.)'로 되어 있다.

6-2-27 此는 非云益煗之情也요

이는 몸을 더 따뜻하게 하는 실질적인 것들이 아니요

兪云 情은 猶實也니 煗之情은 猶言煗之實이라 云益者는 有益也라 廣雅釋詁에 曰 云은 有也라하니 此非云益煗之情은 猶曰 此非有益煖之實이라 上文에 曰 冬則輕煗이요 夏則輕凊이라하고 而此獨言煗者는 衣固以煗爲主耳라하다

兪樾 : 情은 실제라는 뜻이니, '煗之情'은 '煗之實'이라고 말하는 것과 같다. '云益'은 보탬이 있다는 뜻이다. ≪廣雅≫ 〈釋詁〉에 "'云'은 있다는 뜻이다."라 하였으니, '此非云益煗之情'은 '此非有益煖之實'이라고 말하는 것과 같다. 윗글에서 '겨울에는 가볍고 따뜻하며, 여름에는 가볍고 시원하다.'라 하였는데, 여기에서는 유독 '煗(따뜻함)'만을 말한 것은 衣服이 본디 따뜻함을 위주로 하기 때문이다.

6-2-27 單財勞力하되

재물을 다 쓰고 백성의 힘을 수고롭게 하되

單은 亦盡也니 詳上篇이라

單은 또한 다한다는 뜻이니, 上篇(5-4-10)에 자세히 보인다.

6-2-28 **畢歸之於無用也**라

죄다 쓸데없는 것이 되고 만다.

舊本脫이러니 **今據治要增**[21)]이라

舊本에는 〈'也'자가〉 빠져 있는데, 이제 ≪群書治要≫에 의거하여 더 채워 넣는다.

6-2-29 **以此觀之**컨대

이로써 살펴보건대

以는 **長短經**에 **作由**라

'以'는 ≪長短經≫에 '由'로 되어 있다.

6-2-30 **其爲衣服**은 **非爲身體**요 **皆爲觀好**라

〈지금의 임금이〉 그 의복을 짓는 것은 자기 몸을 위해서가 아니라, 모두 보기 좋게 하기 위해서이다.

長短經에 **下有也字**라

≪長短經≫에는 〈'皆爲觀好'의〉 아래에 '也'자가 있다.

6-2-31 **是以**로 **其民**은 **淫僻而難治**하며 **其君**은 **奢侈而難諫也**라

이런 까닭에 그 백성들은 淫僻하여 다스리기 어렵고 그 임금은 사치스러워 諫言하기 어렵다.

6-2-32 **夫以奢侈之君**으로 **御好淫僻之民**하니

저 사치스러운 임금이 淫僻하기 좋아하는 백성을 다스리니,

---

21) 舊本脫 : 畢沅의 판본에는 "單財勞力 畢觀之於無用"으로 되어 있다. '觀'은 '歸'의 誤字인 듯하다.

治要長短經에 竝無好字라

≪群書治要≫와 ≪長短經≫에 모두 '好'자가 없다.

6-2-33 欲國無亂인들 不可得也라 君實欲天下之治而惡(오)其亂인댄

나라에 혼란이 없기를 바란들 될 수가 없다. 임금이 진실로 천하가 잘 다스려지기를 바라고 천하가 어지러워지는 것을 싫어한다면

實은 治要에 作誠이라

'實'은 ≪群書治要≫에 '誠'으로 되어 있다.

6-2-34 當爲衣服을 不可不節이니라

의복을 만드는 것을 節制하지 않아서는 안 된다.

6-3-1 古之民이 未知爲飮食時엔

옛날의 백성들이 아직 음식을 만들 줄 모르던 때에는

治要에 無時字라

≪群書治要≫에 '時'자가 없다.

6-3-2 素食而分處라

풀과 나무의 열매를 먹으며 여기저기 흩어져 살았다.

素食은 謂食草木이라 管子(七臣七主)〔禁藏〕[22]篇에 云 果蓏素食當十石이라하니 素는 疏之叚字라 淮南子主術訓에 云 夏取果蓏하며 秋畜疏食이라 疏는 俗作蔬이니 月令에 取蔬

22) (七臣七主)〔禁藏〕: 底本에는 '七臣七主'로 되어 있으나, ≪管子≫에 의거하여 '禁藏'으로 바로잡았다.

食의 鄭注에 云 草木之實이 爲蔬食이라하고 禮運에 說上古하여 云 未有火化에 食草木之實이라하니 卽此素食也라

素食은 풀과 나무의 〈열매를〉 먹는 것이다. ≪管子≫ 〈禁藏〉에 '果蓏素食當十石(果蓏와 素食은 10석에 해당한다.)'이라 하였는데, '素'는 '疏'의 假借字이다. ≪淮南子≫ 〈主術訓〉에 "여름에는 果蓏를 따고, 가을에는 疏食을 모은다."라 하였다. '疏'는 세상 사람들이 '蔬(풀의 열매)'라고 쓰니, ≪禮記≫ 〈月令〉에서 "取蔬食"이라고 한 대목의 鄭玄 注에 "초목의 과실이 蔬食이다."라 하였고, ≪禮記≫ 〈禮運〉에서 上古시대에 대해 말하면서 "불로 음식을 익혀 먹기 전에는 초목의 과실을 먹었다."라 하였으니, 바로 '素食'을 두고 말한 것이다.

6-3-3 故로 聖人이 作하여 誨男耕稼樹藝하여

그러므로 聖人이 일어나 남자들에게 밭 갈고 가꾸며 심고 씨 뿌리는 일을 가르쳐서

畢云 古只作埶라 說文에 云 埶는 種也라 从坴이니 丮(극)[23]은 持而種之라하다

畢沅 : 〈'藝'가〉 옛날에는 다만 '埶'로 되어 있다. ≪說文解字≫에 "'埶'는 씨 뿌린다는 뜻이다. '坴'이 부수이니, '丮'은 씨를 손에 쥐고 뿌리는 것을 형상한 것이다."라 하였다.

6-3-4 以爲民食이라 其爲食也는 足以增氣充虛하며 彊體適腹而已矣라

백성들의 식량을 마련하게 하였다. 그 음식들은 기운을 북돋우고 빈속을 채워주며 몸을 튼튼하게 하고 배가 고프지 않을 정도면 되었다.

呂氏春秋重己篇에 云 昔先聖王之爲飮食酏(이)醴也는 足以適味充虛而已矣라

≪呂氏春秋≫ 〈重己〉에 "옛날 聖王이 만든 음식과 술과 음료들은 맛이 괜찮고 빈속을 채울 정도면 되었다."라 하였다.

6-3-5 故로 其用財節하며 其自養儉하여 民富國治러니

23) 丮(극) : '埶'는 '䕭'로도 쓰며, 오른쪽의 '丮(극)'이 '丮'이다.

그러므로 그 재물을 쓰는 것이 節度가 있었으며, 자신이 먹고 살아가는 것이 검약하여서 백성들은 부유하고 나라는 잘 다스려졌는데,

治要에 故字 在民富上이라

≪群書治要≫에는 '故'자가 '民富' 위에 있다.

6-3-6 今則不然하여 厚作斂於百姓하여

지금은 그렇지 않아서 백성에게 세금을 많이 거두어

治要에 無作字라

≪群書治要≫에는 '作'자가 없다.

6-3-7 以爲美食芻豢[24)]蒸炙魚鼈이라

좋은 음식과 고기 요리, 찌고 구운 요리와 魚鼈 요리를 만든다.

蒸은 與烝通이라 毛詩小雅瓠葉傳에 云 炕火曰 炙이라하고 禮記禮運鄭注에 云 炙은 貫之火上이라하다 治要에 無魚鼈二字라 畢云 太平御覽에 引此炙作庖하며 鼈作鱉이라하다

蒸은 '烝(찌다)'과 뜻이 通한다. ≪毛詩≫ 〈小雅 瓠葉〉 毛傳에 "불에 굽는 것을 '炙'이라 한다."라 하였고, ≪禮記≫ 〈禮運〉 鄭玄의 注에 "'炙'은 꿰어서 불 위에 굽는 것이다."라 하였다. ≪群書治要≫에는 '魚鼈' 두 자가 없다.

畢沅 : ≪太平御覽≫에서 이 대목을 인용한 곳에 '炙'은 '庖'로, '鼈'은 '鱉'로 되어 있다.

6-3-8 大國累百器하며 小國累十器하여 前方丈하니

大國은 수백 그릇을 늘어놓고 小國은 수십 그릇을 늘어놓아 사방 한 길이나 되는 〈상에 가득 차려〉 앞에 놓으니,

---

24) 芻豢 : '芻'는 꼴을 먹이는 가축으로 소나 양 등이고, '豢'은 우리에 가둬놓고 곡물을 먹이는 가축으로 개나 돼지 등이다.

畢本에 作美食方丈하다 云 舊作前方丈三字하니 今據文選注兩引하여 改美食方丈하다 太平御覽에 作前則方丈이라하다 案 畢據文選七命과 及應璩[25]與從弟君苗君胄書注所引하여 校也라 王云 美食二字는 與上文相複[26]하니 畢改는 非也라 群書治要에 引作前方丈하니 則魏徵所見本은 正與今本同이라 文選注에 引作美食方丈者는 此以上文之美食과 與下文之方丈을 連引하여 而節去芻豢以下十七字니 乃是約擧其詞라 不得據彼以改此也라 太平御覽治道部八에 引作前則方丈하니 句法이 較爲完足이라 詒讓案 孟子盡心篇에 云 食前方丈[27]이라한대 趙岐의 注에 云 極五味之饌食하여 列於前方一丈이라하다

畢沅의 판본에는 〈'前方丈'이〉 '美食方丈'으로 되어 있다.

畢沅 : 舊本에는 '前方丈' 세 자로 되어 있는데, 이제 ≪文選注≫의 두 곳의 인용문에 의거하여 '美食方丈'으로 고쳤다. ≪太平御覽≫에는 '前則方丈'으로 되어 있다.

案 : 畢沅은 ≪文選≫에 있는 張協의 〈七命〉과 應璩의 〈與從弟君苗君胄書〉 注에 인용한 것에 의거하여 校勘하였다.

王念孫 : '美食' 두 자는 윗글과 서로 겹치니, 畢沅이 고친 것은 옳지 않다. ≪群書治要≫에 이 대목을 인용하면서 '前方丈'으로 썼으니, 魏徵이 보았던 本이 바로 今本과 같다. ≪文選注≫에 이 대목을 인용하면서 '美食方丈'으로 쓴 것은 이 구절 바로 윗글인 〈'以爲美食芻豢蒸炙魚鼈' 대목의〉 '美食'과 그 아래 구절의 〈'大國累百器 小國累十器 前方丈' 대목의〉 '方丈'을 연이어 인용하면서 '芻豢' 이하의 열일곱 자를 추려내었으니, 이는 그 말의 표현을 축약한 것이므로 저 〈≪文選注≫에 인용한 것을〉 근거로 이 편의 글자를 고쳐서는 안 된다. ≪太平御覽≫ 〈治道部 8〉에 이 대목을 인용하면서 '前則方丈'으로 썼으니, 句法이 비교적 완전한 편이다.

---

25) 應璩 : 192~252. 삼국시대 魏나라 汝南 사람으로 字는 休璉이다. 書記에 뛰어났다. 百一詩 혹은 新詩라는 연작시를 지어 32수의 단편이 전한다. ≪文選≫에 1수가 실려 있다. 저서에 ≪應休璉集≫이 있다.

26) 與上文相複 : 바로 윗 구절인 "以爲美食芻豢蒸炙魚鼈"의 '美食'을 가리킨다.

27) 食前方丈 : ≪孟子≫ 〈盡心 下〉에 "집의 높이가 수 길이나 되는 것과 서까래 머리가 몇 자나 되는 것을 나는 뜻을 이루더라도 하지 않을 것이며, 한 길이나 되는 밥상에 음식을 가득 차리는 것과 수백 명의 侍妾을 거느리는 일을 나는 뜻을 이루더라도 하지 않을 것이다.〔堂高數仞 榱題數尺 我得志 弗爲也 食前方丈 侍妾數百人 我得志 弗爲也〕"라고 보인다.

詒讓案：≪孟子≫〈盡心〉에 '食前方丈'이라 하였는데, 이에 대한 趙岐의 注에 "五味의 음식을 다 만들어 앞의 사방 한 길이나 되는 상에다 벌여놓는다.〔極五味之饌食 列於前方一丈〕"라 하였다.

6-3-9 目不能偏視하며 手不能偏操하며 口不能偏味하고 冬則凍冰하며 夏則飾饐(의)하니라

눈으로 다 보지도 못하며 손으로 다 잡지도 못하며 입으로 다 맛보지도 못하고, 〈음식이〉 겨울에는 얼며 여름에는 쉰다.

畢云 飾은 若覆食之冪[28])이 是也라 饐는 說文에 云 飯傷濕也라하다 洪云 案 飾饐는 與凍冰으로 對文이니 皆言其食味之壞라 飾饐는 當作餲饐라 爾雅釋器에 食饐謂之餲라한대 郭璞의 注에 飯穢臭라하고 論語鄕黨에 食饐而餲라한대 孔注[29])에 饐餲는 臭味變也라하다 飾은 本作飭하니 餲飭은 字形相近이라하다 兪說同이라 張文虎[30])云 覆食之冪은 義不當爲飾이라 飾饐는 群書治要에 引作餕饐니 是也라 玉藻에 日中而餕이라한대 注에 云 餕은 食朝之餘也라하고 論語鄭注[31])에 云 食餘曰 餕이라하니 餕饐者는 謂 食餘而致壞也라하다 案 洪說이 近是라 飾은 治要에 作餕하니 則疑酸之借字라 荀子正名篇에 云 香臭芬鬱腥臊洒[32])酸奇臭는 以鼻異라한대 楊注에 云 酸은 暑浥之酸氣也라하니 於此義에 亦得通이라

28) 冪：畢本에는 '冪'이 '幕'으로 되어 있다.

29) 孔注：≪論語注疏≫ 何晏의 注에 인용된 孔安國(B.C. 156~B.C. 74)의 말이다. 孔安國은 字는 子國으로 孔子의 10世孫이다. 申公에게 ≪詩經≫을, 伏生에게 ≪尙書≫를 배웠다. 漢武帝 때 孔府 舊宅의 벽에서 나온 古文 경전들에 대해 傳을 지었다. 저서에 ≪古文尙書≫, ≪古文孝經傳≫, ≪論語訓解≫가 있다.

30) 張文虎：1808~1885. 淸나라 江蘇 南匯 사람으로, 字는 孟彪, 號는 嘯山, 自號는 天目山樵이다. 惠棟과 江聲과 錢大昕을 배웠다. 저서에 ≪古今樂律考≫, ≪史記集解索隱正義劄記≫ 등이 있다.

31) 鄭注：≪經典釋文≫에 인용된 鄭玄의 注를 말한다.

32) 洒：底本 旁注에 "'洒'는 원본에 '酒'로 잘못되어 있으나, ≪荀子≫〈正名〉에 의거하여 고쳤다. 살펴보건대 '洒'는 응당 '漏'가 되어야 하니(≪荀子≫ 楊倞의 注에 보인다.), '馬羶氣(말 누린내)'를 뜻한다. 또 살펴보건대 아래의 '酸'자는 王念孫이 '마땅히 庮의 誤字이니, 牛羶氣(소 누린내)이다.'라고 하였으니(王先謙의 ≪荀子集解≫에 보인다.) 孫詒讓이 인용한 楊倞의 注와는

張望文生訓은 不足據라하다

畢沅 : 餙은 음식을 덮는 보 같은 것이 이것이다. 饐는 ≪說文解字≫에 "밥이 濕氣로 인해 쉬는 것이다."라 하였다.

洪頤煊 : 살펴보건대 '餙饐'는 '凍冰'과 對句이니, 모두 음식 맛이 상한 것을 말한다. '餙饐'는 마땅히 '餲饐'가 되어야 한다. ≪爾雅≫ 〈釋器〉에 "食饐謂之餲(밥이 쉬는 것을 '餲'라고 한다.)"라 하였는데, 郭璞의 注에 "밥이 상하여 냄새가 나는 것이다."라 하였고, ≪論語≫ 〈鄕黨〉에 "食饐而餲(밥이 쉬어 맛이 변하다.)"라 하였는데, 孔安國의 注에 "'饐餲'는 냄새와 맛이 변한 것이다."라 하였다. '餙'은 본래 '飭'으로도 쓰니, '餲'와 '飭'은 字形이 서로 비슷하다.

兪樾의 설명도 〈洪頤煊과〉 같다.

張文虎 : '음식을 덮는 보'는 字義가 '餙'의 뜻풀이가 될 수 없다. '餙饐'는 ≪群書治要≫에 이 대목을 인용하면서 '餕饐'로 썼으니, 옳다. ≪禮記≫ 〈玉藻〉에 "日中而餕(한낮에는 대궁을 먹는다.)"이라 하였는데, 〈이에 대한 鄭玄의〉 注에 "餕 食朝之餘也('餕'은 아침밥의 대궁이다.)"라 하였고, ≪論語≫ 鄭玄의 注에 "食餘曰 餕(먹고 남긴 것을 '餕'이라 한다.)"이라 하였으니, '餕饐'는 먹고 남긴 것이 상했다는 말이다.

案 : 洪頤煊의 說이 옳은 듯하다. '餙'은 ≪群書治要≫에 '餕'으로 되어 있으니, 아마도 '酸'의 假借字인 듯하다. ≪荀子≫ 〈正名〉에 "향내〔香臭〕, 썩은내(芬鬱), 비린내〔腥臊〕, 쉰내〔洒酸〕, 야릇한 냄새〔奇臭〕들은 코로 냄새를 맡아 구별한다."라 하였는데, 楊倞의 注에 "'酸'은 덥고 습한 날의 酸氣이다."라 하였으니, 이 편 이 글자(餕)의 뜻과 통한다. 장문호가 글자만 보고 뜻을 풀이한 것은 근거로 삼기에는 부족하다.

6-3-10 **人君爲飮食如此**라 **故**로 **左右象之**하니 **是以**로 **富貴者**는 **奢侈**하며 **孤寡者**는 **凍餒**(뇌)하니

人君이 음식을 만드는 것이 이와 같았으므로 左右의 사람들이 이를 본받았다. 이런 까닭에 부귀한 자는 사치를 부리며 고아와 과부는 추위에 떨고 굶주리게 되니,

畢云 當爲餧(뇌)니 說文에 云 餧는 饑也라하다

說이 다르다."라 하였다.

畢沅 : 〈'餒'는〉 마땅히 '餧'가 되어야 하니, ≪說文解字≫에 "'餧'는 굶주린다는 뜻이다." 라 하였다.

6-3-11 **雖欲無亂**인들

비록 亂이 없기를 바란들

畢云 舊本에 **脫雖字**러니 **據太平御覽增**이라하다

畢沅 : 舊本에 '雖'자가 빠져 있는데, ≪太平御覽≫에 의거하여 채워 넣는다.

6-3-12 **不可得也**라 **君實欲天下治而惡**(오)**其亂**인댄

될 수가 없다. 임금이 진실로 천하가 잘 다스려지기를 바라고 천하가 어지러워지는 것을 싫어한다면

實은 **治要**에 **作誠**이라 **治上**에 **王校增之字**라

'實'은 ≪群書治要≫에 '誠'으로 되어 있다. '治'자 위에 王念孫이 교감하면서 '之'자를 채워 넣었다.

6-3-13 **當爲食飮**을

음식을 만드는 것을

當作飮食이라

〈'食飮'은〉 마땅히 '飮食'이 되어야 한다.

6-3-14 **不可不節**이니라

節制하지 않아서는 안 된다.

6-4-1 **古之民**이 **未知爲舟車時**에 **重任不移**하며 **遠道不至**라 **故**로 **聖王**이 **作**하여 **爲舟**

車하시어 **以便民之事**하니라 **其爲舟車也**에 **全固輕利**하니

옛날의 백성들이 아직 배와 수레를 만들 줄 모르던 때에는 무거운 짐을 옮기지 못하였으며 먼 길을 가지 못하였다. 그러므로 聖王이 일어나 배와 수레를 만들어서 백성들의 일을 편하게 하였다. 그 배와 수레를 만들 때 완전하고 단단하며 가볍고 편리하게 하였으니,

畢云 全은 太平御覽에 引作完이라하다 詒讓案 治要에 引亦作完하고 意林同이라

畢沅 : '全'은 ≪太平御覽≫에 이 대목을 인용하면서 '完'으로 썼다.

詒讓案 : ≪群書治要≫에 이 대목을 인용하면서 또한 '完'으로 썼고, ≪意林≫도 같다.

6-4-2 **可以任重致遠**이라 **其爲用財少而爲利多**라 **是以**로 **民樂而利之**하고 **法令不急而行**하여

무거운 짐을 옮기고 멀리까지 갈 수 있었다. 그 재물을 쓰는 것은 적으면서도 이로움은 많았기 때문에 백성들이 즐거워하면서 이것을 이롭다고 여겼고, 법령은 다그치지 않아도 시행되어

令은 治要에 作禁이라 法上에 舊本有故字라 王云 上故字는 涉下故字而衍이라 群書治要無라

'令'은 ≪群書治要≫에 '禁'으로 되어 있다. '法'자 위에 舊本에 '故'자가 있다.

王念孫 : 위(6-4-2)의 '故'자는 아래(6-4-4)의 '故'자와 관련하여 잘못 들어간 衍文이다. ≪群書治要≫에는 〈'故'자가〉 없다.

6-4-3 **民不勞而上足用**이라

백성들이 수고롭지 않더라도 윗사람은 財用이 넉넉하였다.

畢云 上은 舊作止하니 一本如此라하다 詒讓案 治要에 亦作上하며 足下에 治要有以字라

畢沅 : '上'은 舊本에 '止'로 되어 있는데, 다른 어떤 本도 이와 같다.

詒讓案 : ≪群書治要≫에 또한 '上'으로 되어 있고, '足' 아래에 ≪群書治要≫에는 '以'자

가 있다.

6-4-4 **故**로 **民歸之**니라 **當今之主 其爲舟車**는 **與此異矣**라 **全固輕利 皆已具**어늘

그러므로 民心이 그에게로 쏠렸다.

지금의 임금이 그 배와 수레를 만드는 것은 이와 다르다. 완전하고 단단하며 가볍고 편리함이 모두 이미 갖추어져 있는데도

全은 治要에 亦作完하고 具下에 有矣字라

'全'은 ≪群書治要≫에는 역시 '完'으로 되어 있고, '具'자의 아래에 '矣'자가 있다.

6-4-5 **必厚作斂於百姓**하여 **以飾舟車**호대

반드시 백성에게 세금을 많이 거두어 배와 수레를 꾸미되

治要에 作以爲舟車飾이라

〈'以爲舟車'가〉 ≪群書治要≫에는 '以爲舟車飾'으로 되어 있다.

6-4-6 **飾車以文采**하며 **飾舟以刻鏤**라 **女子**는 **廢其紡織而脩文采**라 **故**로 **民寒**하며 **男子**는 **離其耕稼而脩刻鏤**라 **故**로 **民饑**하니라

문양과 채색으로 수레를 꾸미고 조각을 아로새겨 배를 꾸민다. 여자는 실 잣고 베 짜는 일을 제쳐놓고 문양을 만들거나 채색하는 일을 하기 때문에 백성들이 추위에 떨며, 남자는 농사짓는 일에서 손을 떼고 조각을 아로새기는 일을 하기 때문에 백성들이 굶주린다.

治要에 作飢니 下同이라

〈'饑'는〉 ≪群書治要≫에 '飢'로 되어 있으니, 아래도 같다.

6-4-7 **人君**이 **爲舟車若此**라 **故**로 **左右象之**하니 **是以**로 **其民**이 **饑寒竝至**라 **故**로 **爲姦衺**(사)라

임금이 배와 수레를 만드는 것이 이와 같았다. 그러므로 左右의 사람들이 이를 본받았다. 이런 까닭에 그 백성들은 굶주림과 추위가 함께 닥쳐오기 때문에 姦邪한 짓을 하게 된다.

治要에 作邪라

〈'衺'는〉 ≪群書治要≫에는 '邪'로 되어 있다.

6-4-8 姦衺多則刑罰深하며

姦邪한 자가 많으면 刑罰이 심해지며

此句首에 舊本無姦衺二字라 王云 舊本은 兩姦衺에 脫其一하니 則義不可通이라 今據群書治要補라하다

이 구절의 첫머리에 舊本에는 '姦衺' 두 자가 없다.

王念孫 : 舊本은 두 곳 '姦衺' 중에 그 한 곳이 빠져 있으니, 그렇다면 의미가 통하지 않는다. 이제 ≪群書治要≫에 의거하여 채워 넣는다.

6-4-9 刑罰深則國亂하니

형벌이 심하면 나라가 어지러워지니,

治要에 國上에 衍固字라 畢云 太平御覽에 引云 而國亂矣라하다

≪群書治要≫에는 '國' 위에 '固'자가 잘못 들어가 있다.

畢沅 : ≪太平御覽≫에 이 대목을 인용하면서 '而國亂矣'라 하였다.

6-4-10 君實欲天下之治而惡(오)其亂인댄

임금이 진실로 천하가 잘 다스려지기를 바라고 천하가 어지러워지는 것을 싫어한다면

實은 治要에 作誠이라

'實'은 ≪群書治要≫에 '誠'으로 되어 있다.

6-4-11 **當爲舟車**를 **不可不節**이니라

배와 수레를 만드는 것을 節制하지 않아서는 안 된다.

6-5-1 **凡回於天地之間**하며

천지간에 다 같이

回字는 **譌**라 **蘇云 當作同**라하나 **亦未塙**이라

'回'자는 誤字이다. 蘇時學이 이르기를 "〈'回'는〉 마땅히 '同'이 되어야 한다."라 하였는데, 또한 확실하지는 않다.

6-5-2 **包於四海之內**에 **天壤之情**과 **陰陽之和**가 **莫不有也**하니 **雖至聖**이라도 **不能更也**라 **何以知其然**고 **聖人有傳**하니 **天地也**는 **則曰 上下**요 **四時也**는 **則曰 陰陽**이요 **人情也**는 **則曰 男女**요 **禽獸也**는 **則曰 牡牝雄雌**[33]**也**라하니라 **眞天壤之情**은 **雖有先王**이라도 **不能更也**니라 **雖上世至聖**이라도 **必蓄私**하되 **不以傷行**이라

四海 안에 다 함께 天地의 實情과 陰陽의 調和가 있지 않음이 없으니, 비록 지극한 聖人이라도 바꿀 수 없다. 무엇을 가지고 그러함을 아는가. 聖人이 傳하는 말에 天地는 上下라 하고 四時는 陰陽이라 하고 人情은 男女라 하고 禽獸는 牡牝·雄雌라 하였다. 진실로 天地의 實情은 비록 先王이 있더라도 바꿀 수 없는 것이다. 비록 上古의 지극한 聖人일지라도 필시 媵妾과 私人을 두긴 하였으나 행실에 문제가 되지는 않았다.

私는 **謂妾媵私人**이라 **顧云 晏子春秋內篇諫下**에 **古聖王畜私**하되 **不傷行**이라하다

'私'는 媵妾과 私人을 말한다.

顧千里 : ≪晏子春秋≫ 〈內篇 諫 下〉에 "옛날의 聖王은 여러 부인들을 거느리면서도 행

---

33) 牡牝雄雌 : '牡'와 '雄'은 수컷이고, '牝'과 '雌'는 암컷이다.

실에 문제가 되지는 않았다."라 하였다.

6-5-3 故로 民無怨하며 宮無拘女라 故로 天下無寡夫라

그러므로 백성들은 원망하는 마음이 없었으며, 宮에는 갇혀 사는 宮女가 없었다. 그러므로 천하에 홀아비가 없었다.

小爾雅廣(議)〔義〕[34]에 云 凡無妻無夫를 通謂之寡라하니 寡夫曰 煢[35]이라하고 左襄二十七年傳에 云 齊崔杼生成及彊而寡의 杜注에 云 偏喪曰 寡하니 寡는 特也라하다

≪小爾雅≫ 〈廣義〉에 "무릇 아내가 없고 지아비가 없는 자를 통틀어 '寡'라 하니, 寡夫를 '煢(홀아비)'이라 한다."라 하였고, ≪春秋左氏傳≫ 襄公 27년 조에 "齊崔杼生成及彊而寡(齊나라 崔杼가 아들 成과 彊을 낳고서 홀아비가 되었다.)"라 하였는데, 杜預의 注에 "짝을 잃는 것을 '寡'라 하니, '寡'는 '特'이다."라 하였다.

6-5-4 內無拘女하며 外無寡夫라 故로 天下之民衆이라 當今之君이

안으로는 갇혀 사는 宮女가 없고 밖으로는 홀아비가 없으므로 천하의 백성이 많았다.

지금의 임금이

畢云 上俱作主라하다

畢沅 : 〈'君'이〉 위의 글에는 모두 '主'로 되어 있다.

6-5-5 其蓄私也는 大國拘女累千이며 小國累百이라 是以로 天下之男은 多寡無妻하며 女는 多拘無夫하여 男女失時라

媵妾과 私人을 두는 것은, 大國은 갇혀 사는 여자가 수천 명이요 小國은 수백 명

---

34) 廣議 : 底本에는 '議'로 되어 있으나, ≪小爾雅≫에 의거하여 '義'로 바로잡았다.

35) 煢 : 底本 傍注에 "'煢'은 원본에 '索'으로 잘못되어 있는데, ≪小爾雅≫ 〈廣義〉(≪孔叢子≫에 실려 있다.)에 의거하여 고쳤다."라 하였다.

이니, 이런 까닭에 천하의 남자는 처가 없는 자들이 많으며 여자는 궁에 갇혀 지아비가 없는 자들이 많아 남녀가 〈혼인할〉 때를 놓친다.

畢云 女는 舊作子하니 一本如此라하다

畢沅 : '女'는 舊本에 '子'로 되어 있으니, 다른 어떤 本도 이와 같다.

6-5-6 故로 民少라 君實欲民之衆而惡(오)其寡인댄 當蓄私를 不可不節이니라

그러므로 백성들이 적다. 임금이 진실로 백성이 많기를 바라고 백성이 적은 것을 싫어한다면 媵妾과 私人을 두는 것을 절제하지 않아서는 안 된다.

6-6-1 凡此五者는 聖人之所儉節也요 小人之所淫佚也라 儉節則昌하고 淫佚則亡하나니 此五者를 不可不節이니라 夫婦節而天地和하며 風雨節而五穀孰하며 衣服節而肌膚和라하니라

무릇 이 다섯 가지는 聖人이 儉約하고 節制한 것이요 小人이 사치하고 방탕하게 구는 것이다. 검약하고 절제하면 昌盛하고, 사치하고 방탕하면 敗亡하니, 이 다섯 가지를 절제하지 않아서는 안 된다. 부부가 절제하여야 天地가 조화로우며 風雨가 절제되어야(때에 맞아야) 五穀이 잘 여물며 衣服을 절제해야 몸이 편안해진다."

三辯 第七　제7편 세 가지 변론

'三辯'은 세 가지 변론이다. '聖王은 樂을 행하지 않았는가.'라는 程繁의 질문에 堯舜과 湯, 그리고 周 武王을 들어 다스림과 樂에 대해 묵자가 답한 것이다. 樂이 繁多해질수록 그 治績은 적어지니, 樂은 천하를 다스리는 방법이 아니라는 논리이다.

畢云 此는 **辯聖王雖用樂**(악)이로대 **而治不在此**라 **三者**는 **謂堯舜及湯及武王也**라하다 **詒讓案 此篇所論**은 **蓋非樂**(악)**之餘義**라

畢沅 : 이 편은 聖王이 비록 樂을 사용하더라도 다스림은 여기에 달려 있지 않음을 변론한 것이다. '셋〔三〕'이란 堯舜과 湯과 武王 세 경우를 말한다.

詒讓案 : 이 편에서 논하는 것은 아마도 〈非樂〉의 내용을 이은 듯하다.

7-1-1 程繁이

程繁이

畢云 太平御覽에 **引作程子**라하다 **詒讓案 公孟篇**에 **亦作程子**하니 **蓋兼治儒墨之學者**라

畢沅 : ≪太平御覽≫에서 이 대목을 인용하면서 '程子'로 썼다.

詒讓案 : ≪墨子≫ 〈公孟〉에 또한 '程子'로 되어 있으니, 아마도 儒家와 墨家의 학문을 아울러 한 자인 듯하다.

7-1-2 問於子墨子曰 夫子曰

子墨子께 물었다.
"夫子께서는

舊本에 **無此三字**라 **王云 聖王上**에 **當有夫子曰三字**어늘 **而今本**에 **脫之**하니 **則文義不明**이라 **下文**에 **今夫子曰 聖王不爲樂**이 **是其證**이라하다 **案 王說**이 **是也**라 **今據增**이라

舊本에는 이 〈'夫子曰'이라는〉 세 글자가 없다.

王念孫 : '聖王'의 위에 마땅히 '夫子曰'이라는 세 글자가 있어야 하는데, 今本에는 빠져 있으니, 글의 뜻이 분명치 못하다. 아래 글(7-1-8)의 "今夫子曰 聖王不爲樂"이 그 증거이다.

案 : 王念孫의 說이 옳다. 이제 그의 설에 의거하여 채워 넣는다.

7-1-3 聖王不爲樂(악)이라하시니 昔諸侯는 倦於聽治에 息於鐘鼓之樂하며

'聖王은 樂을 하지 않으셨다.'라고 하셨습니다. 〈그런데〉 옛날의 제후들은 政事를 보다가 지치면 鐘과 鼓와 같은 악기로 휴식을 취하였으며,

鐘鼓는 謂金奏[1]라

鐘鼓는 金奏를 말한다.

7-1-4 士大夫는 倦於聽治에 息於竽[2]瑟之樂하며

士大夫는 政事를 보다가 지치면 竽와 瑟과 같은 악기로 휴식을 취하였으며,

周禮小胥에 云 卿大夫는 判縣하며 士는 特縣[3]이라하다 曲禮에 云 大夫는 無故不徹縣하며 士는 無故不徹琴瑟이라한대 孔穎達疏에 以爲不命之士 若命士면 則特縣이라하니 若然이면 士大夫之樂에 亦有鐘鼓라 攷賈子新書審微篇에 云 大夫는 直縣[4]하며 士는 有琴

1) 金奏 : 鐘鎛을 두드려 연주하는 것을 말한다. ≪周禮≫ 〈春官 鍾師〉에 "'鍾師'는 '金奏'를 관장한다.〔鍾師掌金奏〕"라 하였는데, 鄭玄의 注에 "'金奏'는 금속악기를 두드려 樂節을 연주하는 것이다. '金'은 '鍾'이나 '鎛'을 말한다.〔金奏 擊金以爲奏樂之節 金謂鍾及鎛〕"라 하였다.

2) 竽 : 동양의 악기는 크게 金·石·絲·竹·匏·土·革·木의 8가지 종으로 분류된다. '竽'는 匏에 해당하는 악기이다.

3) 周禮小胥……特縣 : ≪周禮≫ 〈春官 小胥〉에 "악기를 매달아놓는 자리를 바르게 하니, 王의 樂에는 宮縣을 쓰고, 諸侯의 樂에는 軒縣을 쓰며, 卿大夫의 樂에는 判縣을 쓰며, 士의 樂에는 特縣을 쓴다.〔正樂縣之位 王宮縣 諸侯軒縣 卿大夫判縣 士特縣〕"라 하였는데, 鄭玄의 注에 鄭司農의 설을 인용하여 "宮縣은 四面에 악기를 매단 것이며, 軒縣은 그중 한 면을 뺀 것이며, 判縣은 또 한 면을 뺀 것이며, 特縣은 또 한 면을 뺀 것이다.〔宮縣四面縣 軒縣去其一面 判縣又去其一面 特縣又去其一面〕"라 하였다.

4) 直縣 : '直'은 '稙' 혹은 '特'과 통한다. '直縣'은 鐘이나 磬 등의 악기를 邊緣上에 걸어놓는 것을 말하며, ≪周禮≫ 〈春官 小胥〉에는 '特縣'으로 되어 있다. 鄭玄의 注에 "特縣은 동쪽 방향에

瑟[5])이라하며 公羊隱五年의 何注에 引魯詩傳[6])하여 云 大夫士는 曰 琴瑟이라하며 白虎通義禮樂篇에 云 詩傳에 曰 大夫士는 琴瑟御[7])라하니 大夫士北面之臣이니 非專事子民이라 故로 但琴瑟而已라하며 曲禮의 疏에 引春秋說題辭[8])하여 亦謂 樂無大夫士制라하니 此書義가 蓋與魯詩와 春秋緯로 略同이라

≪周禮≫ 〈小胥〉에 "卿大夫는 判縣(동쪽과 서쪽에 악기를 매달아 설치함)하며, 士는 特縣(동쪽에만 악기를 매달아 설치함)한다."라 하였다. ≪禮記≫ 〈曲禮〉에는 "大夫는 까닭 없이 懸架樂을 거두지 않으며, 士는 까닭 없이 琴瑟을 거두지 않는다."라 하였는데, 孔穎達의 疏에 "命을 받지 않았던 士가 命을 받은 士가 되면 特縣한다."라 하였으니, 만일 그렇다면 士大夫의 樂에도 鐘鼓가 있는 것이다. 상고해보건대, 賈子의 ≪新書≫ 〈審微〉에 "大夫는 特縣을 하고 士는 琴瑟을 둔다."라 하였으며, ≪春秋公羊傳≫ 隱公 5년 조의 何休 注에 ≪魯詩傳≫을 인용하면서 "大夫와 士의 경우에는 琴瑟이라 한다."라 하였으며, ≪白虎通義≫ 〈禮樂〉에 "≪詩傳≫에 이르기를 '大夫와 士는 琴瑟을 연주한다. 大夫와 士는 北面하는 신하이니, 백성을 보살피는 일을 專斷하는 자가 아니다. 그러므로 단지 琴瑟일 뿐이다."라 하였으며, ≪禮記≫ 〈曲禮〉 孔穎達의 疏에서 ≪春秋說題辭≫를 인용하면서 또한 "樂은 大夫와 士의 제도에 구분이 없다."라 하였으니, 이 글에서의 뜻이 아마도 ≪魯詩傳≫과 緯書인 ≪春秋說題辭≫와 대략 같은 듯하다.

만 악기를 걸어놓는 것이다.〔特縣 縣於東方〕"라 하였다.

5) 賈子新書審微篇……有琴瑟 : 賈子는 前漢의 賈誼를 말한다. ≪新書≫ 〈審微〉에 "禮는, 天子之樂은 宮縣하며 諸侯之樂은 軒縣하며 大夫는 直縣하며 士는 琴瑟이 있다."라고 보인다.

6) 魯詩傳 : 申培(B.C. 221?~B.C. 135?)의 저작이다. 申培는 今文學派의 하나인 魯詩學의 개창자이다. 西漢 때 最廣에게 傳授되었다가 西晉 때에 이르러 亡佚되었다. ≪漢書≫ 〈楚元王劉交傳〉에 "申公이 처음으로 ≪詩≫에 傳을 짓고 '魯詩'라고 이름 지었다.〔申公始爲詩傳 號魯詩〕"라고 보이며, 唐나라 陸德明의 ≪經典釋文≫ 〈序錄〉에 "魯나라 사람 申公이 浮丘伯에게 ≪詩≫를 전수받고서 ≪詩經≫에 訓故를 내어 가르쳤다.〔魯人申公受詩於浮丘伯 以詩經爲訓故以教〕"라고 보인다.

7) 御 : 저본 旁注에 "'御'는 原本에는 '也'로 잘못되어 있는데, ≪白虎通義≫ 〈禮樂〉에 의거하여 '御'자로 고쳤다."라 하였다.

8) 春秋說題辭 : ≪春秋≫의 緯書이다. 緯書란 經書의 뜻에 가탁하여 符籙(길흉화복과 흥망성쇠에 대한 예언)과 瑞應(상서로운 징험) 등을 말한 책이다. '七經緯'가 있는데, 易緯·書緯·詩緯·禮緯·樂緯·春秋緯·孝經緯가 이것이다. 作者 및 著作 연도는 정확하지 않다.

7-1-5 農夫는 春耕夏耘하며

農夫는 봄에 밭을 갈고 여름에 김을 매며

畢云 說文에 云 䄙은 除苗間穢也라 秐은 或字이니 此省文이라하다

畢沅 : ≪說文解字≫에 "'䄙'은 어린 벼 사이의 잡초를 제거하는 것이다."라 하였다. '秐'은 異形字이니, 이는 자획을 생략한 것이다.

7-1-6 秋斂冬藏에

가을에 수확하고 겨울에 저장하는 농사일을 하면서

畢云 古只作臧이라하다

畢沅 : 〈'藏'은〉 古本에 다만 '臧'으로 되어 있다.

7-1-7 息於(聆)〔瓴〕[9)]缶之樂이어늘

瓴과 缶와 같은 악기로 휴식을 취하였는데,

畢云 聆은 當爲瓴이니 聆缶는 太平御覽에 引作爲吟謠하니 是也라 缶는 是岳字之壞라하다 王云 今本墨子에 作聆缶者하니 聆乃瓵字之譌니 瓵은 即瓴字也라 但移瓦於左하고 移令於右耳라 北堂書鈔樂部七缶下와 鈔本太平御覽樂部三及二十二缶下에 引墨子하여 竝作吟缶라 吟은 亦瓵之譌라 蓋墨子書에 瓴字는 本作瓵이라 故로 今本譌作聆하고 諸類書譌作吟이나 而缶字는 則皆不譌也라 其刻本御覽에 作吟謠者는 後人이 不知吟爲瓵之譌하여 遂改吟缶爲吟謠耳라 上文云 諸侯는 息於鐘鼓하며 士大夫는 息於竽瑟이라하고 此云 農夫는 息於瓵缶라하니 鐘鼓竽瑟瓵缶는 皆樂器也라 淮南精神篇에 叩盆拊瓴하며 相和而歌라하니 盆은 即缶也라 若吟謠는 則非樂器니 不得言吟謠之樂矣라하다 案 王說이 是也라 說文瓦部에 云 瓴은 甖(옹)也니 似缾者라하고 又缶部에 云 缶는 瓦器니 所以盛酒

9) (聆)〔瓴〕: 저본에는 '聆'으로 되어 있으나, 王念孫과 孫詒讓의 주에 의거하여 '瓴'으로 바로잡았다.

漿이라 秦人鼓之以節歌라하다 詩陳風宛丘篇에 坎其擊缶라한대 毛傳에 云 盎을 謂之缶라하며 爾雅釋器에 同한대 郭注에 云 盆也라하며 史記李斯傳에 云 擊甕叩缻(부)는 眞秦之聲也라하니 瓴은 甕同物이요 缻는 卽缶之俗이라

畢沅 : '聆'은 마땅히 '瓴'이 되어야 한다. '聆缶'는 ≪太平御覽≫에 이 대목을 인용하면서 '吟謠'로 썼으니, 옳다. '缶'는 '䍃'자의 字畫이 훼손된 것이다.

王念孫 : 今本 ≪墨子≫에는 '聆缶'로 되어 있다. '聆'은 바로 '瓴'자의 誤字이니, '瓴'이 곧 '瓴'자이다. 다만 瓦를 왼쪽으로 옮기고, 令을 오른쪽으로 옮겼을 뿐이다. ≪北堂書鈔≫ 〈樂部 7〉의 〈缶 下〉, 鈔本 ≪太平御覽≫ 〈樂部 3〉과 〈樂部 22〉의 〈缶 下〉에 ≪墨子≫를 인용하면서 모두 '吟缶'라고 썼다. '吟' 또한 '瓴'자의 誤字이다. 아마도 ≪墨子≫라는 책에 '瓴'자가 본래 '瓴'으로 되어 있었기 때문에 今本에 잘못되어 '聆'으로 썼고, 類書들에도 잘못되어 '吟'으로 썼으나, '缶'자는 모두 잘못되지 않았다. 그 刻本 ≪太平御覽≫에 '吟謠'로 되어 있는 것은 後人이 '吟'이 '瓴'의 誤字임을 알지 못하고서 마침내 '吟缶'를 고쳐 '吟謠'라고 했던 것일 뿐이다. 윗글에서 "諸侯息於鐘鼓 士大夫息於竽瑟"이라 하고 여기에서 "農夫息於瓴缶"라 하였으니, 鐘鼓와 竽瑟과 瓴缶는 모두 樂器이다. ≪淮南子≫ 〈精神〉에 "叩盆拊瓴 相和而歌(盆을 두드리고 瓴을 치며 서로 화답하여 노래한다.)"라 하였으니, '盆'이 곧 '缶'이다. '吟謠'와 같은 것은 樂器가 아니니, '吟謠之樂'이라고 해서는 안 된다.

案 : 王念孫의 說이 옳다. ≪說文解字≫ 〈瓦部〉에 "瓴은 甖이니, 缾(물장군)과 비슷한 것이다."라 하였으며, 또 ≪說文解字≫ 〈缶部〉에 "缶는 瓦器이니, 술과 음료를 담는 것이다. 秦나라 사람이 이것을 두드려서 노래에 박자를 맞추었다."라 하였다. ≪詩經≫ 〈陳風 宛丘〉에 "坎其擊缶(질장구를 두드린다.)"라 하였는데, 毛傳에 "'盎'을 '缶'라고 한다."라 하였으며. ≪爾雅≫ 〈釋器〉에도 똑같이 되어 있는데, 郭璞의 注에 "〈缶는〉 盆(동이)이다."라 하였으며, ≪史記≫ 〈李斯傳〉에 "동이를 두드리고 질장구를 두드리는 것은 진짜 秦나라의 소리이다."라 하였으니, '瓴'은 甕과 같은 물건이요 '缻'는 곧 '缶'의 俗字이다.

7-1-8 今夫子曰 聖王不爲樂(악)이라하시니 此譬之컨대 猶馬駕而不稅(탈)이며

지금 夫子께서는 '聖王은 樂을 하지 않으셨다.'라고 하시니, 이는 비유하자면 말에 멍에를 씌워 수레에 매어놓고 벗겨주지 않으며,

方言에 云 稅(탈)은 舍車也니 趙宋陳魏之閒에 謂之稅이라한대 郭璞注에 云 稅은 猶脫

也라하다 畢云 太平御覽에 作脫하니 同이라하다

≪方言≫에 "'稅'은 〈말의 멍에를 벗겨〉 말을 수레에서 떼어내는 것이니, 趙·宋·陳·魏나라에서 '稅'이라 하였다."라 하였는데, 郭璞의 注에 "'稅'은 '脫(벗기다)'과 같다."라 하였다.

畢沅 : ≪太平御覽≫에 '脫'로 되어 있으니, 뜻이 같다.

7-1-9 弓張而不弛니 無乃非有血氣者之所不能至邪(야)아

활을 당겨만 놓고 풀어놓지 않는 것과 같으니, 血氣를 가진 자가 할 수 없는 점이 있지 않겠습니까."

兪云 非字는 衍文이라하다

兪樾 : '非'자는 衍文이다.

7-2-1 子墨子曰 昔者에 堯舜有茅茨者에

子墨子께서 말씀하셨다.
"옛날에 堯임금과 舜임금이 띠풀로 지붕을 이은 집에 살 때,

堯

舜

畢云 茅茨는 舊作第期[10)]러니 今據[11)]太平御覽改라하다 兪云 茅茨와 土階는 是言古明堂之儉이니 不得云且以爲禮且以爲樂(악)也라 下文에 曰 周成王之治天下也는 不若武王이요 武王之治天下也는 不若成湯이요 成湯之治天下也는 不若堯舜이라 故로 其樂逾繁者는 其治逾寡라하니 然則其說堯舜에 亦當以樂言이요 不當以宮室言也라 疑後人이 不達第期之義而臆改之니 未可爲據라 仍當從原文而闕其疑라하다 案 兪說은 非也라 若第期專以樂言하면 則下文에 不當云且以爲禮니 畢校不誤라 詩小雅甫田의 鄭箋에 云 茨는 屋蓋也라한대 孔疏에 云 墨子稱茅茨不翦[12)]이라하니 謂以茅覆屋이라하다

畢沅 : '茅茨'는 舊本에 '第期'로 되어 있는데, 이제 ≪太平御覽≫에 의거하여 고쳤다.

兪樾 : '茅茨(지붕을 이은 띠풀)'와 '土階(흙 계단)'는 옛날 明堂의 검소함을 말한 것이니, "禮를 만들기도 하고 樂을 만들기도 하였다."라고 말해서는 안 된다. 아래 글에 "周 成王이 천하를 다스린 것은 武王만 못하였으며, 武王이 천하를 다스린 것은 成湯만 못하였으며, 成湯이 天下를 다스린 것은 堯舜만 못하였다. 그러므로 그 樂이 繁多해질수록 그 治績은 적어진다."라 하였으니, 그렇다면 堯임금과 舜임금에 대해 말할 적에 또한 마땅히 樂을 가지고 말해야지 宮室을 가지고 말해서는 안 된다. 아마도 後人이 '第期'의 뜻을 잘

10) 第期 : 舊本에 '第期'로 되어 있던 것을 畢沅이 '茅茨'로 고쳤는데, 兪樾은 이 교정이 잘못되었다고 보았다. 兪樾은 '第期'를 '質(지)夔'로 보아야 한다고 하였다. '質'는 堯임금 때 樂을 지은 인물이며, '夔'는 舜임금 때 典樂에 임명된 인물이다. ≪呂氏春秋≫ 〈仲夏紀5 古樂〉에 "堯임금이 帝位에 올라 質(지)에게 樂을 지으라고 명하였다. 質가 산림과 계곡의 音을 본떠 노래를 만들었으며, 사슴 가죽으로 북을 만들고 흙으로 질장구를 만들어놓고,……上帝에게 제사 지낼 적에 玉磬으로 연주하자 온갖 짐승이 몰려와 춤을 추었다."라고 보인다. 또 ≪書經≫ 〈虞書 舜典〉에 "〈순임금이 말하기를〉 夔여! 그대를 典樂에 임명하노니, 태자와 경대부들의 맏아들을 가르치되 곧으면서도 온화하며, 너그러우면서도 위엄 있으며,……八音을 조화시켜 서로 질서를 잃지 않게 하면 神과 사람들이 和諧하리라."라고 보인다.

11) 據 : 畢本의 畢沅 注에는 '据'로 되어 있다. 아래도 같다.

12) 墨子稱茅茨不翦 : 堯임금은 天子가 되어서도 흙 섬돌은 세 단만 올리고〔土階三等〕, 지붕을 이은 띠풀의 끝을 가지런하게 자르지 않은〔茅茨不翦〕 것으로 전해진다. ≪韓非子≫ 〈五蠹〉에 "堯가 천하에 왕 노릇 할 때에 지붕을 이은 띠풀의 끝을 가지런하게 자르지 않았으며, 採伐해온 서까래도 다듬지 않았다. 糲粢로 만든 밥과 藜藿으로 만든 국을 먹었으며, 겨울에는 사슴 가죽으로 만든 옷을 입고 여름에는 칡으로 만든 옷을 입었다.〔堯之王天下也 茅茨不翦 采椽不斲 糲粢之食 藜藿之羹 冬日麑裘 夏日葛衣〕"라고 보인다.

모르고서 臆見으로 고친 듯하니, 근거로 삼을 만하지 못하다. 원래의 글을 그대로 따르고 그 미심쩍은 곳은 그냥 놔두는 것이 마땅하다.

案 : 兪樾의 설은 옳지 않다. 만일 '第期'를 오로지 樂을 가지고 말했다면 아래 글에서 "且以爲禮(禮를 만들기도 한다.)"라고 말해서는 안 된다. 따라서 畢沅의 교정은 틀리지 않았다. ≪詩經≫ 〈小雅 甫田〉 鄭玄의 箋에 "茨는 지붕의 덮개이다."라 하였는데, 孔穎達의 疏에 "墨子稱茅茨不翦(墨子는 지붕을 이은 띠풀의 끝을 가지런하게 자르지 않은 것을 칭찬하였다.)"이라 하니, 띠풀로 지붕을 덮은 것을 말한다.

7-2-2 且以爲禮하고 且以爲樂(악)하니라 湯放桀於大水하여

禮를 만들기도 하고 樂을 만들기도 하였다. 湯王은 桀王을 大水로 쫓아내어

蘇云 案 列女傳에 云 流於海하여 死於南巢之山이라하며 尙書大傳[13]에 云 國은 君之國也니 吾聞海外有人이라하고 與其屬五百人去[14]라하니 與此言合이라하다

蘇時學 : 살펴보건대 ≪列女傳≫에 "〈桀王은〉 바닷가로 유배되었다가 南巢山에서 죽었다."라 하였으며, ≪尙書大傳≫에 "〈桀王이 말하기를〉 '나라는 그대의 나라이니, 내 듣기로는 海外에도 사람이 산다고 합니다.'라 하고서 자신에게 딸려 있는 500명의 사람들과 떠났다."라 하였는데, 이 말과 합치한다.

7-2-3 環[15]天下하여 自立以爲王에 事成功立하여 無大後患이라 因先王之樂(악)하여 又自作樂하고 命曰 護하고 又脩九招(소)[16]라

13) 尙書大傳 : 前漢 때 伏生이 찬술한 것이다.

14) 尙書大傳……與其屬五百人去 : 저본 傍注에 "陳壽祺 輯本 ≪尙書大傳≫ 권2 下에 '桀이 말하기를 「나라는 그대의 나라이니, 내 듣기로는 海外에도 사람이 산다고 합니다.」라 하고서 자신에게 딸려 있는 500명의 사람들과 함께 떠났다.'라 하였는데, 蘇時學이 文句를 인용하면서 앞부분의 '桀曰' 2字를 빠트린 게 틀림없다."라 하였다.

15) 環 : '營'과 통하니, '謀求(꾀하다)'라는 뜻이다. ≪管子≫ 〈君臣 下〉에 "兼上下以環其私"라 하였는데, 王念孫의 ≪讀書雜志≫ 〈管子 5〉에 "環이라는 말은 도모한다는 뜻이다. 위아래를 아울러 자기 것으로 만들기 위해 도모한다는 말이다. '營'은 '環'과 옛날에는 소리가 같아 통용하였다.〔環之言 營也 謂兼上下以營其私也 營與環古同聲而通用〕"라 하였다.

16) 九招(소) : '九招'는 '九韶'와 같다. ≪書經≫ 〈虞書 益稷〉에 보인다.

천하를 도모하여 스스로 우뚝 서 王이 되었을 때, 일이 이루어지고 功이 세워져 큰 後患이 없었다. 그리하여 先王의 樂을 이어받아 또 스스로 樂을 만들고서 '護'라 命名하고 또 〈舜임금의 樂인〉 '九韶'를 整備하였다.

畢云 脩[17]는 舊作循이러니 今以意改라 已上十六字는 舊脫이러니 今據太平御覽增이라 呂氏春秋에 云 湯命伊尹作爲大護하고 歌晨露하며 脩[18]九招六列이라하다 案 道藏本도 雖亦有脫文이나 然이나 尙有自作樂命曰九招하니 七字는 則未全脫也니 畢說은 未審이라 風俗通義聲音篇에 云 湯作護하니 護는 言救民也라하며 藝文類聚帝王部에 引春秋元命苞[19]하여 云 湯之時에 民大樂其救於患害라 故로 護者는 救也라하며 白虎通義禮樂篇에 云 湯曰 大護者는 言湯承衰能護民之急也라하며 公羊隱五年의 何注에 云 殷曰 大護라하니 殷時民樂하여 大其護已也라하니 竝與此同이라 周禮大司樂에 護作濩하며 漢書禮樂志에 同하니 護는 濩字니 亦通이라 九招는 卽書皐陶謨에 簫韶九成이라하니 舜樂也라 史記夏本紀에 云 禹興九招之樂이라하며 呂氏春秋古樂篇에 云 嚳作九招에 舜令質修之라하며 山海經大荒西經에 云 啓始歌九招라하다 周禮大司樂에 作九磬(소)하니 招韶磬字는 竝通이라

畢沅 : '脩'는 舊本에 '循'으로 되어 있는데, 이제 뜻으로 판단하여 고친다. 이상 〈'因先王之樂 又自作樂 命曰 護 又脩九招'의〉 열여섯 字는 舊本에 빠져 있는데, 이제 ≪太平御覽≫에 의거하여 채워 넣는다. ≪呂氏春秋≫ 〈古樂〉에 "湯王이 伊尹에게 명하여 '大護'를 만들고 '晨露'를 노래하며 〈舜임금의 樂인〉 '九招'와 '六列'을 정비하게 하였다."라 하였다.

案 : 道藏本에도 비록 빠진 글이 있으나 그래도 '自作樂命曰九招'가 있으니, 일곱 字는 전혀 빠진 글자가 아니다. 畢沅의 說은 자세하지 못하다. ≪風俗通義≫ 〈聲音〉에 "湯王이 '護'를 지었으니, '護'는 백성을 구제한다는 말이다."라 하였으며, ≪藝文類聚≫ 〈帝王部〉에 ≪春秋元命苞≫를 인용하면서 말하기를 "湯王의 시대에 백성들이 患害에서 구제됨을 크게 기뻐하였다. 그러므로 '護'는 구제한다는 뜻이다."라 하였으며, ≪白虎通義≫ 〈禮樂〉에 "湯王의 樂을 '大護'라고 한 것은 湯王이 쇠락해가는 시대를 이어받아 능히 도탄에 빠

17) 脩 : 畢本의 대문에는 '修'로 되어 있고, 畢沅의 注에는 '脩'자가 없다.

18) 脩 : 畢本에는 '修'로 되어 있다.

19) 春秋元命苞 : 西漢 末年에 지어진 讖緯書로, 緯書의 代表作이다.

진 백성을 구제하였다는 말이다."라 하였으며, ≪春秋公羊傳≫ 隱公 5년 조의 何休의 注에 "殷나라의 樂을 '大護'라고 하니, 殷나라 때 백성이 즐거워하여 자기들을 구제해준 德을 크게 여겼기 때문이다."라 하였으니, 모두 이곳의 대문의 내용과 같다. ≪周禮≫ 〈大司樂〉에 '護'는 '濩'로 되어 있으며 ≪漢書≫ 〈禮樂志〉에도 이와 같이 되어 있으니, '護'는 '濩'자이니, 또한 뜻이 통한다. '九招'는 바로 ≪書經≫ 〈皐陶謨〉에 "簫韶를 아홉 번 연주한다."라 하였으니, 〈대문에서 말한 '九招'는 바로 이 '九韶'를 말함이니,〉 舜임금의 音樂이다. ≪史記≫ 〈夏本紀〉에 "禹임금이 '九招'의 樂을 일으켰다."라 하였으며, ≪呂氏春秋≫ 〈古樂〉에 "帝嚳이 '九招'를 지음에 舜임금이 質로 하여금 정비하게 하였다."라 하였으며, ≪山海經≫ 〈大荒西經〉에 "啓가 처음으로 '九招'를 노래하였다."라 하였다. ≪周禮≫ 〈大司樂〉에는 '九磬'로 되어 있으니, '招'와 '韶'와 '磬'자는 모두 뜻이 통한다.

7-2-4 **武王勝殷殺紂**하여 **環天下**하여 **自立以爲王**에 **事成功立**하여 **無大後患**이라 **因先王之樂**하여 **又自作樂**하고 **命曰 象**하니라

武王이 殷나라를 이기고 紂를 죽여 천하를 도모하여 스스로 우뚝 서 왕이 되었을 때, 일이 이루어지고 功이 세워져 큰 後患이 없었다. 그리하여 先王의 樂을 이어받아 또 스스로 樂을 만들고서 '象'이라 命名하였다.

畢云 呂氏春秋에 云 周公이 爲三象이라하니 乃成王之樂이라 此云 象又是武王作이니 未詳이라하다 案 毛詩周頌序에 云 維淸은 奏象舞也라한대 鄭箋에 云 象은 用兵時에 刺伐之舞니 武王制焉이라하다 禮記文王世子에 下管象이라한대 鄭注에 云 象은 周武王伐紂之樂이라하다 春秋繁露三代改制質文篇에 云 文王作武樂하며 武王作象樂하며 周公作汋(작)樂이라하다 淮南子氾論訓에 云 周武象이라한대 高注에 云 武王樂也라하다 白虎通義禮樂篇에 云 周公曰 酌이요 武王曰 象者는 象太平而作樂하여 示已太平也니 合曰 大武라하니 此皆以象爲武王所作이라 畢專據呂覽古樂篇하여 以疑此書하니 殊爲失攷라 周禮大司樂六樂에 有大武而無象하니 則大武自爲周之正樂이요 象은 蓋舞之小者라 周頌의 孔疏에 謂象舞는 象文王之事요 大武는 象武王之事라 大武之樂도 亦爲象이라하니 傳[20]

20) 傳 : 底本에는 '傅'로 되어 있으며, 漢文大系本에는 '傳'으로 되어 있다. 漢文大系本을 따라 번역하였다.

合武象하여 爲一은 非也라 左襄二十九年傳에 云 見舞象箾南籥者[21)]라한대 杜注에 云 象箾는 舞所執이니 文王之樂[22)]이라하니 杜又以象爲文王樂이라 史記吳世家集解에 引賈逵와 詩周頌疏에 引服虔은 說竝同하니 蓋皆傳聞之異라

畢沅 : ≪呂氏春秋≫에 "周公이 세 개의 '象'을 지었다."라 하였으니, 바로 成王의 樂이다. 그런데 여기에서는 '象'을 또 武王이 지었다고 하니, 자세히 알 수 없다.

案 : ≪毛詩≫ 〈周頌 維淸〉의 毛序에는 "〈維淸〉은 象舞를 연주한다."라 하였는데, 鄭玄의 箋에 "'象'은 用兵할 때 창칼로 찌르고 베는 모습을 본뜬 춤이니, 武王이 만든 것이다."라 하였다. ≪禮記≫ 〈文王世子〉에 "下管象(堂 아래에서는 '象舞'의 曲을 管樂器로 연주한다.)"이라 하였는데, 鄭玄의 注에 "'象'은 周 武王이 紂을 誅伐하는 내용의 樂이다."라 하였다. ≪春秋繁露≫ 〈三代改制質文〉에 "文王은 武樂을 지었고, 武王은 象樂을 지었고, 周公은 汋樂을 지었다."라 하였다. ≪淮南子≫ 〈氾論訓〉에 "周武象"이라 하였는데, 高誘의 注에 "〈'象'은〉 武王의 樂이다."라 하였다. ≪白虎通義≫ 〈禮樂〉에 "周公의 樂을 '酌'이라 하며, 武王의 樂을 '象'이라 한 것은 太平함을 본떠서 樂을 지어 이미 太平한 시대임을 보인 것이니, 합하여 '大武'라 한다."라 하였으니, 이는 모두 '象'을 武王이 지은 것이라 여긴 것이다. 畢沅은 ≪呂氏春秋≫ 〈古樂〉에만 의거하여 이 글을 의심하였으니, 상고함이 매우 잘못되었다. ≪周禮≫ 〈大司樂 六樂〉에 '大武'는 있으나 '象'은 없으니, 그렇다면 '大武'는 저대로 周公의 正樂이며, '象'은 아마도 舞 가운데 작은 것인 듯하다. ≪毛詩≫ 〈周頌 維淸〉 孔穎達의 疏에 "'象舞'는 文王의 일을 본뜬 것이고 '大武'는 武王의 일을 본뜬 것인데, '大武'의 樂이 또한 '象'이 된다."라 하니, 傳에서 '武'와 '象'을 合하여 하나로 본 것은 옳지 않다. ≪春秋左氏傳≫ 襄公 29년 조에 "〈季札이〉 象箾舞와 南籥舞를 본다."라 하였는데, 杜預의 注에 "'象箾'는 춤추는 사람이 손에 쥐는 것이니, 文王의 樂이다."라 하였으니, 두예는 또 '象'을 文王의 樂으로 여긴 것이다. ≪史記集解≫ 〈吳世家〉에서 賈逵를 인용한 곳과 ≪毛詩≫ 〈周頌 維淸〉 공영달의 疏에서 服虔를 인용한 곳은 說이 모두 이와

---

21) 見舞象箾南籥者 : '象箾'는 箾韶의 伴奏에 맞추어 象舞를 추는 춤이며, '南籥'은 南樂의 伴奏에 맞추어 추는 춤이다. '象箾'는 武舞이고 '南籥'은 文舞라고도 한다. ≪春秋左氏傳≫ 襄公 29년 조에 "〈季札이〉 象箾舞와 南籥舞를 보고서 '훌륭합니다. 다만 恨이 있는 듯합니다.'라 하였으며, 大武舞를 보고서 '훌륭합니다. 周나라가 興盛했을 때 아마도 이와 같았을 것입니다.'라 하였다.〔見舞象箾南籥者 曰 美哉 猶有憾 見舞大武者 曰 美哉 周之盛也 其若此乎〕"라고 보인다.

22) 文王之樂 : 杜預의 注에 "象箾 舞所執 南籥 以籥舞也 皆文王之樂(象箾는 춤추는 사람이 손에 쥐는 것이며, 南籥은 籥舞이니, 모두 文王의 樂이다.)"이라고 보인다.

같으니, 아마도 모두 傳聞이 달랐을 듯하다.

7-2-5 周成王은 因先王之樂하여 又自作樂하고 命曰 騶虞라하니라

周 成王은 先王의 樂을 이어받아 또 스스로 樂을 만들고서 '騶虞'라 命名하였다.

王云 御覽에 引作周成王이 因先王之樂하여 又自作樂하고 命曰 騶吾라하니 是也라 上文에 云 湯因先王之樂하여 又自作樂하고 命曰 護라하며 武王因先王之樂하여 又自作樂하고 命曰 象이라하니 卽其證이라 今本에 脫去又自作樂四字하니 則義不可通이라 困學紀聞所引이 已同이라 今本[23]書傳中에 騶虞字는 多作騶吾라 故로 困學紀聞詩類에 引墨子하여 尙作騶吾하니 今作騶虞者는 後人이 依經典改之라하다 案 王說이 是也라 今據增이라 鈔本御覽樂部三에 引此하여 書[24]騶虞하여 又作鄒吾하니 字竝通이라 詩召南有騶虞篇하니 蓋作於成王時라 故로 墨子以爲成王之樂이니 凡詩는 皆可入樂也라 周禮大司樂에 大射令奏騶虞[25]라한대 鄭注에 云 騶虞는 樂章名이라하다

王念孫 : ≪太平御覽≫에 이 대목을 인용하면서 "周 成王이 先王의 樂을 이어받아 또 스스로 樂을 만들고서 '騶吾'라고 命名하였다."라 하였으니, 옳다. 윗글에 "湯王이 先王의 樂을 이어받아 또 스스로 樂을 만들고서 '護'라고 命名하였다."라 하였으며, "武王이 先王의 樂을 이어받아 또 스스로 樂을 만들고서 '象'이라고 命名하였다."라 하였으니, 바로 그 증거이다. 今本에는 '又自作樂' 네 글자가 빠져 있으니, 뜻이 통할 수가 없다. ≪困學紀聞≫에 인용한 곳에도 〈'又自作樂'이 있는 것이〉 이미 같다. 今本 ≪尙書大傳≫에는 '騶虞'자가 '騶吾'로 된 곳이 많다. 그러므로 ≪困學紀聞≫ 〈詩類〉에서 ≪墨子≫를 인용하면서 그대로 '騶吾'라고 썼다. 今本에 '騶虞'라 되어 있는 것은 後人이 經典에 의거하여 고친 것이다.

案 : 王念孫의 說이 옳다. 이제 그의 설에 의거하여 〈'又自作樂'을〉 채워 넣는다. 鈔本

23) 困學紀聞所引已同今本 : 底本에는 '困學紀聞所引已同今本'이 한 句로 되어 있으며, 漢文大系本에는 '困學紀聞所引已同'을 한 句, '今本'을 뒤로 붙여 한 句로 보았다. 漢文大系本을 따라 번역하였다.

24) 引此書 : 저본에는 '引此書'로 되어 있어 구두를 떼지 않았으나, '書'자는 뒤로 붙여야 하고 동사로 번역해야 할 듯하다. 漢文大系本이 이와 같다.

25) 大射令奏騶虞 : ≪周禮≫ 〈大司樂〉에 "大射禮를 행함에 王이 出入할 때에는 '王夏'를 연주케 하며, 활을 쏠 때에는 '騶虞'를 연주케 한다.〔大射 王出入 令奏王夏 及射 令奏騶虞〕"라고 보인다.

≪太平御覽≫ 〈樂部 3〉에서 이 대목을 인용하면서 '騶虞'라 쓰기도 하고 '鄒吾'라 쓰기도 하였으니, 글자가 모두 뜻이 통한다. ≪詩經≫ 召南에 〈騶虞〉가 있는데, 아마도 成王 때 지어졌기 때문에 墨子가 成王의 樂이라고 한 듯하니, 무릇 詩는 모두 樂에 들어갈 수 있다. ≪周禮≫ 〈大司樂〉에 "大射禮를 행할 때에는 '騶虞'를 연주하라고 명한다."라 하였는데, 鄭玄의 注에 "'騶虞'는 樂章의 이름이다."라 하였다.

成王

7-2-6 **周成王之治天下也**는 **不若武王**이요 **武王之治天下也**는 **不若成湯**이요 **成湯之治天下也**는 **不若堯舜**이라 **故**로 **其樂**(악)**逾繁者**는 **其治逾寡**니 **自此觀之**컨대 **樂非所以治天下也**라

〈그런데〉 周 成王이 천하를 다스리는 것은 武王만 못하였으며, 武王이 천하를 다스리는 것은 成湯만 못하였으며, 成湯이 天下를 다스리는 것은 堯舜만 못하였다. 그러므로 그 樂이 繁多해질수록 그 治績은 적어지니, 이로부터 살펴보건대 樂은 천하를 다스리는 방법이 아니다."

7-3-1 **程繁曰 子曰 聖王無樂**이라하더니 **此亦樂已**어늘 **若之何其謂聖王無樂也**오

程繁이 말하였다.
"선생님께서 '聖王은 樂이 없다.'라 하셨는데, 〈지금 말씀하시는 것이〉 이 역시 樂일 뿐입니다. 그런데 어찌하여 '聖王은 樂이 없다.'라 말씀하십니까."

7-4-1 **子墨子曰 聖王之命也**는

子墨子께서 말씀하셨다.

"聖王의 명령은

命은 與令義同이라 蘇云 此下에 有闕文誤字라하다

'命'은 '令'과 뜻이 같다.
蘇時學 : 이 아래에 闕文이나 誤字가 있다.

7-4-2 **多寡之**라

'많으면 줄이라.'는 것이다.

此는 疑當作多者寡之라 言凡物病其多者니 則務寡之라

이는 아마도 '多者寡之'로 써야 할 듯하다. 무릇 사물은 너무 많으면 문제가 되니 그것을 줄이기에 힘쓰라는 말이다.

7-4-3 **食之利也**에 **以知饑而食之者智也**인댄 (因)〔固〕[26]**爲無智矣**니 **今聖**(王)[27]은 **有樂而少**니 **此亦無也**니라

음식이 이로운데 굶주려서야 음식을 찾아 먹을 줄 아는 것을 지혜롭다 한다면 〈이 정도의 지혜는 오히려〉 진실로 지혜가 없다는 것이니, 이제 〈저〉 聖王은 樂이 있기는 하지만 매우 적으니, 이 또한 樂이 없는 것과 마찬가지이다."

畢云 言人所以生者는 食之利어늘 但必以知饑而食之니 否則非智라 今聖人이 雖用樂而少하니 此亦無違于聖人이라 無下에 疑有脫字라하다 案 畢說은 非也라 因은 當作固요 今聖下에 當有王字라 此는 言食爲人之利나 然이나 人饑知食은 不足爲智하니 若因饑知食而謂之爲智면 則所知甚淺이라 固爲無智矣라하여 以喩聖王이 雖作樂而少하니 猶之無樂也라 末句無下에 似無脫字라

畢沅 : 사람이 생존할 수 있는 것은 음식의 이로움 때문이거늘 그저 배가 고프면 음식을 먹을 줄 알 정도면 되니, 그 정도도 모른다면 지혜로운 것이 아니라는 말이다. 지금

26) (因)〔固〕: 저본에는 '因'으로 되어 있으나, 孫詒讓의 주에 의거하여 '固'로 바로잡았다.
27) (王) : 저본에는 '王'이 없으나, 孫詒讓의 주에 의거하여 보충하였다.

聖人이 비록 樂을 쓰기는 하나 거의 쓰지 않는 정도이니, 이는 또한 聖人에 위배됨이 없다. 〈'此亦無也'의〉 '無' 아래에 빠진 글자가 있는 듯하다.

案：畢沅의 說은 옳지 않다. '因'은 마땅히 '固'가 되어야 하고 '今聖'의 아래에 마땅히 '王'자가 있어야 한다. 이는 '음식은 사람에게 이로운 것이다. 그러나 사람이 굶주리고서야 음식을 먹을 줄 아는 것은 지혜롭다고 하기에는 부족하다. 만일 굶주림으로 인하여 음식을 먹을 줄 아는 것을 지혜롭다고 한다면 아는 것이 너무도 얕은지라 진실로 '無智(지혜가 없음)'와 마찬가지가 된다는 말이다. 이로써 聖王이 비록 樂을 만들기는 했지만 매우 적었으니, '無樂(음악이 없음)'과 같음을 비유한 것이다. 末句인 〈'此亦無也'의〉 '無' 아래에는 빠진 글자가 없는 듯하다.

尙賢 上 第八　제8편 어진 이를 높임 상

'尙賢'은 인재 선발 방법에 대해 논하는 장이다. 貴賤, 貧富 등 세습적 요소를 고려하지 말고, 친척, 측근 등 왕과 친한 자들에게 치우치지 말며, 오직 개인의 품성과 능력을 기준으로 인재를 선발해야 한다는 것이다.

經典釋文敍錄에 引鄭康成書贊[1]云 尙者는 上也라하고 淮南子氾論訓에 云 兼愛와 上賢과 右鬼와 非命은 墨子之所立也나 而楊子非之라하고 漢書藝文志에 亦作上賢이라 畢云 說文에 云 賢은 多才也라하고 玉篇에 云 有善行也라 尙은 與上同이라하다

≪經典釋文≫ 〈敍錄〉에서 鄭玄의 〈書贊〉을 인용하여 "'尙'은 '上(높이다)'이다."라 하였다. ≪淮南子≫ 〈氾論訓〉에서는 "〈兼愛〉·〈上賢〉·〈右鬼〉·〈非命〉은 墨子(墨翟)가 주장한 것인데 楊子(楊朱)가 이를 비판하였다."라 하였다. ≪漢書≫ 〈藝文志〉에도 '上賢'이라 되어 있다.

畢沅 : ≪說文解字≫에서 "賢은 재능이 많은 것이다."라 하였고, ≪玉篇≫에서는 "〈'賢'은〉 善行이 있는 것이다."라 풀이하였다. '尙'은 '上'과 같은 뜻이다.

8-1-1 子墨子言曰 今者에 王公大人爲政於國家者는

子墨子께서 말씀하셨다.
"지금 국가에서 정사를 맡고 있는 王公大人들은

今者는 舊本作古者라 王云 此謂今之王公大人이요 非謂古也라 古者는 當依群書治要하여 作今者라 義見下文이라하다 案 王說이 是也라 今據正이라 禮運에 云 大人은 世及[2]以爲禮[3]라한대 鄭注에 云 大人은 諸侯也라하고 孔疏에 云 易革卦에 大人虎變이 對

---

1) 書贊 : 鄭玄의 ≪尙書≫에 대한 주석을 일컫는다.

2) 世及 : 孔穎達의 疏에 의하면, 제후의 자리를 세습할 때 아버지가 아들에게 물려주거나, 아들이 없으면 형이 아우에게 물려주는 것을 의미한다. 이때 아들에게 물려주는 것을 '世', 아우에게 물려주는 것을 '及'이라 한다.

君子豹變하니 故로 大人爲天子나 相見禮에 云 與大人言호대 言事君이라하니 對士하고 又云事君이라 故로 以大人爲卿大夫라하다

'今者'는 舊本에는 '古者'로 되어 있다.

王念孫 : 이는 지금의 王公大人을 이르는 것이지 옛 〈王公大人을〉 이르는 것이 아니다. '古者'는 ≪群書治要≫에 의거하여 '今者'가 되어야 하니, 그 뜻은 아래 글에 보인다.

案 : 王念孫의 말이 옳으니, 지금 이에 의거하여 바로잡는다. ≪禮記≫ 〈禮運〉에 "大人은 世及으로 禮를 삼는다."고 하였는데, 鄭玄의 注에서는 "大人은 제후이다."라 하였고, 孔穎達의 疏에서는 "≪周易≫ 革卦에서 '大人은 범처럼 변한다.'와 '君子는 표범처럼 변한다.'가 對句를 이루니 大人은 天子이다. 그러나 ≪儀禮≫ 〈士相見禮〉에서는 '大人과 말할 때는 임금을 섬기는 일에 대해 말한다.'고 하였으니, 〈이때 大人은〉 士와 상대해 말한 것이고, 또 '임금 섬기는 일'에 대해 말하기 때문에 大人을 卿大夫로 본다."라 하였다.

8-1-2 皆欲國家之富하고 人民之衆하고 刑政之治하나 然而不得富而得貧하고 不得衆而得寡하고 不得治而得亂하니 則是本失其所欲[4]하고 得其所惡(오)라 是其故何也오

모두 國家가 부유해지고 人民이 늘어나며 刑政이 잘 다스려지기를 바라지만, 실제로는 도리어 〈국가는〉 부유해지지 못하고 가난해지며 〈인민은〉 늘지 않고 줄어들며 〈형정은〉 잘 다스려지지 않고 어지러워진다. 원래 그들이 바라는 것은 이루지 못하고 그들이 싫어하는 것을 얻게 된 것이다. 이렇게 된 이유는 무엇인가?"

8-2-1 子墨子言曰 是在王公大人爲政於國家者 不能以尙賢事能爲政也니라

子墨子께서 말씀하였다.

"그 이유는 국가에서 정사를 맡고 있는 王公大人들이 어진 사람을 높이고 유능한 사람을 부려서 정치하지 못하기 때문이다.

---

3) 禮 : 저본 傍注에 "'禮'는 원래 '國'으로 잘못되어 있으나, ≪禮記≫ 〈禮運〉에 의거하여 고쳤다."고 하였다.

4) 本失其所欲 : 문맥상 "失其本所欲"으로 고쳐 번역하였다.

蘇云 事는 當作使라 二字形近而訛라하다 案 事는 使로 義同이라 漢書高帝紀如淳[5)]注에 云 事는 謂役使也라하니 非訛字라

蘇時學 : '事'는 '使(부리다)'가 되어야 한다. 두 글자가 모양이 비슷해서 잘못 傳寫된 것이다.

案 : '事'와 '使'는 뜻이 같다. ≪漢書≫ 〈高帝紀〉 如淳의 注에 "'事'는 부리는 것을 이른다."라 하였으니, 잘못 傳寫된 글자가 아니다.

8-2-2 是故로 國有賢良之士衆이면 則國家之治厚하고 賢良之士寡면 則國家之治薄이라 故로 大人之務는 將在於衆賢而已니라

그런 까닭에 나라에 어진 士들이 많으면 국가가 넉넉하게 다스려지고 어진 士가 적으면 국가가 파파하게 다스려진다. 그러므로 大人의 임무는 바로 어진 사람들을 늘리는 데 있을 따름이다."

8-3-1 曰 然則衆賢之術은 將柰何哉오

말씀하셨다.
"그렇다면 어진 사람들을 늘리는 방법은 장차 어떻게 해야 하는가?"

8-4-1 子墨子言曰 譬若欲衆其國之善射御之士者면 必將富之하고 貴之하고 敬之하고 譽之한 然后에 國之善射御之士를

子墨子께서 말씀하셨다.
"예컨대 그 나라에서 활을 잘 쏘고 말을 잘 모는 戰士를 늘리려 한다면 반드시 장차 그를 부유하게 만들고 고귀한 신분으로 만들며 공경하고 칭찬한 후에야 비로소 나라의 활 잘 쏘고 말 잘 모는 전사들을

后는 群書治要에 作後하니 下同이라

---

5) 如淳 : ?~? 삼국시대 魏나라 사람으로 陳郡丞을 역임하였으며, ≪漢書≫를 주석하였다.

'后'는 ≪群書治要≫에 '後'로 되어 있으니, 이하도 마찬가지이다.

8-4-2 **將可得而衆也**니라

늘릴 수 있다.

王引之云 此將字는 猶乃也이니 與上將字로 異義라하다

王引之 : 이 '將'자는 '乃(이에)'와 같은 뜻이니, 위에 나오는 '將'자와는 뜻이 다르다.

8-4-3 **況又有賢良之士 厚乎德行**하고 **辯乎言談**하고 **博乎道術者乎**아 **此固國家之珍**이요 **而社稷之佐也**니

하물며 돈후한 德行을 갖추고 言辯에 조리가 있으며 道學에 해박한 어진 士가 있을 경우에야 말할 나위가 있겠는가? 이들은 진실로 국가의 보배이며 社稷을 보좌하는 사람들이니,

畢云 佐는 當爲左라하고 鈕(뉴)樹玉[6]云 佐字는 見漢刻石門頌[7]이라하다

畢沅 : '佐'는 마땅히 '左'가 되어야 한다.

鈕樹玉 : '佐'자는 漢나라 때 새긴 〈石門頌〉에 보인다.

8-4-4 **亦必且富之**하고 **貴之**하고 **敬之**하고 **譽之**한 **然后**에 **國之良士**를 **亦將可得而衆也**니라

반드시 그들도 부유하게 만들고 고귀한 신분으로 만들며 공경하고 칭찬한 후에야 비로소 나라의 어진 士들을 늘릴 수 있다.

---

6) 鈕樹玉 : 1760~1827. 字는 藍田, 號는 匪石山人이며 사람들은 匪石先生이라 불렀다. 文字學과 聲韻學에 밝았고 ≪說文解字≫를 연구하였다. 저서에 ≪群經古義≫, ≪說文考異≫, ≪段氏說文注訂≫, ≪匪石居吟稿≫, ≪匪石先生文集≫, ≪說文解字校錄≫ 등이 있다.

7) 石門頌 : 원래 명칭은 〈漢司隸校尉犍爲楊君頌〉이며, 〈楊孟文頌〉이라고도 한다. 東漢 建和 2년(148) 11월에 隸書로 새겨진 것으로, 全文은 모두 655字이다. 楊孟文 등의 공적을 표창하는 내용으로 漢中太守 王升이 지었다.

后는 道藏本에 作後라

'后'는 道藏本에는 '後'로 되어 있다.

8-5-1 是故로 古者聖王之爲政也에

이런 까닭에 옛날 聖王이 정치를 할 때에

舊本脫也字러니 今據治要補라

舊本에는 '也'자가 빠져 있었는데, 지금 ≪群書治要≫에 근거하여 보충하였다.

8-5-2 言曰 不義不富하고 不義不貴하고 不義不親하고 不義不近이라

'의롭지 않은 자에게는 俸祿을 많이 내리지 않고, 의롭지 않은 자에게는 높은 官爵을 주지 않으며, 의롭지 않은 자를 親愛하지 않고, 의롭지 않은 자를 가까이 두지 않을 것이다.'라고 선언하였다.

治要에 不富와 不貴와 不親과 不近이 竝在不義上이라하다

≪群書治要≫에는 '不富'와 '不貴'와 '不親'과 '不近'이 모두 '不義'의 위에 있다.

8-5-3 是以로 國之富貴人聞之하고 皆退而謀曰 始我所恃者는 富貴也로대 今上擧義不辟(피)貧賤하니

이런 까닭에 나라의 부유하고 귀한 신분의 사람들이 이를 듣고 보두 물러나 의논하기를 '애초에 우리들이 믿었던 바는 부귀하다는 것이었는데, 지금 왕께서 의로운 사람들을 등용하시면서 빈천한 자들을 피하지 않으시니,

治要에 作避하니 下竝同이라 蘇云 辟는 讀如避라 下同이라하다

〈'辟'는〉 ≪群書治要≫에 '避'로 되어 있으니 이하도 모두 마찬가지이다.

蘇時學 : '辟'는 讀音이 '避(피)'와 같다. 이하도 마찬가지이다.

8-5-4 然則我不可不爲義라하고 親者聞之하고 亦退而謀曰 始我所恃者는 親也로대 今上擧義不辟疏하니

그렇다면 우리가 의롭게 행동하지 않을 수 없다.'라 하고, 왕의 친척들도 이를 듣고 물러나 의논하기를 '애초에 우리가 믿었던 바는 왕의 친척이라는 것이었는데, 지금 왕께서 의로운 사람들을 등용하시면서 친척이 아닌 자들을 피하지 않으시니,

疏上에 舊本有親字요 治要同이라 王云 親字는 涉上文而衍이라 不避疏는 義見上下文이라하다 案 王說이 是也라 今據刪이라

'疏' 위에는 舊本에 '親'자가 있어 〈'親疏'로 되어 있고,〉 ≪群書治要≫에도 마찬가지이다.

王念孫 : 〈'親疏'의〉 '親'자는 윗글과 연관되어 잘못 들어간 것이다. "친척이 아닌 자를 피하지 않는다."는 뜻은 위아래 글에서 보인다.

案 : 王念孫의 설이 옳다. 지금 이에 근거하여 삭제하였다.

8-5-5 然則我不可不爲義라하고 近者聞之하고 亦退而謀曰 始我所恃者는 近也로대 今上擧義不(避)〔辟〕[8]遠하니

그렇다면 우리가 의롭게 행동하지 않을 수 없다.'라 하고, 왕과 가까이 있는 자들도 이를 듣고 물러나 의논하기를 '애초에 우리가 믿었던 바는 왕과 가까이 있다는 것이었는데, 지금 왕께서 의로운 사람들을 등용하시면서 멀리 떨어져 있는 자들을 피하지 않으시니,

舊本에 作近이요 治要에 作遠近이라 王云 近字는 涉上文而誤하니 近當爲遠이라 不辟遠은 見下文이라하다 案 王說이 是也라 今據正이라 蓋故書本에 衍一近字한대 後人誤刪遠存近하여 遂不可通이라

舊本에 '近'으로 되어 있고, ≪群書治要≫에는 '遠近'으로 되어 있다.

8) (避)〔辟〕: 저본에는 '避'로 되어 있으나, 앞의 사례와 8-5-3의 注에 의거하여 '辟'로 바로잡았다.

王念孫 : '近'자는 윗글과 연관되어 잘못된 것이니 '近'은 마땅히 '遠'이 되어야 한다. '不辟遠(멀리 떨어져 있는 이들을 피하지 않는다.)'은 아래 글에 보인다.

案 : 王念孫의 설이 옳다. 지금 이에 근거해서 바로잡는다. 아마도 故書本에 '近'자 한 글자가 잘못 들어가서 〈'遠近'으로 되었는데〉 후대에 잘못 '遠'자를 삭제하고 '近'자만 남겨두어 결국 통하지 않게 된 것이리라.

8-5-6 **然則我不可不爲義**라하니라

그렇다면 우리가 의롭게 행동하지 않을 수 없다.'라 하였다.

8-5-7 **遠者聞之**하고 **亦退而謀曰 我始以遠爲無恃**호대 **今上擧義不辟遠**하니 **然則我不可不爲義**라하여 **逮至遠鄙郊外之臣**과

〈한편〉 왕과 멀리 떨어져 있던 자들도 이를 듣고 물러나 의논하기를 '우리가 애초에 멀리 떨어져 있다는 점 때문에 믿을 바가 없었는데, 지금 왕께서 의로운 사람들을 등용하시면서 멀리 떨어져 있는 자들을 피하지 않으시니, 그렇다면 우리가 의롭게 행동하지 않을 수 없다.'라 하여 변방의 신하와

遠鄙는 **卽下四鄙**이니 **謂都鄙縣鄙也**라 **書文侯之命**에 **孔疏引鄭注云 鄙**는 **邊邑也**라하고 **周禮載師**에 **杜子春**[9]**注云 五十里爲近郊**요 **百里爲遠郊**라하고 **又引司馬法**[10]**云 王國**은 **百里爲郊**라하다

'遠鄙'는 곧 아래의 '四鄙'이니 都鄙와 縣鄙를 뜻한다. ≪書經≫ 〈文侯之命〉 孔穎達의 疏에서 鄭玄의 注를 인용하여 "'鄙'는 邊邑이다."라 하고, ≪周禮≫ 〈載師〉 杜子春의 注에 "50里가 近郊이고, 100里가 遠郊이다."라 하며, 또 ≪司馬法≫을 인용하여 "王國은 100里가 郊이다."라 하였다.

---

9) 杜子春 : B.C. 30~A.D. 58. 西漢末에 경학자 劉歆, 鄭衆, 賈逵 등에게 배웠으며 周禮學의 기초를 닦았다. 이후 그의 ≪周禮≫ 주석은 鄭玄의 ≪三禮注解≫에 채용되었다.

10) 司馬法 : 春秋時代의 兵法書이다. 唐나라 재상 李靖에 의하면, ≪司馬法≫은 원래 周 文王의 大司馬였던 姜太公이 쓴 것으로 후대의 司馬穰苴가 쓴 ≪司馬穰苴書≫와는 다른 것이라 한다.

8-5-8 門庭庶子와

궁궐을 수비하는 여러 자제들,

說文广部에 云 庭은 宮中也라하고 周禮宮伯에 掌王宮之士庶子凡在版者라하고 鄭衆注에 云 庶子는 宿衛之官이라하고 鄭康成云 王宮之士는 謂王宮中諸吏之適子也요 庶子는 其支庶也라하다 案 士庶子는 卽公族及卿大夫之子 宿衛宮中者也라 新序襍事二[11)]에 云 楚莊王中庶子曰 臣尙衣冠御郎十三年矣라하다 蓋凡宿衛位署는 皆在路寢內外朝門庭之閒이라 故로 此書謂之門庭庶子라 新序云御郎의 郎은 謂郎門이니 卽路寢門也라 凡宿衛子弟로 已命者를 謂之士요 未命者를 謂之庶子이니 說詳周禮正義[12)]라

≪說文解字≫ 〈广部〉에 "'庭'은 宮中이다."라 하고, ≪周禮≫ 〈宮伯〉에 "〈宮伯은〉 명부에 올라 있는 王宮의 모든 士庶子를 관장한다."라 하고, 鄭衆의 注에 "庶子는 宿衛의 관직이다."라 하며, 鄭玄은 "王宮의 士는 王宮 안의 여러 관리들의 嫡子이고, 庶子는 그 支庶들이다."라 하였다.

案 : '士庶子'는 곧 公族과 卿大夫의 아들로 궁중에서 숙위하는 자들이다. ≪新序≫ 〈襍事 2〉에 "楚 莊王의 中庶子가 말하기를 '臣이 尙衣와 尙冠의 직책을 맡은 御郎으로 13년 되었습니다.'라 하였다."는 말이 나온다. 아마도 宿衛의 位署는 모두 路寢(正殿) 안과 外朝의 門庭 사이에 있기 때문에 이 책에서 그들을 일컬어 '門庭庶子'라 한 것이다. ≪新序≫에서 말하는 '御郎'에서 '郎'은 郎門을 말하는 것이니 곧 路寢의 門이다. 대저 宿衛子弟로서 이미 관직에 임명된 자를 일러 '士'라 하고, 아직 관직에 임명되지 못한 자를 일러 '庶子'라 하니, 이에 대한 설명은 ≪周禮正義≫에 상세하다.

8-5-9 國中之衆과

도성 안의 사람들,

周禮鄕大夫鄭注에 云 國中은 城郭中也라

---

11) 襍事二 : 저본 傍注에 "'襍事二'는 원래 '襍事一'로 잘못되어 있으나, ≪新序≫에 의거하여 고쳤다."라 하였다.

12) 周禮正義 : 孫詒讓이 지은 ≪周禮≫에 대한 주석서이다. 모두 86권이다.

≪周禮≫ 〈鄕大夫〉 鄭玄의 注에 "國中은 城郭의 안이다."라 하였다.

8-5-10 **四鄙之萌人**히

먼 시골에 사는 농부들까지

漢書劉向傳顔注에 **云 萌**은 **與甿同**하니 **無知之貌**라하고 **管子山國軌篇尹**[13] **注**에 **云 萌**은 **田民也**라하고 **一切經音義**에 **云 萌**은 **古文氓**과 **同**이라하고 **史記三王世家**에 **姦巧邊萌**이라한대 **索隱**에 **云 萌一作甿**이라하고 **說文民部**에 **云 氓**은 **民也**라 **讀若盲**이라하고 **又甿**은 **田民也**라하다 **畢云 萌**은 **氓字之假音**이라하다

≪漢書≫ 〈劉向傳〉 顔師古의 注에 "'萌'은 '甿'과 같은 뜻이니, 無知한 모양이다."라 하고, ≪管子≫ 〈山國軌〉 尹知章의 注에서는 "'萌'은 田民이다."라 하며, ≪一切經音義≫에 "'萌'은 古文의 '氓'과 같은 뜻이다."라 하고, ≪史記≫ 〈三王世家〉에 '간교한 邊萌'이라는 말이 나오는데 ≪史記索隱≫에 "'萌'을 다른 본에는 '甿'이라 썼다."라 하고, ≪說文解字≫ 〈民部〉에 "'氓'은 '民'이다. 讀音이 '盲(맹)'과 같다."라 하며, 또 "'甿'은 田民이다."라 하였다.

畢沅 : '萌'은 '氓'자의 假音字이다.

8-5-11 **聞之**하고 **皆競爲義**라 **是其故何也**오 **曰 上之所以使下者**는 **一物也**요 **下之所以事上者**는 **一術也**라 **譬之富者**컨대

모두 이를 듣고 다투어 의롭게 행동하였다. 이렇게 된 이유는 무엇인가? 윗사람이 아랫사람을 부리는 방법은 한 가지(어진 이를 높이는 것)이고 아랫사람이 윗사람을 섬기는 방법도 한 가지(의롭게 행동하는 것)이기 때문이다.

비유컨대 부자가

畢云 富는 **舊作異**하니 **一本如此**라하다

畢沅 : '富'는 舊本에서는 '異'로 되어 있는데, 다른 어떤 本도 이와 같다.

---

13) 尹 : 尹知章(669~718)을 가리킨다. 唐나라의 大臣이다. 六經에 정통하였으며 ≪孝經≫, ≪老子≫, ≪莊子≫, ≪韓非子≫, ≪管子≫, ≪鬼谷子≫ 등에 대한 주석서를 저술하였다.

8-5-12 **有高牆深宮**이러니 **牆立旣**하고

높은 담이 있고 집안 깊숙이 내당이 있는 집을 가지고 있는데 집의 담을 세우고 나서

牆立旣는 疑當作宮牆旣立이라 宮字는 涉上而脫하고 旣立은 又誤作爲立旣하여 遂不可通이라

'牆立旣'는 아마도 마땅히 '宮牆旣立(집의 담을 세우고 나서)'이 되어야 한다. 宮자는 윗글에 연관되어 빠졌고, '旣立'은 또한 '立旣'로 잘못 써서 마침내 뜻이 통하지 않게 된 것이다.

8-5-13 **謹上爲鑿一門**하여

겨우 문 하나만을 열어두어,

謹上은 疑當爲謹止라 辭過篇에 云 謹此則止라하니 謹止爲鑿一門이라 謹은 與僅通이라 言於牆閒纔開一門하고 不敢多爲門戶也라

'謹上'은 아마도 마땅히 '謹止'가 되어야 한다. ≪墨子≫ 〈辭過〉에 "謹此則止(겨우 이 정도에 그친다.)"라 하니, 겨우 문 하나만을 열어두는 것이다. '謹'은 '僅'과 뜻이 통한다. 담 사이에 겨우 하나의 문만 열어놓고 감히 門戶를 여러 개 두지 않는 것을 말한다.

8-5-14 **有盜人入**이라도 **闔其自入而求之**면

도둑이 들더라도 그가 들어온 문을 닫아버리고 찾는다면

畢云 自入은 言所從入之門이라

畢沅 : '自入'은 들어간 門을 말한다.

8-5-15 **盜其無自出**이라 **是其故何也**오 **則上得要也**니라

그 도둑은 나갈 길이 없는 경우와 같다. 그 이유는 무엇인가? 바로 윗사람이 그 要領을 알았기 때문이다.

8-6-1 **故**로 **古者聖王之爲政**에 **列德而尙賢**이라

그러므로 옛날 聖王이 정치할 때에는 德이 있는 사람에게 작위를 주고 어진 사람을 높였다.

小爾雅廣詁에 云 列은 次也라하고 國語周語韋注에 云 列은 位次也라하다

≪小爾雅≫〈廣詁〉에 "'列'은 次이다."라 하였고, ≪國語≫〈周語〉韋昭의 注에 "'列'은 位次이다."라 하였다.

8-6-2 **雖在農與工肆之人**이라도

비록 農業과 工業에 종사하는 사람일지라도

論語子張篇에 云 百工居肆하여 以成其事라하다

≪論語≫〈子張〉에 "모든 匠人이 공장에 머물며 자신의 일을 완수한다."라 하였다.

8-6-3 **有能則擧之**하여 **高予之爵**하고 **重予之祿**하고 **任之以事**하고 **斷予之令**하여

유능하다면 등용하여 높은 작위를 주고 후한 봉록을 주며 일을 맡기면서 단호하게 政令을 내릴 권한을 주고는

禮記樂記鄭注에 云 斷은 決也라하니 謂其令必行이라

≪禮記≫〈樂記〉鄭玄의 注에 "'斷'은 '決(결정하다)'이다."라 하니, 政令이 반드시 실행되는 것을 뜻한다.

8-6-4 **曰 爵位不高**면 **則民弗敬**이요 **蓄祿不厚**면 **則民不信**이요 **政令不斷**이면 **則民不畏**라하니라 **擧三者**를 **授之賢者**는 **非爲賢賜也**요 **欲其事之成**이니라 **故**로 **當是時**하여

'작위가 높지 않으면 인민들이 공경하지 않고, 〈가족을 부양할〉 봉록이 후하지 않으면 인민들이 믿지 않으며 政令이 단호하지 않으면 인민들이 두려워하지 않는다.'라 하였다. 이 세 가지를 모두 어진 사람에게 준 것은 그가 어질기 때문에 준 것이 아니며, 그 일이 이루어지기를 원해서 준 것이다.

그러므로 그때에는

治要에 無此二字라

≪群書治要≫에는 〈'是時'〉 이 두 글자가 없다.

8-6-5 以德就列하고

德에 따라 작위를 받고

論語季氏篇에 云 陳力就列이라하고 集解에 引馬融云 當陳其才力하고 度己所任하여 以就其位라하니 亦釋列爲位라

≪論語≫ 〈季氏〉에 "힘을 펼쳐서 班列에 나아간다."라 하였고, 이에 대해 ≪論語集解≫에서는 馬融의 설을 인용하여 "마땅히 그 재능과 힘을 펼치고 자신의 임무를 헤아려서 그 位次에 나아가야 한다."라 하였으니, 이것도 '列'을 '位次'로 해석한 것이다.

8-6-6 以官服事하고

관직에 따라 임무를 수행하며

周禮大司徒鄭衆注에 云 服事는 謂爲公家服事者라하다

≪周禮≫ 〈大司徒〉 鄭衆의 注에 "服事는 公家를 위해 일을 하는 것을 뜻한다."라 하였다.

8-6-7 以勞殿賞하고

노고에 따라 賞을 정하고

殿은 治要에 作受라 畢云 殿은 讀如奔而殿[14]이라하다 兪云 畢讀은 非也라 論功行賞에 勞者가 當在前한대 安得反云殿乎리오 殿者는 定也라 殿與定은 一聲之轉이라 文選江賦

14) 奔而殿 : ≪論語≫ 〈雍也〉에 "孟之反不伐 奔而殿(盟之反은 뽐냄이 없다. 패하여 달아날 때에도 군대의 후미를 지켰다.)"이라는 말이 나오는데, ≪論語集解≫에 따르면 이때 殿은 군대의 후미를 가리킨다.

注에 曰 澱與淀은 古字通이라하니 殿之與定은 猶澱之與淀也라 詩采菽篇에 殿天下之邦이라하고 毛傳에 曰 殿은 鎭也라하니 鎭은 卽有定義라 小爾雅廣言에 殿은 塡也라하니 塡與奠通이라 禮記檀弓篇에 主人旣祖塡池한대 鄭注에 塡池는 當爲奠徹이라하니 是也라 奠은 亦定也라 周官司士職에 曰以久奠食이라하고 此云以勞殿賞이라하니 句法一律이라 殿과 奠은 文異而義同이라하다

'殿'은 ≪群書治要≫에 '受'로 되어 있다.

畢沅 : '殿'은 독음이 '奔而殿'의 〈'殿'과〉 같다.

兪樾 : 畢沅이 말한 독음은 틀렸다. 논공행상할 때에 수고한 자가 앞에 있어야 하는데 어찌 도리어 '殿(뒤)'이라 할 수 있는가? '殿'은 '定(정하다)'의 뜻이다. '殿'과 '定'은 같은 聲音이라 바뀐 것이다. ≪文選≫ 〈江賦〉 注에 "'澱(전)'과 '淀(전)'은 옛날에는 글자를 통용하였다."라 하니, '殿'과 '定'의 관계는 '澱'과 '淀'의 관계와 같은 것이다. ≪詩經≫ 〈采菽〉에 "천하의 나라들을 鎭撫하네."라 하였고, 毛傳에서 "'殿'은 '鎭(누르다)'의 뜻이다."라 하였는데, '鎭'은 곧 '定'의 뜻이 있는 것이다. ≪小爾雅≫ 〈廣言〉에 "'殿'은 '塡(메우다)'의 뜻이다."라 하였는데, '塡'과 '奠(제사 지내다)'은 통한다. ≪禮記≫ 〈檀弓〉에 "主人旣祖塡池(主人이 제사를 지내고 나서 奠을 물린다.)"라 하였는데, 鄭玄의 注에 "'塡池'는 마땅히 '奠徹'이라 해야 한다."라 하였으니, 이것이다. '奠' 또한 '定(정하다)'의 뜻이다. ≪周禮≫ 〈司士〉에 "以久奠食(얼마 뒤 봉록을 정한다.)"이라 하고, 여기에서 "以勞殿賞"이라 하였다. 그 句法이 같으니 '殿'과 '奠'은 글자는 다르지만 의미는 같다.

8-6-8 量功而分祿이라 故로 官無常貴하고 而民無終賤이요

공적을 헤아려서 봉록을 나누었다. 그래서 관리들 중에는 항상 귀하기만 한 사람이 없고 인민들 중에는 끝내 천하기만 한 사람도 없었으며,

終은 治要에 作恒이라

孫詒讓 : '終'은 ≪群書治要≫에 '恒'으로 되어 있다.

8-6-9 有能則擧之하고 無能則下之하여 擧公義하고 辟私怨하니

유능하면 등용하고 무능하면 직급을 낮추었고 공명하고 정의로운 사람을 등용

하고 사사로운 원한을 가진 사람을 배제하니,

辟은 治要亦作避라 畢云 辟은 讀如辟擧之辟이라하다 兪云 畢說은 非也라 豈有私怨者를 不問其賢否而概辟擧之乎리오 小爾雅廣言에 辟은 除也라하니 辟私怨은 謂惟公義是擧요 而私怨은 在所不問이라 故로 除去之也라 又禮記郊特牲篇에 有由辟焉이라한대 鄭注에 曰 辟는 讀爲弭라하니 此辟字는 或從鄭讀이라도 亦通[15]이라하다

'辟'은 ≪群書治要≫에는 '避'로 되어 있다.

畢沅 : '辟'은 독음이 '辟擧(천거하다)'의 '辟(벽)'과 같다.

兪樾 : 畢沅의 설은 틀렸다. 어찌 사사로운 원한을 가지고 있는 자를 그 어짊 여부를 가리지 않고 일률적으로 천거하겠는가? ≪小爾雅≫ 〈廣言〉에 "'辟'은 '除(배제하다)'의 뜻이다."라고 하였으니, '辟私怨'은 오직 공명하고 정의로운 사람을 등용하고 사사로운 원한을 가진 자는 천거할 대상이 아니기 때문에 배제한다는 것이다. 또한 ≪禮記≫ 〈郊特牲〉에 "有由辟焉(〈재앙을 그치게 하는〉 由辟이라는 제사가 있다.)"이라는 말이 있는데, 鄭玄의 주에 "'辟'의 독음은 '弭(미)'이다."라 하였으니, 이 '辟'자는 혹 鄭玄의 독음을 따라도 뜻이 통한다.

8-6-10 **此若言之謂也**니라

이것을 말한 것이다.

王云 若亦此也라 古人自有複語라 管子山國軌篇에 曰 此若言何謂也라하고 地數篇에 曰 此若言可得聞乎아하고 輕重丁篇에 曰 此若言曷謂也아하고 此書節葬篇에 曰 以此若三聖王者觀之라하고 又曰 以此若三國者觀之라하니 皆竝用此若二字라하다

王念孫 : '若'도 '此(이것)'의 뜻이다. 古人에게는 원래 複語가 있었다. ≪管子≫ 〈山國軌〉에 "此若言何謂也(이것은 무엇을 이르는 것인가?)"라 하였고, 〈地數〉에 "此若言可得聞乎(이 말을 들어볼 수 있겠는가?)"라 하였고, 〈輕重丁〉에 "此若言曷謂也(이것은 무슨 뜻인가?)"라 하였고, 이 책의 〈節葬〉에 "以此若三聖王者觀之(이 세 聖王의 관점에서 보자면)"라는 말이 나오고, 또 "以此若三國者觀之(이 세 나라의 관점에서 보자면)"라는 말이 나오는데, 모두

---

15) 或從鄭讀 亦通 : '辟'는 '미'로 읽으면 '그치다', '멈추다'의 뜻이다. 이 경우 '弭'와 통용한다.

此와 若 두 글자를 함께 썼다.

8-6-11 **故**로 **古者**에 **堯擧舜於服澤之陽**하여

그러므로 옛날에 堯임금이 服澤의 북쪽에서 舜임금을 등용하여

畢云 未詳其地라 服與蒲는 音之緩急이라 或卽蒲澤이니 今蒲州府라 詒讓案 文選曲水詩序李注에 引帝王世紀云 堯求賢而四嶽[16]薦舜하니 堯乃命于順澤之陽이라하니 疑卽本此書라 史記五帝本紀에 就時於負夏라하고 集解에 引鄭玄云 負夏는 衛地라하고 孟子離婁篇에 舜生於諸馮하여 遷於負夏라한대 趙注云 諸馮負夏는 皆地名이니 負海也라하다 案 服澤은 疑卽負夏라 趙岐云負海는 必有所本이라

畢沅 : 〈服澤은〉 어느 곳인지 알 수 없다. '服(복)'과 '蒲(포)'는 음의 완급 차이가 있을 뿐이어서 어떤 경우에는 蒲澤이라 하니 지금의 蒲州府이다.

詒讓案 : ≪文選≫ 〈曲水詩序〉 李善의 注에 ≪帝王世紀≫를 인용하여 "堯임금이 어진 사람을 구하여 四嶽이 舜임금을 추천하니 堯임금이 마침내 順澤 북쪽에 명령을 내렸다."라 하였으니, 아마도 이 책에 근거한 것 같다. ≪史記≫ 〈五帝本紀〉에 "때맞춰 負夏에 나아갔다."고 하고, ≪史記集解≫에서 鄭玄의 설을 인용하여 "負夏는 衛나라 땅이다."라 하였고, ≪孟子≫ 〈離婁〉에 "舜이 諸馮(저풍)에서 태어나 負夏로 옮겨 살았다."고 하였는데, 趙岐의 注에 "諸馮과 負夏는 모두 지명으로 負海이다."라 하였다. 생각건대, 服澤은 아마도 바로 이 負夏일 것이다. 趙岐가 負海라고 한 것은 반드시 출전이 있을 것이다.

8-6-12 **授之政**하니 **天下平**하고 **禹擧益於陰方之中**하여

그에게 정사를 맡기니 천하가 태평해졌고, 禹임금이 陰方의 안에서 益을 기용하여

畢云 未詳其地라

畢沅 : 〈陰方은〉 어느 곳인지 알 수 없다.

---

16) 四嶽 : 泰山, 華山, 衡山, 恒山 등의 동서남북의 네 산을 가리키는 말인데, 堯舜시대의 사방 네 부족의 수령(제후)을 가리키는 말이기도 하다. 또한 이 네 부족의 수령을 총괄하는 官職이라는 설도 있고, 그 일을 했던 구체적인 인물, 혹은 인물들을 가리키는 말이라는 설도 있다.

8-6-13 **授之政**하니 **九州成**하고

그에게 정사를 맡기니 九州가 안정되었고,

蘇云 成與平은 **爲韻**이라

蘇時學 : '成'과 '平'은 韻이다.

8-6-14 **湯擧伊尹於庖廚之中**하여

湯임금이 주방에서 伊尹을 발탁하여

史記殷本記에 **阿衡**이 **欲奸湯**이나 **而無由**라 **乃爲有莘氏媵臣**하여 **負鼎俎**하여 **以滋味說**(세)**湯**이라하다 **畢云 韓非子**에 **云 上古**에 **有湯**은 **至聖也**요 **伊尹**은 **至智也**라 **然且七十說而不受**라 **身執鼎俎爲庖宰**하여 **昵近習親**하니 **湯乃僅知其賢而擧之**라하고 **文選注**에 **云 魯連子**[17]**曰 伊尹負鼎佩刀**하여 **以干湯得意**라 **故**로 **尊爲宰舍**라하고 **又云 文子**[18]**曰 伊尹負鼎而干湯**이라하다

≪史記≫〈殷本記〉에 "阿衡(伊尹)이 湯임금에게 벼슬을 구하고자 하였으나 길이 없었기에 有莘氏의 媵臣이 되어 솥과 도마를 메고서 음식을 만들어 바치며 湯임금에게 유세하였다."라 하였다.

畢沅 : ≪韓非子≫〈難言〉에 "옛날에 湯임금은 지극한 聖王이고 伊尹은 매우 지혜로운 자였다. 그런데도 70차례나 유세를 하였는데도 받아들여지지 않았다. 〈伊尹이〉 직접 솥과 도마를 가지고 요리사가 되어 가까이에서 모시며 친숙하게 되자 湯임금이 그제야 겨우 그의 어짊을 알아보고 등용하였다."고 하였고, ≪文選≫의 注에 "魯連子가 말하기를 '伊尹이 솥을 지고 칼을 차고서 湯임금에게 벼슬을 구하여 그의 뜻을 얻었기 때문에 존귀해져서 재상이 되었다.'고 하였다"고 하였고, 또 "文子가 '伊尹이 솥을 지고서 湯임금에게 벼슬을 구하였다.'고 하였다."고 하였다.

---

17) 魯連子 : ?~? 전국시대 齊나라 사람인 魯仲連을 말한다. 그는 벼슬을 하지 않고 志節을 지켰으며, 趙나라 등에서 秦나라의 침략에 맞서기도 하였다. ≪史記≫에 〈魯仲連列傳〉이 있다.

18) 文子 : ?~? 姓은 辛氏이고 호는 計然이다. 道家의 祖師로 孔子와 같은 시기의 인물이다. 저서에 ≪文子≫가 있다.

8-6-15 **授之政**하니 **其謀得**하고 **文王擧閎夭**[19]**泰顚於罝罔之中**하여

그에게 정사를 맡기니 〈桀을 타도할〉 계획을 실현할 수 있었고, 文王이 사냥하다가 閎夭와 泰顚을 기용하여

書君奭에 云 惟文王이 尙克修和我有夏는 亦惟有若虢叔[20]과 有若閎夭와 有若散宜生과 有若泰顚과 有若南宮括이라한대 僞孔傳에 云 閎과 泰는 氏요 夭와 顚은 名이라하다 詩周南兎罝敍에 云 兎罝는 后妃之化也라 關雎之化行하니 則莫不好德하고 賢人衆多也라하고 毛傳에 云 兎罝는 兎罟也라하다 畢云 事未詳이라 或以詩兎罝有公侯腹心之(詩)〔語〕[21]而爲說이니 恐此詩卽賦閎夭泰顚事라 古者書傳未湮에 翟必有據라하다 蘇云 罝는 卽詩所謂兎罝니 當爲閎夭而作이라 泰顚은 當卽太公望[22]也라 罝屬夭면 則罔屬顚이요 與太公釣渭遇文王事로 亦合이라 迨馬融注十亂[23]이면 以泰顚與太公望竝擧하니 後世以爲二人이라 然文王諸臣은 自以太公爲稱首로되 書君奭篇에 唯以泰顚與諸臣竝擧하고 而不及太公하고 逸周書克殷篇도 亦然이라 若使果爲二人이면 豈容都不道及이리오 是顚卽望은 無疑也라하다 案 罝罔通稱이니 蘇分屬二人은 非也라 太顚卽太公은 乃宋吳仁傑[24]之謬說이라 攷詩大雅緜컨대 孔疏에 引鄭君奭注云 不及呂望太師也는 敎文王以大德이나

---

19) 閎夭 : 西周의 開國功臣으로, 西伯(文王)의 '四友(閎夭, 泰顚, 散宜生, 南宮括)' 중의 한 명이다. 西伯이 羑里에 갇혔을 때 散宜生 등과 함께 紂王에게 미녀와 보물을 바쳐 그를 구하였고, 훗날 武王을 도와 殷나라를 멸망시켰다.

20) 虢叔 : 姓은 姬이다. 周 文王의 동생으로 형인 虢仲과 함께 周 文王의 卿士였다. 周 武王이 殷나라를 멸망시킨 후에 두 숙부를 虢國의 國君으로 봉하였는데, 虢仲은 雍 땅을 맡아 西虢이라고 불렸고, 虢叔은 制 땅에 봉해져 東虢이라 불렸다.

21) (詩)〔語〕: 저본에는 '詩'로 되어 있으나, 畢沅本에 의거하여 '語'로 바로잡았다.

22) 太公望 : B.C. 1156~B.C. 1017. 周나라 초기의 정치가로, 姓은 姜이고 氏는 呂이며 名은 尙이고 字는 子牙다. 속칭 姜太公이라 한다. 文王에게 발탁되어 太師가 되었고, 武王을 도와 殷나라를 멸망시켰으며, 그 공으로 齊나라에 봉해졌다.

23) 十亂 : ≪書經≫ 〈泰誓〉에 "나(武王)에게는 亂臣 10명이 있으니 마음과 덕을 같이한다.〔予有亂臣十人 同心同德〕"는 말이 나오는데, 여기에서 '十亂'이란 말이 나왔고, 이는 武王을 보좌하여 나라를 다스리고 난을 평정한 10명의 대신을 지칭한다.

24) 吳仁傑 : ?~? 字는 斗南, 혹은 南英이며, 號는 蠹隱이다. 淳熙 5년(1178)에 진사가 되어 國子學錄 등의 관직을 역임하였다. 저서에 ≪陶靖節先生年譜≫, ≪兩漢刊誤補遺≫, ≪離騷草木疏≫, ≪易圖說≫ 등이 있다.

謙不以自比焉이라하니 **是馬鄭竝以泰顚與太公非一人**이라 **周書克殷篇**에 **有泰顚**하고 **又有尙父**하니 **尤其塙證**이라 **吳說不足據**어늘 **蘇從之**하니 **傎**(전)**矣**라

≪書經≫ 〈君奭〉에 "文王이 우리의 諸夏를 잘 다스릴 수 있는 것은 또한 오직 虢叔과 閎夭와 散宜生과 泰顚과 南宮括 같은 사람이 있었기 때문이다."라 하였고 ≪僞古文尙書≫의 僞孔安國傳에 "閎과 泰는 氏이고 夭와 顚은 名이다."라 하였다. ≪詩經≫ 〈周南 兎罝〉 毛序에 "〈兎罝〉는 后妃의 교화를 읊은 것이다. 〈關雎〉의 교화가 행해지니 德을 좋아하지 않음이 없고 어진 사람이 많아졌다."고 하였고, 毛傳에 "兎罝는 兎罟(토끼 잡는 그물)이다."라 하였다.

畢沅 : 이 일은 자세히 알 수 없다. 어떤 이는 ≪詩經≫ 〈兎罝〉에 '公侯의 좋은 짝이로다.〔公侯腹心〕'라는 말이 있다는 것을 근거로 설명하기도 하니 아마도 이 시는 閎夭와 泰顚의 일을 읊은 것인 듯하다. 옛날 ≪書傳≫이 없어지지 않았을 때에 墨翟이 반드시 근거한 바가 있었을 것이다.

蘇時學 : 罝는 곧 ≪詩經≫에서 이른바 〈兎罝〉이니 閎夭를 두고 지은 것일 터이다. 泰顚은 응당 바로 太公望일 것이다. 罝가 閎夭에 관한 일이면 罔은 泰顚에 관한 일이고 太公이 渭水에서 낚시질하다가 文王을 만난 일과 부합한다. 그런데 馬融의 十亂에 대한 주에 이르면 泰顚과 太公望을 함께 거론하니 후대에는 이들을 두 사람으로 여긴 것이다. 그러나 文王의 여러 신하들 중 원래 太公望을 제일 먼저 꼽는데 ≪書經≫ 〈君奭〉에서만 泰顚과 다른 신하들을 함께 꼽으면서 太公望을 언급하지 않았고 ≪逸周書≫ 〈克殷〉 또한 그러하니, 만약 정말 두 사람이라면 어찌 전혀 언급하지 않을 수 있겠는가? 이것으로 泰顚이 곧 太公望임은 의심할 바 없다.

案 : 罝와 罔은 通稱이니 蘇時學이 이를 두 사람에게 分屬한 것은 잘못이다. 太顚이 곧 太公望이라는 설은 宋나라 吳仁傑의 잘못된 설이다. ≪詩經≫ 〈大雅 緜〉 孔穎達의 疏에서 ≪書經≫ 〈君奭〉 鄭玄의 注를 인용하여 "〈周公이 泰顚 등 다른 신하들을 열거하면서〉 太公望 太師를 언급하지 않은 것은 〈太公望이〉 큰 덕으로 文王을 가르쳤으니 周公 자신이 겸손하게 스스로 거기에 견주지 않은 것이다."라 하였는데, 이것을 보면 馬融과 鄭玄 모두 泰顚과 太公望을 한 사람으로 여기지 않은 것이다. ≪書經≫ 〈周書 克殷〉에 泰顚도 있고 尙父(太公望)도 있으니 더욱 확실한 증거가 된다. 吳仁傑의 설은 근거할 만하지 않은데 蘇時學이 이를 따랐으니 잘못된 것이다.

8-6-16 **授之政**하니 **西土服**이라

그들에게 정사를 맡기니 西土가 복종하였다.

蘇云 服與得은 爲韻이라

蘇時學 : '服'과 '得'은 韻이다.

8-6-17 **故**로 **當是時**하여 **雖在於厚祿尊位之臣**이라도 **莫不敬懼而施**하고

그러므로 그때에는 비록 후한 녹봉을 받고 높은 자리에 있던 신하일지라도 공경하고 두려워하며 경계하지 않는 자가 없었고,

畢云 下疑脫一字라하다 兪云 畢非也라 施는 當讀爲惕이라 尙書盤庚篇에 不惕予一人이라하고 白虎通號篇에 引作不施予一人하니 是也라 敬懼而施는 卽敬懼而惕이니 文義已足이라 非有闕文이라

畢沅 : 〈'施'〉 아래에 한 글자가 빠진 것 같다.

兪樾 : 畢沅은 틀렸다. '施'는 마땅히 '惕(두려워하다)'으로 읽어야 한다. ≪尙書≫ 〈盤庚〉에 '不惕予一人(나 한 사람을 두려워하지 않는다.)'이라 하였고, ≪白虎通≫ 〈號〉에서 이를 인용하여 '不施予一人(나 한 사람을 두려워하지 않는다.)'이라 한 것이 이 경우이다. '敬懼而施'는 곧 '敬懼而惕'이니 文義가 이미 충분하고 빠진 글자가 있는 것이 아니다.

8-6-18 **雖在農與工肆之人**이라도 **莫不競勸而尙意**하니라

비록 농업과 공업에 종사하는 사람들일지라도 서로 권면하여 덕을 숭상하지 않는 자가 없었다.

意는 疑當爲悳이라 形近而譌하니 悳은 正字요 德은 假借字라

'意'는 아마도 '悳(덕)'이 되어야 마땅할 것 같다. 모양이 비슷하여 잘못 쓴 것으로, '悳'이 正字이고 '德'은 假借字이다.

8-6-19 **故**로 **士者**는 **所以爲輔相承嗣也**라

그러므로 士는 군주를 받들고 보좌하는 사람이니

大戴禮記曾子立事篇에 **云 使子**는 **猶使臣也**요 **使弟**는 **猶使承嗣也**라하고 **盧辯**[25]**注**에 **云 承嗣**는 **謂冢子也**라하다 **孔廣森**[26]**云 承**은 **丞也**라 **左傳**에 **曰 請承**이라하다 **嗣**는 **讀爲司**하니 **丞司者**는 **官之偏貳**라 **故**로 **弟視之**라 **臣則私臣**이니 **自所謁除也**라 **可以子視之**라하다 **案 孔說**이 **是也**라 **此云 輔相承嗣**라하고 **中篇云 承嗣輔佐**라하니 **承嗣**는 **亦皆非嗣子**라 **承當與文王世子**의 **師保疑丞之丞同**이라 **大戴禮記保傅篇**에 **以道充弼承爲四聖**하여 **云 博聞强記**하여 **接給而善對者**를 **謂之承**하니 **承者**는 **承天子之遺忘者也**라하다 **書益稷**에 **欽四隣**이라한대 **孔疏**에 **引鄭康成云 四近謂左輔右弼**과 **前疑後承**이라하다 **文王世子孔疏**에 **引尙書大傳**하여 **承作丞**하니 **此承義竝與彼同**이라

≪大戴禮記≫〈曾子立事〉에 "아들을 부리는 것은 신하를 부리는 것과 같이 하고, 아우를 부리는 것은 承嗣를 부리는 것과 같이 한다."라 하였는데, 盧辯의 注에 "承嗣는 冢子(적장자)를 뜻하는 것이다."라 하였다. 孔廣森은 "'承'은 '丞(보좌하다)'이니, ≪春秋左氏傳≫에 '請承(받들기를 청합니다.)'이라 하였다. '嗣'의 독음은 '司'이니, '丞司'라는 것은 관리의 부관인 까닭에 아우처럼 보는 것이다. '臣'은 곧 '私臣'으로 자신이 직접 군주에게 요청하여 제수한 사람이니 아들처럼 볼 수 있다."라 하였다.

案：孔廣森의 설이 옳다. 여기에서 '輔相承嗣'라 하고 ≪墨子≫〈尙賢 中〉에서 '承嗣輔佐'라 하였는데, 이때의 '承嗣'는 모두 嗣子가 아니니 '承'은 마땅히 ≪禮記≫〈文王世子〉에 나오는 '師・保・疑・丞'의 '丞'과 같다. ≪大戴禮記≫〈保傅〉에 道・充・弼・承을 四聖이라 하고 "널리 듣고 기억을 잘하며 언변이 좋아 잘 응대하는 것을 '承'이라 하니 '承'은 天子가 잊어버린 것을 받들어 말해주는 것이다."라 하였다. ≪書經≫〈益稷〉에 "가까운 네 신하를 공경하라.〔欽四隣〕" 하였는데, 孔穎達의 疏에서 鄭玄의 설을 인용하여 "네 가까운 신하〔四近〕는 左輔・右弼과 前疑・後承을 이른다."라 하였다. ≪禮記≫〈文王世子〉 孔穎達의 疏에서 ≪尙書大傳≫을 인용하여 '承'을 '丞'이라 하였으니 여기에서 '承'의 뜻도

---

25) 盧辯：?～557. 字는 景宣으로 北周의 名臣이다. 저서에 ≪大戴禮記解詁≫와 ≪墳典≫이 있다.

26) 孔廣森：1751～1786. 字는 衆仲이며 號는 顨軒, 儀鄭이다. 孔子의 69대손이다. 저서에 ≪詩聲類≫, ≪大戴禮記補注≫, ≪禮學卮言≫, ≪經學卮言≫, ≪少廣正負術內外篇≫, ≪儀鄭堂駢儷文≫ 등이 있다.

그것과 같다.

8-6-20 故로 得士면 則謀不困하고 體不勞라도 名立而功成하고 美章而惡不生하니

士를 얻는다면 일을 도모하기 어렵지 않고 몸이 힘들지 않더라도 명성이 세워지고 공업이 이루어지며 아름다움이 드러나고 나쁜 일은 생기지 않는다.

舊本에 作名立而功하고 業彰而惡不生이라 王云 群書治要에 引作名立而功成하고 美章而惡不生하니 是也라 功成이 與名立으로 對文이요 惡不生이 與美章으로 對文이라 今本에 脫成字하고 美字又譌作業하니 則文不對요 而句亦不協矣라 美業은 字形相似라 故로 譌라 漢書賈誼傳에 一動而五美附라한대 今本美譌作業[27]이라 案 王說이 是也라 今據補正이라

舊本에는 "名立而功 業彰而惡不生(명성이 세워지고 공이 이루어지며 공업이 빛나고 나쁜 일은 생기지 않는다.)"으로 되어 있다.

王念孫 : ≪群書治要≫에서는 이 대목을 "名立而功成 美章而惡不生(명성이 세워지고 공업이 이루어지며 아름다움이 드러나고 나쁜 일은 생기지 않는다.)"으로 인용하였으니 이것이 옳다. '功成'이 '名立'과 對文이고, '惡不生'이 '美章'과 對文이다. 今本에서는 '成'자가 빠지고 또 '美'자가 '業'자로 잘못되어 있으니 글이 對가 되지 않고 句 또한 호응하지 않는다. '美'와 '業'은 글자의 모양이 비슷하여 잘못 쓰인 것이다. ≪漢書≫ 〈賈誼傳〉에 '一動而五美附(한 번 움직여서 5美가 따른다.)'라 하였는데, 今本 ≪漢書≫에는 '美'자가 '業'자로 잘못되어 있다.

案 : 王念孫의 설이 옳다. 지금 이에 의거하여 補正하였다.

8-6-21 則由得士也라하니라

이는 바로 士를 얻었기 때문이다."

27) 漢書賈誼傳……今本美譌作業 : ≪漢書≫ 〈賈誼傳〉에는 '五業'으로 되어 있으나, 賈誼의 ≪新書≫ 〈五美〉에는 '五美'로 되어 있으므로, '美'자가 '業'자로 잘못되어 있다는 것이다.

8-7-1 **是故**로 **子墨子言曰 得意**면 **賢士不可不擧**요 **不得意**라도 **賢士不可不擧**니 **尙欲祖述堯舜禹湯之道**면

이런 까닭에 子墨子께서 말씀하셨다.
"뜻을 이루면 어진 士를 등용하지 않을 수 없고, 뜻을 이루지 못하였더라도 어진 士를 기용하지 않을 수 없다. 위로 堯·舜·禹·湯의 도를 계승하고자 한다면

王引之云 尙은 與儻同이라하다 案 王說은 未塙이라 尙은 疑與上同이라 下篇에 云 上欲中聖人之道라하다

王引之 : '尙'은 '儻(만일)'과 같은 뜻이다.

案 : 王引之의 설은 확실하지 않다. '尙'은 아마도 '上(위로)'과 같은 뜻일 것이다. ≪墨子≫ 〈尙賢 下〉에 "上欲中聖人之道(위로 聖人의 도에 합치하고자 한다.)"라고 하였다.

8-7-2 **將不可以不尙賢**이니라 **夫尙賢者**는 **政之本也**니라

장차 어진 사람을 높이지 않을 수 없다. 대저 어진 사람을 높이는 것이 정치의 근본이다."

尙賢 中 第九　제9편 어진 이를 높임 중

9-1-1 子墨子言曰 今王公大人之君人民主社稷治國家 欲脩保而勿失이면 **故**(호) **不察尙賢爲政之本也**아

子墨子께서 말씀하셨다.

"지금 人民의 군주가 되어 社稷을 관장하고 국가를 다스리는 王公大人이 그 자리를 오랫동안 지키고 잃지 않기를 원한다면 어찌 어진 사람을 높이는 것이 정치의 근본임을 살피지 않겠는가?

畢云 故는 一本作胡라하다 蘇云 胡是也라 下同이라하다 詒讓案 下文兩見한대 一作胡요 一作故라 盧云 當云尙賢之爲政本이라하다 王云 盧說은 非也라 下文에 曰 胡不察尙賢爲政之本也아 且以尙賢爲政之本者가 亦豈獨子墨子之言哉아하니 與此文同一例하니 則不得倒之字於爲政上矣라 故는 與胡同이라 故로 下文에 又曰 故不察尙賢爲政之本也아하니라 管子侈靡篇에 公將有行한대 故不送公이리오라하니 亦以故爲胡라하다

畢沅 : '故'는 어떤 본에는 '胡'로 되어 있다.

蘇時學 : '胡'가 옳다. 아래 글도 마찬가지이다.

詒讓案 : 아래 글에서 두 번 보이는데, 한 번은 '胡'로, 한 번은 '故'로 되어 있다.

盧文弨 : 〈본문의 '尙賢爲政之本'은〉 '尙賢之爲政本'으로 되어야 한다.

王念孫 : 盧文弨의 說은 틀렸다. 아래 글(9-6-1)에 "胡不察尙賢爲政之本也 且以尙賢爲政之本者 亦豈獨子墨子之言哉(어찌 어진 사람을 높이는 것이 정치의 근본이 됨을 살피지 않겠는가? 게다가 어진 사람을 높이는 것으로 정치의 근본을 삼는다는 것이 또한 어찌 오직 子墨子만의 말씀이겠는가?)"라는 말이 나오는데, 이 글과 같은 예이다. 그러니 굳이 '之'자를 순서를 바꾸어 '爲政' 위에 둘 필요는 없다. '故'는 '胡'와 같은 뜻이기 때문에 아래 글(9-11-5)에서도 "故不察尙賢爲政之本也"라 한 것이다. ≪管子≫ 〈侈靡〉에 "公將有行 故不送公(공이 장차 길을 떠나려 하는데, 어찌 공을 환송하지 않겠는가?)"이라 하였으니, 이 또한 '故'를 '胡'

로 본 것이다.

9-1-2 **何以知尙賢之爲政本也**아 **曰 自貴且智者**로 **爲政乎愚且賤者**면 **則治**요 **自愚賤者**로 **爲政乎貴且智者**면 **則亂**이라

어진 사람을 높이는 것이 정치의 근본임을 어떻게 알 수 있는가? 귀하고 지혜로운 사람이 어리석고 미천한 사람들을 대상으로 정치를 하면 곧 제대로 다스려지고, 어리석고 미천한 사람이 귀하고 지혜로운 사람들을 대상으로 정치를 하면 곧 어지러워진다.

愚下에 依上文컨대 亦當有且字라

윗글에 의거해보건대 〈'自愚賤者'에서〉 '愚'자 아래에 마땅히 '且'자가 있어야 한다.

9-1-3 **是以**로 **知尙賢之爲政本也**니라

그래서 어진 사람을 높이는 것이 정치의 근본이 됨을 알 수 있는 것이다.

9-1-4 **故**로 **古者**에 **聖王甚尊尙賢而任使能**이라 **不黨父兄**하고 **不偏貴富**하고 **不嬖顔色**하여 **賢者**는 **擧而上之**하고 **富而貴之**하여 **以爲官長**이요 **不肖者**는 **抑而廢之**하고 **貧而賤之**하여 **以爲徒役**이라 **是以**로 **民皆勸其賞**하고 **畏其罰**하여 **相率而爲賢**이라 (者)〔是〕[1]**以賢者衆而不肖者寡**하니

그러므로 옛날에 聖王들은 어진 사람을 매우 尊尙하고 유능한 사람에게 일을 맡겨 부렸다. 그리하여 父兄을 편들지 않고 부귀한 사람에게 치우치지 않으며 잘생긴 사람을 편애하지도 않았다. 어진 사람은 등용하여 승진시키고 그를 부귀하게 만들어 관청의 장관으로 삼았고, 모자란 사람은 억눌러 쫓아내고 그를 빈천하게 만들어 막일꾼으로 삼았다. 이런 까닭에 人民들은 모두 그렇게 상 받는 데 고무되고 벌 받는 데 두려움을 느껴 서로서로 어질게 되었다. 이런 까닭에 어진 사람은

---

1) (者)〔是〕: 저본에는 '者'로 되어 있으나, 兪樾의 주에 의거하여 '是'로 바로잡았다.

많아지고 모자란 사람은 적어졌다.

兪云 相率而爲賢에 絶句요 者字는 乃是字之誤라 屬下讀이니 惟其相率而爲賢이라 是以로 賢者衆而不肖者寡也라 兩句皆用是以字하니 古人行文에 不避重複이라 今誤作相率而爲賢者면 則是民之相率爲賢은 以賢者衆而不肖者寡之故니 於義不可通矣라하다

兪樾 : "相率而爲賢"에 구를 떼어야 하고, '者'자는 '是'자의 誤字이며 아래 글에 붙여서 읽어야 하니, "서로서로 어질게 되었다. 이런 까닭에 어진 사람은 많아지고 모자란 사람은 적어졌다."라는 말이다. 兩句에서 모두 "是以(이런 까닭에)"란 말을 썼는데 옛날 사람들은 글을 지을 때 중복되는 말을 피하지 않았다. 지금 잘못 "相率而爲賢者"라고 읽는다면, 이는 "인민들이 서로서로 어질게 된 것은, 어진 사람들은 많아지고 모자란 사람들은 적어졌기 때문이다."로 읽게 되니 뜻이 통하지 않게 된다.

9-1-5 **此謂進賢**이니라

이것을 일러 어진 사람을 높이는 것이라 한다.

畢云 謂는 一本作爲라하다 詒讓案 進賢은 依上文컨대 當作尙賢이라

畢沅 : '謂'는 어떤 본에는 '爲'로 되어 있다.
詒讓案 : '進賢'은 윗글에 의거해보건대 '尙賢'으로 되어야 한다.

9-1-6 **然後聖人**은 **聽其言**하고 **迹其行**하고 **察其所能**하여 **而愼予官**하니 **此謂事能**이라

그런 후에 聖人은 그의 말을 듣고 그의 행적을 조사하며 그가 무엇을 잘하는지를 살펴서 신중히게 관직을 주었던 것이다. 이를 일러 '유능한 자에게 일을 맡기는 것'이라 한다.

事는 與使同이라 詳上篇이라 上文作使能이라

'事'는 '使(부리다)'와 같은 뜻으로, ≪墨子≫ 〈尙賢 上〉(8-2-1)에 자세하게 보인다. 윗글(9-1-4)에는 '使能'으로 되어 있다.

9-1-7 故로 可使治國者는 使治國하고 可使長官者는 使長官하고 可使治邑者는 使治邑하니 凡所使治國家官府邑里는 此皆國之賢者也니라

그러므로 나라를 다스리게 할 만한 사람은 나라를 다스리게 하고, 관청의 장관직을 시킬 만한 사람은 장관을 시키며, 邑을 다스리게 할 만한 사람은 읍을 다스리게 하였으니, 국가, 관청, 읍리를 다스리게 한 사람들이 모두 나라의 어진 사람들이었던 것이다.

9-2-1 賢者之治國也에

어진 사람이 나라를 다스릴 때에는

畢云 國下에 一本有家字라하다 詒讓案 道藏本國下에 有者字라

畢沅 : 어떤 본에는 '國'자 아래에 '家'자가 있다.
詒讓案 : 道藏本에는 '國'자 아래에 '者'자가 있다.

9-2-2 蚤朝晏退하여

아침 일찍 나와 저녁 늦게 물러나서

畢云 蚤字는 同早라

畢沅 : '蚤'자는 '早'자와 같다.

9-2-3 聽獄治政하니 是以로 國家治而刑法正이라 賢者之長官也에 夜寢夙興하여 收斂關市山林澤梁之利하여 以實官府하니 是以로 官府實而財不散이라 賢者之治邑也에 蚤出莫(모)入하여 耕稼樹藝하여 聚菽粟이라 是以로 菽粟多而民足乎食이라 故로 國家治則刑法正하고 官府實則萬民富라 上有以絜(결)爲酒醴粢盛하여 以祭祀天鬼하고 外有以爲皮幣하여 與四隣諸侯交接하고 內有以食飢息勞하여

訟事를 들어주고 정무를 처리하니, 이런 까닭에 국가가 다스려지고 형벌과 법령이 바르게 된다. 어진 사람이 관청의 장관이 되었을 때에는 밤늦게 자고 새벽 일

찍 일어나 關市와 山林, 저수지에서 생기는 이익을 세금으로 거두어서 관청의 창고를 채우니, 이런 까닭에 관청의 창고가 차고 재물이 낭비되지 않는다. 어진 사람이 읍을 다스릴 때에는 아침 일찍 나와 저녁 늦게 돌아가 밭 갈고 씨 뿌리고 심고 가꾸게 하여 곡물을 거두니, 이런 까닭에 곡물이 많아져서 인민들의 식량이 풍족해졌다.

그러므로 국가가 다스려지면 형벌과 법령이 바르게 되고, 관청 창고가 가득 차면 모든 인민이 부유해진다. 위로는 깨끗하게 술과 祭物을 마련하여 하늘과 조상에 제사 지낼 수 있고, 밖으로는 폐백을 마련하여 사방의 이웃 제후들과 교류할 수 있고, 안으로는 주린 자를 먹이고 지친 자를 쉬게 할 수 있어서

飢는 舊本作饑라 今依道藏本正이라

'飢'는 舊本에는 '饑'로 되어 있다. 지금 道藏本에 의거하여 바로잡는다.

9-2-4 將養其萬民하고

萬民을 기르고

兪云 將은 當作持라 持養은 乃古人恒言으로 詳見七患篇이라 此作將養은 形似而誤라 天志中篇에 正作內有以食飢息勞持養其萬民이라하니 可據以訂正이라 非命上篇에 將養老弱이라하니 亦持養之誤라하다

兪樾 : '將'은 '持'가 되어야 한다. '持養(기르다)'은 곧 옛날 사람들이 상용하던 말로 자세한 설명은 ≪墨子≫ 〈七患〉(5-1-2)에 보인다. 여기에서 '將養'으로 되어 있는 것은 〈將과 持의〉 글자 형체가 비슷하여 잘못된 것이다. ≪墨子≫ 〈天志 中〉에 바로 "內有以食飢息勞 持養其萬民(안으로는 주린 자를 먹이고 지친 자를 쉬게 하여 그 만민을 기를 수 있다.)"으로 되어 있으니 이를 근거로 바로잡을 수 있다. ≪墨子≫ 〈非命 上〉에 "將養老弱(노약자를 將養한다.)"이라고 되어 있으니, 이 또한 '持養'이 잘못 쓰인 것이다.

9-2-5 (外有以)[2)]懷天下之賢人이라

2) (外有以) : 저본에는 '外有以'가 있으나, 王念孫의 주에 의거하여 衍文으로 처리하였다.

천하의 어진 사람을 품었다.

王云 外有以三字는 涉上文外有以爲皮幣하여 而衍이라 下文에 曰 內者에 萬民親之하고 賢人歸之라하니 是養民與懷賢이 皆內事요 非外事也라

王念孫 : '外有以' 세 글자는 윗글 "外有以爲皮幣"에 관련하여 잘못 들어간 衍文이다. 아래 글에 "안으로는 만민이 그를 친애하고 어진 사람들이 그를 따른다.〔內者萬民親之 賢人歸之〕"라 하였으니, 이를 보면 인민을 기르는 것과 어진 사람을 품는 것이 모두 안의 일이지 밖의 일이 아닌 것이다.

9-2-6 是故로 上者에 天鬼富之하고 外者에 諸侯與之하고 內者에 萬民親之하고 賢人歸之라 以此로 謀事則得하며 擧事則成하고 入守則固하며 出誅則彊하니 故로 唯昔三代聖王堯舜禹湯文武之所以王天下正諸侯者는

이런 까닭에 위로는 하늘과 조상이 그를 부유케 하고 밖으로는 제후들이 그와 함께하며 안으로는 만민이 그를 친애하고 어진 사람들이 그를 따른다. 이로써 일을 계획하면 제대로 되고 일을 행하면 잘 이루어지며, 안에서 지키면 견고하고 밖으로 나가서 정벌하면 강대해진다.

그러므로 옛날 삼대의 聖王인 堯・舜・禹・湯・文・武가 천하를 통일하여 왕이 되고 제후들의 首長이 된 까닭은

正은 長也니 義詳親士篇이라

正은 首長이라는 뜻이니, 그 뜻은 ≪墨子≫ 〈親士〉(1-2-1)에 자세하게 보인다.

9-2-7 此亦其法已라

또한 이 방법일 따름이다.

9-3-1 旣曰若法이라도 未知所以行之術이면 則事猶若未成이라

이미 이 방법이 있더라도 아직 그것을 실행할 방법을 알지 못한다면 일이 오히

려 아직 이루어지지 못한 것과 마찬가지이다.

畢云 若은 猶順이라하다 王云 曰者는 有之壞字也요 若法은 此法也니 言旣有此法而無術以行之면 則事猶然未成也라 畢以若法爲順法이라하니 失之라 若은 與此同義요 猶若은 卽猶然이라 兪云 王非也라 曰字는 乃云字之誤라 云者有也니 說見辭過篇이라 旣云若法은 卽旣有此法이라 淺人不達云字之義하여 謂是云曰之云은 疑本書皆用曰字이니 此不當用云字라 故로 改云作曰耳라

畢沅 : '若'은 '順'과 같다.

王念孫 : '曰'자는 '有'자가 이지러진 것이고, '若法'은 '此法'이니, 이미 이 방법이 있더라도 이를 행할 방법이 없다면 일이 오히려 이루어지지 못한다는 말이다. 畢沅은 '若法'을 '順法'이라 하였으니 잘못 본 것이다. 〈'若法'의〉 '若'은 '此'와 같은 뜻이고, '猶若'은 곧 '猶然'이다.

兪樾 : 王念孫의 설은 틀렸다. '曰'자는 곧 '云'자의 誤字이다. '云'은 '有'이니 그에 대한 설명은 ≪墨子≫ 〈辭過〉에 보인다. '旣云若法'은 곧 '旣有此法(이미 이 방법이 있더라도)'이다. 식견이 얕은 사람이 '云'자의 의미를 제대로 이해하지 못하여 여기에서 '云曰'의 '云'자는 아마도 이 책에서는 모두 '曰'자로 쓰는 것 같으니 여기에도 '云'자를 써서는 안 된다고 생각하였을 것이다. 그래서 '云'자를 '曰'자로 바꾸었을 따름이다.

9-3-2 是以로 必爲置三本이니라 何謂三本이요 曰 爵位不高면 則民不敬也요 蓄祿不厚면 則民不信也요 政令不斷이면 則民不畏也라 故로 古聖王이 高予之爵하고 重予之祿하고 任之以事하고 斷予之令은 夫豈爲其臣賜哉리오 欲其事之成也니라 詩曰 告女憂卹하고 誨女予爵하노라

이런 까닭에 반드시 세 가지 근본을 세워두어야 한다. 무엇을 세 가지 근본이라 하는가? 작위가 높지 않으면 인민이 존경하지 않고, 봉록이 후하지 않으면 인민이 신뢰하지 않으며, 政令이 단호하지 않으면 인민이 두려워하지 않는다. 그러므로 옛 聖王이 그에게 높은 작위를 주고 후한 봉록을 주며 합당한 일을 맡기고 단호하게 정령을 내릴 권한을 준 것이 어찌 그 신하를 위하여 내린 것이겠는가? 그 일이 이루어지기를 원하였기 때문이다. ≪詩經≫ 〈大雅 桑柔〉에 이르기를 '그대에

게 근심해야 할 일을 말해주며 그대에게 작위 주는 법을 가르치겠노라.

舊本에 爵誤讐한대 盧以意改爲序爵하니 畢從之라 王云 讐爲爵之譌나 予則非譌字也라 上文에 言 古聖王高予之爵重予之祿이라하고 下文에 言 今王公大人之用賢高予之爵而祿不從이라하니 此引詩誨女予爵은 正與上下文予字同義이니 則不得改予爲序矣라 毛詩에 作告爾憂恤하며 誨爾序爵이라 誰能執熱하며 逝不以濯이라한대 今墨子兩爾字皆作女하고 序作予하고 誰作孰하고 逝作鮮하고 以作用하니 是는 墨子所見詩에 固有異文也라하다 案 王說이 是也라 王應麟[3]詩攷[4]에 引亦作序爵하고 盧蓋兼據彼文이나 然王攷多以意改하니 未必宋本予果作序也라 今不據改라 毛詩大雅桑柔傳에 云 濯所以救熱也니 禮亦所以救亂也라한대 鄭箋에 云 恤은 亦憂也요 逝는 猶去也라 我語女以憂天下之憂하고 教女以次序賢能之爵하노라 其爲之를 當如手持熱物之用濯이라하니 謂治國之道는 當用賢者라하다

舊本에는 '爵'이 '讐'로 잘못되어 있는데, 盧文弨가 임의로 '序爵'으로 고쳤고 畢沅이 이를 따랐다.

王念孫 : '讐'은 '爵'자의 오자이지만 '予'자는 오자가 아니다. 윗글에 "古聖王 高予之爵 重予之祿(옛 聖王은 그에게 높은 작위를 주고 후한 봉록을 주며)"이라 하였고, 아래 글(9-4-1, 2)에 "今王公大人之用賢 高予之爵 而祿不從(지금의 王公大人은 어진 사람을 등용하면서 그들에게 높은 작위를 주더라도 봉록이 이를 따르지 못한다.)"이라 하였다. 여기에서 인용한 ≪詩經≫의 "誨女予爵"은 바로 위아래 글의 '予'자와 같은 뜻이니 '予'자를 '序'자로 고치면 안 된다. ≪毛詩≫에는 "告爾憂恤 誨爾序爵 誰能執熱 逝不以濯(그대에게 근심해야 할 일을 말해주며 그대에게 작위 주는 법을 가르치겠노라. 누가 뜨거운 것을 잡고 나서 손을 씻지 않으리오.)"이라 되어 있는데, 지금 ≪墨子≫에서는 두 개의 '爾'자가 모두 '女'자로 되어 있고, '序'자는 '予'자로, '誰'자는 '孰'자로, '逝'자는 '鮮'자로, '以'자는 '用'자로 되어 있으니, 이는 墨子가 본 ≪시경≫에 원래 다른 글자가 있었던 것이다.

案 : 王念孫의 설이 옳다. 王應麟이 ≪詩攷≫에서 인용하면서 '序爵'이라 하였고, 노문

---

3) 王應麟 : 1223~1296. 南宋의 관료이며 經史學者이다. 字는 伯厚이고 號는 深寧居士, 厚齋이다. 저서에 ≪玉海≫, ≪困學紀聞≫, ≪三字經≫, ≪詩攷≫, ≪漢書藝文志考証≫ 등이 있다.

4) 詩攷 : 宋나라 王應麟이 편찬한 책으로, ≪齊詩≫, ≪魯詩≫, ≪韓詩≫ 등 이미 망실된 3家의 ≪詩≫를 수집하여 고찰한 것이다.

초가 아마도 그 글을 함께 근거하였겠지만, 王應麟이 ≪詩攷≫에서 임의로 고친 것이 많았으니, 宋本에 '予'자가 과연 '序'자로 되어 있었는지는 확실하지 않다. 지금 이에 의거하여 고치지 않는다. ≪毛詩≫ 〈大雅 桑柔〉 毛傳에 "손을 씻는 것은 열을 식히는 방법이니, 禮는 또한 亂을 구제하는 방법이다."라 하였고, 鄭玄의 箋에는 "恤은 憂(근심하다)이고, 逝는 去(가다)와 같다. '내가 너에게 말하노니, 천하의 근심거리를 근심하라. 내가 너에게 가르치노니, 어질고 능력 있는 순서대로 작위를 내려라. 이를 실행할 때에는 마치 손에 뜨거운 것을 잡고 나서 물로 씻는 것처럼 하라.'고 하였으니, 〈이는〉 나라를 다스리는 방법은 마땅히 어진 사람을 등용하는 것이라는 말이다."라 하였다.

9-3-3 **孰能執熱**하여 **鮮不用濯**이리오하니

누가 뜨거운 것을 잡고 나서 손을 씻지 않으리오.'라고 하였다.

詩攷에 引孰作誰하니 蓋亦王氏所改라 蘇云 案 詩大雅桑柔篇에 孰作誰하고 鮮作逝하고 用作以라

王應麟의 ≪詩攷≫에서는 이를 인용하면서 '孰'을 '誰'라 하였는데, 아마도 또한 王氏가 고친 것일 것이다.

蘇時學 : ≪詩經≫ 〈大雅 桑柔〉에는 '孰'이 '誰'로, '鮮'이 '逝'로, '用'이 '以'로 되어 있다.

9-3-4 **則此語**는 **古者**에 **國君諸侯之不可以不執善承嗣輔佐也**니

이 말은 옛날에는 군주와 제후가 재상이나 보좌하는 사람과 친밀하게 지내지 않을 수 없었다는 것이니

王云 善은 謂善待此承嗣輔佐之人이니 卽上文所云 高予之爵하고 重予之祿하고 任之以事하고 斷予之令也라 蓋善上不當有執字니 涉上下文執熱而衍이라 案 王說은 非也라 執은 猶親密也라 曲禮에 云 執友稱其仁也라한대 鄭注에 云 執友는 志同者라하고 呂氏春秋遇合篇에 云 故嫫母執乎黃帝라하고 列女傳辯通篇齊鍾離春傳에 云 衒嫁不售하고 流弃莫執이라하니 執은 竝與親義相近하고 此執善은 亦言親善也라

王念孫 : '善'은 이 재상과 보좌하는 사람을 잘 대한다는 말이니, 바로 윗글에서 말한

"그에게 높은 작위를 주고 후한 봉록을 주며 합당한 일을 맡기고 단호하게 정령을 내릴 권한을 주는 것"이다. 아마도 '善'자 위에는 '執'자가 있어서는 안 될 것이니, 〈이 '執'자는〉 위아래 글의 '執熱'에 관련하여 잘못 들어간 衍文일 것이다.

案 : 王念孫의 설은 틀렸다. '執'은 친밀하다는 뜻이다. ≪禮記≫ 〈曲禮〉에 "執友稱其仁也(執友가 그의 어짊을 칭찬한다.)"라 하였는데, 鄭玄의 注에서 "執友는 뜻이 같은 자이다."라고 하였고, ≪呂氏春秋≫ 〈遇合〉에서 "故嫫母執乎黃帝(그러므로 嫫母가 黃帝에게 사랑받았다.)"라 하였으며, ≪列女傳≫ 〈辯通 齊鍾離春傳〉에 "衒嫁不售 流弃莫執(스스로 중매하여 시집을 가려 해도 성사되지 않고 버려져 아무도 가까이하지 않았다.)"이라 하였으니, '執'자는 모두 '親'자와 뜻이 서로 가깝고, 여기에서 '執善'은 또한 '親善'을 말하는 것이다.

9-3-5 **譬之**컨대 **猶執熱之有濯也**하여 **將休其手焉**이라

비유하자면 마치 뜨거운 물건을 잡고 나서 손을 찬물로 씻어 장차 그 손을 식히려는 것과 같다는 것이다.

爾雅釋詁에 云 休는 息也라하다

≪爾雅≫ 〈釋詁〉에 "'休'는 '息'이다."라 하였다.

9-3-6 **古者**에 **聖王唯毋得賢人而使之**하고

옛날에 聖王은 다만 어진 사람을 얻어서 그를 부리고

唯는 舊本作惟한대 今據王校改라 毋는 畢本改毌라 云 毌讀如貫習之貫이라하다 王云 畢改非也라 毋는 語詞耳니 本無意義라 唯毋得賢人而使之者는 唯得賢人而使之也라 若讀毋爲貫習之貫이면 則文不成義矣라 下篇에 曰 今唯毋以尙賢爲政其國家百姓이면 使國之爲善者勸하고 爲暴者沮라하고 又曰 然昔吾所以貴堯舜禹湯文武之道者는 何故以哉아 以其唯毋臨衆發政而治民하여 使天下之爲善者를 可而勸也요 爲暴者를 可而沮也라하고 尙同中篇에 曰 上唯毋立而爲政乎國家하고 爲民正長하여 曰 人可賞이면 吾將賞之라하니 若苟上下不同義면 上之所賞은 則衆之所非라 上唯毋立而爲政乎國家하고 爲民正長하여 曰 人可罰이면 吾將罰之라하니 若苟上下不同義면 上之所罰은 則衆之所

譽라하고 下篇에 曰 故唯毋以聖王爲聰耳明目與[5]아 豈能一視而通見千里之外哉아 一聽而通聞千里之外哉아하고 非攻中篇에 曰 今師徒唯毋興起에 冬行恐寒하고 夏行恐暑하니 此不可以冬夏爲者也라 春則廢民耕稼樹藝하고 秋則廢民穫斂하니 今唯毋廢一時면 則百姓飢寒凍餒而死者를 不可勝數라하고 節用上篇에 曰 且大人唯毋興師以攻[6]伐隣國에 久者終年하고 速者數月하여 男女久不相見하니 此所以寡人之道也라하고 節葬下篇에 曰 今雖毋法執[7]厚葬久喪者言하여 以爲事乎國家라하고 又曰 今唯無以厚葬久喪者爲政이라하고 天志中篇에 曰 故唯毋明乎順天之意하여 奉而光施之天下면 則刑政治하고 萬民和하고 國家富하고 財用足하여 百姓皆得煖衣飽食하여 便寧無憂라하고 非樂上篇에 曰 今王公大人이 雖無造爲樂器하여 以爲事乎國家라하고 又曰 今王公大人이 唯毋處高臺厚榭之上而視之라하고 又曰 今王公大人이 唯毋爲樂에 虧奪民衣食之財以拊樂이 如此多也라하고 又曰 今唯毋在乎王公大人說樂而聽之면 卽必不能蚤朝晏退하여 聽獄治政하고 今唯毋在乎士君子說樂而聽之면 卽必不能竭股肱之力하며 亶其思慮之智하여 內治官府하며 外收斂關市山林澤梁之利하여 以實倉廩府庫하고 今唯毋在乎農夫說樂而聽之면 卽必不能蚤出莫入하여 耕稼樹藝하여 多聚菽粟하고 今唯毋在乎婦人說樂而聽之면 卽必不能夙興夜寐하여 紡績織紝하여 多治麻絲葛緖綑布縿라하니 以上諸篇에 其字或作毋하고 或作無하니 皆是語詞요 非有實義也라 孟康注漢書貨殖傳하여 曰 無는 發聲助也라하고 管子立政九敗解篇에 曰 人君이 唯毋聽寢兵이면 則群臣賓客이 莫敢言兵하고 人君이 唯毋聽兼愛之說이면 則視天下之民如其民하며 視國如吾國하고 人君이 唯無好全生이면 則群生[8]이 皆全其生而生又養하고 人君이 唯無聽私議自貴면 則民退靜隱伏窟穴就山히어 非世間上하며 輕爵祿而賤有司하고 人君이 唯無好金玉貨財하여 必欲得其所好면 則必易之以大官尊位尊爵重祿히고 人君이 唯毋聽群徒比周면 則群臣朋黨이 蔽美揚惡하고 人君이 唯毋聽觀樂玩好면 則敗하고 人君이 唯毋聽

5) 與 : 저본 傍注에 "'與'는 원래 '爲'로 잘못되어 있으나, ≪墨子≫ 〈尙同 下〉에 의거하여 고쳤다."라고 하였다.

6) 攻 : 저본 傍注에 "'攻'은 원래 '及'으로 잘못되어 있으나, ≪墨子≫ 〈節用 上〉에 의거하여 고쳤다."라고 하였다.

7) 執 : ≪墨子≫ 〈節葬 下〉 본문에 따라 '執'으로 바꿔 번역하였다.

8) 群生 : ≪管子≫에는 '群臣'으로 되어 있다.

請謁任譽면 **則群臣**이 **皆相爲請**하고 **人君**이 **唯無聽諂諛飾過之言**이면 **則敗**라하니 **以上諸條**에 **其字或作爲毋**하고 **或作無**하여 **竝與墨子同義**라하다 **案 王說**이 **是也**라 **洪說同**이라 **蘇疑毋爲務字之假借**하니 **非**라

'唯'자는 舊本에 '惟'자로 되어 있는데 지금 王念孫의 교감에 의거하여 '唯'로 고쳤다. '毋'자는 畢沅本에서 '毌'자로 고치면서 "毌자는 독음이 貫習의 貫자와 같다."고 하였다.

王念孫 : 畢沅이 고친 것은 틀렸다. '毋'는 語詞일 뿐, 원래 뜻이 없다. "唯毋得賢人而使之"는 "唯得賢人而使之(다만 어진 사람을 얻어 그를 부린다.)"이다. 만약 '毋'를 貫習의 '貫'으로 읽는다면 글의 뜻이 되지 않는다. ≪墨子≫ 〈尙賢 下〉에 "今唯毋以尙賢爲政其國家百姓 使國之爲善者勸 爲暴者沮(이제 오로지 어진 사람을 높임으로써 그 국가와 백성을 다스린다면 나라에서 선을 행하는 자를 권면하고 포악을 부리는 자를 막게 될 것이다.)"라 하였고, 또 "然昔吾所以貴堯舜禹湯文武之道者 何故以哉 以其唯毋臨衆發政而治民 使天下之爲善者 可而勸也 爲暴者 可而沮也(그렇다면 예전에 내가 堯·舜·禹·湯·文·武의 道를 귀하게 여긴 것은 무슨 까닭인가? 오로지 그들이 인민들에 대하여 정령을 반포하여 인민을 다스리면서 천하에서 선을 행하는 자들을 권면할 수 있고 포악을 부리는 자들을 막을 수 있게 되기 때문이다.)"라 하였고, 〈尙同 中〉에 "上唯毋立而爲政乎國家 爲民正長 曰人可賞 吾將賞之 若苟上下不同義 上之所賞 則衆之所非 上唯毋立而爲政乎國家 爲民正長 曰人可罰 吾將罰之 若苟上下不同義 上之所罰 則衆之所譽(윗사람이 그저 세워져 국가를 다스리고 백성의 正長이 되어 말하기를 "賞 받을 만한 사람에게 내 장차 賞을 주겠다."라고 함에, 만일 진실로 위아래가 義를 같이하지 않는다면 윗사람에게 賞을 받는 자는 뭇사람들에게는 비난의 대상일 것이다. 윗사람이 그저 세워져 국가를 다스리고 백성의 正長이 되어 말하기를 "罰 받을 만한 사람에게 내 장차 罰을 주겠다."라고 함에, 만일 진실로 위아래가 義를 같이하지 않는다면 윗사람에게 벌을 받는 자는 뭇사람들에게는 칭찬의 대상일 것이다.)"라 하였고, 〈尙同 下〉에 "故唯毋以聖王爲聰耳明目與 豈能一視而通見千里之外哉 一聽而通聞千里之外哉(그러므로 聖王의 귀와 눈이 밝다고 여기는가? 어찌 한 번 보아서 천 리 밖을 볼 수 있는가? 어찌 한 번 듣고서 천 리 밖의 소리를 들을 수 있는가?)"라 하였고, 〈非攻 中〉에 "今師徒唯毋興起 冬行恐寒 夏行恐暑 此不可以冬夏爲者也 春則廢民耕稼樹藝 秋則廢民穫斂 今唯毋廢一時 則百姓飢寒凍餒而死者 不可勝數(지금 군대를 일으키면서 겨울에 행군할 때는 추위를 두려워하고 여름에 행군할 때는 더위를 두려워하니, 이는 겨울과 여름에 하면 안 되는 것이다. 봄에는 백성들이 밭 갈고 씨 뿌리는 것을 못하게 하고, 가을에는 백성들이 수확하는 것을 못하게 하니, 지금 한 계절의 농사를 폐하게 되면 굶어 죽고 얼어 죽는 백성들

을 이루 다 셀 수 없을 것이다.)"라 하였고, 〈節用 上〉에 "且大人唯毋興師以攻伐隣國 久者終年 速者數月 男女久不相見 此所以寡人之道也(또한 대인이 군대를 일으켜 이웃 나라를 정벌하면서 길게는 꼬박 한 해가 걸리고 짧게도 수개월이 걸려서 남녀가 오랫동안 서로 보지 못하니, 이것이 인민들의 수를 줄이는 방법이다.)"라 하였고, 〈節葬 下〉에 "今雖毋法執厚葬久喪者言 以爲事乎國家(지금 후하게 장례를 치르고 오랜 기간 상례를 치르자고 주장하는 사람의 말을 따라 국가에서 일을 치른다고 하자.)"라 하고, 또 "今唯無以厚葬久喪者爲政(지금 후하게 장례 치르고 오랫동안 상례를 치르는 것으로 정치를 한다.)"이라 하였고, 〈天志 中〉에 "故唯毋明乎順天之意 奉而光施之天下 則刑政治 萬民和 國家富 財用足 百姓皆得煖衣飽食 便寧無憂(그러므로 하늘의 뜻을 따르는 것에 밝아서 그 뜻을 받들어 천하에 밝게 펼친다면 형정이 다스려지고 만민이 화목해지며 국가가 부유해지고 재용이 풍족해져서 백성들이 모두 따뜻하게 입고 배불리 먹을 수 있게 되어 편안하고 걱정이 없게 된다.)"라 하였고, 〈非樂 上〉에 "今王公大人 雖無造爲樂器 以爲事乎國家(지금의 王公大人이 악기를 만들어 국가에서 정치를 펼친다면)"라 하고, 또 "今王公大人 唯毋處高臺厚榭之上而視之(지금의 王公大人이 높은 대와 높다란 정자 위에서 지다본다면)"라 하고, 또 "今王公大人 唯毋爲樂 虧奪民衣食之財以拊樂 如此多也(지금의 王公大人이 음악을 즐기면서 백성들이 입고 먹을 재물을 빼앗아 음악을 연주하는 것이 이렇게 많다.)"라 하고, 또 "今唯毋在乎王公大人說樂而聽之 卽必不能蚤朝晏退 聽獄治政 今唯毋在乎士君子說樂而聽之 卽必不能竭股肱之力 亶其思慮之智 內治官府 外收斂關市山林澤梁之利 以實倉廩府庫 今唯毋在乎農夫說樂而聽之 卽必不能蚤出莫入 耕稼樹藝 多聚菽粟 今唯毋在乎婦人說樂而聽之 卽必不能夙興夜寐 紡績織紝 多治麻絲葛緖綑布縿(지금 王公大人이 음악을 좋아하여 들으면 아침 일찍 나와 저녁 늦게 물러나면서 재판하고 정사를 펼치는 것을 반드시 하지 못하게 되고, 지금 士君子들이 음악을 좋아하여 들으면 온몸의 힘을 다하고 온 신경을 다 써서 안으로 관부를 다스리고 밖으로 關市와 山林과 저수지 등에서 이익을 거두어 국가의 창고를 채우는 것을 반드시 하지 못하게 되며, 지금 농부들이 음악을 좋아하여 들으면 아침 일찍 나와 밤늦게 들어가 밭 갈고 씨 뿌리고 심고 가꾸어서 곡식을 많이 거두는 것을 반드시 하지 못하게 되고, 지금 부인들이 음악을 좋아하여 들으면 새벽 일찍 일어나고 밤 늦게 잠들면서 베를 짜서 옷을 많이 만드는 것을 반드시 하지 못하게 된다.)"라 하였는데, 이상의 여러 편에서 '毋'자나 '無'자로 되어 있는 것은 모두 語詞로 실제 의미가 있는 것은 아니다. ≪漢書≫ 〈貨殖傳〉 孟康의 注에 "無는 어조사이다."라고 하였고, ≪管子≫ 〈立政九敗解〉에서 "人君唯毋聽寢兵 則群臣賓客莫敢言兵 人君唯毋聽兼愛之說 則視天下之民如其民 視國如吾國 人君唯無好全生 則群生皆全其生而生又養 人君唯無聽私議自貴 則民退靜隱伏 窟穴就山 非世閒上 輕爵祿而賤有

司 人君唯無好金玉貨財 必欲得其所好 則必易之以大官尊位尊爵重祿 人君唯毋聽群徒比周 則群臣朋黨 蔽美揚惡 人君唯毋聽觀樂玩好 則敗 人君唯毋聽請謁任譽 則群臣皆相爲請 人君唯無聽諂諛飾過之言 則敗(임금이 전쟁을 그만두자는 말에 귀를 기울이면 군신과 빈객들이 아무도 감히 군사에 대해 말할 수 없고, 임금이 겸애의 설에 귀를 기울이면 천하의 백성을 자기 백성처럼 보고 천하의 나라들을 자기 나라처럼 보게 되고, 임금이 생명을 온전히 하는 것을 좋아하면 모든 생령(신하)들이 다 자신의 생명만을 온전히 하여 養生에만 힘을 쓰며, 임금이 자기만 귀하다는 私議에 귀를 기울이면 인민들은 조용히 물러나 숨어 동굴로 산으로 들어가 세상과 인연을 끊고 작위와 봉록을 가볍게 여기고 일 맡는 것을 천하게 여기며, 임금이 금은보화를 좋아하여 반드시 자신이 좋아하는 것을 얻고자 한다면 반드시 큰 관직과 높은 직위, 혹은 높은 작위와 후한 봉록으로 그것을 바꿀 것이며, 임금이 특정 무리의 말에만 귀를 기울인다면 신하들은 붕당을 결성하여 좋은 사람은 덮어버리고 나쁜 사람만 추천할 것이며, 임금이 사치스럽게 즐기고 놀자는 말에 귀를 기울이면 망할 것이며, 임금이 관직을 청탁하는 말에 귀를 기울이면 신하들은 모두 서로 청탁을 할 것이며, 임금이 아부하고 과오를 꾸미는 말에 귀를 기울이면 망할 것이다.)"라 하였는데, 이상의 여러 條에서 '毋'자나 '無'자로 되어 있는 것은 모두 ≪墨子≫와 뜻이 같다.

案 : 王念孫의 설이 옳다. 洪頤煊의 설도 같다. 蘇時學은 '毋'자를 '務'자의 假借가 아닐까 하였는데 틀렸다.

9-3-7 般爵以貴之하고

작위를 나눠주어 그를 높이며

畢云 般은 **讀如頒賜之頒**이라하다

畢沅 : '般'은 '頒賜'의 '頒'과 독음이 같다.

9-3-8 裂地以封之하되 **終身不厭**이라 **賢人唯毋得明君而事之**하고 **竭四肢之力**하여 **以任君之事**하여 **終身不倦**이라 **若有美善**이면 **則歸之上**이라 **是以**로 **美善在上**하고 **而所怨謗在下**하고 **寧樂在君**하고

토지를 갈라 봉해주면서 종신토록 싫증내지 않았다. 어진 사람도 다만 현명한 임금을 얻어 섬기고 四肢의 힘을 다하여 임금의 일을 맡아 종신토록 게을리하지

않았다. 만약 아름답고 좋은 일이 있으면 이를 위로 돌렸기 때문에 아름답고 좋은 일은 윗사람 몫이고 원망하고 헐뜯기는 일은 아랫사람 몫이었으며, 편안함과 즐거움은 군주의 몫이고

畢云 當爲寍(녕)하니 經典通用此라

畢沅 : 〈'寧'자는〉 마땅히 '寍'자가 되어야 하니, 經典에서는 이 두 글자를 통용하였다.

9-3-9 憂慼在臣하니 故로 古者聖王之爲政若此라

근심과 걱정은 신하의 몫이었다. 이런 까닭에 옛날 聖王의 정치가 이와 같았던 것이다

9-4-1 今王公人人도 亦欲效人以尙賢使能爲政하여

지금의 王公大人 또한 옛사람의 정치를 본받아 어진 사람을 높이고 유능한 사람을 부려서 정치하고자 하여

效人은 謂效古人之爲政也라

'사람을 본받는다.〔效人〕'는 것은 옛사람들의 정치를 본받는다는 말이다.

9-4-2 高予之爵이나 而祿不從也니 夫高爵而無祿이면 民不信也라 曰 此非中實愛我也라 假藉而用我也라하니라

그들에게 높은 작위를 주더라도 봉록이 이를 따르지 못하니, 대저 높은 작위라도 봉록이 없다면 인민은 그들을 신뢰하지 못한다. 〈그러니 그들은〉 '이것은 진심으로 나를 아끼는 것이 아니라 작위를 빌려 나를 이용하는 것이다.'라고 한다.

漢書薛宣朱博傳贊에 假借用權이라한대 宋祁[9]校云 借는 蕭該謂本作藉字라하고 大戴禮

---

9) 宋祁 : 998～1061. 北宋의 관료이자 학자로 字는 子京이고 諡號는 景文이다. 문장으로 유명해 그 형인 宋庠과 더불어 '二宋'으로 일컬어졌다. 歐陽脩 등과 함께 ≪新唐書≫를 편찬하였다. 그 외 저서에 ≪廣樂記≫, ≪起居注≫, ≪御戎論≫, ≪益部方物略記≫, ≪宋景文

記衛將軍文子篇에 云 使其臣如藉라하다 畢云 古無借字하여 只用藉라 說文序에 有假借字하고 从人하니 俗寫亂之라하다

≪漢書≫ 〈薛宣朱博傳〉의 贊에 "假借用權(자리를 빌려 權道를 썼다.)"이라고 하였는데, 宋祁가 교감하여 "借자는 蕭該가 '본래 藉자로 되어 있다.'고 하였다."고 하였고, ≪大戴禮記≫ 〈衛將軍文子〉에 "使其臣如藉(신하를 부릴 때에는 그 힘을 빌리듯이 하며)"라 하였다.

畢沅 : 옛날에는 '借'자가 없었으므로 단지 '藉'자만 썼다. ≪說文解字≫의 序에 '假借'라는 말이 있고 '人'을 부수로 썼는데, 이는 세상 사람들이 잘못 써서 혼란하게 된 것이다.

9-4-3 夫假藉之民이 將豈能親其上哉아 故로 先王言曰 貪於政者는

대저 작위를 주어 이용한 인민이 장차 어찌 그 윗사람을 친애할 수 있겠는가. 그러므로 선왕이 말하기를 '권력을 탐내는 자는

畢云 貪은 舊作食이라 一本如此라하다

畢沅 : '貪'자는 舊本에는 '食'자로 되어 있는데, 어떤 본에는 이처럼 〈'貪'자로〉 되어 있다.

9-4-4 不能分人以事하고 厚於貨者는 不能分人以祿이라하니라 事則不與하고 祿則不分하니 請問天下之賢人이라도 將何自至乎王公大人之側哉아 若苟賢者不至乎王公大人之側이면 則此不肖者 在左右也니 不肖者 在左右면 則其所譽不當賢이요 而所罰不當暴라 王公大人이 尊此以爲政乎國家면 則賞亦必不當賢이요 而罰亦必不當暴라 若苟賞不當賢이요 而罰不當暴면 則是爲賢者不勸하고 而爲暴者不沮矣리니 是以로 入則不慈孝父母하고

남에게 일을 나누어줄 수 없고, 재화에 욕심이 많은 자는 남에게 봉록을 나누어줄 수 없다.'라 하였다. 일도 주지 않고 봉록도 나누지 않으니, 천하의 어진 사람을 청하더라도 장차 어디에서 王公大人의 곁으로 오겠는가?

만약 진실로 어진 사람이 王公大人의 곁에 오지 않는다면 못난 사람이 〈王公大

筆記≫, ≪宋景文雜說≫ 등이 있다.

人의〉 좌우에 있게 된다. 못난 사람이 좌우에 있게 된다면 그들이 칭찬하는 자는 어진 사람이 아닐 것이고 그들이 처벌하는 자는 포악한 사람이 아닐 것이다. 王公大人이 이들을 존중하여 국가에 정사를 펼친다면, 상도 반드시 어진 사람에게 주어지지 않고, 벌도 반드시 포악한 사람에게 주어지지 않을 것이다.

만약 진실로 어진 사람을 상 주지 않고 포악한 사람을 벌주지 않는다면, 바로 어진 사람이 되는 것을 권장하지 못하고 포악한 사람이 되는 것을 막지 못할 것이니, 이런 까닭에 집에 들어가서는 부모에게 효도하지 않고

國語齊語에 云 不慈孝於父母하고 不長弟於鄕里라하다 王引之云 賈子道術篇에 云 親愛利子를 謂之慈요 子愛利親을 謂之孝라하니 孝與慈不同이나 而同取愛利之義라 故로 孝於父母를 亦可謂之孝慈라 莊子漁父篇에 曰 事親則慈孝라하다

≪國語≫ 〈齊語〉에 "不慈孝於父母 不長弟於鄕里(부모에게 효도하지 않고 마을 어른들을 공경하지 않는다.)"라 하였다.

王引之 : 賈誼의 ≪新書≫ 〈道術〉에 "어버이가 자식을 아끼고 이롭게 하는 것을 慈라 하고 자식이 어버이를 아끼고 이롭게 하는 것을 孝라 한다."고 하였다. 孝와 慈는 다른 것이지만, 다 같이 아끼고 이롭게 하는 뜻이 있으니, 그런 까닭에 부모에게 효도하는 것도 '孝慈'라 할 수 있다. ≪莊子≫ 〈漁父〉에 "어버이를 섬기는 것이 慈孝이다."라 하였다.

9-4-5 出則不長弟鄕里하며 居處無節하고 出入無度하고

집 밖에 나와서는 마을 어른들을 공경하지 않으며, 거처할 때 절도가 없고 드나드는 데 법도가 없으며,

節度는 義同이라 非命上篇에 云 坐處不度하고 出入無節이라하다

'節'과 '度(법도)'는 뜻이 같다. ≪墨子≫ 〈非命 上〉에 "坐處不度 出入無節(앉아 있을 때는 법도가 없고 드나드는 데 절도가 없다.)"이라 하였다.

9-4-6 男女無別이라 使治官府則盜竊하고 守城則倍畔하고 君有難則不死하고 出亡則不從하며 使斷獄則不中하고 分財則不均이라 與謀事不得하고 擧事不成하고 入守

不固하고 **出誅不彊**하니 **故**로 **雖昔者三代暴王**

남녀 사이에 구별도 없다. 官府를 다스리게 하면 도둑질하고 성읍을 지키게 하면 배반하며, 임금이 난을 겪더라도 죽지 않고 〈임금이〉 망명하더라도 따르지 않으며, 재판을 하게 하면 공정하게 처리하지 못하고 재물을 나누게 하면 공평하게 처리하지 못한다. 계책을 함께 세우면 제대로 되지 않고 함께 일을 행하면 성사되지 않으며, 성에 들어가 지키면 견고하지 못하고 국경 밖에 나가서 정벌하면 강대하지 못하다.

그러므로 옛날 三代의 폭군인

上文에 云 故唯昔三代聖王堯舜〔禹〕[10]湯文武之所以王天下正諸侯者라 王引之云 雖는 卽唯也니 古字通이라하다

윗글에 "故唯昔三代聖王堯舜禹湯文武之所以王天下正諸侯者(그러므로 옛날 삼대의 聖王인 堯・舜・禹・湯・文・武가 천하를 통일하여 왕이 되고 제후들의 수장이 된 까닭은)"라 하였다. 王引之 : '雖'는 곧 '唯'이니 옛날에는 글자를 통용하였다.

9-4-7 **桀紂幽厲之所以失措其國家傾覆其社稷者**는

桀・紂・幽・厲가 자신의 국가를 잃고 社稷을 멸망케 하였던 것은

王云 措字는 義不可通이니 當是損字之誤라 大戴記曾子立事篇에 曰 諸侯日旦思其四封之內하여 戰戰恐惟失損之라한대 損은 讀爲抎(운)이라 故로 非命篇에 作失抎하고 說文에 抎은 有所失也라하다

王念孫 : '措'자는 뜻이 통하지 않으니, 응당 '損'의 誤字일 것이다. ≪大戴禮記≫ 〈曾子立事〉에 "諸侯日旦思其四封之內 戰戰恐惟失損之(諸侯가 매일 아침 일찍 자신의 봉토를 생각하면서 잃어버릴까 전전긍긍한다.)"라 하였는데, 여기서 '損'은 '抎(잃다)'으로 읽는다. 그래서 ≪墨子≫ 〈非命〉에서 '失抎'이라 한 것이다. ≪說文解字≫에는 "'抎'은 잃은 바가 있는 것이다."라 하였다.

---

10) 〔禹〕 : 저본에는 '禹'가 없으나, 윗글 9-2-6에 의거하여 보충하였다.

9-4-8 已此故也니라

이런 까닭인 것이다.

畢云 古字에 以已通이라 一本作以하니 非라

畢沅 : 古字에서 '以'와 '已'는 통용한다. 어떤 본에는 '以'로 되어 있는데 잘못된 것이다.

9-4-9 何則고 皆以明小物而不明大物也니라

왜냐하면 모두가 작은 일에는 밝고 큰 일에는 밝지 못하였기 때문이다.

周禮大司徒鄭注에 云 物은 猶事也라하다

≪周禮≫ 〈大司徒〉 鄭玄의 注에 "'物'은 '事'와 같은 뜻이다."라 하였다.

9-5-1 今王公大人이 有一衣裳한대 不能制也면 必藉良工하고 有一牛羊한대 不能殺也면 必藉良宰리니

지금 王公大人이 옷 한 벌 지을 옷감이 있는데 마름질할 수 없다면 반드시 바느질 잘하는 이의 손을 빌릴 것이고, 소나 양 한 마리가 있는데 잡을 수가 없다면 반드시 좋은 요리사의 힘을 빌릴 것이다.

呂氏春秋不苟篇에 與良宰遺之라한대 高注에 云 宰는 謂膳宰라하다

≪呂氏春秋≫ 〈不苟〉에 "良宰에게 보내준다."라 하였는데, 高誘의 注에 "'宰'는 '膳宰(요리사)'를 말한다."고 하였다.

9-5-2 故로 當若之二物者하얀 王公大人이 未知以尙賢使能爲政也니

그러므로 이러한 두 일을 당해서는 어진 사람을 높이고 유능한 사람을 부려서 정치를 한다는 것을 王公大人이 본래부터 알고 있다.

王云 未知는 當作未嘗不知니 義見上下文이라하다 蘇云 未知는 當作未有不知라하다 詒讓案 未는 疑本之誤라

王念孫 : '未知'는 마땅히 "未嘗不知(일찍이 알지 못함이 없다.)"가 되어야 하니, 그 뜻은 위아래 글에 보인다.

蘇時學 : '未知'는 마땅히 "未有不知(알지 못함이 있지 않다.)"가 되어야 한다.

詒讓案 : '未'는 아마도 '本'의 誤字일 것이다.

9-5-3 逮至其國家之亂社稷之危하얀 則不知使能以治之하여

그러나 국가가 어지럽고 사직이 위태로운 지경에 이르러서는 〈어진 사람을 높이고〉 유능한 사람을 부려서 정치할 줄 모르고

蘇云 使能上에 當脫尙賢二字라하다

蘇時學 : '使能' 위에 응당 '尙賢' 두 글자가 빠졌을 것이다.

9-5-4 親戚이면 則使之하고 無故富貴어나 面目佼好면 則使之하니

친척이면 그를 부리고, 공이 없는데도 부귀하거나 용모가 아름다우면 그를 부리니

詩陳風月出篇에 佼人僚兮라한대 釋文에 云 佼字는 又作姣하니 好也라하다 畢云 佼는 姣字假音이라 說文에 云 姣는 好也라하고 玉篇에 云 姣는 音狡이니 妖媚也라하다 兪云 無故富貴는 義不可通하니 無는 乃衍字라 故富貴는 謂本來富貴者也니 不問其賢否하고 而惟故富貴者是使면 則非尙賢之謂矣라 上文에 曰 故로 古者에 聖王甚尊尙賢而任使能이라 不黨父兄하고 不偏富貴하고 不嬖顏色이라하니 此云 親戚則使之는 是黨父兄矣요 故富貴面目佼好則使之는 是偏富貴而嬖顏色矣라 後人不達故富貴之義하여 而妄加無字하니 殊失其旨라 下篇同이라하다 案 無故富貴는 中下兩篇에 屢見한대 群書治要에 引同하니 無는 似非衍文이라 兪說은 未塙이라 竊疑故當爲攻하니 卽功之借字라 下篇에 云 其所賞者는 已無故矣라한대 故는 亦攻之譌니 可以互證이라

≪詩經≫ 〈陳風 月出〉에 "佼人僚兮(아름다운 사람 예쁘기도 하다.)"라 하였는데, ≪經典釋文≫에서 "'佼'자는 또한 '姣'로도 쓰니 '好(예쁘다)'라는 뜻이다."라고 하였다.

畢沅 : '佼'는 '姣'자의 假音字이다. ≪說文解字≫에서 "姣는 好이다."라고 하였고, ≪玉

篇≫에서는 "姣는 音이 狡(교)이니, '妖媚(아리땁다)'라는 뜻이다."라고 하였다.

兪樾 : '無故富貴'는 뜻이 통하지 않으니, '無'는 곧 衍文이다. '故富貴'는 본래 부귀한 사람을 이른다. 그 어짊 여부를 따지지 않고 오직 옛날부터 부귀한 사람을 부린다면 어진 사람을 높이는 것이 아님을 이르는 것이다. 윗글에서 "그러므로 옛날에 聖王들은 어진 사람을 매우 尊尙하고 유능한 사람에게 일을 맡겨 부렸다. 그리하여 父兄을 편들지 않고 부귀한 사람에게 치우치지 않으며 잘생긴 사람을 편애하지도 않았다."라 하였는데, 여기에서 "親戚이면 그를 부린다."고 한 것은 "父兄을 편드는 것"이며, "본래 부귀한 사람, 용모가 아름다운 사람이면 그를 부린다."라는 것은 "부귀한 사람에게 치우치고 잘생긴 사람을 편애하는 것"이다. 후대 사람들이 '故富貴'의 뜻을 알지 못하여 잘못 '無'자를 덧붙였으니, 전혀 원래 뜻에 맞지 않다. ≪墨子≫ 〈尙賢 下〉에서도 마찬가지이다.

案 : '無故富貴'는 ≪墨子≫ 〈尙賢 中〉〈尙賢 下〉 두 편에 자주 나오는데, ≪群書治要≫에서 인용한 것이 동일하니 '無'는 衍文이 아닌 것 같다. 兪樾의 說은 확실한 것이 아니다. 아마도 '故'가 응당 '攻' 즉 '功'의 假借字가 되어야 할 것 같다. 〈尙賢 下〉에 "其所賞者已無故矣(그 상 받은 자는 이미 공이 없다.)"라 하였는데, 이때의 '故' 또한 '攻'의 誤字이니, 서로 대조해 증명할 수 있다.

9-5-5 夫無故富貴어나 面目佼好면 則使之하니 豈必智且有慧哉아

대저 공이 없는데도 부귀하거나 용모가 아름다우면 그를 부리니 어찌 그들이 반드시 지혜롭고 총명하겠는가?

說文心部에 云 慧는 儇也라하다 王云 智且慧는 與前貴且智愚且賤으로 文同一例하니 慧上에 不當有有字라 蓋後人所加라하다

≪說文解字≫ 〈心部〉에 "'慧'는 '儇(총명하다)'이다."라 하였다.

王念孫 : '智且慧'는 앞의 '貴且智', '愚且賤'과 같은 문투이니, '慧' 위에 응당 '有'자를 두어서는 안 된다. 아마도 후대 사람이 덧보탠 것 같다.

9-5-6 若使之治國家면 則此使不智慧者로 治國家也니 國家之亂을 既可得而知已라 且夫王公大人이 有所愛其色而使는

만약 그들에게 국가를 다스리게 한다면 이는 지혜롭고 총명하지 못한 자에게 국가를 다스리게 하는 것이니, 국가가 어지러워질 것을 이미 알 수 있다.

게다가 王公大人이 그의 아름다운 용모를 아끼는 바가 있어 그를 부리는 것은

據下文컨대 下當有之字라

아래 글에 의거하면 〈'所愛其色而使'〉 아래에 응당 '之'자가 있어야 한다.

9-5-7 其心이 不察其知而與其愛라 是故로 不能治百人者를 使處乎千人之官하고 不能治千人者를 使處乎萬人之官하니 此其故何也오 曰 處若官者는 爵高而祿厚라 故로 愛其色而使之焉이라

자신의 마음속에 그가 지혜로운지 살피지 않고 자신이 아끼는 사람에게 〈관직을〉 준 것이다. 이런 까닭에 고작 백 사람도 다스리지 못하는 사람을 천 사람 다스리는 관직에 있게 하고, 천 사람도 다스리지 못하는 사람을 만 사람 다스리는 관직에 있게 하니, 그 까닭은 무엇인가? 이러한 관직에 있는 사람은 작위도 높고 봉록도 많기 때문에 그의 아름다운 용모를 아껴서 그를 부리는 것이다.

處若은 舊本에 倒라 王云 若與故는 義不相屬하니 若處官者는 當爲處若官者라 若官은 此官也라 言 以處此官者는 爵高而祿厚라 故로 特用其所愛也라 下文에 曰 雖日夜相接以治若官이라하니 是其證이라 若은 與此로 同義니 說見上文이라

'處若'은 舊本에서는 글자의 순서가 바뀌어 〈'若處'로 되어〉 있다.

王念孫 : '若(만약)'과 '故(때문에)'는 뜻이 서로 이어지지 않으니, '若處官者'는 응당 '處若官者'로 되어야 한다. '若官'은 '此官(이 관직)'이다. 이 관직에 있는 자는 품계가 높고 봉록이 많기 때문에 특별히 자기가 아끼는 사람을 등용한다는 말이다. 아래 글(9-5-9)에 "雖日夜相接以治若官(비록 밤을 낮 삼아 이 관직의 일을 처리해도)"이라 하였으니, 증거가 된다. '若'은 '此'와 같은 뜻이니, 그 설명은 윗글에 보인다.

9-5-8 夫不能治千人者를 使處乎萬人之官이면 則此官什倍也라 夫治之法은 將日至者也를 日以治之어늘 日不什脩하고

대저 천 사람도 다스리지 못하는 사람을 만 사람 다스리는 관직에 있게 하면 이것은 관직이 〈능력에 비해〉 10배나 되는 것이다. 대저 〈관부를〉 다스리는 방법은 그날 온 일은 그날 처리해야 하는 것인데, 하루의 길이는 10배로 늘어나지 않고,

小爾雅廣言에 云 脩는 長也라하니 什脩는 謂十倍其長이라

≪小爾雅≫ 〈廣言〉에 "'脩'는 '長(길다)'이다."라 하였으니, '什脩'는 그 길이가 열 배가 된다는 말이다.

9-5-9 知以治之어늘 知不什益이라 而予官什倍면 則此治一而棄其九矣니 雖日夜相接以治若官이라도 官猶若不治하리니 此其故何也오 則王公大人이 不明乎以尙賢使能爲政也라 故로 以尙賢使能爲政而治者는 夫若言之謂也요

지혜로 일을 처리해야 하거늘 지혜는 10배 더 늘지 않는다. 그런데 〈그의 능력에 비해〉 10배 되는 관직을 그에게 부여한다면, 이는 하나만 처리하고 아홉은 버리게 되는 셈이니, 비록 밤을 낮 삼아 이 관직의 일을 처리하더라도 그 관직의 일은 여전히 처리하지 않은 것과 같게 될 것이다. 이는 그 까닭이 무엇인가?

바로 王公大人이 어진 사람을 높이고 유능한 사람을 부려서 정치를 하는 데에 밝지 못하기 때문이다. 그러므로 어진 사람을 높이고 유능한 사람을 부려서 정치를 해야 제대로 다스려진다는 것은 전에 말한 것과 같은 상황을 두고 말한 것이고,

王云 夫는 亦此也라 詒讓案 此夫는 對吾爲文하니 疑當訓彼라 漢書賈誼傳顔注에 云 夫는 猶彼人耳라하니라

王念孫 : 〈'夫若言之謂也'의〉 '夫'는 '此'이다.

詒讓案 : 이 '夫'는 〈'若吾言之謂也'의〉 '吾'의 對가 되니, 아마도 응당 '彼'의 뜻으로 새겨야 할 것이다. ≪漢書≫ 〈賈誼傳〉 顔師古의 注에 "夫는 彼人과 같은 뜻일 따름이다."라 하였다.

9-5-10 以下賢爲政而亂者는

어진 사람을 낮추고 〈유능한 자를 부리지 않으면서〉 정치하여 어지러워지는 것은

下賢下에 當有不使能之語나 而今脫之라

'下賢' 아래에 응당 '不使能(유능한 사람을 부리지 않으면서)'이라는 말이 있어야 하는데, 지금은 이것이 빠져 있다.

9-5-11 若吾言之謂也라하니라

나의 이 말과 같은 상황을 두고 말한 것이다."

若吾言은 疑亦當作吾若言이라

'若吾言'은 아마도 또한 응당 '吾若言'이 되어야 할 것이다.

9-6-1 今王公大人이 中實將欲治其國家하고 欲脩保而勿失하면 胡不察尙賢爲政之本也아 且以尙賢爲政之本者가 亦豈獨子墨子之言哉아 此는 聖王之道니 先王之書의 距年之言也라

지금 王公大人이 진심으로 자신의 국가를 잘 다스리고 〈자리를〉 오래 보존하여 잃지 않기를 원한다면 어찌 어진 사람을 높이는 것이 정치의 근본이 됨을 살피지 않겠는가? 게다가 어진 사람을 높이는 것으로 정치의 근본을 삼는다는 것이 또한 어찌 오직 子墨子만의 말씀이겠는가? 이것은 聖王의 도이니, 先王의 글인 〈距年〉의 말이다.

畢云 距年은 下篇에 作豎年이니 猶云遠年이라하다 案 畢說은 未塙이라

畢沅 : 距年은 《墨子》 〈尙賢 下〉에 '豎年'으로 되어 있으니, '遠年'과 같은 뜻이다.
案 : 畢沅의 설은 확실하지 않다.

9-6-2 傳曰 求聖君哲人하여 以裨輔而身이라하다

전하는 말에 "聖人과 武人, 그리고 지혜로운 사람을 구하여 네 자신을 돕도록 하라."고 하였다.

國語晉語에 云 裨輔先君이라한대 韋注에 云 裨는 補也라하다 此下篇에 云 晞夫聖武知人하여 以屛輔爾身하라하니 文義較詳備라 此는 約述之라 裨輔에 不當有聖君하니 君은 蓋亦武之譌라 蘇云 伊訓에 云 敷求哲人하여 俾輔于爾後嗣라한대 與此略同이라 詒讓案 伊訓僞孔傳에 云 布求賢智하여 使師輔於爾嗣王하니 言仁及後世라하다

≪國語≫ 〈晉語〉에 "先君을 裨輔한다."라 하였는데, 韋昭의 注에서 "裨는 補이다."라 하였다. 이 ≪墨子≫ 〈尙賢 下〉에 "저 聖人과 武人, 그리고 지혜로운 사람을 구하여 네 자신을 돕게 하라.〔晞夫聖武知人 以屛輔爾身〕"라 하였는데, 글의 뜻이 비교적 상세히 갖추어졌다. 여기에서는 간략하게 말한 것이다. '돕는〔裨輔〕' 주체로 聖君은 마땅치 않으니, '君'은 아마도 '武'의 誤字일 것이다.

蘇時學 : ≪尙書≫ 〈伊訓〉에 "두루 지혜로운 사람을 구하여 너의 후사를 돕도록 하라.〔敷求哲人 俾輔于爾後嗣〕"고 하였는데, 이 대목과 대략 같은 뜻이다.

詒讓案 : ≪僞古文尙書≫ 〈伊訓〉의 僞孔安國傳에 "두루 어질고 지혜로운 사람을 구하여 그들로 하여금 너의 後嗣인 왕을 돕게 하라는 것이니, 仁政을 後世에까지 미치게 하라는 말이다."라 하였다.

9-6-3 湯誓에 曰

≪尙書≫ 〈湯書〉에 이르기를

書敍에 云 伊尹相湯伐桀에 升自陑(이)하여 遂與桀戰于鳴條之野하고 作湯誓라하다 今湯誓엔 無此文[11]한대 僞古文에 摭此爲湯誥하니 謬라

≪尙書≫ 〈湯誓〉의 〈書敍〉에 "伊尹이 湯임금의 재상이 되어 桀을 정벌할 때 陑山으로부터 길을 떠나 드디어 鳴條의 들에서 桀과 전투를 벌였고, 〈湯誓〉를 지었다."고 하였다. 지금의 〈湯誓〉에는 이 글이 없는데, ≪僞古文尙書≫에서 이 글을 가져다가 〈湯誥〉라 하였으니, 이는 잘못된 것이다.

9-6-4 聿求元聖하여 與之戮力同心하여

---

11) 此文 : 이하 ≪墨子≫에서 인용한 〈湯誓〉의 내용을 말한다.

"드디어 큰 聖人을 구하여 그와 함께 힘을 합하고 마음을 같이하여

湯誥僞孔傳에 **云 聿**은 **遂也**라 **大聖陳力**은 **謂伊尹**이라한대 **孔疏**에 **云 戮力**은 **猶勉力也**라하다 **案 說文力部**에 **云 勠**은 **并力也**라한대 **勠**은 **戮之借字**라

≪僞古文尙書≫ 〈湯誥〉의 僞孔安國傳에 "'聿'은 '遂(드디어)'이다. 큰 聖人이 힘을 다하는 것은 伊尹을 두고 말한 것이다."라 하였는데, 孔穎達의 疏에 "'戮力'은 힘써 노력하는 것이다."라 하였다.

案 : ≪說文解字≫ 〈力部〉에 "'勠'은 힘을 합치는 것이다."라 하였는데, '勠'은 '戮'의 假借字이다.

9-6-5 **以治天下**라하니

천하를 다스렸다."고 하였다.

蘇云 今書湯誥篇엔 **無同心以下六字**라하다

蘇時學 : 지금의 ≪尙書≫ 〈湯誥〉엔 '同心 이하 6자(同心以治天下)'가 없다.

9-6-6 **則此言聖之不失以尙賢使能爲政也**라

바로 이는 聖王이 어진 사람을 높이고 유능한 사람을 부려서 정치한다는 원칙을 잃지 않았음을 말하는 것이다.

聖下에 **當有王字**라

'聖' 아래에 응당 '王'자가 있어야 한다.

9-6-7 **故**로 **古者**에 **聖王**은 **唯能審以尙賢使能爲政**하여 **無異物雜焉**하여 **天下皆得其利**라

그러므로 옛날의 聖王은 오로지 어진 사람을 높이고 유능한 사람을 부려서 정치하는 것을 잘 알고 〈정치에〉 다른 원칙을 섞지 않아 천하 사람들이 모두 그 이익을 얻을 수 있었다.

道藏本에 作列이라 案 上篇에 云 列德而尙賢이라하고 又云 以德就列이라하니 則此云皆得其列은 或謂尊卑賢否가 皆得其等列하여 無僭越也라한대 此義亦得通이라 而不及作利之長이라 故로 今不據改라

〈'利'가〉 道藏本에는 '列'로 되어 있다.

案：≪墨子≫ 〈尙賢 上〉에 "列德而尙賢(德이 있는 사람에게 작위를 주고 어진 사람을 높였다.)"이라 하고, 또 "以德就列(德에 따라 작위를 받았다.)"이라 하였으니, 여기에서 말하는 "皆得其列"은 누군가 "존귀한 사람, 비천한 사람, 어진 사람, 그렇지 않은 사람들이 모두 그에 맞는 작위를 얻어 僭越함이 없다."고 설명하였는데, 이 뜻 또한 통할 수 있다. 그러나 〈이러한 설명보다〉 '利'를 〈'列'로 고치지 않고〉 그대로 두는 편이 더 낫다. 그래서 지금 이에 의거하여 고치지 않는다.

9-6-8 古者에 舜은 耕歷山하고

옛날에 舜은 歷山 기슭에서 밭을 갈고

史記五帝本紀同이라 畢云 史記集解에 云 鄭玄曰 在河東이라하고 水經注에 云 河東郡南에 有歷山하니 謂之歷觀이라하니 舜所耕處也라 有舜井하니 嬀汭二水가 出焉이라하니 二說은 在今山西永濟縣이라 高誘注淮南子에 云 歷山은 在㳆陰成陽也라 一曰濟南歷城山也라하고 水經注에 又云 周處風土記[12]에 曰 記云耕於歷山한대 而始寧剡二縣界上이 舜所耕田이요 於山下에 多柞樹한대 吳越之間에 名柞爲櫪이라 故로 曰歷山이라하니 與鄭說異라 括地志[13]에 云 蒲州河東縣歷山南에 有舜井이라하고 又云 越州餘姚縣에 有歷山舜井하고 濮州雷澤縣에 有歷山舜井이라 二所에 又有姚墟하니 云生舜處也라 及嬀州歷山舜井하여도 皆云舜所耕處한대 未詳也라하니 案 說各不同이라하다

12) 風土記：周處(236~297)가 지은 ≪風土記≫이다. 周處는 字가 子隱이다. 저서에 ≪默語≫, ≪風土記≫, ≪吳書≫ 등이 있다. ≪風土記≫는 지방의 풍속에 대하여 정리한 책으로 端午, 七夕, 重陽節 등의 풍속에 대해 알 수 있게 해준다.

13) 括地志：唐나라 초기 魏王 李泰가 편집한 地理書이다. 본문 550권, 序略 5권으로 구성되어 있다. ≪漢書≫ 〈地理志〉와 顧野王의 ≪輿地志≫ 두 책을 기반으로 새로운 地理書 체제를 만들어 ≪元和郡縣志≫, ≪太平寰宇記≫의 先河가 되었다고 평가받는다.

≪史記≫ 〈五帝本紀〉와 같은 내용이다.

畢沅 : ≪史記集解≫에 "鄭玄이 '河東에 있다.'고 하였다."고 하였고, ≪水經注≫에 "河東郡 남쪽에 歷山이 있는데, 이를 '歷觀'이라 하니 舜임금이 밭 갈던 곳이다. 舜井이 있는데, 嬀水와 汭水가 거기에서 나온다."고 하였다. 이 두 설은 지금의 山西 永濟縣을 가리키는 것이다. ≪淮南子≫ 高誘의 注에 "歷山은 沵陰郡 成陽縣이다. 일설에 따르면 濟南 歷城山이다."라 하였고, ≪水經注≫에 또 "周處의 ≪風土記≫에 말하기를 '≪史記≫에서 歷山에서 밭 갈았다고 하였는데, 처음에는 寧과 剡 두 縣의 경계가 舜임금이 밭 갈던 곳이었고 산 아래에 柞樹(떡갈나무)가 많았는데 吳와 越 지역에는 「柞」을 「櫪」이라 불렀기 때문에 「歷山」이라 한 것이다.'라 하였다"라 하니, 鄭玄의 설과는 다르다. ≪括地志≫에 "蒲州 河東縣 歷山 남쪽에 舜井이 있다."라 하였고, 또 "越州 餘姚縣에 歷山과 舜井이 있고, 濮州 雷澤縣에 歷山과 舜井이 있다. 이 두 곳에는 또한 姚墟가 있으니 舜임금이 태어난 곳이라고 일컬어진다. 嬀州의 歷山과 舜井도 모두 舜이 밭 갈던 곳이라 하는데 확실하지 않다."라 하였다. 살펴보건대 설들이 각각 다르다.

9-6-9 陶河瀕하고

河瀕에서 그릇을 구우며

呂氏春秋愼人篇에 云 陶於河濱이라한대 高注에 云 陶는 作瓦器라하다 史記五帝本紀에 瀕은 亦作濱이라 畢云 此는 古濱字이니 見說文이라 史記集解에 云 皇甫謐曰 濟陰은 定陶西南陶丘亭이 是也라하고 正義에 曰 按 於曹州濱河에 作瓦器也라 括地志에 云 陶城은 在蒲州河東縣北三十里라하니 卽舜所都也니 南去歷山不遠이라 或耕或陶는 所在則可한대 何必定陶라야 方得爲陶也리오 舜之陶也는 斯或一焉이라하다 按 守節[14]說이 本水經注한대 是也라 雷澤則亦以山西永濟說爲强也라하다 詒讓案 水經濟水注에 云 陶丘는 墨子以爲釜丘也라한대 今檢勘全書하니 無釜丘之文이라 疑古本此文或作陶釜丘矣라

≪呂氏春秋≫ 〈愼人〉에 "河濱에서 그릇을 구웠다."고 하였는데, 高誘의 注에 "陶는 瓦器를 만드는 것이다."라 하였다. ≪史記≫ 〈五帝本紀〉에서도 '瀕'이 '濱'으로 되어 있다.

畢沅 : 이 '瀕'은 '濱'의 古字이니 ≪說文解字≫에 보인다. ≪史記集解≫에 "皇甫謐이 말

---

14) 守節 : 張守節이다. 唐나라 開元 연간의 학자로 ≪史記正義≫의 저자이다.

하기를 '濟陰은 定陶의 서남쪽 陶丘亭이다.'라 하였다."고 하였고, ≪史記正義≫에 "살펴보건대, 曹州 濱河에서 瓦器를 만든 것이다. ≪括地志≫에서 '陶城은 蒲州 河東縣 북쪽 30리에 있다.'라 하였는데, 바로 舜임금이 도읍으로 삼은 곳으로, 남쪽으로는 歷山이 멀지 않다. 밭 갈거나 도자기 굽는 것은 어디에서도 가능한데 어찌 반드시 定陶라야 비로소 도자기를 구울 수 있겠는가? 이곳은 곧 舜임금이 도자기를 구운 곳 중의 하나일 것이다. 생각건대 張守節의 說은 ≪水經注≫에 근거를 두고 있는데 옳다. 雷澤은 또한 山西 永濟縣으로 보는 說이 비교적 좋다.

詒讓案 : ≪水經注≫ 〈濟水〉에 "陶丘는 ≪墨子≫에서는 '釜丘'라 하였다."고 하였는데, 지금 ≪墨子≫ 전체를 점검해보니 '釜丘'라는 단어가 나오지 않는다. 아마도 古本에 이 글이 혹 '陶釜丘'로 되어 있었을 것이다.

9-6-10 漁雷澤한대

雷澤에서 고기를 잡고 있었는데,

史記五帝本紀同이라 畢云 太平御覽玉海[15]에 引作濩澤이라하고 地理志에 河東郡有濩澤이라한대 應劭[16]曰 澤在西北이라하고 通典[17]에 云 澤州陽城縣에 有濩澤水라하고 史記集解에 云 鄭玄曰 雷夏는 兗州澤이니 今屬濟陰이라한대 案 今山西永濟縣南四十里雷首山下에 有澤하니 亦云舜所漁也라하다 王云 雷澤은 本作濩澤하니 此는 後人이 習聞舜漁雷澤之事하여 而以其所知로 改其所不知也라 漢書地理志에 河東郡濩澤縣이라한대 應劭曰 有濩澤하니 在西北이라하고 穆天子傳[18]에 天子四日休于濩澤이라한대 郭璞[19]曰

15) 玉海 : 南宋 때 王應麟(1223~1296)이 지은 類書로 모두 204권이다. 天文, 地理, 官制, 食貨 등 21門으로 구성되어 있다.

16) 應劭 : 153~196. 東漢의 관료이자 학자로, 字는 仲瑗이다. 저서에 ≪漢書官禮儀故事≫, ≪律略≫, ≪風俗通義≫, ≪漢書集解音義≫, ≪春秋斷獄≫ 등이 있다.

17) 通典 : 唐代의 政治家이자 史學者였던 杜佑(735~812)가 편찬한 책으로 총 200권이다. '十通'의 하나로, 唐의 天寶 이전의 역대 경제, 정치, 예법, 군제, 형법 등의 전장제도에 대해 정리한 것이다.

18) 穆天子傳 : 西周의 穆王이 西巡한 행적을 수록한 책으로, ≪周王傳≫, ≪穆王傳≫, ≪周穆王傳≫, ≪周穆王游行記≫로 불리기도 한다. 西晉 太康 2년(281)에 河南省 汲縣에서 발견된 戰國時代 魏나라의 묘에서 출토된 죽간, 이른바 ≪竹書紀年≫ 중에 있던 ≪穆天子傳≫과

今平陽濩澤縣이 是也라 濩音穫이라하고 水經沁水注에 曰 濩澤은 水出濩澤城西白澗渠하여 東逕濩澤이라 墨子曰 舜漁濩澤이라하고 又東逕濩澤縣故城南하니 蓋以澤氏縣也라하다 初學記州郡部正文에 出舜澤二字한대 注曰 墨子曰 舜漁于濩澤이라하니 在濩澤縣西라한대 今本初學記엔 作雷澤하여 與注不合하니 明是後人所改라 又元和郡縣志[20]河東道下와 太平寰宇記河東道下와 太平御覽州郡部九와 路史[21]疏仡紀에 引墨子竝作濩澤하니 是墨子自作濩澤하여 與他書作雷澤者不同이라 濩澤은 在今澤州府陽城縣西嶕嶢山下하니 下篇漁於雷澤도 亦後人所改라하다

≪史記≫ 〈五帝本紀〉와 같다.

畢沅：≪太平御覽≫과 ≪玉海≫에서 이 대목을 인용하면서 '濩澤'이라 하였고, ≪漢書≫ 〈地理志〉에 "河東郡에 濩澤이 있다."고 하였는데 應劭의 注에 "澤은 서북쪽에 있다."고 하였고, ≪通典≫에 "澤州 陽城縣에 濩澤이란 물이 있다."라 하였으며, ≪史記集解≫에 "鄭玄이 말하기를, '雷夏는 兗州에 있는 늪지니, 지금은 濟陰에 속한다.'라 하였다."고 하였다. 살펴보건대 지금 山西 永濟縣 남쪽 40리의 雷首山 아래에 늪지가 있는데, 여기도 舜임금이 고기를 잡던 곳이라 한다.

王念孫：'雷澤'은 원래 '濩澤'으로 되어 있었으니, 여기에서 〈'雷澤'이라 한 것은〉 후세 사람들이 舜임금이 雷澤에서 고기를 잡았다는 말을 익히 들어서 자기가 아는 바로 자기가 모르는 바를 고친 것이다. ≪漢書≫ 〈地理志〉의 "河東郡濩澤縣"에 대한 應劭의 注에 "濩澤이 서북쪽에 있다."고 하였고, ≪穆天子傳≫에 "天子가 4일 동안 濩澤에서 쉬었다."고 하였는데 郭璞의 注에 "지금 平陽 濩澤縣이 이곳인데, 濩은 音이 穫(확)이다."라 하였고, ≪水經注≫ 〈沁水〉에 "濩澤은 물이 濩澤城 서쪽 白澗渠에서 나와 동쪽으로 濩澤을 지

≪周穆王美人盛姬死事≫를 뒤에 합하여 지금 전해지는 ≪穆天子傳≫이 되었다.

19) 郭璞：276～324. 字는 景純이다. 兩晉 시기의 저명한 학자로, ≪爾雅≫, ≪方言≫, ≪山海經≫, ≪穆天子傳≫ 등에 주석을 달았다.

20) 元和郡縣志：≪元和郡縣圖志≫로, 唐 憲宗 元和年間(806～820)에 李吉甫(758～814)가 편찬한 지리서이다. 고대 행정 구역의 연혁이 비교적 체계적으로 서술되어 있으며, 간략히 ≪元和志≫라 부르기도 한다.

21) 路史：南宋의 羅泌(1131～1189)이 편찬한 것으로, 〈前記〉 9권, 〈後記〉 13권, 〈余論〉 10권, 〈發揮〉 6권, 〈國姓衍慶紀原〉 1권, 〈大衍說〉 1권, 〈國名記〉 7권으로 구성되어 모두 47권이다. '路史'는 '大史'라는 뜻으로, 上古 이래 역사, 지리, 풍속, 씨족 등과 관련 있는 전설과 史事를 모아놓은 책이다.

난다. ≪墨子≫에서 '舜임금이 濩澤에서 고기를 잡았다.'고 하였고 또 동쪽으로 濩澤縣 故城의 남쪽으로 흘러가니 아마도 이 濩澤을 縣의 이름으로 삼았을 것이다."라 하였다. ≪初學記≫ 〈州郡部〉의 正文에 '舜澤'이라는 두 글자가 나오는데 注에 "≪墨子≫에서 '舜임금이 濩澤에서 고기를 잡았다.'라고 하였는데, 이곳은 濩澤縣의 서쪽에 있다."라고 하였는데, 지금의 ≪初學記≫에는 '雷澤'으로 되어 있으니, 注와 맞지 않는다. 분명히 후세 사람들이 바꾼 것이다. 또한 ≪元和郡縣志≫ 〈河東道 下〉, ≪太平寰宇記≫ 〈河東道 下〉, ≪太平御覽≫ 〈州郡部 9〉, ≪路史≫ 〈後記 疏仡紀〉에서 ≪墨子≫를 인용하면서 모두 '濩澤'이라 하였으니, 이는 ≪墨子≫에 원래 '濩澤'으로 되어 있다는 것이며 다른 책에 '雷澤'으로 되어 있는 것과는 다르다. 濩澤은 지금의 澤州府 陽城縣 서쪽 嶕嶢山 아래에 있다. ≪墨子≫ 〈尙賢 下〉에 "雷澤에서 고기를 잡았다."라고 한 것도 후세 사람들이 고친 것이다.

9-6-11 **堯**가 **得之服澤之陽**하여

堯임금이 服澤의 북쪽에서 그를 얻어서

服澤은 **詳上篇**이라

服澤은 ≪墨子≫ 〈尙賢 上〉에서 자세히 설명하였다.

9-6-12 **擧以爲天子**하여 **與接天下之政**하고 **治天下之民**이라 **伊摯**는 **有莘氏**[22]**女之私臣**으로

발탁하여 천자로 삼아 함께 천하의 정권을 쥐고 천하의 인민을 다스렸다. 伊摯(伊尹)는 有莘氏 딸의 私臣으로

詩商頌長發의 **孔疏**에 **引鄭康成書注**하여 **云 伊尹**은 **名摯**이니 **湯以爲阿衡**하여 **以尹天下**라 **故**로 **曰 伊尹**이라하다 **史記殷本紀**에 **云 伊尹**은 **名阿衡**인대 **欲奸湯而無由**라 **乃爲有莘氏媵臣**하여 **負鼎俎**하여 **以滋味說**(세)**湯**이라한대 **索隱**에 **云 孫子兵書**[23]에 **伊尹**은 **名摯**라하고

22) 有莘氏 : 夏나라의 方國名으로 有辛으로 불리기도 하였다.

23) 孫子兵書 : ≪孫子兵法≫, ≪孫武兵法≫, ≪吳孫子兵法≫, ≪孫武兵書≫ 등으로 불리기도 한다. 孫武가 지은 병법서이다.

孔安國도 亦曰伊摯라한대 然解者以阿衡爲官名하니 非名也라하다 案 孫子用間篇에 云 殷之興也에 伊摯在夏라하니 卽小司馬[24]所本也라 伊摯는 亦見楚辭[25]離騷天問二篇이라 畢云 莘은 漢書에 作㜪하고 玉篇에 㜪㛁二同色臻切하니 有㜪國이라하고 說文에 云 呂不韋曰 有侁氏가 以伊尹㑥(잉)女라하다 案 呂氏春秋本味에 云 有侁氏女子가 採桑이라가 得嬰兒於空桑之中하여 獻之其君하니 其君令烰(부)人養之라 長而賢한대 湯聞伊尹하고 使人請之有侁氏하니 有侁氏不可라 伊尹亦欲歸湯하여 於是請取婦爲婚하니 有侁氏喜하여 以伊尹爲媵送女라한대 高誘曰 侁은 讀曰莘이라하다 有莘은 在今河南陳留縣이라 括地志에 云 古莘國은 在汴州陳留縣東五里라 故莘城이 是也라 陳留風俗傳에 云 陳留外黃에 有莘昌亭하니 本宋地로 莘氏邑也라하다 或云 在陝西郃(합)陽이라한대 非라

≪詩經≫ 〈商頌 長發〉 孔穎達의 疏에서 ≪尙書≫ 鄭玄의 注를 인용하여 "伊尹은 이름이 摯로 湯임금이 阿衡(재상)으로 임명해 天下를 다스리게〔尹〕 하였기 때문에 '伊尹'이라 한다." 고 하였다. ≪史記≫ 〈殷本紀〉에 "伊尹은 이름이 阿衡인데, 湯임금에게 벼슬을 구하고자 하였으나 길이 없어 有莘氏의 媵臣이 되어 솥과 도마를 등에 지고 음식을 요리함으로써 湯임금에게 유세하였다."고 하였는데, ≪史記索隱≫에 "≪孫子兵書≫에는 '伊尹은 이름이 摯이다.'라 하였고 孔安國도 '伊摯'라고 하였다. 그런데 해석하는 사람들은 阿衡을 관직명이라 하니 阿衡은 이름이 아니다."라 하였다.

案 : ≪孫子≫ 〈用間〉에 "殷이 일어날 때에 伊摯는 夏에 있었다."라 하였으니, 곧 司馬貞은 이에 근거한 것이다. 伊摯는 또한 ≪楚辭≫의 〈離騷〉와 〈天問〉 두 편에도 보인다.

畢沅 : '莘'은 ≪漢書≫에는 '㜪'으로 되어 있고, ≪玉篇≫에 "'㜪'과 '㛁'은 둘 다 '色(색)'과 '臻(진)'의 反切로, 有㜪國이다."라 하였고, ≪說文解字≫에 "呂不韋가 말하기를 '有侁氏는 伊尹에게 딸을 호송하게 하였다.'고 하였다"라 하였다. 생각건대, ≪呂氏春秋≫ 〈本味〉에 "有侁氏의 딸이 뽕을 따다가 안이 텅 빈 뽕나무 안에서 갓난아기를 얻어 임금에게 바치니 임금이 요리사에게 기르라고 하였다. 그가 성장하여 어질게 되자 湯임금이 伊尹의 소문을 듣고 사람을 시켜 有侁氏에게 그를 달라고 청하였는데 有侁氏가 안 된다고 하

24) 小司馬 : 司馬遷과 구별하여 唐代의 司馬貞(679~732)을 일컫는 말이다. 字는 子正이고, ≪史記索隱≫의 저자이다.

25) 楚辭 : 楚나라 때의 屈原과 그의 後人의 글을 모은 책이다. 북방 문학인 ≪詩經≫의 뒤를 이어 나온 대표적인 남방 문학이며 신화나 전설 등을 담고 있다. 총 16권으로, 前漢 때의 劉向이 편집하였다고 하는데, 後漢 때 王逸의 ≪九思≫를 더하여 모두 17권이 되었다.

였다. 伊尹도 湯의 곁으로 가고자 하여, 이에 湯임금이 부인을 얻어 혼인하기를 청하자 有侁氏가 기뻐하며 伊尹을 시켜 딸을 호송하는 신하로 삼았다."고 하였는데, 高誘가 "'侁'은 '莘'으로 읽는다."라 하였다. 有莘은 지금 河南 陳留縣이다. ≪括地志≫에 "古莘國은 汴州 陳留縣 동쪽 5리에 있는데, 故莘城이 이곳이다. ≪陳留風俗傳≫에 '陳留 外黃에 莘昌亭이 있는데, 원래 宋나라 땅으로 莘氏의 邑이다.'라 하였다."라 하였다. 어떤 이는 陝西 郃陽이라 하는데 틀린 것이다.

9-6-13 **親爲庖人**한대

몸소 요리사가 되었는데,

周禮天官庖人鄭注에 **云 庖之言苞也**라 **裹肉曰苞苴**라하고 **說文广部**에 **云 庖**는 **廚也**라하다 **莊子庚桑楚篇**에 **云 伊尹**은 **以胞人籠湯**[26)]이라하고 **呂氏春秋本味篇**에 **作烰人**한대 **胞**와 **烰**는 **竝庖之借字**라

≪周禮≫ 〈天官 庖人〉 鄭玄의 注에 "'庖'라는 말은 '苞(싸다)'의 뜻이다. 고기를 싸는 것을 '苞苴'라 한다."라 하였고, ≪說文解字≫ 〈广部〉에 "'庖'는 '廚(주방)'이다."라 하였다. ≪莊子≫ 〈庚桑楚〉에 "湯임금은 胞人이라는 직책을 주어서 伊尹을 붙잡았다."고 하였고, ≪呂氏春秋≫ 〈本味〉에는 '烰人'으로 되어 있는데, '胞'와 '烰'는 모두 '庖'의 假借字이다.

9-6-14 **湯**이 **得之**하여 **擧以爲己相**하여 **與接天下之政**하고 **治天下之民**이라 **傅說**(열)은 **被褐帶索**(삭)하고 **庸築乎傅巖**한대

湯임금이 그를 얻어서 발탁하여 자신의 재상으로 삼아 함께 천하의 정권을 쥐고 천하의 인민을 다스렸다. 傅說은 거친 베옷을 입고 새끼줄을 허리에 두르고 傅巖의 성을 쌓는 공사장에서 품을 팔았는데,

畢云 庸은 **史記索隱**에 **引作傭**이라 **孔安國書傳**에 **云 傅巖**은 **在虞虢之界**라하고 **史記索隱**에 **云 在河東太陽縣**이러 **又夏靖書**에 **云 倚氏六十里黃河**[27)]**西岸吳阪下**에 **便得隱**

26) 伊尹 以胞人籠湯 : ≪莊子≫ 원문에는 "湯以胞人籠伊尹"으로 되어 있다. ≪莊子≫의 원문대로 번역하였다.

穴이라하니 是說所潛身處也라한대 案 今在山西平陸縣東二十五里라하다 詒讓案 賈誼傳의 索隱에 引被作衣하고 乎作於한대 義竝通이라 書敍에 云 高宗夢得說(열)하여 使百工營求諸野하여 得諸傅巖이라한대 孔疏에 引馬融하여 云 高宗이 始命爲傅氏라하고 又鄭康成云 得諸傅巖이라 高宗因以傅命說爲氏라하다 說文𡕥部에 引書敍釋之하여 云 傅巖은 巖穴也라하다 僞古文說命에 云 說築傅巖之野라한대 僞孔傳에 云 傅氏之巖은 在虞虢之界하니 通道所經에 有澗水壞道라 常使胥靡[28]刑人으로 築護此道라 說賢而隱하여 代胥靡築之하여 以供食이라한대 孔疏에 引皇甫謐하여 云 高宗이 夢天賜賢人할새 胥靡之衣를 蒙之而來하고 且曰 我徒也라 姓傅名說이라한대 明以夢示百官하니 百官皆非也라 乃使百工寫其形象하여 求諸天下하니 果見築者胥靡衣褐帶索하고 執役於虞虢之間傅巖之野하니 名說이라 以其得之傅巖하여 謂之傅說이라하다 水經河水注에 云 沙澗水는 出虞山하여 東南逕傅巖하여 歷傅說隱室前한대 俗謂之聖人窟이라하다 史記殷本紀에 傅巖은 作傅險하니 音近字通이라

畢沅 : '庸'은 ≪史記索隱≫에서 이 대목을 인용하면서 '傭'으로 썼다. ≪尙書≫ 〈說命〉 孔安國의 傳에 "傅巖은 虞와 虢의 경계에 있다."고 하였고, ≪史記索隱≫에서는 "河東 太陽縣에 있다. 또 夏靖의 書에 이르기를 '倚氏 60리 지점 黃河의 西岸의 吳阪 아래에서 隱穴을 찾았다.'라 하니 이는 傅說이 몸을 숨긴 곳이다."라 하였다. 생각건대 지금 山西 平陸縣 동쪽 25리 지점이다.

詒讓案 : ≪史記索隱≫ 〈賈誼傳〉에서 이 대목을 인용하면서 '被'를 '衣'라 하고 '乎'를 '於'라 하였는데 뜻은 모두 통한다. ≪尙書≫ 〈說命〉의 〈書敍〉에 "高宗이 꿈에 傅說을 보고서 百工들에게 재야에서 찾게 하여 傅巖에서 傅說을 얻었다."라 하였는데, 孔穎達이 疏에서 馬融의 설을 인용하여 "高宗이 비로소 명을 내려 傅氏가 되게 하였다."라 하였고, 또 鄭玄의 설을 인용하여 "傅巖에서 얻었으니 高宗이 이로 인하여 傅說에게 '傅'를 氏로 삼게 하였다."라 하였다. ≪說文解字≫ 〈𡕥部〉에서 〈書敍〉를 인용하면서 이를 해석하여 "傅巖은 巖穴이다."라 하였다. ≪僞古文尙書≫ 〈說命〉에 "說이 傅巖의 들판에서 성을 쌓았다."고 하였는데 僞孔安國傳에서 "傅氏의 바위는 虞와 虢의 경계에 있으니, 큰 길이 지나가는

27) 黃河 : 저본 傍注에 "'黃'자는 원래 탈락되었는데, ≪史記索隱≫ 〈屈原賈生列傳〉에 의거하여 보충하였다."라고 하였다.

28) 胥靡 : 고대에 노역형에 처해진 노예 혹은 죄수를 부르는 말이다.

곳에 계곡에서 흘러내려오는 물이 있어 길을 망가뜨리는지라 항상 胥靡를 시켜 이 길을 고치게 하였다. 傅說은 현자로서 몸을 숨겨 胥靡를 대신하여 이 일을 하면서 밥벌이를 하였다."라 하였는데, 孔穎達이 疏에서 皇甫謐의 설을 인용하여 "高宗이 꿈을 꾸었는데 하늘이 어진 사람을 내려 胥靡의 옷을 입혀 보내오면서 '나의 무리이다. 성은 傅이고 이름은 說이다.'라 하였다. 다음날 高宗이 百官들에게 꿈 이야기를 하였는데, 百官 중 그런 사람은 없었다. 이에 百工들에게 그의 形象을 그려 천하를 뒤져 찾게 하였는데 과연 성을 쌓는 이들 중에 胥靡로서 거친 베옷을 입고 새끼줄을 허리에 두르고 虞와 虢의 사이의 傅巖의 들에서 복역하는 사람을 찾을 수 있었으니 이름이 說이었다. 그를 얻은 곳이 傅巖이라 그를 傅說이라 불렀다."고 하였다. ≪水經注≫ 〈河水〉에 "沙澗水는 虞山에서 나와 동남쪽으로 흘러 傅巖을 지나면서 傅說이 숨어 있던 집 앞을 거치니 세상 사람들은 이를 '聖人窟'이라 한다."고 하였다. ≪史記≫ 〈殷本紀〉에는 '傅巖'이 '傅險'으로 되어 있는데, 음이 비슷하고 글자의 뜻이 통한다.

9-6-15 **武丁**이 **得之**하여 **擧以爲三公**하여

武丁이 그를 얻어서 발탁하여 三公으로 삼아

武丁

國語楚語에 **云 武丁**이 **使以象夢求四方之賢聖**하여 **得傅說以來**하여 **升以爲公**이라한대 **韋注**에 **云 公**은 **上**[29]**公也**라하고 **史記殷本紀**에 **云 武丁**이 **得而與之語**한대 **果聖人**이라 **擧以爲相**하니 **殷國大治**라하나

≪國語≫ 〈楚語〉에 "武丁이 꿈속에서 본 모습을 그려서 사방의 어질고 성스러운 사람을 찾게 하여 傅說을 얻어 와

29) 上 : 저본 傍注에 "上은 원래 三으로 잘못되어 있는데, ≪國語≫ 〈楚語 上〉에 의거하여 고쳤다."라고 하였다.

발탁하여 公으로 삼았다."고 하였는데, 韋昭의 注에 "公은 上公이다."라 하였고, ≪史記≫ 〈殷本紀〉에 "武丁이 그를 얻어 함께 대화해보니 과연 聖人이었다. 그를 발탁하여 재상으로 삼으니, 殷나라가 크게 다스려졌다."고 하였다.

9-6-16 **與接天下之政**하고 **治天下之民**이라 **此**는 **何故**오 **始賤卒而貴**하고 **始貧卒而富**하니 **則王公大人**이 **明乎以尙賢使能爲政**이라 **是以**로 **民無飢而不得食**하고 **寒而不得衣**하고 **勞而不得息**하고 **亂而不得治者**라 **故**로 **古聖王**은 **以審以尙賢使能爲政**하여 **而取法於天**이라 **雖天**이라도 **亦不辯貧富貴賤遠邇親疏**하여 **賢者**는 **擧而尙之**하고 **不肖者**는 **抑而廢之**라

함께 천하의 정권을 쥐고 천하의 인민을 다스렸다.

이것은 무슨 까닭인가? 처음에는 천하다가 끝내는 귀해지고 처음에는 가난하다가 끝내는 부유해졌으니, 이는 바로 王公大人이 어진 사람을 높이고 유능한 사람을 부려서 정치해야 한다는 것을 분명히 알고 있었기 때문이다. 이런 까닭에 인민이 굶주려도 먹을 수 없고 추워도 입을 수 없으며 지치더라도 쉴 수 없고 어지러워도 다스릴 수 없는 일은 없었던 것이다.

그러므로 옛 聖王은 어진 사람을 높이고 유능한 사람을 부려 정치해야 한다는 것을 잘 알아서 하늘에서 법을 취하였다. 비록 하늘이라 할지라도 역시 貧富·貴賤·遠近·親疎를 가리지 않고 어진 사람은 발탁하여 높이고 모자란 자는 눌러서 물리친다.

9-7-1 **然則富貴爲賢**하여 **以得其賞者**는 **誰也**오 **曰 若昔者三代聖王堯舜禹湯文武者**가 **是也**라 **所以得其賞**은 **何也**오 **曰 其爲政乎天下也**에 **兼而愛之**하고 **從而利之**하고 **又率天下之萬民**하여 **以尙尊天事鬼**하여 **愛利萬民**이라 **是故**로 **天鬼賞之**하여 **立爲天子**하여 **以爲民父母**하니 **萬民從而譽之曰 聖王**이라하며 **至今不已**하니 **則此富貴爲賢以得其賞者也**라

그렇다면 부귀하면서 어질어서 하늘의 賞을 받을 수 있었던 사람은 누구인가? 옛날 삼대의 聖王 堯·舜·禹·湯·文·武 같은 이가 바로 이들이다. 〈그들이〉 그

賞을 받을 수 있었던 까닭은 무엇인가? 천하에 정사를 펼치면서 아울러 아끼고 이어서 이롭게 하며, 또 천하의 만민을 이끌어 하늘을 받들고 조상〔鬼〕 섬기기를 숭상함으로써 만민을 아끼고 이롭게 하였기 때문이다. 이런 까닭으로 하늘과 조상이 그에게 賞을 주어 천자로 세워 인민의 부모로 삼으니, 만민이 따라서 그를 찬양하며 '聖王'이라 부르고 지금까지 그치질 않았다. 바로 이들이 부귀하면서 어질어서 그 賞을 받을 수 있었던 사람이다.

9-8-1 **然則富貴爲暴**하여 **以得其罰者**는 **誰也**오 **曰 若昔者三代暴王桀紂幽厲者**가 **是也**라 **何以知其然也**아 **曰 其爲政乎天下也**에 **兼而憎之**하고 **從而賊之**하고

그렇다면 부귀하면서 포악하여 그 벌을 받았던 사람은 누구인가? 옛날 삼대의 폭군 桀·紂·幽·厲 같은 이가 바로 그들이다. 어떻게 그들이 그런지 아는가? 천하에 정사를 펼치면서 다 아울러 미워하고 이어서 그들을 해치며

賊은 舊本에 譌賤이라 王云 賤은 當爲賊字之誤也라 尙同篇에 則是上下相賊也라하고 天志篇에 上詬天하고 中詬鬼하고 下賊人이라하고 非儒篇에 是賊天下之人者也라한대 今本엔 賊字竝誤作賤이라 此言桀紂幽厲之爲政乎天下에 兼萬民而憎惡(오)之하고 又從而賊害之하니 非謂賤其民也라 上文에 云 堯舜禹湯文武之爲政乎天下也에 兼而愛之하고 從而利之라하니 愛利는 與憎賊으로 正相反이라 天志篇에 曰 堯舜禹湯文武之兼愛天下也에 從而利之하고 桀紂幽厲之兼惡天下也에 從而賊之라하니 故로 知賤爲賊之誤라하다 案 王說이 是也라 今據正이라

'賊'은 舊本에는 '賤'으로 잘못되어 있다.

王念孫 : '賤'은 응당 '賊'자의 誤字일 것이다. ≪墨子≫ 〈尙同〉에 "則是上下相賊也(이것이 바로 위아래가 서로 해치는 것이다.)"라 하였고, ≪墨子≫ 〈天志〉에 "上詬天 中詬鬼 下賊人(위로 하늘을 헐뜯고 가운데로 귀신을 헐뜯고 아래로 사람을 해친다.)"이라 하였고, ≪墨子≫ 〈非儒〉에 "是賊天下之人者也(이는 천하를 해치는 사람이다.)"라 하였는데, 今本에는 '賊'자가 모두 '賤'으로 잘못되어 있다. 이 대목은 桀·紂·幽·厲가 천하에 정사를 펼치면서 만민을 아울러 미워하고 또 이어서 그들을 해친다〔賊害之〕고 말한 것이니, 이는 그 백성들을 천하게 만드는 것〔賤〕을 말하는 것이 아니다. 윗글에서 "堯·舜·禹·湯·文·武가 天下

에 정사를 펼치면서 아울러 아끼고 이어서 이롭게 한다.〔兼而愛之 從而利之〕"라 하였으니, 아끼고〔愛〕 이롭게〔利〕 하는 것은 미워하고〔憎〕 해치는〔賊〕 것과 서로 정반대가 된다. 《墨子》〈天志〉에서 "堯·舜·禹·湯·文·武는 天下를 아울러 아끼고 이어서 이롭게 하며〔兼愛天下也 從而利之〕, 桀·紂·幽·厲는 天下를 아울러 미워하며 이어서 해친다.〔兼惡天下也 從而賊之〕"라 하였다. 그러므로 '賤'은 '賊'의 誤字임을 알 수 있다.

案：王念孫의 설이 옳다. 지금 이에 의거하여 바로잡는다.

9-8-2 又率天下之民하여 以詬天侮鬼하고 賊傲萬民이라

또 천하의 인민들을 이끌어 하늘을 헐뜯고 조상을 모욕하며 만민을 해치고 죽였기 때문이다.

賊은 舊本에 亦譌賤이라 王云 賤은 亦當爲賊이요 傲는 當爲殺이라 說文에 敖字는 本作𢾺하니 殺字는 古文作𣀔[30]라 二形相似라 𣀔誤爲敖하고 又誤爲傲耳라 墨子에 多古字한대 後人不識이라 故로 傳寫多誤라 此說桀紂幽厲之暴虐이라 故로 曰 詬天侮鬼하고 賊殺萬民이라하니 非謂其賤傲萬民也이라 上文에 言 堯舜禹湯文武는 尊天事鬼하고 愛利萬民이라하니 愛利는 與賊殺로 亦相反이라 法儀篇에 曰 禹湯文武는 兼愛天下之百姓하여 率以尊天事鬼하니 其利人多요 桀紂幽厲는 兼惡(오)天下之百姓하여 率以詬天侮鬼하니 其賊人多라하니 故로 知賤傲爲賊殺之誤라 魯問篇에 賊敖百姓이라한대 太平御覽兵部七十七에 引賊敖하여 作賊殺하니 是其明證也라 案 王說이 是也라 今竝據正라

'賊'은 舊本에 역시 '賤'으로 잘못되어 있다.

王念孫：'賤'은 응당 '賊'이 되어야 하고, '傲'는 응당 '殺'이 되어야 한다. 《說文解字》에 '敖'자는 원래 '𢾺'로 되어 있다. 殺자는 古文에서 '𣀔'로 쓰는데 두 글자가 형태가 비슷하여 '𣀔'를 잘못 '敖'로 쓴 것이고, 또한 잘못하여 '傲'가 된 것일 뿐이다. 《墨子》에는 古字가 많은데 후세 사람들이 잘 알지 못한 까닭에 옮겨 쓰면서 생긴 오류가 많다. 여기에서는 桀·紂·幽·厲의 포학함을 말하기 때문에 "하늘을 헐뜯고 귀신을 모욕하며 만민을 해치고 죽였다.〔賊殺〕"고 한 것이지, 그들이 만민을 천하게 여기고 멸시하였다〔賤傲〕고

---

30) 𣀔：저본 傍注에 "'𣀔'는 원래 '敖'로 잘못되어 있으나, 王念孫의 《讀書雜志》에 의거하여 고쳤다."라 하였다.

한 것이 아니다. 윗글에서는 堯・舜・禹・湯・文・武가 하늘을 받들고 조상을 섬기고 만민을 아끼고 이롭게 하였던 것〔愛利〕에 대해 말하니, 아끼고〔愛〕 이롭게〔利〕 하는 것은 해치고〔賊〕 죽이는〔殺〕 것과 또한 相反된다. ≪墨子≫ 〈法儀〉에서 “禹・湯・文・武는 天下의 百姓을 아울러 아껴 그들을 이끌고 하늘을 받들고 귀신을 섬기니 그들이 인민을 이롭게 하는 것이 많았으며, 桀・紂・幽・厲는 天下의 百姓을 아울러 미워하여 그들을 이끌고 하늘을 헐뜯고 귀신을 모욕하니 그들이 인민을 해치는 것〔賊〕이 많았다.”라 하였다. 그러므로 ‘賤傲’가 ‘賊殺’의 誤字임을 알 수 있다. ≪墨子≫ 〈魯問〉에서 “賊敖百姓”이라 하였는데, ≪太平御覽≫ 〈兵部 77〉에서 이 대목을 인용하면서 ‘賊敖’를 ‘賊殺’이라 하였으니, 이것이 그 분명한 증거가 된다.

案：王念孫의 설이 옳다. 지금 이에 의거하여 바로잡는다.

9-8-3 **是故**로 **天鬼罰之**하여 **使身死而爲刑戮**하고 **子孫離散**하며 **室家喪滅**하여 **絶無後嗣**하고 **萬民從而非之曰 暴王**이라하여 **至今不已**하니 **則此富貴爲暴而以得其罰者也**라

이런 까닭으로 하늘과 조상이 그를 벌하여 육신은 죽고 목이 베어지며 자손은 뿔뿔이 흩어지고 가정이 멸망하여 후사가 끊기게 하였고, 만민이 따라서 그를 비난하여 폭군이라 불러 지금까지도 그치질 않는다. 바로 이들이 부귀하면서 포악하여 벌을 받았던 사람이다.

9-9-1 **然則親而不善**하여 **以得其罰者**는 **誰也**오 **曰 若昔者伯**鯀[31)]은 **帝之元子**로

그렇다면 왕의 육친이면서 선하지 못하여 벌을 받은 자는 누구인가? 옛날 伯鯀 같은 자는 帝의 元子이면서

大戴禮記五帝德篇에 云 **禹**는 **高陽之孫**이요 **鯀之子也**라하고 **帝繫篇**에 云 顓頊[32)]**産**

31) 伯鯀：중국 五帝時代 신화 속의 인물로 姓은 姒이고 字는 熙이다. 堯임금에 의해 崇땅에 伯爵으로 봉해졌는데, 후에 치수사업의 실패로 인해 사형당하였으며, 驩兜, 三苗, 共工 등과 함께 ‘四凶’으로 불리게 되었다.

32) 顓頊：五帝의 하나인 高陽氏이며, 黃帝 軒轅氏의 손자로 少昊를 이어 즉위하였다.

四凶服罪圖

鯀이라하다 史記夏本紀에 云 鯀之父曰帝顓頊이라하고 三代世表에 亦云 顓頊生鯀이라한대 索隱에 云 皇甫謐云 鯀은 帝顓頊之子로 字熙라하고 系本도 亦以鯀爲顓頊子한대 漢書律曆志엔 則云 顓頊은 五代而生鯀이라하니 按 鯀旣仕堯與舜하니 代系殊懸이라 舜卽顓頊六代孫이니 則鯀非是顓頊之子라 蓋班氏之言이 近得其實이라하다 案 小司馬說이 於理近是라 漢志도 亦引帝繫나 而與今本大戴禮로 舛異라 楚辭離騷王注에 引帝繫及淮南子原道訓高注한대 說竝與漢志同이라 吳越春秋[33]越王無余外傳에 亦以鯀爲顓頊之後한대 山海經則云 黃帝[34]生駱明하고 駱明生白馬하니 白馬가 是爲鯀이라하니 則又以鯀爲黃帝之孫이니 諸文錯互라 此書에 云 帝之元子라하니 疑墨子於鯀之世繫에 亦同世本說하니 未能審校其年代也라

≪大戴禮記≫ 〈五帝德〉에 "禹는 高陽의 孫子이고 鯀의 아들이다."라 하였고, 〈帝繫〉에

---

33) 吳越春秋 : 後漢 때 趙煜이 지은 일종의 역사서이다. 吳나라 泰伯으로부터 夫差까지, 越나라 無餘로부터 句踐까지 두 나라의 흥망을 기록하였다.

34) 黃帝 : 중국 고대 전설상의 제왕이다. 이름이 軒轅이므로 '軒帝'라고도 한다. B.C. 2704년경에 태어나 B.C. 2697년에 제왕이 되었다고 한다. 통치기구와 동전의 사용법을 도입하고 수레·배·문자를 만드는 등 문명을 발전시켰으며, 그의 아내는 여인들에게 누에를 치고 비단실을 뽑는 방법을 가르쳐주었다고 한다. 그의 통치 기간을 황금시대라 부를 정도로 지혜의 화신으로 알려져 있으며, 죽어서 신이 되었다고 믿어졌다.

"顓頊이 鯀을 낳았다."고 하였다. ≪史記≫ 〈夏本紀〉에 "鯀의 아버지는 帝 顓頊이다."라 하였고, 〈三代世表〉에서도 "顓頊이 鯀을 낳았다."고 하였는데, ≪史記索隱≫에서 "皇甫謐이 '鯀은 帝 顓頊의 아들인데, 字는 熙이다.'라 하였다."라 하였다. ≪系本≫에도 鯀을 顓頊의 아들이라 하였다. 그런데 ≪漢書≫ 〈律曆志〉에서는 "顓頊의 5代 후에 鯀이 태어났다."고 하였다. 살펴보건대 鯀이 이미 堯와 舜임금에게 벼슬하였으니 代系가 현격히 차이난다. 舜은 곧 顓頊의 6대손이니 鯀은 顓頊의 아들이 아니다. 아마도 班氏(班固)의 말이 사실에 가까운 것 같다."라 하였다.

案 : 小司馬(司馬貞)의 설이 이치상 옳은 것 같다. ≪漢書≫ 〈藝文志〉에서도 〈帝繫〉를 인용하였는데, 지금의 ≪大戴禮記≫와는 다르다. ≪楚辭≫ 〈離騷〉 王逸의 注에서 〈帝繫〉와 ≪淮南子≫ 〈原道訓〉 高誘의 注를 인용하였는데, 설이 모두 ≪漢書≫ 〈藝文志〉와 같다. ≪吳越春秋≫ 〈越王無余外傳〉에서도 鯀을 顓頊의 후손이라 하였는데, ≪山海經≫에서는 "黃帝가 駱明을 낳았고, 駱明이 白馬를 낳았으니, 白馬가 바로 鯀이다."라 하였으니, 이는 鯀을 黃帝의 후손으로 보는 것으로 여러 글들과 다르다. 이 책에서 '帝의 元子'라 하니, 이는 아마도 墨子가 鯀의 世繫에 대해서는 ≪世本≫의 설과 같이 본 것으로 그 연대를 제대로 살피지 못한 것 같다.

9-9-2 廢帝之德庸이라 旣乃刑之于羽之郊하니

帝가 세운 공덕을 없애버렸다. 이에 그에게 벌을 주어 羽山의 밖으로 내쫓아 죽이니

左傳襄二十五年의 杜注에 云 庸은 用也라하다 書堯典孟子萬章篇史記五帝本紀에 竝云 殛鯀於羽山이라하고 晉語韋注에 云 殛은 放而殺也라하고 楚辭天問에 云 永遏在羽山이어늘 夫何三年不施리오한대 王注에 云 言堯長放鯀於羽山하여 絶在不毛之地하고 三年不舍其罪也라하다 案 此刑은 亦謂放이라 故로 下云 乃熱照無有及也라 山海經에 云 殺鯀於羽郊라하니 亦謂鯀放而死也라 畢云 郭璞이 注山海經하여 云 今東海祝其縣西南에 有羽山이라 案 在今山東蓬萊縣이라하다 詒讓案 史記正義에 引括地志云 羽山은 在沂州臨沂縣이라하다

≪春秋左氏傳≫ 襄公 25년 조 杜預의 注에 "庸은 用이다."라 하였다. ≪尙書≫ 〈堯典〉, ≪孟子≫ 〈萬章〉, ≪史記≫ 〈五帝本紀〉에 모두 "殛鯀於羽山(鯀을 羽山으로 추방하여 죽였

다.)"이라 하였는데, ≪國語≫ 〈晉語〉 韋昭의 注에 "'殛'은 추방하여 죽이는 것이다."라 하였다. ≪楚辭≫ 〈天問〉에 "영원히 羽山에서 못 나가게 막았거늘 어찌 3년을 베풀지 않는가."라 하였는데, 王逸의 注에서 "堯임금이 鯀을 羽山에 오랫동안 추방하여 불모의 땅에 격리시켜 두고 3년간 그 罪를 사면해주지 않았다는 말이다."라 하였다.

案 : 여기에서 '刑'도 추방을 뜻한다. 그러므로 아래에서 "해와 달의 빛도 미치지 않았다."고 한 것이다. ≪山海經≫에 "鯀을 羽郊에서 죽였다."고 하였는데, 이 또한 鯀을 추방하여 죽인 것을 말한다.

畢沅 : ≪山海經≫ 郭璞의 注에서 "지금 東海 祝其縣 서남쪽에 羽山이 있다."고 하였는데, 생각건대 이는 지금의 山東 蓬萊縣이다.

詒讓案 : ≪史記正義≫에서 ≪括地志≫를 인용하여 "羽山은 沂州 臨沂縣에 있다."고 하였다.

9-9-3 乃熱照無有及也하고

곧 해와 달의 빛도 미치지 않았고

畢云 言其罪는 績用弗成이니 亦正見有所不及耳라하다 案 此는 似言幽囚之日月所不照니 畢說殊繆라

畢沅 : 그의 죄는 공적을 이루지 못한 것이니, 이는 바로 〈鯀의 공적이〉 미치지 못하는 바가 있음을 나타냈다는 말이다.

案 : 이것은 해와 달이 비추지 못하는 곳에 죄수를 유폐한다는 말과 같으니, 畢沅의 설은 틀렸다.

9-9-4 帝亦不愛하니 則此가 親而不善하여 以得其罰者也라

帝도 아끼지 않았다. 바로 이 〈鯀이〉 왕의 육친이면서 선하지 못하여 벌을 받았던 사람이다.

9-10-1 然則天之所使能者는 誰也오 曰 若昔者禹稷皐陶(요)가 是也라 何以知其然也오 先王之書呂刑에 道之

그렇다면 하늘이 유능한 사람을 부린 것은 누구인가? 옛날 禹・稷・皐陶 같은 사람들이 바로 이들이다. 어떻게 그들이 그런지 아는가? 선왕의 글 〈呂刑〉에 이에 대해 다음과 같은 말이 있다.

書敍에 云 呂[35]命에 穆王[36]訓夏贖刑하니 作呂刑이라

≪尙書≫ 〈周書 呂刑〉의 〈書敍〉에 "呂侯가 〈司寇로〉 임명되자 穆王이 夏나라의 贖刑에 대한 법을 널리 가르치라 명령하니 이에 呂侯가 〈呂刑〉을 지었다."라 하였다.

9-10-2 曰 皇帝淸問下民한대 有辭有苗하니

"堯 황제가 인민들에게 살펴 물었는데, 그들은 모두 苗民에 대한 불만이 있었으니

書釋文에 引馬融하여 云 淸問은 淸訊也라하고 僞孔安國傳에 云 帝堯詳問民患하니 皆有辭怨於苗民이라하고 孔疏에 引鄭康成說한대 亦以此皇帝爲堯라 畢云 孔書에 作鰥寡有辭于苗라하다

≪經典釋文≫ 〈尙書釋文〉에서 馬融의 설을 인용하여 "淸問은 淸訊이다."라 하였다. ≪僞古文尙書≫의 僞孔安國傳에 "帝堯가 인민들의 어려움을 자세히 물었는데, 모두 苗民에 대한 원망이 있었다."고 하였고, 孔穎達의 疏에서 鄭玄의 說을 인용하였는데 여기에 또한 이 황제는 堯라 하였다.

畢沅 : ≪僞古文尙書≫에는 〈"有辭有苗"가〉 "鰥寡有辭于苗(홀아비와 과부들이 苗民에 대한 원망을 갖고 있었다.)"로 되어 있다.

9-10-3 曰 群后之肆在下가

35) 呂 : 呂侯를 가리키는 말이며, 甫侯라고도 한다. 周 穆王의 大臣이다. 당시 周나라 王室이 쇠미해지기 시작해서 諸侯들 중에 王命을 받들지 않는 자가 나타나고 사회질서가 불안해지자 呂侯는 穆王에게 건의하여 刑法을 강화하였다. 그렇게 제정된 刑法을 '呂刑', 혹은 '甫刑'이라 하였다. ≪書經≫ 〈周書〉에 〈呂刑〉이 있다.

36) 穆王 : 名은 滿이다. 周나라 왕으로, 昭王의 아들이다. ≪穆天子傳≫에 관련된 설화가 전한다.

말씀하셨다. '제후로서 下國에 있는 이들이

畢云 肆는 孔書에 作逮라하다 孫星衍云 說文에 云 肆는 極陳也라하다 詒讓案 肆는 正字作肆한대 與逮로 聲類同하니 古通用이라 此肆는 卽逮之假字라 僞孔傳에 云 群后諸侯之逮在下國이라하다

畢沅 : '肆'는 ≪僞古文尙書≫에 '逮'로 되어 있다.

孫星衍 : ≪說文解字≫에 "肆는 힘을 다 펼치는 것이다."라 하였다.

詒讓案 : '肆'는 正字로 '肆'로 쓰는데, '逮'와 聲類가 같으니 옛날에는 通用하였다. 이 '肆'자는 곧 '逮'자의 假借字이다. ≪僞古文尙書≫의 僞孔安國傳에는 "群后諸侯之逮在下國(群后·諸侯로서 下國에 있는 이들)"이라 하였다.

9-10-4 明明不常하고

밝은 덕을 가진 사람이면 파격적으로 등용하고

畢云 孔書에 不은 作棐하고 傳云 輔라한대 據此當作匪라하다 孫星衍云 不常은 言非常明察이라하다 案 明明은 謂明顯有明德之人이요 不常은 猶言立賢無方也라 書에 作棐者는 匪之叚字로대 匪不은 義同이니 畢說得之라 譌孔傳에 云 皆以明明大道로 輔行常法이라한대 非經義니 孫說亦非라

畢沅 : ≪僞古文尙書≫에는 '不'이 '棐'로 되어 있고, 傳에서 '輔'라 하였는데, ≪墨子≫의 이 대목에 의거하면 응당 〈≪尙書≫의 '棐'는〉 '匪'가 되어야 한다.

孫星衍 : '不常'은 "非常하게 明察한다."는 말이다.

案 : '明明'은 분명히 밝은 덕이 있는 사람을 말하는 것이고, '不常'은 〈≪孟子≫의〉 "어진 이를 등용하시되 부류를 따지지 않으셨다."는 말과 같은 뜻이다. ≪尙書≫에 '棐'로 되어 있는 것은 '匪'의 假借字인데 '匪'와 '不'은 뜻이 같으니 畢沅의 설이 옳다. ≪僞古文尙書≫의 僞孔安國傳에 "모두 밝은 大道로써 常法을 도와서 행한다."라 하였는데, 이것은 經의 뜻이 아니니, 孫星衍의 설은 틀렸다.

9-10-5 鰥寡不蓋하라

홀아비와 과부를 막지 말라.

今書에 群后以下十四字는 在皇帝淸問下民上이라 僞孔傳에 云 使鰥寡得所하여 無有掩蓋라하다

지금 ≪尙書≫에는 '群后' 이하 〈"群后之肆在下 明明不常 鰥寡不蓋"〉 14자가 '皇帝淸問下民'의 위에 있다. 僞孔安國傳에 "홀아비와 과부들에게 제 살 곳을 얻게 하고 그들을 가리고 덮지 말라."라고 하였다.

9-10-6 德威維威요

덕에서 나오는 위엄이 진정한 위엄이요,

畢云 孔書에 作畏라 詒讓案 維는 孔書에 作惟하니 下同이라 禮記表記에 引甫刑한대 二畏字는 亦竝作威니 與此同이라

畢沅 : ≪僞古文尙書≫에는 〈'威'가〉 '畏'로 되어 있다.

詒讓案 : '維'는 ≪僞古文尙書≫에 '惟'으로 되어 있는데, 아래도 마찬가지이다. ≪禮記≫ 〈表記〉에서 ≪尙書≫ 〈甫刑(呂刑)〉을 인용하였는데 두 '畏'자가 모두 '威'로 되어 있으니, 이 대목과 같다.

9-10-7 德明維明이라하고

덕에 밝은 것이 진정으로 밝은 지혜로다.'

僞孔傳에 云 言堯監苗民之見怨하야 則又增修其德하여 行威則民畏服하고 明賢則德明하니 人所以無能名焉이라하다 表記鄭注에 云 德所威면 則人皆畏之는 言服罪也요 德所明이면 則人皆尊寵之는 言得人也라

≪僞古文尙書≫의 僞孔安國傳에 "堯임금이 苗民이 원망받는 것을 보고는 또한 자신의 덕을 닦아서 위엄을 보이면 苗民들이 두려워 복종하고 어진 사람을 밝게 알아 등용하면 덕이 밝아졌으니, 그런 까닭에 사람들이 그 덕을 무어라 형용할 수 없었던 것이라는 말이다."라 하였다. ≪禮記≫ 〈表記〉 鄭玄의 注에 "덕 있는 이가 위엄을 보이는 바에는 사

람들이 모두 두려워하니 이는 罪를 인정하는 것을 말하고, 덕 있는 자가 밝히는 바에는 사람들이 모두 존경할 것이니 이는 인재를 얻는 것을 말한다."라 하였다.

9-10-8 **乃名三后**하여

이에 세 后에게 명하여

名은 命通이라 說文口部에 云 名은 自命也라하다 畢云 孔書에 名은 作命이라하다

'名'은 '命'과 通한다. ≪說文解字≫ 〈口部〉에 "'名'은 '自命'이다."라 하였다.
畢沅 : ≪僞古文尙書≫에는 '名'이 '命'으로 되어 있다.

9-10-9 **恤功於民**이라

인민을 구휼하는 공을 세우도록 하였다.

僞孔傳에 云 堯命三君하여 憂功於民이라하다

≪僞古文尙書≫의 僞孔安國傳에 "堯임금이 三君에게 인민들을 구휼하는 공을 세우라고 명령하였다."라 하였다.

9-10-10 **伯夷**는 **降典**하여 **哲民維刑**하고

伯夷는 典禮를 내려 인민을 깨우쳐 이를 본보기로 삼게 하였고,

書釋文에 引馬融하여 云 折은 智也라하다 王引之云 折之言制也라

伯夷典禮圖

折은 正字요 哲은 借字라하다 畢云 孔書에 哲作折이라하다 詒讓案 僞孔傳에 云 伯夷下典禮教民하고 而斷以法이라 漢書刑法志에 引折作悊(철)한대 悊은 哲字同하니 與此書合이라

≪經典釋文≫ 〈尙書釋文〉에서 馬融의 설을 인용하여 "'折'은 '智'이다."라 하였다.

王引之 : '折'이라는 말은 '制'의 뜻이다. '折'은 正字이고 '哲'은 假借字이다.

畢沅 : ≪僞古文尙書≫에는 '哲'이 '折'로 되이 있다.

詒讓案 : ≪僞古文尙書≫의 僞孔安國傳에 "伯夷는 典禮를 내려 인민을 가르치고 法으로 결단하였다."라 하였다. ≪漢書≫ 〈刑法志〉에는 이 대목을 인용한 곳에 '折'이 '悊'로 되어 있는데, '悊'과 '哲'자는 같으니, 이 책과 합치한다.

9-10-11 禹는 平水土하여 主名山川하고

禹는 홍수를 다스리고 山川의 이름을 붙였으며

僞孔傳에 云 禹治洪水하고 山川無名者主名之라

≪僞古文尙書≫의 僞孔安國傳에 "禹는 洪水를 다스리고 이름 없는 山川에 이름을 붙였다."라 하였다.

9-10-12 稷은 隆(항)播種하고

稷은 씨를 뿌리고

隆은 畢本에 依呂刑하여 改爲降이라 王云 古者에 降은 與隆通이니 不煩改字라 非攻篇에 天命融隆火于夏之城이라한대 亦以隆爲降하고 喪服小記注에 以不貳降이라한대 釋文에 降은 一本作隆이라 荀子賦篇에 皇天隆物하여 以示下民이라하니 隆은 即降字라 魏策에 休祲降於天이라한대 曾劉本[37]에 作休烈隆於天이라 說文에 隆은 從生降聲이라하고 書大傳

37) 曾劉本 : ≪戰國策≫은 前漢 때 劉向(B.C. 77~B.C. 6)이 편찬한 책이다. 전국시대에 활약한 謀士들의 말과 문장을 모은 것으로 秦, 齊, 楚 등 12개국으로 나누어져 있다. 총 33권이다. ≪戰國策≫의 중요한 판본으로는 前漢의 劉向이 33편으로 정리한 것과 北宋의 曾鞏(1019~1083)이 33편으로 정리한 것이 있다. 증공의 판본이 현행본이고 유향의 판본은 현재 8편만 전한다.

隆谷의 鄭注에 隆은 讀如厖降之降이라하니 是는 隆降古同聲이라 故로 隆字亦通作降이라 荀子天論篇에 隆禮尊賢而王이라한대 韓詩外傳에 隆作降이라 史記司馬相如傳에 業隆于繈褓라한대 漢書에 隆作降하고 淮南泰族篇에 攻不待衝降而拔이라하니 衝降은 卽衝隆이라 案 王說이 是也라 今不據改라

'隆'은 畢沅本에서는 ≪尙書≫ 〈呂刑〉에 의거하여 '降'으로 고쳤다.

王念孫 : 옛날에 '降'은 '隆'과 통하였으니 굳이 글자를 번거롭게 고칠 필요가 없다. ≪墨子≫ 〈非攻〉에는 "天命融隆火于夏之城(하늘이 祝融에게 명령을 내려 夏의 성에 불벼락을 내리게 하였다.)"이라 하였는데 여기서도 '隆'을 '降'으로 고쳤고, ≪禮記≫ 〈喪服小記〉 注에 "以不貳降(일률적으로 내린다.)"이라 하였는데 ≪經典釋文≫에서 "'降'은 어떤 본에는 '隆'으로 되어 있다."고 하였으며, ≪荀子≫ 〈賦〉에 "皇天隆物 以示下民(하늘이 만물을 내려 인민에게 보이셨다.)"이라 하였으니, '隆'은 곧 '降'자이다. ≪戰國策≫ 〈魏策〉에 "休祲降於天(상서로운 햇무리가 하늘에서 내려왔다.)"이라 하였는데 曾本과 劉本에는 "休烈隆於天"이라 되어 있고, ≪說文解字≫에는 "'隆'은 '生'을 부수로 하고 '降'을 聲으로 한다."라 하였으며, ≪尙書大傳≫에는 '隆谷'이라 하였는데, 鄭玄의 注에 "隆은 厖降의 降(강)과 독음이 같다."라 하였으니, 이는 '隆'과 '降'이 옛날에는 같은 소리였던 까

稷播百穀圖

닭에 '隆'자는 또한 '降'으로 통하여 썼던 것이다. ≪荀子≫ 〈天論〉에 "隆禮尊賢而王(예를 숭상하고 어진 사람을 높여서 왕 노릇 한다.)"이라 하였는데, ≪韓詩外傳≫에서는 '隆'이 '降'으로 되어 있다. ≪史記≫ 〈司馬相如傳〉에 "業隆于繈褓(왕업이 강보(成王)에서 일어나)"라 하였는데 ≪漢書≫에는 '隆'이 '降'으로 되어 있고, ≪淮南子≫ 〈泰族訓〉에는 "攻不待衝降而拔(공격하면 衝隆을 기다리지 않고도 함락시킨다.)"이라 되어 있으니, '衝降'은 곧 '衝隆(전차)'이다.

案 : 王念孫의 설이 옳다. 지금 이에 의거하여 고치지 않는다.

9-10-13 農殖嘉穀하니

힘써 좋은 곡식을 파종하게 하였으니,

僞孔傳에 云 后稷下教[38]民播種農畝하여 生善穀이라하다 孫星衍云 農者는 廣雅釋詁에 云 勉也라하고 殖者는 文選藉田賦注에 引蒼頡篇云 種也라하다 案 孫說이 是也라 王念孫劉逢祿說은 同이라

≪僞古文尙書≫의 僞孔安國傳에 "后稷이 백성들에게 씨 뿌리고 농사짓는 법을 가르쳐 주어 좋은 곡식이 자라났다."고 하였다.

孫星衍 : '農'은 ≪廣雅≫ 〈釋詁〉에 "勉(힘쓰다)이다."라 하였고, '殖'은 ≪文選≫ 〈藉田賦〉의 注에 ≪蒼頡篇≫을 인용하여 "種(씨 뿌리다)이다."라 하였다.

案 : 孫星衍의 설이 옳다. 王念孫과 劉逢祿의 설도 같다.

9-10-14 三后成功하여 維假(하)於民이라

세 后가 성공하여 인민들에게 오랫동안 큰 이로움을 준 것이다."

畢云 假는 一本作段하고 孔書亦作殷이라하다 王鳴盛[39]云 疑隸變相似而誤라하다 詒讓案 僞孔傳에 云 各成其功하여 惟所以殷盛於民하니 言禮教備衣食足이라하다 此作假는

38) 教 : 저본 傍注에 "教는 원래 降으로 잘못되어 있으나, ≪尙書≫ 〈呂刑〉 孔安國의 傳에 의거하여 고쳤다."라고 하였다.

39) 王鳴盛 : 1722~1798. 字는 鳳喈, 禮堂, 西莊이고, 號는 西江이다. 淸나라 고증학자로, '吳派' 고증학의 대표 학자이다. 저서에 ≪十七史商榷≫, ≪西沚居士集≫ 등이 있다.

蓋與嘏(하)**通**이라 **士冠禮釋文**에 **云 嘏**는 **本或作假**라하고 **爾雅釋詁**에 **云 嘏**는 **大也**라하고 **禮記郊特牲**에 **云 嘏**는 **長也**라하고 **說文古部**에 **云 嘏**는 **大遠也**라하다 **維嘏於民**은 **言其功施於民者大且遠**하니 **下文所謂萬民被其利也**라 **王應麟漢書藝文志攷證**에 **引墨子亦作假**하니 **則宋本固如是**라 **今本或作殷**은 **乃據孔書改**니 **非其舊也**라

畢沅 : '假'는 어떤 본에는 '殷'으로 되어 있고, ≪僞古文尚書≫에도 '殷'으로 되어 있다.

王鳴盛 : 아마도 隸書로 변할 때 〈'假'와 '殷'은〉 字形이 서로 비슷하여 잘못되었을 것이다.

詒讓案 : ≪僞古文尚書≫의 僞孔安國傳에 "各成其功 惟所以殷盛於民 言禮教備衣食足(각자 성공하여 인민들을 부유하게 만들었으니 禮教가 갖추어지고 衣食이 풍족해졌다는 말이다.)"이라 하였다. 여기에서 '假'로 되어 있는 것은 아마도 '嘏'와 통할 것이다. ≪禮記≫ 〈士冠禮〉에 대한 ≪經典釋文≫에 "嘏는 원래 혹 '假'로 되어 있는 곳도 있다."라 하였고, ≪爾雅≫ 〈釋詁〉에 "'嘏'는 '大(크다)'의 뜻이다."라 하였으며, ≪禮記≫ 〈郊特牲〉에 "'嘏'는 '長(길다)'의 뜻이다."라 하였고, ≪說文解字≫ 〈古部〉에 "'嘏'는 '大遠(크고 멀다)'의 뜻이다."라 하였다. '維嘏於民'은 그 功이 인민들에게 베풀어지는 것이 크고 또 먼 것을 말하는 것으로, 아래 글에 이른바 "만민이 그 이익을 본다.〔萬民被其利〕"는 것이다. 王應麟의 ≪漢書藝文志攷證≫에서 ≪墨子≫를 인용하면서도 '假'로 썼으니, 宋本이 본래 이와 같았던 것이다. 今本에 혹 '殷'으로 되어 있는 것은 ≪僞古文尚書≫에 근거하여 고친 것이니 그 舊本의 본래 글자는 아니다.

9-10-15 **則此言三聖人者**가 **謹其言**하고 **慎其行**하고 **精其思慮**하여 **索天下之隱事遺利**하여 **以上事天**이면 **則天鄉其德**하고

이것은 바로 세 聖人이 말을 삼가고 행동을 조심하며 사려를 깊게 하여 천하의 아직 손대지 않은 일과 남겨둔 이익을 찾아서 위로 하늘을 섬기면 하늘이 그 덕을 받아들이고

畢云 鄉은 **讀如向**이라하다 **案 鄉**은 **當讀爲享**이라 **明鬼下篇**에 **云 帝享女明德**이라하니 **畢讀**은 **非**라

畢沅 : '鄉'은 독음이 '向'과 같다.

案 : '鄉'은 응당 독음이 '享'이 되어야 한다. ≪墨子≫ 〈明鬼 下〉에 "帝享女明德(상제께서

너의 밝은 덕을 흠향하신다.)"이라 하였으니, 畢沅은 잘못 읽었다.

9-10-16 下施之萬民이면 萬民被其利하여 終身無已라 故로 先王之言에 曰 此道也는 大用之天下면 則不窕하고

아래로 만민에게 베풀면 바로 만민이 종신토록 줄곧 그 이로움을 입었음을 말한 것이다. 그러므로 先王의 말씀에 이르기를 "이 道야말로 천하의 일에 크게 쓰면 가득 차 틈이 없고

舊本에 誤究라 畢云 一本에 作窕한대 非라하다 王云 作窕者가 是也라하다 詒讓案 尙同中篇에 亦云 大用之治天下면 不窕라하니 今據正이라 管子宙合篇에 其處大也不窕라한대 今本에 亦誤究하니 與此正同이라 說詳尙同中篇이라

〈'窕'는〉 舊本에 '究'로 잘못되어 있다.

畢沅 : 어떤 본에는 '窕'라 되어 있는데 잘못된 것이다.

王念孫 : '窕'라고 되어 있는 것이 옳다.

詒讓案 : ≪墨子≫ 〈尙同 中〉에도 "大用之治天下 不窕(크게 써서 천하를 다스리면 가득 차 틈이 없고)"라 하였으니, 지금 이에 근거하여 바로잡는다. ≪管子≫ 〈宙合〉에 "其處大也不窕(그 큰 데 있어도 가득 차 틈이 없다.)"라고 하였는데, 今本 ≪管子≫의 이곳에도 '究'라고 잘못되어 있으니, 이 경우와 똑같다. 이에 대한 설명은 〈尙同 中〉에 자세하다.

9-10-17 小用之면 則不困이라 脩用之면 則萬民被其利하여 終身無已라하니라 周頌[40]에 道之曰 聖人之德은 若天之高하며 若地之普하여 其有昭於天下也하고 若地之固하며 若山之承하여

〈一國과 一家에〉 작게 쓰면 곤란한 처지에 빠지지 않는다. 이 道를 길게 쓰면 만민이 그 이로움을 종신토록 줄곧 입는다."라고 하였다. ≪詩經≫ 〈周頌〉에는 이를 말하기를, "聖人의 덕은 하늘처럼 높고 땅처럼 넓어 천하에 환히 비추고 땅처럼 굳고 산처럼 높아서

40) 周頌 : 현재의 ≪詩經≫에는 아래의 시가 없다.

承은 與丞通이라 說文収部에 云 丞은 翊也라 从卩(절)하고 从収하고 从山이라 山高奉承之義라하고 若山之承이라하니 亦言如山之高也라

'承'은 '丞(받들다)'과 通한다. ≪說文解字≫ 〈収部〉에 "'丞'은 '翊(공경하다)'의 뜻이다. '卩'과 '収'와 '山'이 합쳐진 글자이다. 산처럼 높아 奉承한다는 뜻이다."라 하고 "산과 같이 받든다."고 하였으니, 또한 산과 같이 높음을 말한 것이다.

9-10-18 不坼不崩하고 若日之光하며 若月之明하여 與天地同常이라하니라

갈라지거나 무너지지 않고 해처럼 빛나고 달처럼 밝아서 천지와 함께 영원하도다.'라고 하였다.

常은 猶言保守也라 詩魯頌閟宮篇에 魯邦是常이라한대 鄭箋에 云 常은 守也라하다 兪云 此文에 疑有錯誤라 當云 聖人之德이 昭於天下하니 若天之高하고 若地之普하고 若山之承하여 不坼不崩하고 若日之光하고 若月之明하여 與天地同常이라 蓋首四句下에 普隔句爲韻하니 中二句承崩하고 末三句光明常하니 皆每句協韻[41]이라 昭於天下句는 傳寫脫去라가 而誤補於若地之普下니 則首二句無韻矣라 又增其有也三虛字면 則非頌體矣라 旣云若地之普하고 又云若地之固면 重複無義라 故로 知其錯誤也라

'常'은 保守한다는 뜻이다. ≪詩經≫ 〈魯頌 閟宮〉에 "魯邦是常(노나라를 이에 항상 소유하게 하시며)"이라 하였는데 鄭玄의 箋에 "'常'은 '守'이다."라 하였다.

兪樾 : 이 글에 아마도 잘못된 부분이 있는 것 같으니, 응당 "聖人之德 昭於天下 若天之高 若地之普 若山之承 不坼不崩 若日之光 若月之明 與天地同常(聖人의 덕이 천하에 환하게 비추니 하늘처럼 높고 땅처럼 넓으며 산처럼 높아 갈라지거나 무너지지 않으며 해처럼 빛나고 달처럼 밝아 천지와 함께 영원하다.)"이라 해야 한다. 대개 처음 네 구 아래에 모두 구를 하나 건너 운을 달았으니 가운데 두 구는 '承'과 '崩'이 운이고 마지막 세 구는 '光'과 '明'과 '常'이 운이니 모두 句마다 協韻이다. '昭於天下' 句는 傳寫하면서 빠졌다가 '若地之普'의 아래에 잘못 들어간 것이니 처음 두 구는 운이 없다. '其有' '也' 세 虛字를 거기에 더 넣으면 頌體가 아니게 되고 이미 "땅처럼 넓고〔若地之普〕"라 하고 또 "땅처럼 굳으며〔若地之固〕"라

41) 協韻 : 같은 운이 아닌 것을 동일 운으로 쓰는 것을 말한다.

고 하면 중복되어 의미가 없다. 따라서 이것이 잘못되었음을 아는 것이다.

9-10-19 則此言聖人之德이 **章明博大**하고 **埴**(식)**固以脩久也**라

바로 이것이 聖人의 덕이 찬란하게 밝고 넓고 크며 견고하여 오래감을 말한 것이다.

淮南子泰族訓에 **云 勇者**를 **可令埴固**라하다 **畢云 埴**은 **訓黏土**[42]니 **堅牢之意**라하다

≪淮南子≫ 〈泰族訓〉에 "용감한 사람을 찰흙처럼 견고하게 만들 수 있다."라 하였다. 畢沅 : '埴'은 訓이 '黏土(찰흙)'이니, 견고하다는 뜻이다.

9-10-20 故로 **聖人之德**은 **蓋總乎天地者也**라

그러므로 聖人의 덕은 천지를 모두 아우르는 것이다.

9-11-1 今王公大人이 **欲王天下正諸侯**한대

지금의 王公大人이 천하의 왕이 되고 제후의 수장이 되고자 하는데,

正은 **長也**라 **詳親士篇**이라

'正'은 '長'이다. ≪墨子≫ 〈親士〉(1-2-1)에 자세한 설명이 있다.

9-11-2 夫無德義면 **將何以哉**리오 **其說**은 **將必挾震威彊**이라 **今王公大人**이 **將焉取挾震威彊哉**아 **傾者民之死也**이

대저 德과 義가 없다면 장차 어떻게 하겠는가? 그들의 주장은 아마도 반드시 무력과 형벌을 믿고 휘둘러야 된다 할 것이다. 〈그러나〉 지금 王公大人이 장차 어떻게 무력과 형벌을 믿고 휘두르겠는가. 인민을 내몰아서 그들로 하여금 필사적으로 서도 이기게 하겠다는 것인가.

---

42) 訓黏土 : ≪說文解字≫에 "黏土也"라고 하였다.

此는 (豖)〔冡〕上하니 將焉取挾震威(疆)〔彊〕[43]은 爲問辭라 傾者의 者는 當爲諸之省이라 也는 古與邪(야)通이라 漢書田蚡傳에 欲以傾諸將相이라한대 顔注에 云 傾은 謂踰越而勝之也라하다 此云傾諸民之死도 亦言驅民使必死以相傾也라

이것은 윗글을 이어받은 것이니 "將焉取挾震威彊"은 묻는 말이다. '傾者'의 '者'는 응당 '諸(저)'의 생략된 글자일 것이다. '也'는 옛날에는 '邪'와 뜻이 통하였다. ≪漢書≫ 〈田蚡傳〉에 "欲以傾諸將相(장군과 재상들을 이기고자 한다.)"이라 하였는데, 顔師古의 注에 "'傾'은 능가하여 이기는 것이다.〔踰越而勝之也〕"라 하였다. 여기서 말한 "傾諸民之死"도 인민을 내몰아서 그들로 하여금 필사적으로 서로 이기게 하려 한다는 것이다.

9-11-3 民은 生爲甚欲하고 死爲甚憎한대 所欲不得이요 而所憎屢至라

인민은 사는 것을 매우 바라고 죽는 것을 매우 싫어하는데, 바라는 것은 얻지 못하고 싫어하는 것은 자주 다가온다.

畢云 屢는 卽屨字省文이라 史記에 或作屨하고 漢書에 或作婁한대 皆訓數(삭)이라

畢沅 : '屢'는 곧 '屨'자의 생략된 글자이다. ≪史記≫에는 혹 '屨'로 되어 있기도 하고 ≪漢書≫에는 혹 '婁'로 되어 있기도 한데, 모두 '자주'라는 뜻이다.

9-11-4 自古及今에 未有嘗能有以此王天下正諸侯者也니라

예로부터 지금까지 이런 방법으로 천하의 왕이 되고 제후들의 수장이 된 자는 일찍이 없었다.

蘇云 上有衍字라하다

蘇時學 : 위의 〈'未有'의〉 '有'자는 衍字이다.

9-11-5 今大人欲王天下正諸侯하고 將欲使意得乎天下하여 名成乎後世면 故(호)

43) (疆)〔彊〕 : 저본에는 '疆'으로 되어 있으나, 본문의 글자에 의거하여 '彊'으로 바로잡았다.

不察尙賢爲政之本也아

지금의 大人이 천하의 왕이 되고 제후들의 수장이 되고자 하며 장차 천하에서 뜻을 이루어 후세에 명성을 떨치기를 원한다면, 어찌 어진 사람을 높이는 것이 정치의 근본임을 살피지 않겠는가?

政上에 舊本脫爲字한대 王據上文補라 故는 亦與胡同이라 畢云 當云不可不察이라한대 非라

'政' 위에 舊本에서는 '爲'자가 빠져 있는데 王念孫이 윗글에 의거하여 채워 넣었다. '故'는 또한 '胡'와 같은 뜻이다. 畢沅은 "〈'故不察'이〉 응당 '不可不察'이 되어야 한다."고 하였는데 틀렸다.

9-11-6 **此**가 **聖人之厚行也**라

이것이 바로 聖人의 후한 덕행이다.

尙賢 下 第十 제10편 어진 이를 높임 하

10-1-1 子墨子言曰 天下之王公大人은 皆欲其國家之富也하며 人民之衆也하며 刑法之治也나 然而不識以尙賢爲政其國家百姓하니 王公大人이 本失[1]尙賢爲政之本也라 若苟王公大人이 本失尙賢爲政之本也면 則不能毋擧物示之乎아 今若有一諸侯於此하여 爲政其國家也하여 曰 凡我國能射御之士를 我將賞貴之하고 不能射御之士를 我將罪賤之라하고 問於若國之士면 孰喜孰懼리오 我以爲必能射御之士는 喜하고 不能射御之士는 懼하니 我賞因而誘[2]之矣라

子墨子께서 말씀하셨다.

"천하의 王公大人은 모두 자신의 국가가 부유해지고 인민이 늘어나며 형벌과 법령이 잘 다스려지기를 바라지만, 어진 사람을 높임으로써 그 국가와 백성을 다스리는 것을 알지 못한다. 王公大人이 어진 사람을 높이는 것이 정치의 근본임을 알지 못하기 때문이다. 만약 진실로 王公大人이 어진 사람을 높이는 것이 정치의 근본임을 알지 못한다면, 사례를 들어서 설명하지 않을 수 있겠는가.

지금 만약 여기 한 제후가 있어 그 국가를 다스리면서 말하기를 '무릇 내 나라에서 활을 잘 쏘고 말을 잘 모는 士에게 나는 장차 賞을 주어 그를 귀하게 만들고, 활을 잘 못 쏘고 말을 잘 못 모는 士에게 나는 장차 벌을 내려 그를 천하게 만들 것이다.'라 하고, 이 나라 士들에게 묻는다면 누가 기뻐하고 누가 두려워하겠는가? 내가 생각하기에는 반드시 활을 잘 쏘고 말을 잘 모는 士는 기뻐하며 활을 잘 못 쏘고 말을 잘 못 모는 士는 두려워할 것이다. 내가 시험 삼아 이런 식으로 비

---

1) 本失 : 王闓運은 '本失'을 '未知'로 보았는데, 이에 따라 번역하였다. 아래도 같다.(≪墨子今注今譯≫(商務印書館)에서 재인용)

2) 誘 : 曹耀湘은 '誘'를 '進'과 같은 뜻으로 보았는데, 이에 따라 번역하였다.(≪墨子今注今譯≫(商務印書館)에서 재인용)

유를 더 해보기로 하겠다.

賞은 當爲嘗이니 嘗은 試也라 此句는 爲下文發端이라 書中嘗字는 多譌爲賞이라 詳尙同下篇이라

〈'我賞因'의〉 '賞'은 마땅히 '嘗'으로 써야 하니, '嘗'은 '試(시험 삼아)'이다. 이 句는 아래 글을 시작하는 말이다. 이 책에서 '嘗'자는 '賞'으로 잘못 쓰인 경우가 많다. ≪墨子≫ 〈尙同 下〉에 자세하게 보인다.

10-1-2 曰 凡我國之忠信之士를 我將賞貴之하고 不忠信之士를 我將罪賤之라하고 問於若國之士면 孰喜孰懼리오 我以爲必忠信之士는 喜하고 不忠不信之士는 懼하니 今惟毋以尙賢爲政其國家百姓이면

〈제후가〉 '무릇 내 나라에서 충심을 다하고 거짓 없는 士에게 나는 장차 賞을 주어 그를 귀하게 만들고 충심을 다하지 않고 거짓말하는 士에게 나는 장차 벌을 내려 그를 천하게 만들 것이다.'라 하고 이 나라 士들에게 묻는다면 누가 기뻐하고 누가 두려워하겠는가? 내가 생각하기에는 반드시 충심을 다하고 거짓 없는 士는 기뻐하며 충심을 다하지 않고 거짓말하는 士는 두려워할 것이다.

이제 오로지 어진 사람을 높임으로써 그 국가와 백성을 다스린다면

畢本에 毋改毌(관)이라 云 毌同慣이요 下同이라하다 案 畢校는 非也라 毋는 語詞니 說詳中篇이라

畢沅本에는 '毋'가 '毌'으로 고쳐져 있다.

畢沅 : '毌'은 '慣(늘)'과 같다. 이하도 마찬가지이나.

案 : 畢沅의 교정은 틀렸다. '毋'는 어조사이다. ≪墨子≫ 〈尙賢 中〉에서 자세히 설명하였다.

10-1-3 使國爲善者勸하고 爲暴者沮라 大以爲政於天下년

나라에서 선을 행하는 자를 권면하고 포악을 부리는 자를 막게 될 것이다. 대저 이로써 천하에 정치를 행한다면

畢云 大는 一本에 作夫라하다

畢沅 : '大'는 어떤 본에는 '夫'로 되어 있다.

10-1-4 使天下之爲善者勸하고 爲暴者沮라 然昔吾所以貴堯舜禹湯文武之道者는 何故以哉아 以其唯毋臨衆發政而治民하여 使天下之爲善者로 可而勸也하고

천하에서 선을 행하는 자를 권면하고 포악을 부리는 자를 막게 될 것이다. 그렇다면 예전에 내가 堯·舜·禹·湯·文·武의 道를 귀하게 여긴 것은 무슨 까닭인가? 오로지 그들이 인민들에 대하여 정령을 반포하여 인민을 다스리면서 천하에서 선을 행하는 자들을 권면할 수 있고

畢云 高誘注淮南子에 云 而는 能也니 古通이라하다 陳壽祺[3]說同이라 王云 可而는 猶可以也라 下文에 曰 上可而利天하며 中可而利鬼하며 下可而利(民)〔人〕[4]이라하니 與此文으로 同一例라하다 案 王說이 是也라 尙同下篇에 云 尙用之天子면 可以治天下矣요 中用之諸侯면 可而治其國矣요 下用之家君이면 可而治其家矣라한대 上句에 作可以하고 下二句에 竝作可而하니 可證이라

畢沅 : 《淮南子》 高誘의 注에 "'而'는 '能'이다. 옛날에는 통용하였다."라 하였다.

陳壽祺의 설도 〈畢沅과〉 같다.

王念孫 : '可而'는 '可以'와 같은 뜻이다. 아래 글(10-3-7, 8)에 "上可而利天 中可而利鬼 下可而利人(위로는 하늘을 이롭게 할 수 있고 가운데로는 귀신을 이롭게 할 수 있으며 아래로는 인민을 이롭게 할 수 있다.)"이라 하였는데, 이 글과 같은 예이다.

案 : 王念孫의 설이 옳다. 《墨子》 〈尙同 下〉에 "尙用之天子 可以治天下矣 中用之諸侯 可而治其國矣 下用之家君 可而治其家矣(위로 천자에게 쓰이면 천하를 다스릴 수 있고, 가운데로 제후에게 쓰이면 그 나라를 다스릴 수 있고, 아래로 家君에게 쓰이면 그 집안을 다스릴 수 있

---

3) 陳壽祺 : 1771~1834. 清代의 儒學者로, 字는 恭甫, 介祥, 葦仁이며, 號는 左海, 梅修, 隱屛山人이다. 經學 연구에 몰두하였으며, 저서에 《五經異義疏証》, 《今文尙書經說考》, 《齊魯韓三家詩遺說考》, 《說文經詁》 등이 있다.

4) (民)〔人〕: 저본에는 '民'으로 되어 있으나, 아래 글 10-3-8에 의거하여 '人'으로 바로잡았다.

다.)"라 하였는데, 윗 구에서 '可以'라 쓰고 아래 두 구에서는 모두 '可而'라 썼으니, 이를 통해 증명할 수 있다.

10-1-5 **爲暴者**로 **可而沮也**하니 **然則此尙賢者也**가 **與堯舜禹湯文武之道**로 **同矣**라

포악을 부리는 자들을 막을 수 있기 때문이다. 그렇다면 바로 어진 사람을 높이는 이것이 堯·舜·禹·湯·文·武의 도와 같은 것이다.

10-2-1 **而今天下之士君子**는 **居處言語**에 **皆尙賢**이라도 **逮至其臨衆發政而治民**하얀 **莫知尙賢而使能**이니 **我以此知天下之士君子明於小而不明於大也**라

그러나 지금 천하의 士君子는 평상시 말을 할 때에는 모두 어진 사람을 높이더라도 그들이 인민들에 대하여 정령을 반포하여 인민을 다스릴 때에는 어진 사람을 높이고 유능한 사람을 부릴 줄 모른다. 나는 이것을 가지고 천하의 士君子가 작은 일에는 밝으나 큰 일에는 밝지 못함을 아는 것이다.

上於字는 舊本脫이라 今據群書治要하여 增하니 與下文合이라

위 〈'明於小'의〉 '於'자는 舊本에서는 빠져 있는데, 지금 ≪群書治要≫에 의거하여 채워 넣었으니, 아래 글과도 부합한다.

10-2-2 **何以知其然乎**아

어떻게 그런 줄 아는가.

治要에 作也라

〈'乎'는〉 ≪群書治要≫에 '也'로 되어 있다.

10-2-3 **今王公大人**이 **有一牛羊之財**라도

지금 王公大人이 한 마리 소와 양 요리 재료를 가지고 있어도

畢云 同材라

畢沅 : 〈'財'는〉 '材'와 같다.

10-2-4 **不能殺**이면 **必索良宰**하고 **有一衣裳之財**라도 **不能制**면 **必索良工**하리니 **當王公大人之於此也**하여 **雖有骨肉之親**과 **無故**[5]**富貴**와

잡을 수 없다면 반드시 요리 잘하는 이를 찾을 것이고, 한 벌을 지을 수 있는 옷감을 가지고 있어도 마름질할 수 없다면 반드시 바느질 잘하는 이를 찾을 것이다. 王公大人이 이 경우를 당해서는 비록 피붙이 친척, 공이 없는데도 부귀한 사람,

無는 疑當爲毋니 下同이라 詳中篇[6]이라

'無'는 아마도 마땅히 '毋'로 되어야 할 것이니, 아래도 마찬가지이다. ≪墨子≫ 〈尙賢 中〉에 자세하게 보인다.

10-2-5 **面目美好者**라도 **實知其不能也**면 **不使之也**리니 **是何故**오 **恐其敗財也**니 **當王公大人之於此也**하얀 **則不失尙賢而使能**이라 **王公大人**이 **有一罷**(피)**馬**하여 **不能治**면

용모가 아름다운 자라 할지라도 실제로 그가 그럴 능력이 없음을 알면 그를 시키지 않을 것이다. 이는 무슨 까닭인가? 그 재료를 망칠까 두렵기 때문이다. 王公大人이 이런 경우를 당해서는 어김없이 어진 사람을 높이고 유능한 자를 시킨다. 王公大人이 한 마리 병든 말을 가지고 있는데 고칠 수 없다면

罷는 治要에 作疲라 下同이라 案 罷는 疲字同이라 國語齊語에 云 天下諸侯 罷馬以爲

---

5) 無故 : '無功'의 의미이다. ≪墨子≫ 〈尙賢 中〉 9-5-4의 注 참조.

6) 無……詳中篇 : 저본 傍注에 "孫詒讓의 注는 아마도 필사 과정에 잘못된 듯하다. 〈尙賢 中〉의 '無故富貴面目佼好則使之'에 孫詒讓이 주석을 달아 '아마도 「故」는 응당 「攻」 즉 「功」의 假借字가 되어야 할 것 같다.'고 했는데, 이는 孫詒讓이 '無故富貴'를 '아무런 공이 없으면서 부귀한 자'의 뜻으로 본 것이다. 여기의 '無는 아마도 마땅히 「毋」로 되어야 할 것이니, 아래도 마찬가지이다. 〈尙賢 中〉에 자세하게 보인다.'라는 주석은 〈尙賢 中〉의 주석과 전혀 부합하지 않는다. 그러므로 孫詒讓의 注가 우연히 필사 과정에서 잘못됐다는 것을 알 수 있다. 본래는 응당 '故疑當爲攻 下同 詳中篇(아마도 '故'가 응당 '攻'이 되어야 할 것 같다. 아래도 같다. 〈尙賢 中〉에 자세하게 보인다.)'이 되어야 할 것이다."라고 하였다.

幣라한대 韋注에 云 罷는 不任用也라하고 管子小匡篇에 作疲馬한대 尹知章注에 云 疲는 謂瘦也라하다

'罷'는 ≪群書治要≫에는 '疲'로 되어 있다. 아래도 마찬가지이다.

案 : '罷'자는 '疲'자와 같다. ≪國語≫ 〈齊語〉에 "天下諸侯 罷馬以爲幣(천하의 제후들이 쓸모없는 말로 폐백을 삼는다.)"라 하였는데, 韋昭의 注에 "'罷'는 쓰지 않는 것이다."라 하였고, ≪管子≫ 〈小匡〉에 '疲馬'로 되어 있는데, 尹知章의 注에 "'疲'는 여위었다는 말이다."라 하였다.

10-2-6 必索良醫하고 有一危弓不能張이면

반드시 좋은 의원을 찾을 것이고, 하나의 危弓을 가지고 있어도 시위를 당기지 못한다면

考工記弓人에 云 豐肉而短하고 寬緩以荼하여 若是者는 爲之危弓이라한대 鄭注에 云 危는 猶疾也라하다

≪周禮≫ 〈考工記 弓人〉에 "豐肉而短 寬緩以荼 若是者 爲之危弓(살이 찌고 키가 작으며 여유롭고 느긋한 사람은 危弓을 쓰며)"이라 하였는데, 鄭玄의 注에 "'危'는 '疾(빠르다)'과 같은 뜻이다."라 하였다.

10-2-7 必索良工이라 當王公大人之於此也하얀 雖有骨肉之親과 無故富貴와 面目美好者라도 實知其不能也면

반드시 솜씨 좋은 장인을 찾을 것이다. 王公大人이 이런 경우를 당해서는 비록 피붙이 친척, 공이 없는데도 부귀한 사람, 용모가 아름다운 자라 할지라도 실제로 그가 그럴 능력이 없음을 알면

實은 治要에 作誠이라

〈'實'은〉 ≪群書治要≫에는 '誠'으로 되어 있다.

10-2-8 必不使하니 是何故오 恐其敗財也니 當王公大人之於此也하얀 則不失尙賢

而使能이라 **逮至其國家**하얀 **則不然**하니

반드시 그를 시키지 않는다. 이는 무슨 까닭인가? 그 재료를 망칠까 두렵기 때문이다. 王公大人이 이런 경우를 당해서는 어김없이 어진 사람을 높이고 유능한 자를 시킨다.

〈그러나〉 그 국가에 이르러서는 그렇지 않다.

逮至는 治要에 作至建이라

'逮至'는 ≪群書治要≫에는 '至建'으로 되어 있다.

10-2-9 **王公大人**이 **骨肉之親**과 **無故富貴**와 **面目美好者**면 **則擧之**하니 **則王公大人之親其國家也**가

王公大人이 피붙이 친척, 공이 없는데도 부귀한 사람, 용모가 아름다운 자라면 그를 임용하니, 그렇다면 王公大人이 그 국가를 보는 것이

親은 疑竝當作視라

'親'은 아마도 모두 마땅히 '視'가 되어야 할 것 같다.

10-2-10 **不若親其一危弓罷馬衣裳牛羊之財與**인저

그 하나의 危弓, 병든 말, 옷감, 소나 양 같은 재료를 보는 것만 못하다는 것이다.

下句其字는 治要에 無라

아래 구의 '其'자는 ≪群書治要≫에는 없다.

10-2-11 **我以此知天下之士君子 皆明於小而不明於大也**라

나는 이것을 가지고 천하의 士君子가 모두 작은 일에는 밝으나 큰 일에는 밝지 못한 것을 안다.

畢云 舊脫明字한대 一本有라 案 道藏本과 季本에 竝有라

畢沅 : 舊本에는 '明'자가 빠져 있는데 어떤 본에는 있다.

案 : 道藏本과 季本에는 모두 있다.

10-2-12 **此**는 **譬猶**瘖(음)**者而使爲行人**[7]하고

이는 비유하자면 마치 벙어리를 行人으로 삼고

說文疒**部**에 **云** 瘖은 **不能言也**라하다

≪說文解字≫ 〈疒部〉에 "'瘖'은 말을 못하는 것이다."라 하였다.

10-2-13 **聾者而使爲樂師**라

귀머거리를 樂師로 삼는 것과 같은 일이다.

10-3-1 **是故**로 **古之聖王之治天下也**에 **其所富**와 **其所貴**가 **未必王公大人**의 **骨肉之親**과 **無故富貴**와 **面目美好者也**라 **是故**로 **昔者**에 **舜**은 **耕於歷山**하고 **陶於河瀕**하고 **漁於雷澤**하고

이런 까닭에 옛날의 聖王이 천하를 다스릴 때에는 그가 부유하게 만드는 바와 그가 귀하게 만드는 바가 반드시 王公大人의 피붙이 친척, 공이 없는데도 부귀한 사람, 용모가 아름다운 자만이 아니었다. 그래서 옛날에 舜은 歷山에서 밭을 갈고 河瀕에서 그릇을 구우며 濩澤에서 고기를 잡고

當作濩澤하니 **說詳上篇**이라

〈'雷澤'은〉 마땅히 '濩澤'이 되어야 하니, 上篇(9-6-10)에서 자세히 설명하였다.

10-3-2 **灰於常陽**이러니

常陽에서 장사하고 있었는데,

---

7) 行人 : 빈객을 접대하는 관직으로 ≪周禮≫에 보인다.

畢云 疑卽恒山之陽이라하다 洪云 灰는 當是販字之譌라 尙書大傳에 販於頓丘라하고 史記五帝本紀에 就時於負夏라한대 索隱에 就時猶逐時니 若言乘時射利也라하니 義亦與販相近이라하다 兪云 灰는 疑反字之誤라 反者는 販之叚字로 販은 從反聲이라 古文以聲爲主라 故로 止作反也라하다

畢沅 : 〈'常陽'은〉 아마도 恒山의 남쪽일 것이다.

洪頤煊 : '灰'는 당연히 '販'자의 誤字이다. ≪尙書大傳≫에 "販於頓丘(돈구에서 장사하다.)"라 하였고, ≪史記≫ 〈五帝本紀〉에서는 "就時於負夏(負夏에서 때에 맞추어 장사하였다.)"라 하였는데, ≪史記索隱≫에서 "就時는 때에 맞춘다는 뜻이니, 때를 틈타서 이익을 거두었다는 말이다.〔就時猶逐時 若言乘時射利也〕"라 하였으니, 이 뜻 또한 '販'과 서로 비슷하다.

兪樾 : '灰'는 아마도 '反'자의 誤字일 것이다. '反'자는 '販'자의 假借字로 '販'은 反聲에 속한다. 古文에서는 소리를 주로 하였기 때문에 단지 '反'이라고 썼던 것이다.

10-3-3 堯得之服澤之陽하여 立爲天子하여 使接天下之政하여 治天下之民이라 昔에 伊尹爲莘氏女師僕하여

堯가 服澤의 북쪽에서 그를 얻어 천자로 세워 천하의 정권을 쥐고 천하의 인민을 다스리게 하였다. 옛날에 伊尹이 莘氏의 딸을 수행하는 신하가 되자

畢云 僕은 佚(잉)也라 女師는 見詩云 言告師氏라하다 王云 僕은 卽佚之譌라 此謂有莘氏以伊尹媵女요 非以爲僕也라 說文에 佚[8]은 送也라 呂不韋曰 有侁氏㠯伊尹佚[9]女라한대 侁은 莘同이라 今本呂氏春秋本味篇에 佚作媵하고 經傳皆作媵이요 而佚字罕見한대 唯墨子書에 有之라 而字形與僕相似라 因譌而爲僕이라 淮南時則篇에 其曲栚(짐)筥筐이라한대 今本栚作撲하니 誤與此同이라하다 兪云 師는 當爲私라 聲之誤라 僕은 猶臣也라 禮記禮運篇에 仕於公曰臣이요 仕於家曰僕이라하니 是臣僕一也라 私僕猶曰私臣이라 中篇에 曰 伊摯는 有莘氏女之私臣이라하다 案 王說이 近是라

---

8) 佚 : ≪說文解字≫에는 '倂(잉)'으로 되어 있다.
9) 佚 : 저본의 9-6-12의 注에는 '倂'으로 되어 있다.

畢沅 : '僕'은 '佚'이다. '女師'는 ≪詩經≫ 〈周南 葛覃〉의 "言告師氏(女師에게 고한다.)"라는 말에 보인다.

王念孫 : '僕'은 바로 '佚'의 誤字이다. 이는 有莘氏가 伊尹에게 딸을 데리고 가게 한 것이지 종으로 삼았던 것은 아니라는 것을 의미한다. ≪說文解字≫에는 "佚은 '送'이다. 呂不韋는 有侁氏가 伊尹에게 딸을 데리고 가게 하였다.〔有侁氏㠯伊尹佚女〕"라 하였는데, '侁'은 '莘'과 같은 글자이다. 今本 ≪呂氏春秋≫ 〈本味〉에는 '佚'이 '媵'으로 되어 있고, 經傳에는 모두 '媵'으로 되어 있으며 佚자는 드물게 보이는데 오직 ≪墨子≫에만 있다. 字形이 '僕'자와 서로 비슷하여 잘못하여 '僕'으로 된 것이다. ≪淮南子≫ 〈時則〉에 "其曲楑筥筐"이라 하였는데, 今本에는 '楑'이 '撲'으로 되어 있으니, 그 오류가 이것과 같다.

兪樾 : '師'는 마땅히 '私'로 되어야 한다. 소리가 같아 생긴 오류이다. '僕'은 '臣'과 같다. ≪禮記≫ 〈禮運〉에 "公에서 벼슬하는 사람을 '臣'이라 하고, 대부의 家에서 벼슬하는 사람을 '僕'이라 한다."라 하였으니, '臣'과 '僕'은 같은 것이다. 私僕은 '私臣'이라는 말과 같다. ≪墨子≫ 〈尙賢 中〉에 "伊摯는 有莘氏 딸의 私臣이다."라 하였다.

案 : 王念孫의 설이 옳은 듯하다.

10-3-4 使爲庖人이러니 湯이 得而擧之하여 立爲三公하여 使接天下之政하여 治天下之民이라 昔者에 傅說(열)이 居北海之洲

〈伊尹에게〉 주방장을 맡겼는데 湯이 그를 얻어 등용하여 三公으로 세워 천하의 정권을 쥐고 천하의 인민을 다스리게 하였다. 옛날에 傅說은 北海의 섬에 있는

畢云 書正義[10]에 云 尸子[11]云 傅巖在北海之洲라한대 孔傳에 云 傅巖[12]在虞虢之界라하다 洲는 當爲州라하다 詒讓案 虞虢界는 近南河하고 距北海絶遠하니 墨子·尸子說은 蓋與漢晉以後地理家로 異라

畢沅 : ≪尙書正義≫ 〈說命〉 孔穎達의 疏에 "≪尸子≫에 '傅巖은 北海의 洲에 있다.'고 하였다."고 하였는데, 孔安國의 傳에 "傅巖은 虞와 虢의 경계에 있다."고 하였다. '洲'는

---

10) 書正義 : 孔穎達의 ≪尙書正義≫이다.

11) 尸子 : 책 이름으로, 戰國時代 楚나라의 尸佼가 지었다고 한다. 宋나라 때까지도 책이 전하였는데 그 뒤에 없어졌고 다른 문헌에 인용된 것이 남아서 전한다.

12) 傅巖 : ≪尙書正義≫ 〈說命〉 孔安國의 傳에는 '傅氏之巖'으로 되어 있다.

마땅히 '州'가 되어야 한다.

詒讓案 : 虞와 虢의 경계는 南河에 가깝고 北海와는 매우 멀리 떨어져 있다. 墨子와 尸子의 설은 아마도 漢・晉 이후의 지리학자들의 설과는 다른 듯하다.

10-3-5 圜土之上하여

둥근 감옥에서 살면서

畢云 史記殷本紀에 云 說爲胥靡하여 築於傅巖이라한대 孔傳에 云 說賢而隱하여 代胥靡築之以供食이라하니 故로 此云圜土也라하다 詒讓案 呂氏春秋求人篇에도 亦云 傅說은 殷之胥靡也라하고 周禮大司徒鄭注에 云 圜土는 謂獄也라 獄城圜이라하고 又比長注에 云 圜土者는 獄城也라 獄必圜者는 規主仁하니 以仁心求其情이라 古之治獄者는 閔於出之라하고 釋名釋宮室에 云 獄은 又謂之圜土니 言築土表牆하여 其形圜也라하고 月令孔疏에 引鄭記崇精問[13]曰 獄은 周曰圜土요 殷曰羑里요 夏曰均臺라하다 案 周以圜土爲繫治罷民之獄한대 據此書면 則殷時에 已有圜土之名이니 不自周始矣라

畢沅 : ≪史記≫ 〈殷本紀〉에 "傅說은 胥靡가 되어 傅巖에서 성을 쌓았다."라 하였는데, 〈≪史記集解≫에서 인용한 ≪僞古文尙書≫의〉 孔安國의 傳에 "傅說이 어질면서 자신을 숨겨 胥靡를 대신하여 성을 쌓음으로써 밥벌이를 하였다."라 하였으니, 그런 까닭에 여기에서는 '圜土'를 말한 것이다.

詒讓案 : ≪呂氏春秋≫ 〈求人〉에서도 "傅說은 殷의 胥靡이다."라 하였고, ≪周禮≫ 〈大司徒〉 鄭玄의 注에서는 "圜土는 獄을 말한다. 獄의 성이 둥근 것이다."라 하였고, 또 ≪周禮≫ 〈比長〉의 注에는 "圜土라는 것은 獄城이다. 獄을 반드시 둥글게 만드는 것은 規가 仁을 주로 하니 仁心으로써 죄수들의 실정을 찾기 때문이다. 옛날에 獄을 〈둥글게〉 만든 것은 가엾게 여기는 마음에서 한 것이다."라 하였다. ≪釋名≫ 〈釋宮室〉에는 "獄을 '圜土'라 하기도 하니, 흙을 쌓고 담을 쌓으면서 그 형태를 둥글게 한 것을 이른다."고 하였고,

---

13) 鄭記崇精問 : 저본 傍注에 "살펴보니, ≪禮記≫ 〈月令〉 孔穎達의 疏에서 인용하고 있는 것은 〈崇精問〉뿐이다. ≪隋書≫ 〈經籍志〉에는 鄭玄의 제자가 편찬한 ≪鄭記≫ 6권이 있고, 또 魏나라 侍中 鄭小同(鄭玄의 손자)이 편찬한 ≪鄭志≫ 11권이 있는데, 두 책 모두 지금은 일실되었다. 여기에 인용된 〈崇精問〉은 사실 ≪鄭志≫의 편명이니, 孫詒讓이 '鄭記' 두 글자를 채워 넣은 것은 아마도 실수인 듯하다."라고 하였다.

≪禮記≫ 〈月令〉 孔穎達의 疏에서 ≪鄭志≫ 〈崇精問〉을 인용하여 "獄은 周나라 때에는 '圜土'라 하였고 殷나라 때에는 '羑里'라 하였으며 夏나라 때에는 '均臺'라 하였다."라 하였다. 생각건대 周나라 때 '圜土'로써 교화되지 않는 惡人들을 다스리는 옥으로 삼았는데, 이 책에 근거해보면 殷나라 때 이미 '圜土'라는 이름이 있었으니, 周나라 때 시작된 것은 아니다.

10-3-6 **衣褐帶索**(삭)하고 **庸築於傅巖之城**이러니 **武丁**이 **得而擧之**하여 **立爲三公**하여 **使之接天下之政**하여 **而治天下之民**이라 **是故**로 **昔者**에 **堯之擧舜也**와 **湯之擧伊尹也**와 **武丁之擧傅說也**가 **豈以爲骨肉之親無故富貴面目美好者哉**아 **惟法其言**하고

거친 베옷을 입고 새끼줄을 허리에 두르고 傅巖의 성을 쌓는 공사장에서 품을 팔았는데, 武丁이 그를 얻어 등용하여 三公으로 세워 천하의 정권을 쥐고 천하의 인민을 다스리게 하였다. 이런 까닭에 옛날에 堯가 舜을 등용하고 湯이 伊尹을 등용하고 武丁이 傅說을 등용한 것이 어찌 그들이 피붙이 친척, 공이 없는데도 부귀한 사람, 용모가 아름다운 자였기 때문이었겠는가? 오직 그들의 말을 본받고

惟는 治要에 作唯라

'惟'는 ≪群書治要≫에 '唯'로 되어 있다.

10-3-7 **用其謀**하고 **行其道**하여 **上可而利天**하고

그들의 계책을 채택하고 그들의 道를 실행하여, 위로는 하늘을 이롭게 할 수 있고

而는 猶以也라 畢云 而는 同能이라하니 非라

'而'는 '以'와 같은 뜻이다. 畢沅은 "'而'는 '能'과 같다."고 하는데, 틀렸다.

10-3-8 **中可而利鬼**하고 **下可而利人**이라 **是故**로 **推而上之**라

가운데로는 귀신을 이롭게 할 수 있으며 아래로는 인민을 이롭게 할 수 있기 때문에, 그들을 추앙하여 높였던 것이다.

10-4-1 古者에 聖王은 旣審尙賢하여 欲以爲政이라 故로 書之竹帛하고 琢之槃盂하여

옛날에 聖王은 이미 어진 사람을 높이는 원칙을 잘 알아서 그것을 바탕으로 정치하려 하였다. 그래서 이를 竹帛에 적고 槃盂에 새겨

爾雅釋器에 云 雕謂之琢이라하고 韓非子大體篇에 云 至安之世엔 不著名於圖書하고 不錄功於盤盂라하다

≪爾雅≫ 〈釋器〉에 "'雕'를 '琢'이라 한다."고 하였고, ≪韓非子≫ 〈大體〉에 "지극히 평안한 上古에는 圖書에 이름을 기록하지 않고 盤盂에 功을 새기지 않았다."라 하였다.

10-4-2 傳以遺後世子孫이라 於先王之書呂刑之書에 然하니 王曰 於(오)라

전하여 후세의 자손에게 남겼다. 선왕(穆王)의 글 〈呂刑〉에 그러하니, 왕이 이르기를, '아아.

畢云 孔書에 作吁라하다 詒讓案 僞孔傳에 云 吁는 歎也라하고 釋文에 引馬融本하여 作于하고 云 于는 於也라하다

畢沅 : 〈'於'는〉 ≪僞古文尙書≫에는 '吁'로 되어 있다.

詒讓案 : ≪僞古文尙書≫의 僞孔安國傳에 "'吁'는 감탄사이다."라 하였고, ≪經典釋文≫에서 馬融本을 인용한 대목에 '于'로 되어 있고, "'于'는 '於'이다."라 하였다.

10-4-3 來하라 有國有土[14]아

오라. 영토를 갖고 있는 제후들이여.

孔傳에 云 有國土諸侯라하다 畢云 孔書에 國은 作邦이라하다 詒讓案 史記周本紀에도 亦作國이라

孔安國의 傳에 "有國土諸侯"라 하였다.

畢沅 : ≪僞古文尙書≫에는 '國'이 '邦'으로 되어 있다.

---

14) 土 : 저본 傍注에 "'土'는 원래 '士'로 잘못되어 있는데, 畢沅의 刻本에 의거하여 고쳤다."라고 하였다.

詒讓案 : ≪史記≫ 〈周本紀〉에도 '國'이라 되어 있다.

10-4-4 告女訟刑하노라

그대들에게 형벌을 잘 살피는 법을 알려주노라.

段玉裁云 訟刑은 公刑也라 古訟公通用이라하다 畢云 孔書에 女作爾하고 訟作詳이라하다 王鳴盛云 墨子作訟하니 从詳而傳寫誤라하다 案 王說이 是也라 今書에 又改作祥한대 孔傳云 告汝以善用刑之道라하고 周禮大宰大司寇鄭注에 引竝作詳하고 後漢書劉愷傳李注에 引鄭書注하여 云 詳은 審察之也라하니 此訟은 疑卽詳之誤라

段玉裁는 "'訟刑'은 '公刑'이다. 옛날에는 '訟'과 '公'이 通用되었다."라 하였다.

畢沅 : ≪僞古文尙書≫에는 '女'가 '爾'로 되어 있고, '訟'이 '詳'으로 되어 있다.

王鳴盛 : ≪墨子≫에는 '訟'으로 되어 있는데, '詳'을 傳寫하면서 잘못된 것이다.

案 : 王鳴盛의 說이 옳다. 지금 ≪尙書≫에도 '祥'으로 고쳐져 있는데, 孔安國의 傳에 "너에게 형벌을 잘 쓰는 도리를 알려주노라.〔告汝以善用刑之道〕" 하였고, ≪周禮≫ 〈大宰 大司寇〉 鄭玄의 注에 이를 인용하여 모두 '詳'이라 하였으며, ≪後漢書≫ 〈劉愷傳〉 李賢의 注에서 鄭玄의 ≪尙書≫ 注를 인용하여 "'詳'은 자세하게 살피는 것이다."라 하였으니, 여기에서 '訟'은 아마도 바로 '詳'의 誤字일 것이다.

10-4-5 在今而安百姓이면

오늘날 그대들이 백성을 안정시키고자 한다면

畢云 孔書에 而作爾하니 是다하다

畢沅 : ≪僞古文尙書≫에 '而'가 '爾'로 되어 있는데, 옳다

10-4-6 女何擇이리오 言人가

그대들은 무엇을 택하겠는가? 사람이 아니겠는가?

畢云 孔書에 無女字하고 作何擇非人이라하다 王引之云 言은 當爲否라 篆書에 否字作

否하고 言字作言이니 二形相似라 隷書에 否字或作咅하고 言字或作音하니 亦相似이라 故로 否誤爲言이라 否與不는 古字通이라 故로 下二句에 云 何敬不刑何度不及也라 今書에 作何擇非人何敬非刑何度非及하니 非否不이 竝同義라하다 段玉裁云 言人은 當是吉人之譌라 謂何擇非吉人乎라 (冡)〔冢〕上苗民罔擇吉人[15]言之라하다 案 王說이 是也라

畢沅 : ≪僞古文尙書≫에는 '女'자가 없고 '何擇非人'으로 되어 있다.

王引之 : '言'은 마땅히 '否'가 되어야 한다. 篆書로 '否'자는 '否'이고 '言'자는 '言'이니, 두 글자의 모양이 비슷하다. 隸書로 '否'자는 혹 '咅'로 쓰기도 하고 '言'자는 혹 '音'으로 쓰기도 하니 이 글자 또한 모양이 비슷하다. 이런 까닭에 '否'를 '言'으로 잘못 쓴 것이다. '否'와 '不'은 옛날에는 글자를 通用하였기 때문에 아래 두 구에서 "何敬不刑 何度不及"이라 한 것이다. 지금 ≪尙書≫에는 "何擇非人 何敬非刑 何度非及(무엇을 택하겠는가? 사람이 아니겠는가? 무엇을 삼가겠는가? 형벌이 아니겠는가? 무엇을 꾀하겠는가? 〈성왕의 도에〉 미치는 것이 아니겠는가?)"이라 하니 '非'와 '否'와 '不'이 모두 같은 뜻이다.

段玉裁 : '言人'은 응당 '吉人'의 誤字일 것이니, "어찌 吉人이 아닌 자를 선택하겠는가?"라는 의미이다. 위의 "苗民이 吉人을 택하지 않는다.〔苗民罔擇吉人〕"는 말을 이어서 말한 것이다.

案 : 王引之의 설이 옳다.

10-4-7 **何敬**이리오 **不刑**가 **何度**리오 **不及**가라하니

무엇을 삼가겠는가? 형벌이 아니겠는가! 무엇을 꾀하겠는가? 〈聖王의 道에〉 미치는 일이 아니겠는가!'라고 하였다.

孔傳에 云 在今爾安百姓兆民之道에 當何所擇이리오 非惟吉人乎아 當何所敬이리오 非惟五刑乎아 當何所度리오 非惟及世輕重所宜乎아하고 釋文에 引馬融云 度는 造謀也라하다 案 以此下文推之면 則墨子訓不及은 爲不及堯舜禹湯文武之道로 猶言何慮其不能逮也니 與孔說異라 畢云 孔書에 兩不字는 作非라하다

孔安國의 傳에 "지금 네가 백성들을 안정시키는 도리는 마땅히 무엇을 선택해야 하는

15) 苗民罔擇吉人 : ≪尙書≫ 〈呂刑〉의 본문은 "惟時苗民 匪察于獄之麗 罔擇吉人 觀于五刑之中"이다.

가? 吉人이 아니겠는가? 마땅히 무엇을 삼가야 하는가? 五刑이 아니겠는가? 마땅히 무엇을 도모해야 하는가? 세간의 輕重에 마땅한 바에 미치는 것이 아니겠는가?"라 하였고, ≪經典釋文≫에서 馬融의 설을 인용하여 "'度'는 계책을 만드는 것이다."라 하였다.

案 : 이 아래 글로 미루어보면 墨子가 생각한 '不及'의 의미는 堯·舜·禹·湯·文·武의 道에 미치지 못한다는 뜻으로, "어찌 그 미치지 못함을 생각하지 않겠는가?"라는 뜻이니, 孔安國의 설과는 다르다.

畢沅 : ≪僞古文尙書≫에서는 두 '不'자가 '非'로 되어 있다.

10-4-8 **能擇人而敬爲刑**이면 **堯舜禹湯文武之道**를 **可及也**니 **是何也**오 **則以尙賢**으로 **及之**라 **於先王之書豎年之言**에 **然**하니 **曰**

사람을 잘 선택하고 형벌을 삼가 행하면 堯·舜·禹·湯·文·武의 道에 미칠 수 있다는 것이다.

이는 왜 그런 것인가? 바로 어진 사람을 높임으로써 미친다는 것이다. 선왕의 글, 〈豎年(距年)〉의 말에 그러하니, 이르기를

畢云 豎는 距字假音이라하다

畢沅 : '豎'는 '距'자의 假音字이다.

10-4-9 **晞夫聖武知人**하여

'저 聖人과 武人, 그리고 지혜로운 사람을 구하여

畢云 晞는 疑當从日이라하나 蘇云 晞는 當從口作唏라 唏夫는 嘆詞로 猶嗚呼也라하다 案 畢說이 是也라 說文目部에 云 睎는 望也라하다 聖武는 謂聖人與武人也라 知는 與智通이라 逸周書皇門篇에 云 乃方求論擇元聖武夫하여 羞于王所라하다

畢沅 : '晞'는 아마도 마땅히 '目'을 부수로 해야 한다.

蘇時學 : '晞'는 마땅히 '口' 부수의 '唏'가 되어야 한다. '唏夫'는 감탄사로 '嗚呼'와 같은 뜻이다.

案 : 畢沅의 설이 옳다. ≪說文解字≫ 〈目部〉에 "'睎'는 '望'의 뜻이다."라 하였다. '聖武'

는 聖人과 武人을 말한다. '知'는 '智'와 통한다. ≪逸周書≫ 〈皇門〉에 "乃方求論擇元聖武夫羞于王所(이에 사방으로 성인과 무인을 찾아서 선발하여 왕이 계신 곳으로 올렸다.)"로 되어 있다.

10-4-10 **以屛輔而身**이라하니 **此言先王之治天下也**에 **必選擇賢者**하여 **以爲其群屬輔佐**라 **曰 今也**에 **天下之士君子**는 **皆欲富貴而惡**(오)**貧賤**이라하다

네 자신을 돕게 하라.'고 하였다. 이것은 선왕이 천하를 다스릴 적에 반드시 어진 사람을 선택하여 자신을 보좌하는 신하들로 삼았던 사례를 말한 것이다.
지금 천하의 士君子는 모두 부귀를 원하고 빈천을 싫어한다.

之는 **舊本**에 **譌言**이라 **王云 言**은 **當爲之**라 **今天下之士君子皆欲富貴而惡貧賤**은 **又見下文**이라 **草書**에 **言與之**는 **相似**라 **故**로 **之譌爲言**이라하다 **案 王說**이 **是也**라 **今據正**이라

'之'는 舊本에는 '言'으로 잘못 쓰여 있다.
王念孫 : '言'은 마땅히 '之'가 되어야 한다. "今天下之士君子 皆欲富貴而惡貧賤"은 아래 글에서도 보인다. 草書로 '言'과 '之'는 비슷하기 때문에 '之'가 '言'으로 잘못 쓰인 것이다.
案 : 王念孫의 설이 옳다. 지금 이에 의거하여 바로잡는다.

10-4-11 **曰 然**이면 **女何爲而得富貴而**辟(피)**貧賤**고

그렇다면 그대는 어떻게 하여 부귀를 얻고 빈천을 피하겠는가?

畢云 辟는 **同避**라하다

畢沅 : '辟'는 '避'와 같은 뜻이다.

10-4-12 **莫若爲賢**이니 **爲賢之道**는 **將柰何**오 **曰 有力者**는 **疾以助人**하고 **有財者**는 **勉以分人**하고 **有道者**는 **勸以敎人**하니 **若此**면 **則飢者得食**하고 **寒者得衣**하고 **亂者得治**하니 **若飢則得食**하고 **寒則得衣**하고 **亂則得治**면 **此安生生**이라

어질게 되는 것만 한 것이 없으니, 어질게 되는 방법은 장차 어찌해야 하는가? 힘 있는 자는 서둘러 남을 돕고 재물을 가진 자는 힘써 남에게 나누어주며 道가

있는 자는 권면하여 남을 가르친다. 이렇게 한다면 굶주린 자가 먹을 수 있고 추운 자가 옷을 입을 수 있으며 난폭한 자가 다스려질 수 있다. 만약 굶주리더라도 먹을 수 있고 춥더라도 옷을 입을 수 있으며 난폭하더라도 다스려질 수 있다면, 이것이 바로 생을 이어갈 수 있다는 것이다.

王引之云 安은 猶乃也라 言如此乃得生生也라하다

王引之 : '安'은 '乃'와 같은 뜻이다. 이렇게 하여야 바로 살아갈 수 있다는 말이다.

10-5-1 **今王公大人**은 **其所富**와 **其所貴**가 **皆王公大人**의 **骨肉之親**과 **無故富貴**와 **面目美好者也**니 **今王公大人**의 **骨肉之親**과 **無故富貴**와 **面目美好者**가 **焉故必知哉**리오

지금의 王公大人은 그가 부유하게 만드는 바와 그가 귀하게 만드는 바가 모두 王公大人의 피붙이 친척, 공이 없는데도 부귀한 사람, 용모가 아름다운 자들이니, 지금 王公大人의 피붙이 친척, 공이 없는데도 부귀한 사람, 용모가 아름다운 자들이 무슨 이유로 반드시 지혜로운 사람이겠는가?

論語子路皇侃[16]義疏에 云 焉은 猶何也라하고 顔子推家訓[17]音辭篇에 引葛洪字苑[18]하여 云 焉字는 訓何訓安하고 音於愆反이라하다

皇侃의 ≪論語義疏≫ 〈子路〉에 "'焉'은 '何'와 같은 뜻이다."라 하였고, 顔子推(顔之推)의 ≪顔氏家訓≫ 〈音辭〉에서 葛洪의 ≪字苑≫을 인용하여 "'焉'자의 訓은 '何'이고 '安'이다. 音은 '於(어)'와 '愆(건)'의 反切이다."라 하였다.

---

16) 皇侃 : 488~545. '皇偘(간)'이라 부르기도 한다. 南朝 梁나라의 유학사이자 경학자로, 특히 三禮, ≪孝經≫, ≪論語≫에 정통하였다. ≪論語義疏≫를 저술하였다.

17) 顔子推家訓 : 南北朝시대 顔之推(531~591?)가 지은 家訓書 ≪顔氏家訓≫이다. 모두 7권 20편으로, 敎子, 兄弟, 后娶, 治家, 勉學, 音辭 등의 내용으로 구성되어 있다.

18) 葛洪字苑 : 葛洪(283~363)이 지은 ≪字苑≫이다. 葛洪은 字가 稚川이고 스스로 抱朴子라 불렀다. 西晉과 東晉이 교체되는 시대에 살았으며 저명한 도교 사상가로서 풍부한 저작을 남겼다. ≪字苑≫은 ≪要用字苑≫이라고도 하며, 특히 漢譯 佛經의 字義를 집중적으로 다루었다.

10-5-2 若不知로되 使治其國家면 則其國家之亂을 可得而知也니라 今天下之士君子는 皆欲富貴而惡(오)貧賤이라 然이면 女何爲而得富貴而辟(피)貧賤哉리오 曰 莫若爲王公大人의 骨肉之親과 無故富貴와 面目美好者라하니라

만약 지혜로운 자가 아닌데도 그 국가를 다스리게 한다면, 그 국가가 어지러워질 것을 알 수 있다.

지금 천하의 士君子는 모두 부귀를 원하고 빈천을 싫어한다. 그렇다면 그대가 어떻게 하여 부귀를 얻고 빈천을 피할 수 있겠는가? 王公大人의 피붙이 친척, 공이 없는데도 부귀한 사람, 용모가 아름다운 자들이 되는 것만 한 것이 없다.

舊本에 脫此八字한대 王據上下文補하니 今從之라

舊本에는 이 〈"故富貴面目美好者"〉 8자가 빠져 있는데, 王念孫이 위아래 글에 의거하여 보태 넣었으니, 지금 이를 따른다.

10-5-3 王公大人의 骨肉之親과 無故富貴와 面目美好者는 此非可學能者也라

〈그런데〉 王公大人의 피붙이 친척, 공이 없는데도 부귀한 사람, 용모가 아름다운 자들은 배워서 될 수 있는 것이 아니다.

王校에 能上增而字라

王念孫의 교감본에는 '能' 위에 '而'자를 보태 넣었다.

10-5-4 使不知辯이면

〈그러니 이렇지 않은 사람들은〉 만약 지혜와 말재주가 없다면

舊本脫知字러니 今據道藏本補라

舊本에는 '知'자가 빠져 있는데, 지금 道藏本에 의거하여 보태 넣는다.

10-5-5 德行之厚가 若禹湯文武라도 不加得也요 王公大人의 骨肉之親이면 躄瘖聾〔瞽〕[19]이요 暴爲桀紂라도 不加失也라

덕행의 두터움이 禹・湯・文・武와 같더라도 〈부귀를〉 더 얻을 수 없을 것이고, 〈반면에〉 王公大人의 피붙이 친척이라면 그가 앉은뱅이, 벙어리, 귀머거리, 장님이고 포악하기가 桀・紂와 같더라도 〈부귀를〉 더 잃지는 않을 것이다.

說文止部에 **云 躄**(벽)은 **人不能行也**라하고 **呂氏春秋盡數篇高注**에 **云 躄**은 **不能行也**라하니 **躄**은 **卽躄之或體**라 **躄瘖聾**은 **皆癈疾**이니 **不宜與暴竝擧**라 **且荀子非相篇**에 **稱桀紂長巨姣美**하니 **則必無此諸疾**이라 **疑聾下脫一字**하고 **下暴爲桀紂自爲句**라 **爲**는 **又如之誤**니 **二字艸書相近**이라 **躄瘖聾**은 **言其有惡疾**하고 **暴如桀紂**는 **言其有惡行也**라 **又案 聾下**에 **或脫瞽字**라 **耕柱篇**에 **亦云 聾瞽**라

≪說文解字≫ 〈止部〉에 "'躄'은 사람이 걷지 못하는 것이다."라 하고, ≪呂氏春秋≫ 〈盡數〉 高誘의 注에 "'躄'은 걷지 못하는 것이다."라 하니, '躄'은 곧 '躄'의 이체자이다. '躄・瘖・聾'은 모두 癈疾이니 포악함과 함께 거론하는 것은 마땅하지 않다. 게다가 ≪荀子≫ 〈非相〉에서는 桀과 紂를 키 크고 잘생겼다고 묘사하였으니 반드시 이런 질환이 없었을 것이다. 아마도 '聾'자 아래에 한 자가 빠졌을 것이고 아래의 '暴爲桀紂'가 따로 句가 될 것이다. '爲'는 또한 '如'의 誤字이니, 두 글자는 草書가 서로 비슷하다. '躄・瘖・聾'은 그 惡疾이 있음을 말하는 것이고, '暴如桀紂'는 그 惡行이 있음을 말하는 것이다. 또 생각건대 '聾' 아래에는 혹 '瞽'자가 빠졌을 것이니, ≪墨子≫ 〈耕柱〉에도 '聾瞽'라 하였다.

10-5-6 **是故**로 **以賞不當賢**하고 **罰不當暴**하니 **其所賞者**는 **已無故矣**하고

이런 까닭으로 상이 어진 사람에게 주어지지 않고 벌이 포악한 자에게 주어지지 않으니, 그 상 받는 자는 이미 공이 없고

王云 故는 **乃攻字之誤**라 **攻故**은 **字相似**하고 **又涉上文無故富貴**하여 **而誤**라 **攻**은 **卽功字也**라 **無功與無罪**는 **對文**이라

王念孫 : '故'는 곧 '攻'자의 誤字이다. '攻'과 '故'는 글자가 서로 비슷하고, 또 위 문장의 '無故富貴'와 관련하여 잘못 들어간 것이다. '攻'은 곧 '功'자이다 '無功'과 '無罪'는 對가 된다.

---

19) 〔瞽〕: 저본에는 '瞽'가 없으나, 孫詒讓의 주에 의거하여 보충하였다.

10-5-7 其所罰者도 亦無罪라 是以로 使百姓으로 皆攸心解體하여

그 벌 받는 자도 죄가 없다. 이런 까닭에 백성들로 하여금 모두 마음을 게을리 하고 몸이 해이하게 하여

畢云 攸는 一本作放이라하다 詒讓案 攸는 與悠通이니 言悠忽也라 淮南子脩務訓高注에 云 悠忽은 游蕩輕物也라하다

畢沅 : '攸'는 어떤 본에는 '放'으로 되어 있다.

詒讓案 : '攸'는 '悠'와 通한다. 悠忽하다는 말이다. ≪淮南子≫ 〈脩務訓〉 高誘의 注에 "悠忽은 들떠서 이리저리 부유하는 가벼운 것이다."라 하였다.

10-5-8 沮以爲善하니 垂其股肱之力하여

선을 행하는 것을 막으니 그 팔다리 힘을 쓰지 않고

垂는 義不可通이니 字當作舍라 艸書에 二字形近而誤라 尙同中篇에 云 至乎舍餘力이라도 不以相勞하며 隱匿良道라도 不以相教하며 腐朽(후)餘財라도 不以相分이라하니 與此文意正同이라 節葬下篇에 亦云 無敢舍餘力 隱謀遺利 而不爲親爲之者矣라하니 此以下六句는 卽舍力遺利隱謀之事라

'垂'는 뜻이 통하지 않으니 응당 '舍'자가 되어야 한다. 두 자는 草書로 모양이 비슷하여 잘못 쓰인 것이다. ≪墨子≫ 〈尙同 中〉에 "至乎舍餘力 不以相勞 隱匿良道 不以相教 腐朽餘財 不以相分(심지어는 남는 힘을 버려두더라도 서로 일을 거들어주려 하지 않았으며, 좋은 方道를 숨기더라도 서로 가르쳐주지 않았으며, 재물이 남아돌아 썩을지라도 서로 나누어주지 않았다.)"이라 하였으니, 이 대목과 똑같은 뜻이다. ≪墨子≫ 〈節葬 下〉에도 "無敢舍餘力隱謀遺利而不爲親爲之者矣(감히 남는 힘과 숨긴 계책, 남겨둔 이익을 버려두어 부모를 위하여 하지 않는 자는 없다.)"라 하였으니, 이하의 여섯 구는 곧 힘을 버려두고 이익을 남겨두며 계책을 숨기는 일이다.

10-5-9 而不相勞來也하고

서로 일을 거들어주려 하지 않으며

爾雅釋詁에 云 **勞來**는 **勤也**라하고 **孟子滕文公篇**에 云 **勞之來之**라하고 **史記周本紀**에 云 **武王曰 日夜勞來**하여 **定我西土**라하고 **說文力部**에 云 **勑**(래)는 **勞勑也**라하니 **勞來**는 **卽勞勑**라

≪爾雅≫〈釋詁〉에 "'勞來'는 부지런한 것이다."라 하였고, ≪孟子≫〈滕文公〉에 "勞之來之(와서 일하게 하고)"라 하였고, ≪史記≫〈周本紀〉에 "武王曰 日夜勞來 定我西土(武王이 말하기를 '밤낮으로 열심히 일해서 나의 西土를 안정시켰다.'라 하였다.)"라 하였고, ≪說文解字≫〈力部〉에 "'勑'는 '勞勑(힘쓰다)'이다."라 하였으니, '勞來'는 곧 '勞勑'이다.

10-5-10 **腐臭餘財**라도

썩어 냄새가 날 정도로 재물이 남아도

畢云 臭는 **殠省文**이라하다

畢沅 : '臭'는 '殠'의 생략된 글자이다.

10-5-11 **而不相分資也**하고

서로 나누어주지 않으며,

戰國策齊策高誘注에 云 **資**는 **與也**라하고 **莊子大宗師篇郭象注**에 云 **資者**는 **給濟之謂**라하다

≪戰國策≫〈齊策〉高誘의 注에 "'資'는 '與(주다)'이다."라 하였고, ≪莊子≫〈大宗師〉郭象의 注에 "'資'는 '給濟(주다)'를 일컫는 것이다."라 하였다.

10-5-12 **隱慝**(닉)**良道**하여

좋은 道를 숨기고 감추어

尙同上中에 **竝作隱匿良道**라 **畢云 慝**은 **卽匿字異文**이니 **隱匿之字**는 **亦寫从心**하니 **知經典慝惡字卽匿也**라

≪墨子≫ 〈尙同 上〉·〈尙同 中〉에 모두 "隱匿良道"라고 되어 있다.

畢沅 : '慝'은 곧 '匿'자의 이체자이다. 隱匿이라고 할 때의 '匿'은 또한 '心'을 부수로 쓰기도 하니 經典에서 '慝'자와 '惡'자는 곧 '匿'자임을 알 수 있다.

10-5-13 **而不相教誨也**하니 **若此**면 **則飢者不得食**하고 **寒者不得衣**하고 **亂者不得治**라

서로 가르치지 않는다. 이와 같다면 굶주린 자가 먹을 수 없고 추운 자가 옷을 입을 수 없으며 난폭한 자가 다스려지지 않는다.

舊本에 脫此十二字한대 王據上文補하니 今從之라

舊本에는 이 〈"得食寒者不得衣亂者不得治"〉 12자가 빠져 있는데, 王念孫이 윗글에 의거하여 보태 넣었으니, 지금 이를 따른다.

10-5-14 **推而上之以**[20)]

王云 此五字는 與上下文으로 義不相屬하니 蓋涉上文推而上之而衍이라

王念孫 : 이 다섯 자는 위아래 글과 의미상 서로 이어지지 않으니, 아마도 윗글의 "推而上之"와 관련하여 잘못 들어간 衍文인 것 같다.

10-6-1 **是故**로 **昔者**에 **堯有舜**하고 **舜有禹**하고 **禹有皐陶**하고 **湯有小臣**하고

이런 까닭에 옛날 堯임금에게 舜임금이 있었고, 舜임금에게 禹임금이 있었으며, 禹임금에게 皐陶가 있었고, 湯임금에게 小臣이 있었으며,

此卽上文所謂伊尹爲有莘氏女師僕(잉)也라 楚辭天問에 云 成湯東巡에 有莘爰極한대 何乞彼小臣而吉妃是得고한대 王注에 云 小臣은 謂伊尹也라하고 呂氏春秋尊師篇에 云 湯師小臣이라한대 高注에 云 小臣은 謂伊尹이라하다

이는 곧 윗글에서 이른바 "伊尹이 有莘氏의 딸의 신하가 되었다."는 것이다. ≪楚辭≫

20) 推而上之以 : 王念孫의 注에 의거하여 衍文으로 보고 번역하지 않는다.

〈天問〉에 "湯임금이 東巡하여 有莘國에 이르렀는데, 어떻게 저 小臣을 달라고 청하여 吉妃를 얻었는가?"라 하였는데 王逸의 注에 "小臣은 伊尹을 말한다."라 하였고, ≪呂氏春秋≫ 〈尊師〉에서 "湯임금이 小臣을 師로 삼았다."라 하였는데 高誘의 注에 "小臣은 伊尹을 말한다."라 하였다.

10-6-2 武王有閎夭泰顚南宮括散宜生하니

武王에게 閎夭・泰顚・南宮括・散宜生이 있었으니

閎夭泰顚南宮括散宜生은 **竝見書君奭篇**이라 **散宜生**은 **亦見孟子盡心篇**한대 **趙注**에 **云散宜生**은 **文王四臣之一也**라 **散宜生**은 **有文德而爲相**이라하다 **大戴禮記帝繫篇**에 **云堯娶於散宜氏之女**라하니 **散宜**는 **蓋以國爲氏也**라 **畢云 紂拘文王於羑里**하니 **於是**에 **散宜生乃以千金求天下之珍怪**하여 **得騶虞**[21]**雞斯**[22]**之乘**과 **玄玉**[23]**百工**과 **大貝**[24]**百朋**과 **玄豹黃羆青豻白虎文皮千合**하여 **以獻于紂**호대 **以費仲**[25]**而通**하니 **紂見而悅之**하여 **乃免其身**하고 **殺牛而賜之**하니 **見淮南子道應訓**이라하다

閎夭, 泰顚, 南宮括, 散宜生은 모두 ≪尙書≫ 〈君奭〉에 보인다. 散宜生은 또한 ≪孟子≫ 〈盡心〉에도 보이는데, 趙岐의 注에 "散宜生은 文王의 네 신하 중의 하나이다. 散宜生은 文德이 있어 재상이 되었다."고 하였다. ≪大戴禮記≫ 〈帝繫〉에 "堯임금이 散宜氏의 딸을 배필로 맞이하였다."고 하였으니, 散宜는 아마도 國名으로 氏를 삼았을 것이다.

畢沅 : 紂는 文王을 羑里에 가두었는데, 이때 散宜生이 千金을 가지고 天下의 진귀한 보물을 구하여 騶虞와 雞斯가 끄는 수레, 玄玉 100工, 大貝 100朋, 玄豹・黃羆・青豻・

21) 騶虞 : 중국 전설에 나오는 상서로운 동물이다. 기린과 함께 仁獸로 일컬어진다. ≪詩經≫ 〈召南 騶虞〉에 나온다.

22) 雞斯 : 중국 전설에 나오는 神馬이다.

23) 玄玉 : 산의 빛깔처럼 검은색이 나는 옥을 말한다

24) 大貝 : 大貝는 보물로 치던 조개의 일종으로, ≪書經≫ 〈顧命〉에 "胤나라에서 만든 춤추는 옷과 대패와 큰 북은 서방에 있다.〔胤之舞衣大貝鼖鼓 在西房〕"라고 하였다.

25) 費仲 : 殷나라 사람으로 紂王의 총신인데, 아첨을 잘하고 탐욕스러웠다. 西伯(周 文王)이 紂王에게 구금되어 있을 때, 周나라 신하들이 그를 통해 미녀와 뇌물을 紂王에게 바쳐 西伯이 풀려나게 하였다.

白虎의 가죽 1,000合을 얻어 費仲을 통하여 紂에게 바쳤다. 紂가 이를 보고 기뻐하여 文王을 사면하고 소를 잡아 연회를 베풀어주었으니, 이상의 내용은 ≪淮南子≫ 〈道應訓〉에 보인다.

10-6-3 **而天下和**하고 **庶民皐**라 **是以**로 **近者安之**하고 **遠者歸之**하고 **日月之所照**와 **舟車之所及**과 **雨露之所漸**과

천하가 태평해지고 서민은 불어났다. 이 때문에 가까운 곳의 사람은 편안히 여기고 먼 곳의 사람은 歸附하였다. 해와 달이 비추는 바, 배와 수레가 다다르는 바, 비와 이슬이 적시는 바,

廣雅釋詁에 **云 漸**은 **漬也**라하다

≪廣雅≫ 〈釋詁〉에 "'漸'은 '漬(물에 잠기다)'이다."라 하였다.

10-6-4 **粒食之所養**에

곡식이 길러지는 바에

王云 自而天下和로 **至此**히 **凡三十七字**는 **舊本**에 **誤入下文國家百姓之利之下**러니 **今移置於此**라 **案 王校 是也**라 **今依乙正**이라 **粒食**은 **謂食穀之人**이라 **小爾雅廣物**에 **云 穀謂之粒**이라하고 **書益稷**에 **云 烝民乃粒**이라한대 **僞孔傳**에 **云 米食**(日)〔**曰**〕[26]**粒**이라하고 **天志上篇**에 **云 四海之內 粒食之民**이라하고 **王制**에 **云 西方曰戎**이니 **被髮衣皮**하고 **有不粒食者矣**라 **北方曰狄**이라한대 **衣羽毛穴居**하고 **有不粒食者矣**라하다

王念孫 : "而天下和"에서 여기까지 모두 37자는 舊本에서는 아래 글의 "國家百姓之利"의 아래에 잘못 들어가 있었는데 지금 여기에 옮겨놓는다.

案 : 王念孫의 교정이 옳다. 지금 이에 의거하여 순서를 바로잡는다. '粒食'은 '食穀之人(곡식을 먹는 사람)'을 말한다. ≪小爾雅≫ 〈廣物〉에 "'穀'을 '粒'이라 한다."고 하였고, ≪書經≫ 〈益稷〉에 "烝民乃粒(백성들이 이에 곡식을 먹게 되었다.)"이라 하였는데 ≪僞古文尙

---

26) (日)〔曰〕: 저본에는 '日'로 되어 있으나, 十三經注疏本 ≪尙書正義≫에 의거하여 '曰'로 바로잡았다.

書≫의 僞孔安國傳에 "米食曰粒(곡식을 먹는 것을 粒이라 한다.)"이라 하였고, ≪墨子≫〈天志 上〉에 "四海之內 粒食之民(사해 안의 곡식을 먹는 인민들)"이라 하였고, ≪禮記≫〈王制〉에 "西方曰戎 被髮衣皮 有不粒食者矣 北方曰狄 衣羽毛穴居 有不粒食者矣(서쪽에 있는 오랑캐가 戎이니 산발을 하고 가죽옷을 입으며 곡식을 먹지 않는 자가 있으며, 북쪽에 있는 오랑캐가 狄이니 새털 옷을 입고 굴 속에서 살면서 곡식을 먹지 않는 자가 있다.)"라 하였다.

10-6-5 **得此**하여 **莫不勸譽**라 **且今天下之王公大人士君子**가 **中實將欲爲仁義**하고 **求爲上士**하고 **上欲中聖王之道**하고 **下欲中國家百姓之利**면

〈모든 사람들이〉 이러한 〈어진 사람을〉 얻어 권면하고 기리지 않는 자가 없었다. 지금 만약 천하의 王公大人과 士君子가 마음으로부터 진실로 仁義를 행하고자 하고 上士가 되고자 하며, 위로는 聖王의 도에 맞고 아래로는 국가와 인민의 이익에 맞고자 한다면

王云 自得此莫不勸譽로 至此히 凡四十五字는 舊本에 誤入上文而天下和之上이러니 今移置於此라 得此莫不勸譽는 舊本에 脫莫字하여 今補라 求爲上士는 舊本에 脫上字하여 今據各篇補라 案 王校 是也라 今依乙補라

王念孫 : "得此莫不勸譽"로부터 여기까지 모두 45자는 舊本에서는 윗글의 "而天下和"의 위에 잘못 들어가 있었는데 지금 여기에 옮겨놓는다. "得此莫不勸譽"는 舊本에서 '莫'자가 빠져 있어 지금 채워 넣는다. "求爲上士"는 舊本에서 '上'자가 빠져 있어 지금 각 편에 근거하여 채워 넣는다.

案 : 王念孫의 교정이 옳다. 지금 이에 의거하여 순서를 바로잡고 글자를 채워 넣는다.

10-6-6 **故**로 **尙賢之爲說**은 **而不可不察此者也**라

어진 사람을 높여야 한다는 설을 반드시 살펴야 한다.

治要에 作是故尙賢之爲說不可不察也

≪群書治要≫에 "是故尙賢之爲說不可不察也"로 되어 있다.

10-6-7 **尙賢者**는 **天鬼百姓之利**요 **而政事之本也**라하니라

어진 사람을 높이는 것은 하늘과 귀신, 인민의 이로움이며 정치의 근본이다."

尙同 上 第十一 제11편 윗사람의 뜻에 동조함 상

'尙同'은 윗사람의 뜻에 동조하여 화합하는 것에 대해 논하는 장이다. '上同'과 '下比'는 墨家의 사상에서 매우 주요한 개념 중의 하나이다. '上同'은 위로 義를 같게 하여 意氣投合하며 同調하는 것을 말하며, 이와 대조적으로 '下比'는 아래로 친밀하게 지내면서 패거리를 지어 서로의 허물을 감싸주는 것을 말한다. 묵자는 사람들이 하늘에 上同하지 않으면 자연의 재해가 있다는 논리를 확장시켜, 아랫사람이 윗사람에 상동하는가 하비하는가에 따라 賞과 罰이 갈린다는 논리를 펴고 있다.

尙은 亦與上通이라 漢書藝文志에 作上同한대 注에 如淳云 言皆同可以治也라 趙岐孟子章指[1)]에 云 墨子玄同質而違中[2)]이라하니 亦指此라 畢云 楊倞注荀子에 尙은 作上이라하다

'尙'은 또한 '上'과 통한다. ≪漢書≫ 〈藝文志〉에는 '上同'으로 되어 있는데, 그 注에 "如淳이 이르기를 '모두 같으면 다스릴 수 있다는 말이다.'라 하였다."라 하였다. 趙岐의 ≪孟子章指≫에 "墨子는 같음을 으뜸으로 삼았는데, 질박〈함에 치중〉하여 中을 벗어났다."라 하였으니, 또한 이것을 가리킨다.

畢沅 : ≪荀子≫ 楊倞의 注에는 '尙'이 '上'으로 되어 있다.

11-1-1 子墨子言曰 古者에 民始生하여 未有刑政之時에

子墨子께서 말씀하셨다.

"옛날에 백성이 처음으로 생겨나 아직 刑罰과 政令이 없던 때에는

道藏本에 刑은 作爲形하니 字通이라

---

1) 孟子章指 : 趙岐(108?~201)가 撰하였다. ≪孟子≫에 注를 달고, 每章의 끝에 그 章의 大旨를 요약한 것이다.

2) 墨子玄同質而違中 : '玄'은 漢文大系本에 '元'으로 되어 있으며, "墨子元同 質而違中"으로 구두를 떼었다. 이 本에 의거하여 번역하였다.

道藏本에는 '刑'이 '形'으로 되어 있으니, 글자를 통용한다.

11-1-2 **蓋其語 人異義**라하니라

대개 그 〈당시의〉 말이 '사람마다 그 義가 달랐다.'라 하였다.

兪云 此本에 作古者民始生하여 未有政長之時에 蓋其語曰 天下之人異義하다 中篇文同[3)]하니 可據訂이라하다

兪樾 : 이 本에는 "古者民始生 未有政長之時 蓋其語曰 天下之人異義"로 되어 있다. ≪墨子≫ 〈尙同 中〉과 글이 같으니, 이에 의거하여 校訂할 수 있다.

11-1-3 **是以**로 **一人則一義**요 **二人則二義**요 **十人則十義**라 **其人玆衆**이면 **其所謂義者**도 **亦玆衆**이라

이런 까닭에 한 사람이면 한 가지 義가 있었으며, 두 사람이면 두 가지 義가 있었으며, 열 사람이면 열 가지 義가 있었으니, 그 사람의 수가 많아질수록 그 이른바 義라는 것 역시 더 많아졌다.

蘇云 玆滋는 古通用하니 是書에 皆作玆라하다 詒讓案 說文艸部에 云 玆는 艸木多益이라하며 水部에 云 滋는 益也라하니 古正作玆하며 今相承作滋라

蘇時學 : '玆'와 '滋'는 옛날에 글자를 通用하였으니, 이 책에는 모두 '玆'로 되어 있다.

詒讓案 : ≪說文解字≫ 〈艸部〉에 "'玆'는 艸木이 무성하게 자라는 것이다."라 하였으며, 〈水部〉에 "'滋'는 〈물이〉 불어나는 것이다."라 하였다. 옛날에는 正字로 '玆'라고 썼으며, 지금은 서로 이어져 오다가 '滋'라고 쓴다.

11-1-4 **是以**로 **人是其義**하여 **以非人之義**라 **故**로 **交相非也**라 **是以**로 **內者**는 **父子兄弟作怨惡**(오)하여

3) 中篇文同 : ≪墨子≫ 〈尙同 中〉에는 "方今之時 復古之民始生 未有正長之時 蓋其語曰 天下之人異義"로 되어 있다.

이런 까닭에 사람은 자기의 義를 옳다 여겨서 남의 義를 그르다고 하였다. 그러므로 서로 그르다고 여겼던 것이다. 이런 까닭에 안으로는 父子와 兄弟가 서로 원망하고 미워하여

畢云 非也是는 舊作非是也하여 字倒하니 今以意改라하다

畢沅 : '非也是'는 舊本에 '非是也'로 되어 있어 글자의 순서가 뒤바뀌어 있었는데, 이제 뜻으로 판단하여 고친다.

11-1-5 離散不能相和合하며 天下之百姓이 皆以水火毒藥相虧害라

뿔뿔이 흩어져 서로 화합할 수가 없었으며, 천하의 백성들은 모두 물과 불과 독약으로 서로를 해쳤다.

小爾雅廣言에 云 虧는 損也라하다

≪小爾雅≫ 〈廣言〉에 "'虧'는 덜어낸다는 뜻이다."라 하였다.

11-1-6 至有餘力이라도 不能以相勞하며

심지어는 남는 힘이 있더라도 서로 일을 거들어주려 하지 않았으며,

爾雅釋詁에 云 勞는 勤也라하며 孟子滕文公篇 趙注에 云 共井之家는 各相營勞也라하니 卽此相勞之義라

≪爾雅≫ 〈釋詁〉에 "'勞'는 부지런하다는 뜻이다."라 하였으며, ≪孟子≫ 〈滕文公〉 趙岐의 注에 "共井之家 各相營勞也(井田을 함께하는 집들은 서로 일을 거들어준다.)"라 하였으니, 바로 여기서의 '相勞'의 뜻이다.

11-1-7 腐死(후)餘財라도 不以相分하며

財物이 남아돌아 썩을지라도 서로 나누어주지 않았으며,

尙賢下에 作腐臭餘財하니 臭死는 亦聲近이라 畢云 舊本에 死는 俱作列하니 非라 說文에

云 殀는 腐也라하다

≪墨子≫ 〈尙賢 下〉에는 "腐臭餘財"로 되어 있으니, '臭'와 '殀'는 또한 소리가 비슷하다. 畢沅 : 舊本에는 '殀'가 모두 '列'로 되어 있으니, 옳지 않다. ≪說文解字≫ 〈歺部〉에 "'殀'는 썩는다는 뜻이다."라 하였다.

11-1-8 **隱匿良道**라도 **不以相教**하니 **天下之亂**이 **若禽獸然**이라

좋은 方道를 숨기더라도 서로 가르쳐주지 않는 데까지 이르렀으니, 천하가 어지러운 것이 마치 禽獸들이 살아가는 것과 같았다.

11-2-1 **夫明虖**(호)**天下之所以亂者**는

대저 天下가 어지러운 것은

說文虍部에 **云 虖**는 **哮虖也**라 **此借爲乎字**라

≪說文解字≫ 〈虍部〉에 "'虖'는 울부짖는다는 뜻이다."라 하였다. 여기에서는 이 글자를 假借하여 '乎'자로 삼은 것이다.

11-2-2 **生於無政長**이로다

首長이 없는 데서 생겨나는 것임이 분명하도다!"

畢云 政은 **當爲正**이라하다

畢沅 : '政'은 마땅히 '正'이 되어야 한다.

11-2-3 **是故**로 **選天下之賢**하여 **可者**를

이런 까닭에 천하의 賢人을 가려내어 그중 좋은 자를

王云 選下有擇字하니 **而今本脫之**라 **下文及中下二篇**에 **皆作選擇**하고 **太平御覽皇王部二**에 **引此同**이라하다

王念孫 : '選' 아래에 '擇'자가 있는데, 今本에는 이 글자가 빠져 있다. 아래 글 및 ≪墨子≫ 〈尙同 中〉·〈尙同 下〉 두 편에는 모두 '選擇'으로 되어 있고, ≪太平御覽≫ 〈皇王部 2〉에서 이 대목을 인용한 곳에도 동일하게 되어 있다.

11-2-4 **立以爲天子**하니라 **天子立**이나 **以其力爲未足**하여 **又選擇天下之賢**하여 **可者**를 **置立之以爲三公**하니라 **天子三公旣以立**이나

세워서 天子로 삼았다. 天子가 세워졌더라도 그의 힘만으로는 부족하다고 여겨서 또 天下의 賢人을 가려내어 그중 좋은 자를 세워서 三公으로 삼았다. 天子와 三公이 이미 세워졌더라도

以는 **已通**이라

〈'旣以立'의〉 '以'는 '已'와 통한다.

11-2-5 **以天下爲博大**하여 **遠國異土之民**의 **是非利害之辯**을 **不可一二而明知**라 **故**로 **畫分萬國**하여

天下는 넓고 커서 멀리 떨어진 나라와 이질적인 風土에서 살아가는 백성들의 是非와 利害의 차이들을 한두 가지로는 분명히 알 수 없다고 여겼기 때문에 구획 지어 萬國으로 나누어

畢云 說文에 **云 畫**(획)은 **界也**라하다

畢沅 : ≪說文解字≫ 〈畫部〉에 "'畫'은 경계이다."라 하였다.

11-2-6 **立諸侯國君**이라 **諸侯國君旣已立**이나 **以其力爲未足**하여 **又選擇其國之賢**하여 **可者**를 **置立之以爲正長**하니라

諸侯와 國君을 세웠다. 諸侯와 國君이 이미 세워졌더라도 그 힘만으로는 부족하다고 여겨서 또 그 나라의 賢人을 가려 뽑아 그중 좋은 자를 세워서 正長으로 삼았다.

爾雅釋詁에 云 正은 長也라하다 書立政에 云 立民長伯立政이라한대 政은 與正同하니 此正長은 卽中篇所云 左右將軍大夫及鄕里之長이니 與上文正長通天子諸侯言者異라 淮南子脩務訓에 云 且古之立帝王者는 非以奉養其欲也요 聖人踐位者는 非以逸樂其身也니 爲天下强掩弱하며 衆暴寡하며 詐欺愚하며 勇侵怯하며 懷知而不以相敎하며 積財而不以相分일새니라 故로 立天子以齊一之라 爲一人聰明而不足以徧燭海內라 故로 立三公九卿하여 以輔翼之라 絶國殊俗의 僻遠幽閒之處는 不能被德承澤이라 故로 立諸侯以敎誨之라 是以로 地無不任하며 時無不應하며 官無隱事하며 國無遺利라하니 蓋本此書라

≪爾雅≫〈釋詁〉에 "正은 長이다."라 하였다. ≪書經≫〈立政〉에 "立民長伯立政(백성의 長과 伯을 세우셨다. 正을 세움에)"이라 하였는데, '政'은 '正'과 같으니, 여기의 '正長'은 곧 ≪墨子≫〈尙同 中〉에서 말한 "左右의 將軍·大夫 및 鄕里의 長"이니, 윗글의 '正長'이 天子와 諸侯를 통틀어 말하는 것과는 다르다. ≪淮南子≫〈脩務訓〉에 "또 옛날에 帝王을 세운 것은 그의 욕심을 받들어 길러주기 위해서가 아니요, 聖人이 지위에 오른 것은 자기 몸을 편안하고 즐겁게 하기 위해서가 아니었다. 天下에 강한 자가 약한 자를 겁박하며, 다수의 사람이 소수의 사람을 해치며, 奸詐한 자가 愚直한 자를 속이며, 용감한 자가 겁먹은 자들을 공격하며, 지혜를 가지고 있으면서도 가르쳐주지 않으며, 재물을 쌓아두고 있으면서도 나누어 갖지 않기 때문이다. 그러므로 天子를 세워서 천하를 하나로 고르게 다스렸다. 그런데 天子 한 사람이 聰明한 것으로는 海內를 두루 밝힐 수 없다. 그러므로 三公과 九卿을 세워 그를 輔佐하게 하였다. 풍속이 다른 먼 나라의 궁벽한 곳은 德澤을 입을 수 없다. 그러므로 諸侯를 세워서 이들을 교화시켰다. 이런 까닭에 땅마다 맡겨서 다스리지 않음이 없었으며, 〈四時의 기후가 순조로와〉 때마다 와서 應하지 않음이 없었으며, 官府에는 숨기는 일이 없었으며, 나라에는 남겨둔 이익이 없었다."라 하였으니, ≪墨子≫의 이 글에 근본한 듯하다.

11-2-7 正長旣已具어늘 天子는 發政於天下之百姓하여 言曰 聞善而不善인댄

正長이 이미 갖추어지자, 天子는 天下의 百姓에게 政令을 발하여 말하기를 "善과 不善을 들으면

畢云 而與如同이라하다 王引之云 而는 猶與也니 言善與不善也라 而與는 聲之轉이라

故로 莊子外物篇의 與其譽堯而非桀은 大宗師篇에 與作而라하다

畢沅 : 〈"聞善而不善"의〉 '而'는 '如'와 같다.

王引之 : '而'는 '與'와 같으니, 善과 不善이라는 말이다. '而'와 '與'는 소리가 轉變한 것이다. 그러므로 ≪莊子≫ 〈外物〉의 "與其譽堯而非桀(요임금을 기리고 걸왕을 비난하기보다는)"이라는 대목은 ≪莊子≫ 〈大宗師〉에서 '與'가 '而'로 되어 있다.

11-2-8 皆以告其上호대 上之所是를 必皆是之하고 所非를 必皆非之하며 上有過則規諫之하고 下有善則傍薦之하며

모두 그것을 자기의 윗사람에게 고하되, 윗사람이 옳다 여기는 바를 반드시 모두 옳다 하고 〈윗사람이〉 그르다 여기는 바를 반드시 모두 그르다 하며, 윗사람에게 허물이 있으면 그에게 規諫하여 바로잡아 주고 아랫사람에게 善이 있으면 이를 찾아 올리며,

畢云 則은 一本에 作必이라하다 案 傍은 與訪으로 通이라 王訓爲徧하니 非也라 義詳中篇이라

畢沅 : '則'은 어떤 本에는 '必'로 되어 있다.

案 : '傍'은 '訪(찾다)'과 글자를 통용한다. 王念孫은 〈'傍'을〉 풀이하여 '徧(두루)'이라 하였으니, 옳지 않다. 뜻이 ≪墨子≫ 〈尙同 中〉에 자세히 보인다.

11-2-9 上同而不下比[4)]者면

上同하면서 下比하지 않는다면,

樂記 鄭注에 云 比는 猶同也라

≪禮記≫ 〈樂記〉 鄭玄의 注에 "'比'는 '同(같이하다)'과 같다."라 하였다.

11-2-10 此上之所賞而下之所譽也니라 意[5)]若聞善而不善하면 不以告其上호대 上

4) 上同而不下比 : '上同'은 위로 義를 같게 하여 意氣投合하며 同調하는 것을 말하고, '下比'는 아래로 친밀하게 지내면서 패거리를 지어 서로의 허물을 감싸주는 것을 말한다. '上同'과 '下比'는 墨家의 사상에서 매우 주요한 개념 중의 하나이므로 번역에 그대로 쓴다.

之所是를 **弗能是**하고 **上之所非**를 **弗能非**하며 **上有過**어든 **弗規諫**하고 **下有善**이라도 **弗傍薦**하며 **下比不能上同者**면 **此上之所罰而百姓所毁也**니라

이는 윗사람이 賞을 내리고 아랫사람이 기리는 바이다. 그런데 만일 善과 不善을 들으면 그것을 자기의 윗사람에게 고하지도 않으면서, 윗사람이 옳다 여기는 바를 옳다 하지 못하고 윗사람이 그르다 여기는 바를 그르다 하지 못하며, 윗사람에게 허물이 있으면 規諫하여 바로잡아 주지 않고 아랫사람에게 善이 있더라도 찾아 올리지 않으며, 下比하면서 上同하지 않는다면, 이는 윗사람이 벌을 내리고 백성들이 헐뜯는 바이다."라고 하였다.

韓非子難三篇에 **云 明君**은 **求善而賞之**하며 **求姦而誅之**하니 **其得之一也**라 **故**로 **以善聞之者**는 **以說**(열)**善同於上者也**요 **以姦聞之者**는 **以惡**(오)**姦同於上者也**라 **此宜賞譽之所及也**니 **不以姦聞**은 **是異於上而下比周於姦者也**니 **此宜毁罰之所及也**라하니 **與此說略同**이라

≪韓非子≫ 〈難 3〉에 "밝은 임금은 善한 사람을 구하여 그에게 賞을 주고 姦邪한 사람을 가려내어 그에게 벌을 내리니, 그렇게 해서 얻어지는 결과는 한가지이다. 그러므로 善한 사람을 알려주는 자는 善을 좋아한다는 점에서 윗사람과 같이하며, 姦邪한 사람을 알려주는 자는 姦邪한 것을 미워한다는 점에서 윗사람과 같이한다. 이러한 경우에는 賞과 칭찬을 내려주는 것이 마땅하다. 姦邪한 사람을 말해주지 않는다면 이는 윗사람과 義를 달리하며, 아래로는 姦邪한 자들과 下比하는 자이니, 이러한 경우에는 비방과 罰을 내려주는 것이 마땅하다."라 하였으니, 여기에서 말하는 것과 대략 같다.

11-2-11 **上以此爲賞罰**이면 **甚明察以審信**[6)]이라

윗사람이 이것으로써 賞罰을 시행하면, 지극히 밝게 살펴서 틀림이 없게 될 것이다.

---

5) 意 : '抑'과 통한다. ≪墨子≫ 〈明鬼 下〉에 "豈女爲之與 意鮑爲之與(어찌 네가 한 짓이겠느냐. 아니면 鮑가 한 짓이겠느냐.)"라 하였는데, 王引之는 "'意'는 '抑'과 같다."라 하였다.

6) 審信 : '믿을 만하다' 또는 '틀림없다'는 뜻이다.

甚은 舊本에 譌其하다 王云 其는 當爲甚이니 甚明察以審信이 見中篇이라하다 案 王校가 是也라 今據正하다

'甚'은 舊本에는 '其'로 잘못되어 있다.

王念孫 : '其'는 마땅히 '甚'이 되어야 하니, "甚明察以審信"이라는 대목이 ≪墨子≫ 〈尙同 中〉에 보인다.

案 : 王念孫의 校勘이 옳다. 이제 그의 說에 의거하여 바로잡는다.

11-2-12 是故로 里長者는 里之仁人也니

이런 까닭에 里長이란 〈그〉 里의 어진 사람이니,

此里는 爲鄕之屬別[7]이니 與周禮地官六遂所屬里異[8]라

여기서의 '里'는 鄕의 屬別로서의 '里'이니, ≪周禮≫ 〈地官 六遂〉에 속해 있는 '里'와는 다르다.

11-2-13 里長은 發政里之百姓하여 言曰 聞善而不善하면 必以告其鄕長호대 鄕長之所是를 必皆是之하고 鄕長之所非를 必皆非之하며 去若不善言하고 學鄕長之善言하며 去若不善行하고 學鄕長之善行하라하니 則鄕何說以亂哉리오 察鄕之所〔以〕[9]治者컨대 何也오

里長은 里의 백성에게 政令을 발표하여 말하기를 "善과 不善을 들으면 반드시 그것을 자기의 鄕長에게 고하되, 鄕長이 옳다 여기는 바를 반드시 모두 옳다 하고 鄕長이 그르다 여기는 바를 반드시 모두 그르다 하며, 너의 善하지 않은 말을 버리고 鄕長의 善한 말을 배우며, 너의 善하지 않은 행실을 버리고 鄕長의 善한 행실을 배우라."고 하였으니, 鄕을 무슨 말로써 어지럽힐 수 있겠는가. 鄕이 다스려

---

7) 鄕之屬別 : 鄕의 아래에 딸려 있는 部類이다. ≪周禮≫ 〈地官〉 鄭玄의 注에 "州·黨·族·閭·比는 鄕의 屬別이다."라고 보인다.

8) 與周禮地官六遂所屬里異 : ≪周禮≫ 〈地官 六遂〉에 속해 있는 '里'는 단위로서의 '里'이다.

9) 〔以〕 : 저본에는 '以'가 없으나, 孫詒讓의 주에 의거하여 보충하였다.

지는 이유를 살펴보건대 무엇 때문이겠는가.

所下에 據下文컨대 當有以字라

〈'察鄕之所治者何也'의〉 '所' 다음에는 아래 글에 근거해보건대 마땅히 '以'자가 있어야 한다.

11-2-14 鄕長이 唯能壹同鄕之義라

鄕長이 오직 鄕의 義를 같게 할 수 있다.

壹은 中下篇에 竝作一하니 字通이라

'壹'은 ≪墨子≫ 〈尙同 中〉과 〈尙同 下〉에 모두 '一'로 되어 있으니, 글자를 통용한다.

11-2-15 是以로 鄕治也니라 鄕長者는 鄕之仁人也니 鄕長은 發政鄕之百姓하여 言曰 聞善而不善者면 必以告國君호대 國君之所是를 必皆是之하고 國君之所非를 必皆非之하며 去若不善言하고 學國君之善言하며 去若不善行하고 學國君之善行하라하니 則國何說以亂哉리오 察國之所以治者컨대 何也오 國君이 唯能壹同國之義라 是以로 國治也니라 國君者는 國之仁人也니 國君은 發政國之百姓하여 言曰 聞善而不善하면 必以告天子호대 天子之所是를 皆是之하고 天子之所非를 皆非之하며 去若不善言하고 學天子之善言하며 去若不善行하고 學天子之善行하라하니 則天下何說以亂哉리오 察天下之所以治者컨대 何也오 天子唯能壹同天下之義라 是以로 天下治也라

이런 까닭에 鄕이 다스려졌던 것이다.

鄕長이란 鄕의 어진 사람이니, 鄕長은 鄕의 백성에게 政令을 발표하여 말하기를 "善과 不善을 들으면 반드시 그것을 國君에게 고하되, 國君이 옳다 여기는 바를 반드시 모두 옳다 하고 國君이 그르다 여기는 바를 반드시 모두 그르다 하며, 너의 善하지 않은 말을 버리고 國君의 善한 말을 배우며, 너의 善하지 않은 행실을 버리고 國君의 善한 행실을 배우라."고 하였으니, 나라가 어떤 말로써 어지러워질

수 있겠는가. 나라가 다스려지는 이유를 살펴보건대 무엇 때문인가. 國君이 오직 나라의 義를 같게 할 수 있다. 이런 까닭에 나라가 다스려졌던 것이다.

國君이란 나라의 어진 사람이니, 國君은 나라의 백성에게 政令을 발표하여 말하기를 "善과 不善을 들으면 반드시 그것을 天子에게 고하되, 天子가 옳다 여기는 바를 반드시 모두 옳다 하고 天子가 그르다 여기는 바를 반드시 모두 그르다 하며, 너의 善하지 않은 말을 버리고 天子의 善한 말을 배우며, 너의 善하지 않은 행실을 버리고 天子의 善한 행실을 배우라."고 하였으니, 天下가 무슨 말로써 어지러워질 수 있겠는가. 天下가 다스려지는 이유를 살펴보건대 무엇 때문인가. 天子가 오직 天下의 義를 같게 할 수 있다. 이런 까닭에 天下가 다스려졌던 것이다.

11-3-1 天下之百姓이 皆上同於天子而不上同於天이면

天下의 백성이 모두 天子에게는 上同하면서도 하늘에는 上同하지 않는다면,

子는 舊本에 作一이라 蘇云 一은 當作子라 兪云 而字는 乃夫字之誤니 夫字는 篆書에 作이니 與而相似라 故로 誤하다 一夫不上同於天은 謂有一夫不與天同也라 尙同下篇에 使天下之民을 若使一夫라한대 以一夫對天下之民言이 與此一律하니 可證이라하다 戴云 依中篇의 夫既(上)〔尙〕[10]同乎天子云云하여 當如蘇說이라하다 案 蘇戴校가 是也라 今據正이라

〈'天子'의〉 '子'는 舊本에 '一'로 되어 있다.

蘇時學 : '一'은 마땅히 '子'가 되어야 한다.

兪樾 : '而'자는 바로 '夫'의 誤字이다. '夫'자는 篆書로 ''라 쓰는데, '而'와 字形이 비슷하기 때문에 잘못된 것이다. '一夫不上同於天'은 '한 사람이라도 天에 上同하지 않는 자가 있다면'이라는 말이다. ≪墨子≫ 〈尙同 下〉에 "使天下之民 若使一夫(천하의 백성 부리기를 一夫를 부리듯 한다.)"라 하였는데, '一夫'를 천하의 백성에 짝하여 말한 것이 이 대목과 똑같으니, 증거가 될 만하다.

戴望 : ≪墨子≫ 〈尙同 中〉(12-6-1)에서 "夫既尙同乎天子"라고 한 대목에 의거하여 마

10) (上)〔尙〕: 저본에는 '上'으로 되어 있으나, ≪墨子≫ 〈尙同 中〉에 의거하여 '尙'으로 바로잡았다.

땅히 蘇時學의 說과 같이 보아야 한다.

案 : 蘇時學과 戴望의 校勘이 옳다. 이제 그 說에 의거하여 바로잡는다.

11-3-2 則〔天〕[11)]菑(재)猶未去也라

하늘의 災殃이 여전히 없어지지 않을 것이다.

菑上에 依中篇컨대 當有天字라 畢云 菑는 巛(재)字之假音이니 菑는 不耕田也니 見說文이라하다

'菑' 위에는 ≪墨子≫ 〈尙同 中〉에 의거해보건대 마땅히 '天'자가 있어야 한다.

畢沅 : '菑'는 '巛'의 借音字이다. '菑'는 밭을 경작하지 않는 것이니, ≪說文解字≫ 〈艸部〉에 보인다.

11-3-3 今若天飄風苦雨가

이제 만일 하늘에서 폭풍이나 장맛비가

王云 今若天의 天은 當爲夫라 夫는 與天字相似라 篇內又多天字라 故로 夫誤爲天이라 今若夫는 猶言今夫라 兼愛篇에 曰 今若夫攻城野戰에 殺身而爲名은 此天下百姓之所皆難也라하며 又曰 今若夫兼相愛하며 交相利는 此自先聖六王者親行之라하며 又曰 今若夫兼相愛하며 交相利하니 此其有利且易(이)爲也를 不可勝計也라하다 鴻烈[12)]覽冥篇에 曰 今若夫申韓商鞅之爲治也라하니 皆其證矣라하다 案 王說이 亦通이라 但中篇에 云 故로 當若天降寒熱不節하며 雪霜雨露不時하여 五穀不孰하며 六畜不遂하니 疾菑戾疫과 飄風苦雨가 荐臻而至者는 此天之降罰也니 則此天字는 似非譌文이라 爾雅釋言에 云 迴風爲飄라하며 詩大雅何人斯毛傳에 云 飄風은 暴起之風이라한대 釋文에 云 疾風也라하다 左(莊)〔昭〕[13)]四年傳에 云 春無凄風이요 秋無苦雨[14)]라한대 杜注에 云 霖雨는

11) 〔天〕 : 저본에는 '天'이 없으나, 孫詒讓의 주에 의거하여 보충하였다.

12) 鴻烈 : ≪淮南子≫의 異稱이다.

13) (莊)〔昭〕 : 저본에는 '莊'으로 되어 있으나, ≪春秋左氏傳≫에 의거하여 '昭'로 바로잡았다.

14) 春無凄風 秋無苦雨 : ≪春秋左氏傳≫ 昭公 4년 조에 "〈얼음을 잘 貯藏하고 잘 사용하면 겨

爲人所患苦라하다 禮記月令에 云 苦雨數(삭)至하여 五穀不滋라하다

王念孫 : '今若天'의 '天'은 마땅히 '夫'가 되어야 한다. '夫'가 '天'과 字形이 비슷한 데다가 이 篇 內에서 또 '天'자가 많이 나오기 때문에 '夫'가 '天'으로 잘못된 것이다. '今若夫'는 '今夫'라는 말과 같다. ≪墨子≫ 〈兼愛〉에 "今若夫攻城野戰 殺身而爲名 此天下百姓之所皆難也(이제 저 성을 공격하고 들판에서 교전함에 殺身하여 명예롭게 되는 것은 천하의 백성들이 모두 어렵게 여기는 바이다.)"라 하였으며, 또 "今若夫兼相愛 交相利 此自先聖六王者親行之(이제 저 아울러 서로를 아껴주고 서로를 이롭게 해주는 것은 先代의 여섯 聖王 때부터 직접 하신 것이다.)"라 하였으며, 또 "今若夫兼相愛 交相利 此其有利且易爲也 不可勝計也(이제 저 아울러 서로를 아껴주고 서로를 이롭게 해주니 이렇게 하는 것이 이롭기도 할 뿐더러 하기도 쉬운 것을 이루 다 헤아릴 수 없다.)"라 하였다. ≪淮南子≫ 〈覽冥〉에는 "今若夫申韓商鞅之爲治也(이제 저 申不害와 韓非子와 商鞅의 다스림은)"라 하였으니, 모두 그 증거이다.

案 : 王念孫의 說이 또한 통한다. 다만 ≪墨子≫ 〈尙同 中〉에는 "故當若天降寒熱不節 雪霜雨露不時 五穀不孰 六畜不遂 疾菑戾疫 飄風苦雨 荐臻而至者 此天之降罰也(그러므로 하늘이 추위와 더위를 내리는 것이 節度에 맞지 않고, 눈과 서리와 비와 이슬이 제때에 내리지 않아 五穀이 여물지 않으며, 六畜은 자라지 않으며, 나쁜 疫疾과 폭풍과 장맛비가 계속해서 이르는 것은 이는 하늘이 벌을 내린 것이다.)"라 하였으니, 여기서의 '天'자는 誤字는 아닌 듯하다. ≪爾雅≫ 〈釋言〉에 "바람이 회오리치며 부는 것을 '飄'라 한다."라 하였으며, ≪詩經≫ 〈大雅 何人斯〉 毛傳에 "飄風은 갑자기 일어나는 바람이다."라 하였는데, ≪經典釋文≫에 "〈飄는〉 疾風이다."라 하였다. ≪春秋左氏傳≫ 昭公 4년 조에 "봄에는 싸늘한 바람이 없고, 가을에는 장맛비가 없다."라 하였는데, 杜預의 注에 "장맛비는 사람들이 괴롭게 여기는 것이다."라 하였다. ≪禮記≫ 〈月令〉에 "장맛비가 자주 오니, 五穀이 여물지 않는다."라 하였다.

11-3-4 溱溱而至者는

거세게 몰려오는 것은

울에는 溫暖한 날이 없고〉 여름에는 陰寒한 날이 없으며, 봄에는 싸늘한 바람이 없고, 가을에는 장맛비가 없으며, 천둥이 치더라도 벼락은 없으며, 서리와 우박으로 인한 재해가 없으며, 疫疾이 돌지 않아 백성은 夭折하지 않습니다.〔夏無伏陰 春無凄風 秋無苦雨 雷出不震 無菑霜雹 癘疾不降 民不夭札〕"라고 보인다.

畢云 溱은 同臻이라 太平御覽에 作臻이라 史記三王世家에 云 西溱月氏(지)라한대 正義에 云 溱은 音臻이라하다 詒讓案 溱溱은 言風雨之盛也라 詩小雅無羊에 云 室家溱溱이라한대 毛傳에 云 溱溱은 衆也라하다 廣雅釋言에 云 蓁蓁은 盛也라하다 溱蓁은 聲同字通하니 中篇에 作薦臻이라

畢沅 : '溱'은 '臻(이르다)'과 같다. ≪太平御覽≫에는 '臻'으로 되어 있으며, ≪史記≫ 〈三王世家〉에 "西溱月氏(서쪽으로 월지에까지 이른다.)"라 하였는데, ≪史記正義≫에 "'溱'은 音이 '臻(진)'이다."라 하였다.

詒讓案 : '溱溱'은 바람과 비가 심함을 말한다. ≪詩經≫ 〈小雅 無羊〉에 "室家溱溱(집안 사람들이 많다.)"이라 하였는데, 毛傳에 "溱溱은 많다는 뜻이다."라 하였다. ≪廣雅≫ 〈釋言〉에 "蓁蓁은 성대하다는 뜻이다."라 하였다. '溱'과 '蓁'은 소리가 같아 글자를 통용하니, ≪墨子≫ 〈尙同 中〉에는 '薦臻'으로 되어 있다.

11-3-5 此天之所以罰百姓之不上同於天者也니라

이는 백성이 하늘에 上同하지 않기에 하늘이 벌을 내리는 것이다.

11-4-1 是故로 子墨子言曰 古者에 聖王爲五刑[15)]하여 請以治其民하니라

이런 까닭에 子墨子께서 말씀하셨다.
"옛날 聖王이 五刑을 제정하여 誠心으로 그 백성을 다스렸다.

兪云 請字는 衍文이라 古者聖王爲五刑以治其民十一字가 爲一句라 中篇에 曰 昔者에 聖王制爲五刑하여 以治天下라하니 是其證也라하다 案 請은 與誠通이라 此書誠多作請하니 詳下篇이라 兪以爲衍文하니 非라

兪樾 : '請'자는 衍文이다. "古者聖王爲五刑以治其民"이라는 11자가 한 句가 된다. ≪墨

15) 五刑 : ≪書經≫ 〈皐陶謨〉에 "하늘이 죄가 있는 이를 토벌할 때에는 다섯 가지 형벌을 다섯 가지 등급을 써서 한다.〔天討有罪 五刑五用哉〕"라 하였는데, ≪書經≫ 〈呂刑〉에 의하면 '五刑'이란 얼굴에 刺字하는 墨刑, 코를 베는 劓刑, 발꿈치를 베는 刖刑, 남녀의 생식기를 제거하는 宮刑, 死刑인 大辟을 말한다.

子≫ 〈尙同 中〉에 "昔者 聖王制爲五刑 以治天下"라 하였으니, 이것이 그 증거이다.

案 : '請'은 '誠'과 글자를 通用한다. 이 책에서 '誠'을 '請'으로 많이 쓰니, ≪墨子≫ 〈尙同 下〉에 자세히 보인다. 兪樾은 衍文이라고 하였으니, 옳지 않다.

11-4-2 譬若絲縷之有紀하며

비유하자면 마치 여러 올의 실에 실마리가 있으며,

畢云 說文에 云 紀는 絲別也라하다 詒讓案 紀는 本義爲絲別이어늘 引申之하여 絲之統總도 亦爲紀라 說文糸部에 云 統은 紀也라하다 禮記樂記鄭注에 云 紀는 總要之名也라하며 禮器에 云 紀散而衆亂이라한대 注에 云 絲縷之數有紀라하다

畢沅 : ≪說文解字≫ 〈糸部〉에 "'紀'는 '絲別(실마리)'이다."라 하였다.

詒讓案 : '紀'는 본뜻이 '絲別'인데, 그 뜻을 引申하여 실의 묶음 또한 '紀'가 된다. ≪說文解字≫ 〈糸部〉에 "統은 紀이다."라 하였다. ≪禮記≫ 〈樂記〉 鄭玄의 注에는 "'紀'는 모아서 묶는 것에 대한 명칭이다."라 하였으며, ≪禮記≫ 〈禮器〉에 "紀散而衆亂(묶음이 풀려 실몽당이가 흐트러진다.)"이라 하였는데, 그 注에 "여러 가닥의 실에 실마리가 있다."라 하였다.

11-4-3 罔罟之有綱하니

그물에 벼리가 있는 것과 같으니,

畢云 說文에 云 綱은 維紘繩也[16]라하다

畢沅 : ≪說文解字≫ 〈糸部〉에 "'綱'은 '紘(굵은 밧줄)'을 묶는 밧줄이다."라 하였다.

11-4-4 所〔以〕[17]連收天下之百姓不尙同其上者也니라

---

16) 維紘繩也 : 段玉裁의 ≪說文解字注≫에는 "〈綱은〉 그물의 밧줄이다. 各本에는 '維紘繩也'로 되어 있는데, 이제 棫樸의 ≪正義≫에 의거하여 바로잡는다. 紘이란 冠의 끈이며, 그 뜻을 引申하여 모든 維系(끈)를 칭한다. 孔穎達은 '紘이란 그물의 굵은 밧줄이다.'라 하였다.〔网紘也 各本作維紘繩也 今依棫樸正義正 紘者冠維也 引申之爲凡維系之偁 孔穎達云 紘者网之大繩〕"라고 보인다.

17) 〔以〕 : 저본에는 '以'가 없으나, 兪樾의 주에 의거하여 보충하였다.

천하의 백성 가운데 자기 윗사람에게 尙同(上同)하지 않는 자를 줄줄이 거두어들이기 위한 방도였던 것이다."

兪云 所下에 **奪以字**하니 **所以連收天下之百姓不尙同其上者也**는 **若無以字**면 **則不成義**라 **中篇**에 **曰 將以運役**[18]**天下淫暴**하여 **而一同其義也**라한대 **彼云 將以**는 **此云 所以**로 **文法雖異**나 **而實同**이라하다

兪樾 : '所' 아래에 '以'자가 빠져 있으니, '所以連收天下之百姓不尙同其上者也'는 만일 '以'자가 없으면 뜻이 이루어지지 않는다. ≪墨子≫ 〈尙同 中〉에 "將以運役天下淫暴 而一同其義也(천하의 음란하고 포악한 자를 줄줄이 거두어들여 그 義에 하나로 같게 하기 위한 것이다.)"라 하였는데, 저기에서 '將以'라고 한 것은 여기에서 '所以'라 한 것과 文法은 비록 다르더라도 실제는 같다.

---

18) 運役 : 12-8-1의 王念孫의 注에서 '運役'을 '運收'로 교감하였는데, 이에 따라 번역하였다.

尙同 中 第十二 제12편 윗사람의 뜻에 동조함 중

12-1-1 **子墨子曰 方今之時**하여 **復古之民始生**하여 **未有正長之時**컨댄

子墨子께서 말씀하셨다.

"오늘날의 시대에 옛날 백성이 처음으로 생겨나 아직 正長이 없던 때를 돌이켜 보건대

易雜卦傳에 **云 復**은 **反也**라하니 **謂反而考之古之民始生之時**라

≪周易≫ 〈雜卦傳〉에 "'復'은 돌이킨다는 뜻이다."라 하였으니, 돌이켜 옛날에 백성이 처음 생겨난 때를 상고해본다는 말이다.

12-1-2 **蓋其語曰 天下之人**이 **異義**라하니라 **是以**로 **一人一義**요 **十人十義**요 **百人百義**니 **其人數茲**[1]**衆**이면 **其所謂義者**도 **亦茲衆**이라 **是以**로 **人是其義**하고 **而非人之義**라 **故**로 **相交非也**라

대개 그 당시 말에 '천하의 사람들이 저마다 義가 달랐다.'라 하였다. 이런 까닭에 한 사람이면 한 가지 義가 있었으며, 열 사람이면 열 가지 義가 있었으며, 백 사람이면 백 가지 義가 있었으니, 그 사람의 수가 많아질수록 그 이른바 義라는 것 역시 더 많아졌다. 이런 까닭에 사람은 자기의 義를 옳다 여기고 남의 義를 그르다고 하였다. 그러므로 서로를 그르다고 여겼던 것이다.

戴云 當從上篇하여 **作交相非也**라하다

戴望 : 〈'相交非也'는〉 마땅히 ≪墨子≫ 〈尙同 上〉(11-1-4)을 따라 '交相非也'가 되어야 한다.

---

1) 茲 : '滋'와 통용하며 '益(불어나다)'의 의미이다. 11-1-3 참조.

12-1-3 **內之父子兄弟作怨讐**하여 **皆有離散之心**하여 **不能相和合**이라가 **至乎舍餘力**이라도 **不以相勞**하며 **隱匿良道**라도 **不以相敎**하며 **腐死**(후)**餘財**라도 **不以相分**하니

안으로는 父子와 兄弟가 원수가 되어 모두 뿔뿔이 헤어져 살 마음을 가져서 서로 화합하지 못하다가 심지어는 남는 힘을 버려두더라도 서로 일을 거들어주려 하지 않았으며, 좋은 方道를 숨기더라도 서로 가르쳐주지 않았으며, 財物이 남아돌아 썩을지라도 서로 나누어주지 않는 지경에까지 이르렀으니,

畢云 死는 **舊作列**하다 **見上**이라하다

畢沅 : '死'는 舊本에는 '列'로 되어 있다. 자세한 설명이 ≪墨子≫ 〈尙同 上〉(11-1-7)에 보인다.

12-1-4 **天下之亂也**가 **至如禽獸然**이라 **無君臣上下長幼之節**과 **父子兄弟之禮**하니 **是以**로 **天下亂焉**이라

천하가 어지러운 것이 마치 禽獸들이 살아가는 것과 같았다. 그리하여 君臣·上下·長幼 간의 節度와 父子·兄弟 간의 禮가 없었으니, 이런 까닭에 天下가 어지러웠던 것이다.

12-2-1 **明乎**라 **民之無正長以一同天下之義**하여 **而天下亂也**로다 **是故**로 **選擇天下賢良**하여 **聖知辯慧之人**을 **立以爲天子**하고 **使從事乎一同天下之義**하니라 **天子旣以立矣**로대 **以爲唯其耳目之**(請)〔**情**〕[2)]으론

백성에게 正長이 없어 이 때문에 天下의 義를 하나로 같게 하지 못하여 천하가 어지러워진 것임이 분명하도다!"

이런 까닭에 천하의 賢良한 자를 가려 뽑아 그중 聖知와 辯慧를 갖춘 사람을 세워서 天子로 삼고 그로 하여금 天下의 義를 하나로 같게 하는 데 從事하도록 하였다. 天子가 세워졌더라도 오직 그의 귀로 듣고 눈으로 보는 실정만으로는

---

2) (請)〔情〕: 저본에는 '請'으로 되어 있으나, 아래 諸家의 注에 의거하여 '情'으로 바로잡았다.

畢云 請은 當爲情하니 下同이라하다 顧云 史記樂書에 情文俱盡이라한대 徐廣曰 古情字는 或假作請하니 諸子中多有此比라하다 洪云 列子說符篇에 發於此而應於外者는 唯請이라한대 張湛[3]注에 請은 當作情이라하며 荀子成相篇[4]에 聽之經은 明其請이라한대 楊倞注에 請은 當爲情이라하니 言은 古文이니 與心字篆文으로 字形近이라 故로 情字多爲請이라하다

畢沅 : '請'은 마땅히 '情'이 되어야 하니, 아래도 같다.

顧廣圻 : 《史記》 〈樂書〉에 "情文俱盡(情理와 文飾이 모두 갖추어지다.)"이라 하였는데, 徐廣이 이르기를 "옛날에 '情'자는 간혹 假借하여 '請'으로 되어 있으니, 諸子書 안에는 이러한 경우가 많다.

洪頤煊 : 《列子》 〈說符〉에 "發於此而應於外者 唯請(이 안에서 發하여 外物에 應하는 것은 '請'이다.)"이라 하였는데, 張湛의 注에 "'請'은 마땅히 '情'이 되어야 한다."라 하였으며, 《荀子》 〈成相〉에 "聽之經 明其請(獄事를 처리하는 법은 그 實情을 밝히는 데 있다.)"이라 하였는데, 楊倞의 注에 "'請'은 마땅히 '情'이 되어야 한다."라 하였으니, '言'의 古文인 ''이 '心'자의 篆文인 ''과 글자 모양이 비슷하기 때문에 '情'자가 '請'이 된 경우가 많다.

12-2-2 不能獨一同天下之義라하니라 是故로 選擇天下贊閱[5]賢良하여 聖知辯慧之人을

홀로 天下의 義를 하나로 같게 할 수 없다고 여겼다. 이런 까닭에 天下에서 뽑아 올릴 만한 賢良을 가려 뽑아 그중 聖知와 辯慧를 갖춘 사람을

漢書東方朔傳顔注에 云 贊은 進也라하며 太玄經范望注에 云 閱은 簡也라하다

---

3) 張湛 : 晉나라 때 사람으로, 그에 대해서는 《晉書》에 전하는 내용이 없으며, 대략 320년 전후에 출생한 것으로 보고 있다. 《世說新語》 注에 "字는 處度이다. 高平 사람이다."라고 하였으며, 《張氏譜》에 의하면 張湛은 벼슬이 中書郎에 이르렀다고 한다. 《列子》에 注를 달았다.

4) 成相篇 : 저본 傍注에 "成相篇은 원래 '成用篇'으로 잘못되어 있으나, 《荀子》에 의거하여 고쳤다."라고 하였다.

5) 贊閱 : 明察하고 歷練(경험이 풍부함)한 것이다. 張純一은 《墨子集解》에서 "'贊'은 '明'이고, '閱'은 '經歷'이다."라 하였다.

≪漢書≫〈東方朔傳〉顔師古의 注에 "'贊'은 進用한다는 뜻이다."라 하였으며, ≪太玄經≫ 范望의 注에 "'閱'은 가려낸다는 뜻이다."라 하였다.

12-2-3 **置以爲三公**하고 **與從事乎一同天下之義**하니라 **天子三公既已立矣**로대 **以爲天下博大**하여 **山林遠土之民**을 **不可得而一也**라하니라 **是故**로 (靡)〔歷〕[6]**分天下**하여

두어 三公으로 삼고 그와 더불어 天下의 義를 하나로 같게 하는 데 從事하였다. 天子와 三公이 이미 세워졌더라도, 天下는 넓고 커서 山林이나 먼 땅에서 살아가는 백성들까지 하나로 같게 할 수는 없다고 여겼다. 이런 까닭에 천하를 잘게 쪼개어

兪云 靡는 **當爲歷**하니 **字之誤也**라 **大戴記五帝德篇**에 **歷離**[7]**日月星辰**이라하니 **是歷與離同義**라 **此云 歷分天下**는 **與彼云 歷離日月星辰**으로 **文義正同**이라 **若作靡字**면 **則無義矣**라 **非攻下篇**에 **禹既已克有三苗焉**하여 **磨爲山川**하고 **別物上下**라하며 **天志中篇**에 **磨爲日月星辰**하여 **以昭道之**라한대 **兩磨字**는 **皆磿**(력)**字之誤**니 **磿**은 **卽歷之叚字也**라하다

兪樾 : '靡'는 마땅히 '歷'이 되어야 하니, 誤字이다. ≪大戴禮記≫〈五帝德〉에 "歷離日月星辰(해와 달과 별들을 나누었다.)"이라 하였으니, 이 '歷'은 '離'와 뜻이 같다. 여기(≪墨子≫〈尙同 中〉)에서 말한 "歷分天下"는 저기(≪大戴禮記≫〈五帝德〉)에서 말한 "歷離日月星辰"과 글의 뜻이 똑같다. 만일 '靡'자로 되어 있다면 아무런 뜻이 없다. ≪墨子≫〈非攻 下〉에 "禹既已克有三苗焉 磨爲山川 別物上下(禹임금은 三苗와 싸워 이긴 후에 山川을 경계 지어 두루 다스리고 물건들의 위아래를 구분 지어 질서를 잡았다.)"라 하였으며, ≪墨子≫〈天志 中〉에 "磨爲日月星辰 以昭道之(日月星辰으로 구분 지어 밝게 인도하였다.)"라 하였는데, 두 곳의 '磨'자는 모두 '磿'의 誤字이니, '磿'은 곧 '歷'의 假借字이다.

12-2-4 **設以爲萬諸侯國君**하고 **使從事乎一同其國之義**하니라 **國君既已立矣**로대

---

6) (靡)〔歷〕: 저본에는 '靡'로 되어 있으나, 兪樾의 주에 의거하여 '歷'으로 바로잡았다.

7) 歷離 : 王念孫은 '歷'은 '離'와 뜻이 같으며, 모두 '分別한다'는 뜻이라 하였다. ≪讀書雜志≫〈墨子 二〉에 보인다.

又以爲唯其耳目之(請)〔情〕[8)]이 不能一同其國之義라하니라 **是故**로 **擇其國之賢者**하여 **置以爲左右將軍大夫**하고

세워 수많은 諸侯와 國君으로 삼고서 그들로 하여금 자기 나라의 義를 하나로 같게 하는 데 從事하도록 하였다. 國君이 이미 세워졌더라도 또 오직 그의 귀로 듣고 눈으로 보는 실정만으로는 그 나라의 義를 하나로 같게 할 수 없다고 여겼다. 이런 까닭에 그 나라의 어진 자를 가려내어, 이들을 두어서 左右의 將軍과 大夫로 삼고

將軍은 **謂卿也**라 **周禮夏官**에 **軍將**은 **皆命卿**이라하다 **春秋戰國時**에 **侯國亦皆以卿爲將**하여 **通謂之將軍**하다 **非攻中篇**에 **云 晉有六將軍**이라하니 **卽六卿也**라 **管子立政篇**에 **云 將軍大夫以朝[9)]**라하며 **水經河水酈注**에 **引竹書紀年**하여 **云 邯鄲命將軍大夫適子戍[10)]吏**하니 **皆貂服**이라한대 **竝稱卿大夫爲將軍大夫**하다

'將軍'은 '卿'을 말한다. ≪周禮≫ 〈夏官〉에 "軍의 '將'은 모두 命卿이다."라 하였다. 春秋戰國시대에 諸侯의 나라는 또한 모두 卿으로써 장수를 삼아 통칭하여 '將軍'이라고 하였다. ≪墨子≫ 〈非攻 中〉에 "晉나라에 여섯 將軍이 있다."라 하였으니, 곧 '六卿'이다. ≪管子≫ 〈立政〉에 "將軍과 大夫는 朝服을 입는다."라 하였으며, 酈道元의 ≪水經注≫ 〈河水〉에서 ≪竹書紀年≫을 인용한 대목에 "邯鄲에서 將軍과 大夫와 適子와 戍吏에게 命하였으니, 모두 貂服이었다."라 하였으니, 모두 卿과 大夫를 일컬어 將軍과 大夫라 한 것이다.

12-2-5 以(遠)〔逮〕[11)]至乎鄕里之長하여

---

8) (請)〔情〕: 저본에는 '請'으로 되어 있으나, 12-2-1의 注에 의거하여 '情'으로 바로잡았다.

9) 管子立政篇……將軍大夫以朝 : ≪管子≫ 〈立政 服制〉에 "度爵而制服 量祿而用財……將軍大夫以朝 官吏以命 士止於帶緣 散民不敢服雜采 百工商賈不得服長鬈貂(爵位를 헤아려 복식을 제정하며 俸祿을 헤아려 재물을 쓴다.……장군과 대부는 朝服을 입으며, 관리는 命服을 입으며, 士는 帶緣(띠의 선두름)에 그치며, 백성들은 감히 갖가지 문채가 있는 옷을 입지 못하며, 百工과 商賈는 長鬈貂를 입을 수 없다.)"라고 보인다.

10) 戍 : 底本 旁注에 "'戍'는 원래 '代'로 잘못되어 있는데, 酈道元의 注에서 ≪竹書紀年≫을 인용한 대목에 의거하여 고쳤다."라 하였다.

11) (遠)〔逮〕: 저본에는 '遠'으로 되어 있으나, 孫詒讓의 주에 의거하여 '逮'로 바로잡았다.

鄕里의 長에까지 미치어

遠은 當爲逮니 形近而誤하다 後文에 云 逮至有苗之制五刑하야 以亂天下라하며 尙賢上篇에 云 逮至遠鄙郊外之臣과 門庭庶子와 國中之衆과 四鄙之萌人이 聞之하고 皆競爲義라하니 與此文例로 正同이라

'遠'은 마땅히 '逮'가 되어야 하니, 字形이 비슷하여 잘못된 것이다. 다음 글에 "逮至有苗之制五刑 以亂天下(有苗가 五刑을 제정하기에 이르러서는 天下를 어지럽혔다.)"라 하였으며, ≪墨子≫ 〈尙賢 上〉에 "逮至遠鄙郊外之臣 門庭庶子 國中之衆 四鄙之萌人 聞之皆競爲義(변방의 신하, 궁궐을 수비하는 자제들, 도성 안의 사람들, 먼 시골에 사는 농부들까지 이를 듣고 모두 다투어 의롭게 행동하였다.)"라 하였으니, 이 글의 文例와 똑같다.

12-2-6 **與從事乎一同其國之義**하니라 **天(子)〔下〕**[12]**諸侯之君**과

더불어 그 國의 義를 하나로 같게 하는 데에 從事하도록 하였다. 天下의 諸侯의 君과

天子의 子는 疑當作下라

天子의 '子'는 아마도 '下'가 되어야 마땅할 듯하다.

12-2-7 **民之正長**이 **旣已定矣**어늘 **天子爲發政施教**하여 **曰 凡聞見善者**어든 **必以告其上**하며 **聞見不善者**어든 **亦必以告其上**호대 **上之所是**를 **必亦是之**하고 **上之所非**를 **必亦非之**하며 **己有善**이어든 **傍薦之**하며

백성의 正長이 일단 정해지자, 天子가 政令을 발표하고 敎令을 베풀어 말하기를 "무릇 善을 듣거나 보면 반드시 자기의 윗사람에게 고하고 不善을 듣거나 보면 또한 반드시 자기 윗사람에게 고하되, 윗사람이 옳다 여기는 바를 반드시 또한 옳다 하고 윗사람이 그르다 여기는 바를 반드시 또한 그르다 하며, 자기에게 善이 있으면 이를 찾아 올리며,

12) (子)〔下〕: 저본에는 '子'로 되어 있으나, 孫詒讓의 주에 의거하여 '下'로 바로잡았다.

祭義에 云 卿大夫有善이면 薦於諸侯라한대 鄭注에 云 薦은 進也라하니 謂在位之人이 己有善이면 則告進之於上也라 傍은 當爲訪之借字니 二字皆从方得聲하니 古多通用하다 魯問篇에 云 所謂忠臣者는 上有過면 則微之以諫하며 己有善이면 則訪之上호대 而無敢以告外라 匡其邪而入其善하며 尙同而無下比라하니 與此上下文義竝略同하니 可證이라 傍薦之義는 上篇亦同이라 王云 己字는 義不可通이라 己는 當爲民하니 字之誤也라 傍者는 溥也요 徧也라 說文에 旁은 溥也라한대 旁은 與傍과 通하니 言民有善則衆共薦之니 若堯典所云 師錫[13]也라 上篇에 曰 上有過則規諫之하며 下有善則傍薦之라하다 下는 亦民也라하다 案 此己字可通하니 不必與上篇同義라 王失檢魯問篇文이라 故로 不得其解라

≪禮記≫ 〈祭義〉에 "卿大夫有善 薦於諸侯(卿大夫는 善이 있으면 諸侯에게 올린다.)"라 하였는데, 鄭玄의 注에 "薦은 올린다는 뜻이다."라 하였으니, 직위에 있는 자가 자기에게 善이 있으면 윗사람에게 올린다는 말이다. '傍'은 마땅히 '訪'의 假借字이니, 두 글자가 모두 '方'에서 소리를 취하니, 옛날에는 글자를 통용한 경우가 많았다. ≪墨子≫ 〈魯問〉에 "이른바 忠臣이란 윗사람에게 잘못이 있으면 은미하게 간언하며, 자기에게 善이 있으면 윗사람에게 아뢰되〔訪之上〕 감히 외부에 말하지는 않는다. 奸邪한 것은 바로잡고 善은 받아들이며, 尙同(上同)하면서 下比하지 않는다."라 하였으니, 이 ≪墨子≫ 〈尙同 中〉의 위아래 글 뜻과 모두 대략 같으니, 증거가 될 만하다. '傍薦'의 뜻은 ≪墨子≫ 〈尙同 上〉과 또한 같다.

王念孫 : '己'자는 뜻이 통하지 않는다. '己'는 마땅히 '民'자가 되어야 하니, 誤字이다. '傍'이란 넓다는 뜻이며 두루 미친다는 뜻이다. ≪說文解字≫ 〈丄部〉에 "'旁'은 넓음이다."라 하였다. '旁'은 '傍'과 글자를 통용하니, 백성 중에 善한 자가 있으면 여러 사람이 함께 그를 천거한다는 말이니, ≪書經≫ 〈堯典〉에서 '師錫(여럿이 올리다)'이라고 말한 것과 같다. ≪墨子≫ 〈尙同 上〉에 "上有過則規諫之 下有善則傍薦之(윗사람에게 허물이 있으면 그에게 規諫하여 바로잡아 주고 아랫사람에게 善이 있으면 이를 찾아 올린다.)"라 하였다. 下는 또한 백성이다.

13) 師錫 : 여러 사람이 말을 올리거나 사람을 추천하는 것이다. ≪書經≫ 〈堯典〉에 "曰 明明揚側陋 師錫帝曰 有鰥在下 曰 虞舜(帝堯가 '현달한 자를 밝히며 미천한 자를 천거하라.' 하니, 여럿이 帝堯에게 말씀드리기를 '홀아비가 아래에 있으니, 虞舜이라 합니다.'라 하였다.)"이라 하였는데, 孔安國의 傳에 "師衆 錫與也('師'는 무리이다. '錫'은 주는 것이다.)"라고 보인다.

案 : 여기서의 '己'자는 뜻이 통하니, 굳이 ≪墨子≫ 〈尙同 上〉과 뜻을 같이 볼 필요는 없다. 王念孫이 〈魯問〉의 글을 잘못 보아서 제대로 이해하지 못하였다.

12-2-8 **上有過**면 **規諫之**하며 **尙同(義)〔乎〕**[14] **其上**하고

윗사람에게 허물이 있으면 그에게 規諫하며, 윗사람에게 尙同하고

義는 **當作乎**라 **下文**에 **云 尙同乎鄕長**하고 **尙同乎國君**이라하니 **可證**이라

'義'는 마땅히 '乎'가 되어야 한다. 아래 글에 "尙同乎鄕長 尙同乎國君(鄕長과 義를 같이하며, 國君과 義를 같이한다.)"이라 하였으니, 증거가 될 만하다.

12-2-9 **而毋有下比之心**이니

下比하려는 마음을 갖지 말아야 하니,

管子小匡篇에 **云 公又問焉曰 於子之鄕**에 **有不慈孝於父母**하며 **不長弟於鄕里**하며 **驕躁淫暴**하여 **不用上令者**어든 **有則以告**하니 **有而不以告**를 **謂之下比**라한대 **尹**[15]**注**에 **云 下與有衆者比而掩蓋之**라하다

≪管子≫ 〈小匡〉에 "公이 또 묻기를 '그대의 鄕에 父母에게 효성스럽지 아니하고 鄕里에서 웃어른을 공경하지 않거나 아이들을 아껴주지 않으며, 교만하고 경박하며 함부로 행동하여서 윗사람의 명령을 따르지 않는 자가 있거든, 있으면 그것을 보고해야 하니, 그러한 자가 있는데도 보고하지 않는 것을 下比한다고 한다.'고 하였다."라 하였는데, 尹知章의 注에 "아랫사람〔下〕이 무리들과 패거리를 지어 어울리면서〔比〕 서로의 허물을 가리고 덮어주는 것이다."라고 하였다.

---

14) (義)〔乎〕: 저본에는 '義'로 되어 있으나, 孫詒讓의 주에 의거하여 '乎'로 바로잡았다.

15) 尹 : 尹知章(660?~718)을 말한다. 絳州 翼城縣 사람이다. ≪新唐書≫에 "尹知章이 ≪管子≫ 三十卷에 注를 내었다."라 보이며, ≪舊唐書≫ 〈列傳 儒學 下〉에 "尹知章은 絳州 翼城人으로……開元 6년에 卒하였으니, 당시 나이가 50여 세였다. ≪孝經≫ · ≪老子≫ · ≪莊子≫ · ≪韓子≫ · ≪管子≫ · ≪鬼谷子≫에 注를 달았는데, 당시에 제법 유행하였다."라고 보인다.

12-2-10 上得則賞之요 萬民聞則譽之라 意若聞見善을 不以告其上하며 聞見不善을 亦不以告其上호대 上之所是를 不能是하고 上之所非를 不能非하며 己有善이라도 不能傍薦之하고

〈이는〉 윗사람이 알면 그에게 賞을 내리고 萬民이 들으면 그를 기릴 것이다. 그런데 만일 善을 듣거나 보고서도 그것을 자기 윗사람에게 고하지도 않고 不善을 듣거나 보고서도 그것을 자기 윗사람에게 고하지 않으면서, 윗사람이 옳다 여기는 바를 옳다 하지 못하고 윗사람이 그르다 여기는 바를 그르다 하지 못하며, 자기에게 善이 있어도 이를 찾아 올리지 않으며,

王云 己는 亦民之誤라하니 非라

王念孫은 "'己'는 또한 '民'의 誤字이다."라 하였는데, 옳지 않다.

12-2-11 上有過어늘 不能規諫之하며 下比而非其上者는 上得則誅罰之요 萬民聞則非毁之라 故로 古者聖王之爲刑政賞譽也에 甚明察以審信하시니라 是以로 擧天下之人이 皆欲得上之賞譽요 而畏上之毁罰하니라

윗사람에게 허물이 있는데 規諫하여 바로잡아 주지 못하며, 下比하여 자기 윗사람을 비방하는 자는 윗사람이 알면 그를 誅罰하고 萬民이 들으면 그를 비난하며 헐뜯는다."라 하였다. 그러므로 옛날에 聖王께서는 刑罰과 政令, 포상과 칭찬을 시행함에 지극히 밝게 살펴서 틀림이 없었다. 이런 까닭에 온 천하의 사람들이 모두 윗사람의 포상과 칭찬을 받고자 하였으며, 윗사람의 비방과 주벌을 두려워하였던 것이다.

12-3-1 是故로 里長은 順天子政하여 而一同其里之義하니라 里長旣同其里之義하고 率其里之萬民하여 以尙同乎鄕長하여 曰 凡里之萬民은 皆尙同乎鄕長而不敢下比하며 鄕長之所是를 必亦是之하고 鄕長之所非를 必亦非之하니 去而不善言하고 學鄕長之善言하며 去而不善行하고 學鄕長之善行하라하니라 鄕長은 固鄕之賢者也니 擧鄕人以法鄕長인댄 夫鄕何說而不治哉리오 察鄕長之所以治鄕者컨대 何故

之以也오 **曰 唯以其能一同其鄕之義**일새니라 **是以**로 **鄕治**니라

이런 까닭에 里長은 天子의 政令을 따라 자기 里의 義를 하나로 같게 하였다. 里長이 이미 그 里의 義를 하나로 같게 하고 그 里의 萬民을 거느려 鄕長에게 尙同하여 말하기를 "무릇 里의 萬民은 모두 鄕長에게 尙同하고 감히 下比하지 않으며, 鄕長이 옳다 여기는 바를 반드시 또한 옳다 하고 鄕長이 그르다 여기는 바를 반드시 또한 그르다 하며, 너의 善하지 않은 말을 버리고 鄕長의 善한 말을 배우며, 너의 善하지 않은 행실을 버리고 鄕長의 善한 행실을 배우라."고 하였다. 鄕長이란 본디 鄕의 賢者이니, 모든 鄕人이 鄕長을 본받는다면 대저 鄕이 무슨 말로써 다스려지지 않겠는가. 鄕長이 鄕을 다스려서 〈鄕이 다스려진〉 것을 살펴보건대 그 까닭이 무엇이겠는가. 오직 그가 능히 그 鄕의 義를 하나로 같게 할 수 있었기 때문이다. 이런 까닭에 鄕이 다스려졌던 것이다.

12-4-1 **鄕長治其鄕**하여 **而鄕旣已治矣**어늘

鄕長이 그 鄕을 다스려서 鄕이 이미 다스려지자

王云 舊本에 **脫鄕長治三字**라 **下文**에 **曰 國君治其國**하여 **而國旣已治矣**라하니 **今據補**라하다 **案 王校是也**라 **蘇說同**이라

王念孫 : 舊本에는 '鄕長治' 세 글자가 빠져 있는데, 아래 글에 "國君治其國 而國旣已治矣"라 하였으니, 이제 이것에 의거하여 채워 넣는다.

案 : 王念孫의 校勘이 옳다. 蘇時學의 說도 같다.

12-4-2 **有率其鄕萬民**하여

또 자기 鄕의 萬民을 거느려

有는 **讀爲又**이니 **下竝同**이라

'有'는 독음이 '又'이니, 아래도 모두 같다.

12-4-3 **以尙同乎國君**하여 **曰 凡鄕之萬民**은 **皆上同乎國君而不敢下比**하며 **國君**

之所是를 必亦是之하고 國君之所非를 必亦非之하며 去而不善言하고 學國君之善言하며 去而不善行하고 學國君之善行하라하니라 國君은 固國之賢者也니 擧國人以法國君인댄 夫國何說而不治哉리오 察國君之所以治國而國治者컨대 何故之以也오 曰 唯以其能一同其國之義일새니라 是以로 國治니라

國君에게 尙同하여 말하기를 "무릇 鄕의 萬民은 모두 國君에게 上同하고 감히 下比하지 않으며, 國君이 옳다 여기는 바를 반드시 또한 옳다 하고 國君이 그르다 여기는 바를 반드시 또한 그르다 하며, 너의 善하지 않은 말을 버리고 國君의 善한 말을 배우며, 너의 善하지 않은 행실을 버리고 國君의 善한 행실을 배우라."고 하였다. 國君이란 본디 나라의 賢能한 사람이니, 모든 國人이 國君을 본받는다면 대저 나라가 무슨 말로써 다스려지지 않겠는가. 國君이 나라를 다스려서 나라가 다스려진 것을 살펴보건대 그 까닭이 무엇이겠는가. 오직 그가 능히 그 나라의 義를 하나로 같게 할 수 있었기 때문이다. 이런 까닭에 나라가 다스려졌던 것이다.

12-5-1 國君治其國하여 而國旣已治矣어늘

國君이 그 나라를 다스려서 나라가 이미 다스려지자,

舊本에 而下에 脫國字하니 今據王校補하다

舊本에는 '而' 아래에 '國'자가 빠져 있으니, 이제 王念孫의 校勘에 의거하여 채워 넣는다.

12-5-2 有率其國之萬民하여 以尙同乎天子하여 曰 凡國之萬民은 上同乎天子而不敢下比하며 天子之所是를 必亦是之하고 天子之所非를 必亦非之하며 去而不善言하고 學天子之善言하며 去而不善行하고 學天子之善行하라하니라 天子者는 固天下之仁人也니 擧天下之萬民以法天子인댄 夫天下何說而不治哉리오

또 자기 나라의 萬民을 거느려 天子에게 尙同하여 말하기를 "무릇 나라의 萬民은 모두 天子에게 上同하고 감히 下比하지 않으며, 天子가 옳다 여기는 바를 반드시 또한 옳다 하고 天子가 그르다 여기는 바를 반드시 또한 그르다 하며, 너의 善하지 않은 말을 버리고 天子의 善한 말을 배우며, 너의 善하지 않은 행실을 버리고 天子

의 善한 행실을 배우라."고 하였다. 天子란 본디 天下의 어진 사람이니, 모든 天下의 萬民이 天子를 본받는다면 대저 天下가 무슨 말로써 다스려지지 않겠는가.

畢云 下는 舊作子하고 一本如此라하다

畢沅 : 〈'天下何說의〉 '下'는 舊本에 '子'로 되어 있고, 한 本도 이와 같다.

12-5-3 察天子之所以治天下者컨대 何故之以也오 曰 唯以其能一同天下之義일새니라 是以로 天下治니라

天子가 天下를 다스려서 〈천하가 다스려진〉 것을 살펴보건대 그 까닭이 무엇이겠는가. 오직 그가 능히 天下의 義를 하나로 같게 할 수 있었기 때문이다. 이런 까닭에 天下가 다스려졌던 것이다.

12-6-1 夫旣尙同乎天子로대 而未上同乎天者면 則天菑將猶未止也라 故로 當若天降寒熱不節하고

대저 이미 天子에게 尙同하였더라도 아직 위로 하늘에게 上同하지 않았다면 하늘의 災殃은 여전히 그치지 않을 것이다. 그러므로 하늘이 추위와 더위를 내리는 것이 節度에 맞지 않고,

王云 天은 亦夫字之誤라 降字는 則因下文降罰而衍이라하다 案 天降二字는 蓋通貫下文言之니 王說은 未塙이라

王念孫 : 〈'當若天'의〉 '天'은 또한 '夫'의 誤字이다. '降'자는 아래 글인 '降罰'로 인해 잘못 들어간 것이다.

案 : '天降' 두 글자는 아마도 아래 글을 관통하여 말한 것이니, 王念孫의 說은 확실치 않다.

12-6-2 雪霜雨露不時하여 五穀不孰하며

눈과 서리와 비와 이슬이 제때에 내리지 않아 五穀이 여물지 않으며,

道藏本에 **作熟**하니 **非**라

〈'孰'은〉 道藏本에 '熟'으로 되어 있으니, 옳지 않다.

12-6-3 **六畜**[16]**不遂**하며

六畜은 자라지 않으며,

國語齊語에 **云 犧牲不略**하니 **則牛羊遂**라한대 **韋注**에 **云 遂**는 **長也**라하다

≪國語≫ 〈齊語〉에 "犧牲不略 則牛羊遂(犧牲으로 빼앗아가지 않으니, 牛羊이 자란다.)"라 하였는데, 韋昭의 注에 "'遂'는 자란다는 뜻이다."라 하였다.

12-6-4 **疾菑戾疫**과

나쁜 疫疾과

漢書食貨志顏注에 **云 戾**는 **惡氣也**라하다 **案 戾疫**은 **卽兼愛下篇之癘疫**이니 **戾癘**는 **一聲之轉**[17]이라 **畢云 戾**는 **沴字之假音**이라하니 **亦通**이라

≪漢書≫ 〈食貨志〉 顏師古의 注에 "'戾'는 나쁜 기운이다."라 하였다.

案 : '戾疫'은 곧 ≪墨子≫ 〈兼愛 下〉의 '癘疫'이니, '戾'와 '癘'는 一聲之轉이다. 畢沅은 "'戾'는 '沴'자의 借音字이다."라 하였는데, 畢沅의 說 역시 통한다.

12-6-5 **飄風苦雨**가 **荐臻而至者**는

폭풍과 장맛비가 계속해서 이르는 것은

16) 六畜 : 馬·牛·羊·雞·狗·豬를 가리킨다. ≪春秋左氏傳≫ 昭公 25년 조에 "爲六畜五牲三犧 以奉五味 爲九文六采五章 以奉五色 爲九歌八風七音六律 以奉五聲(六畜과 五牲과 三犧를 제정하여 五味를 奉成케 하고, 九文과 六采와 五章을 제정하여 五色을 奉成하게 하고, 九歌와 八風과 七音과 六律을 제정하여 五聲을 奉成하게 한 것입니다.)"이라 하였는데, 이곳에 대한 杜預의 注에 보인다.

17) 一聲之轉 : 성모가 서로 같거나 비슷한 상황에서 나타나는 어휘의 파생 및 분화 현상을 가리킨다.

荐은 薦同이라 毛詩大雅節南山傳에 云 薦은 重也라하며 爾雅釋詁에 云 臻仍은 乃也라하니 仍은 與重義亦同이라 易坎象에 水荐至라한대 釋文에 引京房[18)]하여 荐作臻하다

'荐'은 '薦'과 같다. ≪毛詩≫ 〈大雅 節南山〉 毛傳에 "'薦'은 '거듭'이라는 뜻이다."라 하였으며, ≪爾雅≫ 〈釋詁〉에 "'臻'과 '仍'은 '이에'라는 뜻이다."라 하였으니, '仍'은 '重'과 뜻이 또한 같다. ≪周易≫ 坎卦 〈象傳〉에 "水荐至(洪水가 거듭 닥친다.)"라 하였는데, ≪經典釋文≫에서 京房의 注를 인용한 곳에 '荐'이 '臻'으로 되어 있다.

12-6-6 此天之降罰也니 將以罰下人之不尙同乎天者也니라 故로 古者聖王이 明天鬼之所欲而避天鬼之所憎하여

이는 하늘이 벌을 내린 것이니, 천하 사람들이 하늘에게 尙同하지 않기에 벌을 내리는 것이다. 그러므로 옛날 聖王이 하늘과 鬼神(祖上神)이 바라는 것에 밝고 하늘과 鬼神이 미워하는 것을 피하여

而는 舊本에 誤不이니 今據道藏本正하다 天志中篇同이라

'而'는 舊本에 '不'로 잘못되어 있으니, 이제 道藏本에 의거하여 바로잡는다. ≪墨子≫ 〈天志 中〉도 같다.

12-6-7 以求興天下之利하고 除天下之[19)]害하시니라 是以로 率天下之萬民하여 齊戒沐浴하시고

天下의 利를 일으키고 天下의 害를 없앴다. 이런 까닭에 天下의 萬民을 거느려 齊戒하고 沐浴하고

'齊'는 道藏本에 作齋라

18) 京房 : B.C. 77~B.C. 37. 前漢 元帝 때의 학자로 字는 君明이다. 焦延壽에게 易學을 익혔다. 저서에 ≪京氏易傳≫ 3권이 있다.

19) 除天下之 : 底本 旁注에 "이상의 '利除天下之' 다섯 글자는 원래 잘못되어 빠져 있는데, 畢沅의 刻本에 의거하여 채워 넣는다."라 하였다.

'齊'는 道藏本에 '齋'로 되어 있다.

12-6-8 **潔爲酒醴粢盛**하시어

술과 단술과 제사음식을 정결하게 차려

畢云 本書에 多作絜이라 俗从水라하다

畢沅 : 〈'潔'은〉 이 책에 '絜'로 되어 있는 곳이 많다. 俗字는 '水'를 부수로 하니, 〈'潔'로 쓰기도 한다.〉

12-6-9 **以祭祀天鬼**하시니라 **其事鬼神也**엔 **酒醴粢盛**을 **不敢不蠲(견)潔**하며

하늘과 鬼神에 제사 지냈다. 鬼神을 섬김에 술과 단술과 제사음식을 감히 정결하게 차리지 않을 수 없었으며,

周禮宮人鄭注에 云 蠲은 猶絜也라 呂氏春秋尊師篇에 云 臨飮食하얀 必蠲絜이라하다

≪周禮≫ 〈宮人〉 鄭玄의 注에 "'蠲'은 '絜(깨끗하다)'과 같다."라 하였다. ≪呂氏春秋≫ 〈尊師〉에 "飮食을 차릴 때에는 반드시 정결하게 한다."라 하였다.

12-6-10 **犧牲**을 **不敢不腯(돌)肥**하며

犧牲을 감히 살진 것으로 하지 않을 수 없었으며,

曲禮에 云 豚曰 腯肥라한대 鄭注에 云 腯은 亦肥也니 腯充貌也라하다 左桓六年傳에 云 吾牲牷肥腯이라하고 又云 奉牲以告曰 博碩肥腯이라하다

≪禮記≫ 〈曲禮〉에 "'豚'은 '腯肥(살진 것)'를 말한다."라 하였는데, 鄭玄의 注에 "'腯' 역시 '肥(살진 것)'이니, 살이 져 충실한 모양이다."라 하였다. ≪春秋左氏傳≫ 桓公 6년 조에 "吾牲牷肥腯(내가 제사에 올리는 희생이 純色이고 살이 쪘으며)"이라 하였으며, 또 "희생을 받들어 고하기를 '博碩肥腯(크고 살졌다)'이라 한다."라 하였다.

12-6-11 **珪璧幣帛**을 **不敢不中度量**하며

珪璧과 幣帛을 감히 度量에 맞추지 않을 수 없었으며,

珪璧이 有度하니 若考工記玉人에 云 四圭는 尺有二寸以祀天하며 兩圭는 五寸有邸[20] 以祀地之屬이 是也라 幣帛이 有度하니 若漢書食貨志에 云 周法에 布帛廣二尺二寸爲幅이라하며 周禮內宰鄭注에 引天子巡守禮하여 云 制幣丈八尺純四㧗(지)라하니 是也라 王制에 云 布帛은 幅廣狹不中度量이면 不粥於市라하다

珪璧에 법도가 있으니, ≪周禮≫ 〈考工記 玉人〉에 "四圭는 1尺 2寸으로 하늘에 제사 지내며, 兩圭는 5寸에 邸가 있어 땅에 제사 지낸다."라는 따위가 이것이다. 幣帛에 법도가 있으니, ≪漢書≫ 〈食貨志〉에 "周나라 法에 베와 비단 너비 2尺 2寸이 '1幅'이 된다."라 하였으며, ≪周禮≫ 〈內宰〉 鄭玄의 注에 天子가 巡守하는 禮를 인용하면서 "幣帛의 규격은 8척 純四㧗"라 하였으니, 이것이다. ≪禮記≫ 〈王制〉에 "布帛은 폭이 넓거나 좁아서 度量에 맞지 않으면 시장에 내다 팔지 못한다."라 하였다.

12-6-12 春秋祭祀를 不敢失時幾하며 聽獄을 不敢不中하며

春秋의 祭祀를 감히 때를 놓칠 수 없었으며, 獄事의 처리를 감히 제대로 하지 않을 수 없었으며,

畢云 幾는 讀如關市譏라하다 兪云 畢以幾字를 屬下聽獄不敢不中讀이나 然關市는 與獄訟不當竝爲一事니 殆失之矣라 幾字는 仍當屬上讀이라 幾者는 期也니 詩楚茨篇에 如幾如式이라한대 毛傳에 訓幾爲期하니 是也라 不敢失時幾者는 不敢失時期也라 國語周語注에 曰 期는 將事之日也라한대 是期以日言하니 不敢失時는 竝不敢失日이라 故로 曰 不敢失時幾라하다

畢沅 : '幾'는 '關市譏(關市를 譏察한다.)'의 〈'譏'로〉 읽는다.

兪樾 : 畢沅은 '幾'자를 아래의 '聽獄不敢不中'에 연결시켜 읽었으나, 關市는 獄訟과 아울러 한 가지 일로 삼아서는 안 되니, 아마 잘못 본 듯하다. '幾'자는 마땅히 그대로 위쪽으로 붙여서 읽어야 한다. '幾'란 '期(시기)'이다. ≪詩經≫ 〈楚茨〉에 "如幾如式(시기대로 하

20) 邸 : 기본 字義는 高級官員이 살던 곳을 말한다. 이것을 姓氏로 삼았다가, 이 글자가 引申되어 '止'자가 되었다. '止'는 '到'의 뜻으로, 여기서는 '그치다', '제한을 두다'의 의미로 쓴다.

며 법식대로 하며)"이라 하였는데, 毛傳에 '幾'를 풀이하여 '期'라 하였으니, 이것이다. '不敢失時幾'란 '不敢失時期(감히 시기를 놓쳐서는 안 된다.)'이다. ≪國語≫〈周語〉注에는 "期將事之日也(期는 장차 일을 거행할 날이다.)"라 하였는데, 이 '期'는 '日'로써 말하였으니, '不敢失時'는 '不敢失日'의 뜻을 포함한다. 그러므로 '不敢失時幾'라고 하였다.

12-6-13 分財에 **不敢不均**하며 **居處**에 **不敢怠慢**하니 **曰 其爲正長若此**니라 **是故**로 **上者**는 **天鬼有厚乎其爲政長也**요

재물을 나눌 때에는 감히 고르게 하지 않을 수 없었으며, 居處할 때에는 감히 怠慢할 수 없었으니, 그 正長 노릇을 하는 것이 이와 같았다. 이런 까닭에 위로는 하늘과 鬼神이 그가 政長 노릇 하는 것을 〈매우〉 중하게 여겼으며,

下云 天鬼之所深厚라하니 則此厚上에 疑脫深字라

아래에서 "天鬼之所深厚"라 하였으니, 여기의 '厚' 위에 아마도 '深'자가 빠진 듯하다.

12-6-14 下者는 **萬民有便利乎其爲政長也**라 **天鬼之所深厚而能彊從事焉**이면 **則**

아래로는 萬民이 그가 政長 노릇 하는 것을 편리하게 여겼다. 하늘과 鬼神이 매우 중하게 여기는 바인 데다가 능히 힘껏 그 일에 從事한다면

王云 自上者天鬼로 以下至此히 凡三十八字는 舊本에 誤入下文入守固之下하니 今移置於此하다 而能彊從事焉은 舊本에 脫能字하니 今據下文補라하다 案 王校是也라 蘇說同이기 今從乙補하다

王念孫 : '上者天鬼'에서부터 이하로 여기까지 모두 38자는 舊本에는 아래 글 '入守固' 아래에 잘못 들어가 있는데, 이제 이곳에 옮겨놓는다. '而能彊從事焉'은 舊本에는 '能'자가 빠져 있는데, 이제 아래 글에 의거하여 채워 넣는다.

案 : 王念孫의 교감이 옳다. 蘇時學의 설도 같다. 이제 그 설에 따라 글의 순서를 바꾸고 채워 넣는다.

12-6-15 天鬼之福可得也요 **萬民之所便利而能彊從事焉**이면 **則萬民之親可得**

也니 **其爲政若此**니라 **是以**로 **謀事得**하고

하늘과 鬼神의 福을 받을 만하며, 萬民이 편리하게 여기는 바인 데다가 능히 힘껏 그 일에 從事한다면 萬民의 신망을 얻을 만하다. 그가 정치를 함이 이와 같다. 이런 까닭에 일을 도모하면 잘되고

畢云 舊脫此字하니 據後文增이라하다

畢沅 : 舊本에는 '此'자가 빠져 있으니, 다음 글에 의거하여 붙여 넣는다.

12-6-16 **擧事成**하며 **入守固**하고 **出誅勝者**는 **何故之以也**오 **曰 唯以尙同爲政者也**일새니라 **故**로 **古者聖王之爲政**이 **若此**니라

일을 거행하면 이루어지며, 들어가 지키는 것은 견고하고 나아가 치면 승리하는 것은 그 까닭이 무엇이겠는가. 오직 尙同으로써 정치를 하기 때문이다. 그러므로 옛날에 聖王이 정치를 하던 것이 이와 같았다.

12-7-1 **今天下之人曰 方今之時**하여

지금 天下의 사람들이 말하기를 "오늘날의 시대에

王云 自出誅勝으로 以下至此히 凡三十八字는 舊本에 誤入上文上者天鬼之上하니 今移置於此라하다 案 王校是也라 蘇說同이라 今從乙正하다

王念孫 : '出誅勝'에서부터 이하 여기까지 모두 38자는 舊本에 윗글 '上者天鬼'의 위에 잘못 들어가 있는데, 이제 이곳에 옮겨놓는다.

案 : 王念孫의 교감이 옳다. 蘇時學의 설도 같다. 이제 그 설을 따라 글자의 순서를 바꾸어 바로잡는다.

12-7-2 **天下之正長**이 **猶未廢乎天下也**어늘 **而天下之所以亂者**는 **何故之以也**오 **子墨子曰 方今之時之以正長**은 **則本與古者**로 **異矣**니라 **譬之**컨대 **若有苗之以五刑然**이라

天下의 正長이 여전히 天下에서 폐해지지 않고 있는데도 天下가 어지러운 것은 그 까닭이 무엇인가."라 한다.

子墨子께서 말씀하셨다.

"오늘날의 시대에 '正長'이라고 하는 것은 본래 옛날과는 다르다. 비유하자면 有苗가 五刑을 가지고 다스리는 것과 같다.

畢云 苗는 舊作量하니 據下改라하다

畢沅 : '苗'는 舊本에 '量'으로 되어 있는데, 아래 글에 의거하여 고친다.

12-7-3 昔者에 聖王制爲五刑하여

옛날에 聖王이 五刑을 제정하여

書舜典僞孔傳에 云 五刑은 墨劓剕宮大辟[21]이라하다

≪僞古文尙書≫ 〈舜典〉의 僞孔安國傳에 "五刑은 墨·劓·剕·宮·大辟이다."라 하였다.

12-7-4 以治天下하고

天下를 다스렸고

畢云 文選注에 引此하여 云 畫衣冠하고 異章服하여 而民不犯이라한대 疑此閒脫文[22]이라하다

畢沅 : ≪文選注≫에서 이 대목을 인용한 곳에 "畫衣冠 異章服 而民不犯(衣冠에 그림을 그리고 章服을 달리하여서 백성들이 죄를 범하지 않았다.)"이라 하였는데, 아마도 이 사이에 글이 빠진 듯하다.

---

21) 墨劓剕宮大辟 : ≪書經≫ 〈皐陶謨〉에 "하늘이 죄가 있는 이를 토벌할 때에는 다섯 가지 형벌을 다섯 가지 등급을 써서 한다.〔天討有罪 五刑五用哉〕"라 하였는데, ≪書經≫ 〈呂刑〉에 의하면 '五刑'이란 얼굴에 刺字하는 墨刑, 코를 베는 劓刑, 발꿈치를 베는 剕刑, 남녀의 생식기를 제거하는 宮刑, 死刑인 大辟을 말한다.

22) 疑此閒脫文 : ≪文獻通考≫에 수록된 ≪愼子≫에 "畫衣冠 異章服 謂之戮 上世用戮而民不犯也"라고 보인다.

12-7-5 **逮至有苗之制五刑**하얀

有苗가 五刑을 제정함에 이르러서는

此卽下五殺之刑이라

이 〈五刑은〉 곧 아래 글 五殺의 刑이다.

12-7-6 **以亂天下**하니

天下를 어지럽혔으니,

俞云 之는 **衍字**라하다

俞樾 : 〈'逮至有苗之制五刑'의〉 '之'는 衍字이다.

12-7-7 **則此豈刑不善哉**리오 **用刑則不善也**일새니라 **是以**로 **先王之書呂刑之道**에

이 어찌 刑이 善하지 않아서였겠는가. 刑을 쓰는 것이 善하지 않았기 때문이다. 이런 까닭에 先王의 글인 〈呂刑〉의 말에

畢云 當云道之라하다 **案 下文兩云之道**라하니 **此疑不倒**라

畢沅 : 마땅히 '道之'라 해야 한다.

案 : 아래 글 두 곳(12-7-10, 12-8-2)에서 '之道'라고 하였으니, 이는 아마도 글자가 뒤바뀐 것은 아닌 듯하다.

12-7-8 **曰 苗民**은 **否用練**하며 **折則刑**하니라

'有苗의 군주가 善으로써 하지 않으며 五刑으로써 통제하였다.

畢云 孔書에 **作弗用靈制以刑**하니 **靈練**과 **否弗**과 **折制**는 **音同**이라하다 **錢大昕云 古書**에 **弗與不同**하며 **否卽不字**라 **靈練聲相近**이라 **緇衣**에 **引作匪用命**이라한대 **命**은 **當是令之譌**이니 **令與靈**은 **古文多通用**이라 **令靈**은 **皆有善義**라 **鄭康成注禮**에 **解爲政令**하니 **似遠**이라하다 **王鳴盛**[23]**云 古音**에 **靈讀若連**하다 **故**로 **轉爲練也**하며 **折爲制**하니 **古字亦**

通하다 古文論語에 云 片言可以折獄이라한대 魯論에 折作制하니 是也라하다 段玉裁云 靈作練者는 雙聲[24]也라 依墨子上下文觀之컨대 練亦訓善하니 與孔正同이라하다 詒讓案 僞孔傳에 云 三苗之君[25]이 習蚩尤之惡하여 不用善化民而制以重刑이라 三苗는 帝堯所誅라한대 呂刑及緇衣孔疏에 引書鄭注하여 云 苗民은 謂九黎之君也라 九黎之君이 於少昊氏衰에 而棄善道하고 上效蚩尤하여 重刑하다 必變九黎言苗民者는 有苗가 九黎之後일새니라 顓頊이 代少昊誅九黎하고 分流其子孫하여 爲居於西裔者가 三國이라 至高辛之衰하여 又復九黎之君惡한대 堯興하여 又誅之라 堯末에 又在朝라가 舜時又竄之하다 後禹攝位에 又在洞庭逆命하니 禹又誅之하다 後王深惡(오)此族三生凶惡이라 故로 著其氏하되 而謂之民이라하니 民者는 冥也니 言(末)〔未〕[26]見仁道라하다 又鄭緇衣注에 云 命은 謂政令也라 高辛氏之末에 諸侯有三苗者作亂하다 其治民不用政令하고 專制禦之以嚴刑이라가 乃作五虐蚩尤之刑[27]하고 以是爲法이라하다 案 鄭書禮二注不同하고 書注與此合하고 於義爲長이라 戰國策魏策에 吳起云 昔者三苗之居는 左彭蠡之波하고 右洞庭之水하며 文山在其南하고 而衡山在其北하니 恃此險也하여 爲政不善이라 而禹放逐之하다 史記吳越傳에 作左洞庭右彭蠡라하며 五帝本紀張守節正義에 據彼하여 云 今江州鄂州岳州가 三苗之地也라하다 案 古三苗國은 當在今湖南湖北境이라

畢沅 : ≪僞古文尙書≫에는 "弗用靈 制以刑"으로 되어 있으니, '靈'과 '練', '否'와 '弗', '折'과 '制'는 音이 같다.

---

23) 王鳴盛 : 1720~1797. 淸나라 江蘇 사람으로 字는 鳳喈, 號는 西沚 또는 禮堂이다. 詩文을 잘 짓고, 史學과 經學에 밝았다. 저서에 ≪尙書後案≫, ≪周禮軍賦說≫ 등이 있다.

24) 雙聲 : 雙聲은 두 글자로 이루어진 熟語의 위아래 글자 첫 子音이 서로 같은 것이다. 예를 들어 '蒹葭(겸가)'·'凜烈(름렬)' 등이 있다. 疊韻은 역시 두 글자로 이루어진 숙어의 두 자의 韻이 모두 같은 것이다. 예를 들어 '逍遙(소요)'·'嬋娟(선영)' 등이 있다.

25) 三苗之君 : 底本 旁注에 "살펴보건대 여기서 인용한 僞孔安國傳은 ≪尙書≫ 〈呂刑〉의 '苗民弗用靈 制以刑' 한 단락 아래에 보인다. 그 傳의 글머리의 '三苗之君' 네 글자가 원문에는 '三苗之主 頑凶 若民' 여덟 글자로 되어 있으니, 곧 〈呂刑〉 아래 단락 僞孔安國傳의 첫머리 여덟 자인데 이곳에 잘못 들어가 있다. 이제 僞孔安國傳에 의거하여 바로잡는다."라 하였다.

26) (末)〔未〕 : 저본에는 '末'로 되어 있으나, 漢文大系本과 문맥을 살펴 '未'로 바로잡았다.

27) 五虐蚩尤之刑 : 蚩尤는 苗族의 始祖로, 다섯 가지의 虐刑을 만들었다. ≪書經≫ 〈呂刑〉에 보인다.

錢大昕 : 옛 글에 '弗'은 '不'과 같으며, '否'는 곧 '不'자이다. '靈'과 '練'은 소리가 서로 비슷하다. ≪禮記≫ 〈緇衣〉에 "匪用命"이라 하였는데, '命'은 마땅히 '令'의 誤字이니, '令'과 '靈'은 古文에서 흔히 글자를 통용한다. '令'과 '靈'은 모두 '좋다[善]'는 뜻이 있다. ≪禮記≫ 鄭玄의 注에 〈'令'을〉 '政令'으로 풀었으니, 옳지 않은 듯하다.

王鳴盛 : 古音에 '靈'은 '連'과 같이 읽는다. 그러므로 轉變하여 '練'이 되고 '折'은 '制'가 되었으니, 古字에 또한 글자를 통용하였다. ≪古文論語≫에 "片言可以折獄"이라 하였는데, ≪魯論≫에는 '折'이 '制'로 되어 있으니, 이것이다.

段玉裁 : '靈'이 '練'으로 되는 것은 雙聲이다. ≪墨子≫의 앞뒤 글에 의거하여 살펴보면 '練' 역시 '善'으로 풀이하였으니, 孔安國의 說과 똑같다.

詒讓案 : ≪僞古文尙書≫의 僞孔安國傳에 "三苗의 임금이 蚩尤의 惡行을 답습하여 善으로써 백성을 교화하지 않고 무거운 刑으로써 통제하였다. 三苗는 帝堯에게 죽임을 당하였다."라 하였는데, ≪書經≫ 〈呂刑〉 및 ≪禮記≫ 〈緇衣〉 孔穎達의 疏에 ≪書經≫ 鄭玄의 注를 인용하여 "苗民은 九黎의 임금을 말한다. 九黎의 임금은 少昊氏가 쇠퇴했을 때, 善道를 버리고 위로 蚩尤를 그대로 따라하여 刑을 무겁게 하였다. 굳이 '九黎'를 '苗民'으로 바꾸어 말한 것은 有苗가 九黎의 후예이기 때문이다. 顓頊이 少昊를 대신하여 九黎를 주벌하고 그 子孫들을 나누어 유배 보내어 서쪽 끝자락에 살게 한 것이 세 나라이다. 高辛氏가 쇠퇴한 때에 이르러서 또다시 九黎의 임금이 惡해지니, 堯임금이 일어나 또 이들을 誅伐하였다. 堯임금 말엽에 다시 朝廷에 있었다가 舜임금 때에 다시 이들을 쫓아내었다. 이후에 禹임금이 攝位할 때 다시 洞庭에서 命을 거스르자 禹임금이 또 이들을 誅伐하였다. 후대의 王이 이 족속이 세 번 흉악함을 일으킨 것을 매우 미워하였기 때문에 氏를 붙이되 '民'이라고 하였다. '民'이란 '冥(몽매하다)'이라는 뜻이니, 仁道를 아직 알지 못한다는 말이다."라 하였다. 또 ≪禮記≫ 〈緇衣〉 鄭玄의 注에 "'命'은 政令을 말한다. 高辛氏 末葉에 諸侯 중에 三苗가 亂을 일으켰다. 그 백성을 다스리는 데는 政令을 쓰지 않고 오로지 嚴刑으로만 제어하다가 급기야 蚩尤의 五虐의 刑을 지어 이로써 法을 삼았다.

案 : ≪書經≫ 鄭玄의 注와 ≪禮記≫ 鄭玄의 注가 같지 않은데, ≪書經≫의 注가 ≪墨子≫의 이 대목과 합치하며, 뜻에 있어서는 더 낫다. ≪戰國策≫ 〈魏策〉에 "吳起가 이르기를 '옛날 三苗가 살던 곳은 왼쪽으로는 彭蠡의 파도가, 오른쪽으로는 洞庭의 물이 있었으며, 文山이 그 남쪽에 있고 衡山이 그 북쪽에 있으니, 이러한 지형의 험준함을 믿고서 政事를 베푸는 것이 善하지 않았으므로 禹임금이 이들을 쫓아내었다.'라 하였다."라 하였다. ≪史記≫ 〈吳越傳〉에는 "左洞庭 右彭蠡"라 하였으며, ≪史記正義≫ 〈五帝本紀〉에서 張

守節이 저것에 의거하여 말하기를 "지금의 江州와 鄂州와 岳州가 三苗의 땅이다."라 하였다. 생각건대, 옛날 三苗의 나라는 마땅히 지금의 湖南과 湖北의 지역에 있었을 것이다.

12-7-9 **唯作五殺之刑**하여 **曰 法**이라하니라

오직 五殺의 刑을 만들어 法이라 하였다.'라고 하였다.

僞孔傳에 **云 惟爲五虐之刑**하여 **自謂得法**이라하다 **畢云 孔書**에 **殺作虐**이라하다 **孫星衍云 虐殺**은 **義相同**이라하다 **詒讓案 呂刑下文**에 **云 殺戮無辜**하니 **爰始淫爲刵劓椓黥**이라하니 **則止四刑**이라 **書堯典孔疏**에 **引今文夏侯等書**[28]에 **作臏宮割劓頭鹿剠**[29]한대 **臏一**이요 **宮割二**요 **劓三**이요 **頭鹿剠四**니 **亦無五刑**이라 **以呂刑五刑之辟校之**컨대 **惟少大辟**하니 **蓋卽以殺戮晐大辟矣**라

≪僞古文尙書≫의 僞孔安國傳에 "惟爲五虐之刑 自謂得法(다섯 가지의 잔학한 형벌을 만들어놓고 法이라 自謂하였다.)"이라 하였다.

畢沅：≪僞古文尙書≫에는 '殺'이 '虐'으로 되어 있다.

孫星衍：'虐'과 '殺'은 뜻이 서로 같다.

詒讓案：≪書經≫〈呂刑〉 아래 글에 "殺戮無辜 爰始淫爲刵劓椓黥(무고한 자들을 살육하니, 이에 비로소 지나치게 형벌을 가하여 귀를 베고 코를 베고 음부를 상하게 하고 얼굴에 글자를 새겨 넣었다.)"이라 하였으니, 네 가지 刑에 그쳤다. ≪書經≫〈堯典〉 孔穎達의 疏에서 夏侯氏 등의 ≪今文尙書≫를 인용한 곳에는 "臏宮割劓頭鹿剠"으로 되어 있는데, 臏이 一이요, 宮割이 二요, 劓가 三이요, 頭鹿剠이 四이니, 역시 五刑은 없다. 〈呂刑〉의 五刑의 辟을 가지고 비교해보자면 오직 '大辟'이 부족하니, 아마도 '殺戮'을 '大辟'에 해당시킨 듯하다.

12-7-10 **則此言善用刑者以治民**하고 **不善用刑者以爲五殺**이니 **則此豈刑不善哉**리오 **用刑則不善**이라 **故**로 **遂以爲五殺**하니라 **是以**로 **先王之書術令之道**에 **曰 唯**

28) 今文夏侯等書：孔安國, 劉歆, 馬融, 鄭玄, 許愼, 韋昭 등은 古文을 다루었고, 伏生과 歐陽高, 夏侯勝, 夏侯建, 司馬遷, 董仲舒 등은 今文을 다루었다.

29) 頭鹿剠：頭庶黥 혹은 豚鹿黥으로 쓴다. 古代 刑罰의 하나이다. 칼로 이마에 글자를 새기고 먹을 채워 넣는 것이다.

口出好興戎이라하니

그렇다면 이는 刑을 잘 쓰는 자는 그것으로 백성을 다스리고 刑을 잘 쓰지 못하는 자는 그것으로 五殺을 만든다는 말이니, 이 어찌 刑이 善하지 않아서이겠는가. 刑을 쓰는 것이 善하지 않아서이다. 그러므로 마침내 五殺을 만들기에 이르렀다. 이런 까닭에 先王의 글인 〈術令(說命)〉의 말에 '오직 입이 友好를 내기도 하고 전쟁을 일으키기도 한다.'라 하였으니,

蘇云 出書大禹謨라하다 **詒讓案 術令**은 **當是說**(열)**命之叚字**라 **禮記緇衣**에 **云 兌命曰 惟口**는 **起羞**하며 **惟甲冑**는 **起兵**하니 **惟衣裳**을 **在笥**하시며 **惟干戈**를 **省厥躬**하사라한대 **鄭注**에 **云 兌**은 **當爲說**하니 **謂殷高宗之臣傅說也**라 **作書以命高宗**하니 **尙書篇名也**라 **羞**는 **猶辱也**니 **惟口起辱**은 **當愼言語也**라 **案 此文**이 **與彼引兌命辭義相類**라 **術說**과 **令命**은 **音竝相近**하니 **必一書也**라 **晉人作僞古文書不悟**하여 **乃以竄入大禹謨**하니 **疏繆殊甚**이라 **近儒辯古文書者**가 **亦皆不知其爲說命佚文**이라 **故**로 **爲表出之**하다 **僞孔傳**에 **云 好**는 **謂賞善**이요 **戎**은 **謂伐惡**이니 **言口榮辱之主**라하다

蘇時學 : 《書經》 〈大禹謨〉에 나온다.

詒讓案 : '術令'은 마땅히 '說命'의 假借字이다. 《禮記》 〈緇衣〉에 "〈兌命〉에 이르기를 '입은 치욕을 일으키고 갑옷과 투구는 전쟁을 일으키나니, 衣裳을 상자에 잘 보관해두시며 干戈를 그 몸에서 떼어놓으시어'라 하였다."라 하였는데, 鄭玄의 注에 "'兌'은 마땅히 '說'이 되어야 하니, 殷 高宗의 신하인 傅說이다. 〈傅說이〉 글을 지어서 高宗에게 당부한 것이니, 《尙書》의 篇名이다. '羞'는 '辱(치욕)'과 같다. '입은 치욕을 일으킨다'는 것은 마땅히 말을 조심해야 한다는 말이다."라 하였다.

案 : 여기(《墨子》)의 글이 저기(《禮記》)에서 인용한 〈兌命〉의 말뜻과 서로 유사하다. '術'과 '說', '令'과 '命'은 音이 모두 서로 비슷하니, 필시 한 책일 것이다. 晉나라 사람이 《僞古文尙書》를 지음에 잘 모르고서 그대로 〈大禹謨〉에 竄入시켰으니, 매우 엉성하고 잘못되었다. 근래의 儒者 중에 《古文尙書》를 辯護하는 자가 또한 모두 〈說命〉이 佚文임을 알지 못하였으므로 이 때문에 그 편을 드러내었던 것이다. 《僞古文尙書》의 僞孔安國傳에 "好는 善한 자에게 賞을 주는 것을 말하며, 戎은 惡한 자를 치는 것을 말하니, 입은 榮辱의 主임을 말한 것이다."라 하였다.

12-7-11 則此言善用口者出好하며 不善用口者以爲讒賊寇戎[30)]하나니 則此豈口不善哉리오 用口則不善也일새니라 故로 遂以爲讒賊寇戎이니라

그렇다면 이는 입을 잘 쓰면 우호를 내고 입을 잘 쓰지 못하면 비방하고 중상하여 전쟁을 부른다는 말이니, 이 어찌 입이 善하지 않아서이겠는가. 입을 놀리는 것이 善하지 않았기 때문이다. 그러므로 마침내 비방하고 중상하여 전쟁을 부른 것이다.

12-8-1 故로 古者之置正長也는 將以治民也니 譬之컨대 若絲縷之有紀하며 而罔罟之有綱也니 將以(運役)〔連收〕[31)]天下淫暴하여 而一同其義也일새니라

그러므로 옛날에 正長을 둔 것은 백성을 다스리기 위해서였다. 비유하자면 마치 여러 올의 실에 실마리가 있으며, 그물에 벼리가 있는 것과 같으니, 천하의 음란하고 포악한 자를 줄줄이 거두어들여 그 義에 하나로 같게 하기 위한 것이다.

王云 運役二字는 義不可通이라 當依上篇作連收하니 字之誤也라 連收二字는 正承絲縷罔罟而言이라하다

王念孫 : '運役' 두 글자는 뜻이 통하지 않는다. 마땅히 ≪墨子≫ 〈尙同 上〉(11-4-4)에 의거하여 '連收'가 되어야 하니, 誤字이다. '連收' 두 글자는 바로 앞의 '絲縷'와 '罔罟'를 이어서 말한 것이다.

12-8-2 是以로 先王之書相年之道에 曰

이런 까닭에 先王의 글인 〈相年〉의 말에

畢云 相年은 當爲拒年[32)]이라하다

畢沅 : '相年'은 마땅히 '拒年'이 되어야 한다.

---

30) 讒賊寇戎 : 匪患과 戰爭을 말한다.

31) (運役)〔連收〕: 저본에는 '運役'으로 되어 있으나, 王念孫의 주에 의거하여 '連收'로 바로잡았다.

32) 相年 當爲拒年 : '相年'이나 '拒年'은 그 의미가 무엇인지 분명치 않다. ≪墨子≫ 〈尙賢 中〉에는 '距年'으로 되어 있다.

12-8-3 夫建國設都하고 乃作后王君公은 否用泰也요

'國과 都를 세우자 이에 后王과 君公을 일으킨 것은 교만을 부리려 해서가 아니며

論語子罕皇疏에 云 泰는 驕泰也라하다 王引之云 否는 非也라하다

≪論語≫〈子罕〉皇侃의 疏에 "'泰'는 교만하고 사치하다는 뜻이다."라 하였다.

王引之 : '否'는 '非(아니다)'의 뜻이다.

12-8-4 (輕)〔卿〕[33]大夫師長은

卿大夫와 師長을 둔 것은

畢云 輕은 當爲卿이라하다 盧云 下篇에 作奉以卿하니 字誤也라하다

畢沅 : '輕'은 마땅히 '卿'이 되어야 한다.

盧文弨 : ≪墨子≫〈尙同 下〉에는 '奉以卿'으로 되어 있으니, 〈'輕'은〉 '卿'의 誤字이다.

12-8-5 否用佚也니 維辯使治天均[34]이라하니

편안하려고 해서가 아니다. 오직 나누어 天均을 다스리게 하려는 것이다.'라 하였으니,

辯은 辨字通이라 周易集解에 引易鄭注하여 云 辯은 分也라하니 謂分授以職하여 使治天均이라 王念孫은 釋辯爲徧하니 未塙이라 詳下篇이라 詩大雅節南山에 秉國之均이라한대 毛傳에 云 均은 平也라하다 莊子寓言篇에 云 天均者는 天倪[35]也라하니 非此義라 下篇에 作治天明이라 又案 王引之尙書述聞에 據廣雅釋詁하여 訓此辯爲使하니 則辭義重複하니 亦不可從이라

---

33) (輕)〔卿〕: 저본에는 '輕'으로 되어 있으나, 畢沅과 盧文弨의 주에 의거하여 '卿'으로 바로잡았다.

34) 天均 : '天鈞'으로 自然의 均平한 이치를 말한다. 하늘 아래 백성들을 고르게 잘 다스린다는 의미이다.

35) 天倪 : 자연의 조화, 자연적인 질서를 말한다. ≪莊子≫〈齊物論〉郭象의 注에 "天倪者 自然之分也(天倪란 자연의 分數이다.)"라고 보인다.

'辯'은 '辨'과 글자를 통용한다. ≪周易集解≫에서 ≪周易≫ 鄭玄의 注를 인용한 곳에 "'辯'은 나눈다는 뜻이다."라 하였으니, 職責을 나누어주어 天均을 다스리게 하였다는 말이다. 王念孫은 '辯'을 '徧'으로 풀이하였으니, 확실하지 않다. ≪墨子≫ 〈尙同 下〉에 자세히 보인다. ≪詩經≫ 〈大雅 節南山〉에 "秉國之均(나라의 均을 잡아)"이라 하였는데, 毛傳에 "'均'은 공평하다는 뜻이다."라 하였다. ≪莊子≫ 〈寓言〉에는 "'天均'이란 '天倪'이다."라 하였는데, 이 뜻은 아니다. ≪墨子≫ 〈尙同 下〉에는 '治天明'으로 되어 있다. 또 생각건대, 王引之는 ≪經義述聞≫ 〈尙書述聞〉에서 ≪廣雅≫ 〈釋詁〉에 의거하여 여기서의 '辯'을 '使'로 풀이하였는데, 그렇게 하면 말의 뜻이 중복되니, 또한 따를 수 없다.

12-8-6 **則此語古者上帝鬼神之建設國都**하여 **立正長也**는 **非高其爵厚其祿**하고 **富貴〔游〕[36]佚而錯**(조)**之也**니라

이는 옛날 上帝와 鬼神이 國都를 建設하여 正長을 세운 것은 그 爵位를 높이거나 그 祿俸을 후하게 하고 부귀와 편안함을 즐기면서 자리나 차지하게 하려고 해서가 아니라는 말이다.

王云 佚上有游字어늘 **而今本脫之**하니 **則語意不完**이라 **下篇**에 **曰 非特富貴游佚而擇之也**라하니 **是其證**이라 **游佚**은 **卽淫佚**이니 **語之轉耳**라하다 **畢云 錯**는 **讀如擧措**라하다

王念孫 : '佚' 위에 '游'자가 있는데, 今本에는 이것이 빠져 있으니, 말의 뜻이 완전하지 못하다. ≪墨子≫ 〈尙同 下〉에 "非特富貴游佚而擇之也(그저 부귀를 누리며 편히 노닐라고 그들을 그 자리에 둔 것이 아니다.)"라 하였으니, 이것이 그 증거이다. '游佚'은 곧 '淫佚'이니, 말이 轉變했을 따름이다.

畢沅 : '錯'는 '擧措'의 〈'措'와〉 같이 읽는다.

12-8-7 **將以爲萬民興利除害**하여 **(富貴貧寡)〔富貧衆寡〕**[37]하며

장차 萬民을 위하여 利를 일으키고 害를 없애 가난한 자는 부유하게 해주고 부

---

36) 〔游〕 : 저본에는 '游'가 없으나, 王念孫의 주에 의거하여 보충하였다.

37) (富貴貧寡)〔富貧衆寡〕 : 저본에는 '富貴貧寡'로 되어 있으나, 孫詒讓의 주에 의거하여 '富貧衆寡'로 바로잡았다.

족한 자는 많게 해주며,

此는 與上下文例不合하니 疑當作富貧衆寡라

이 글은 위아래의 文例와 합치하지 않으니, 아마도 마땅히 '富貧衆寡'가 되어야 한다.

12-8-8 安危治亂也일새니라 故로 古者聖王之爲若此니라

위험한 것은 편안하게 해주고 어지러운 것은 다스리기 위함이었다. 그러므로 옛날 聖王이 〈政事를〉 행한 것들이 이와 같다.

戴云 爲下에 疑脫政字라하다

戴望 : '爲' 아래에 아마도 '政'자가 빠진 듯하다.

12-9-1 今王公大人之爲刑政則反此하니

지금의 王公大人이 刑罰을 행하는 것은 이와 상반되니,

戴云 刑字衍이라하다

戴望 : '刑'은 衍字이다.

12-9-2 政以爲便譬하여

바로 말을 잘한다고 여겨

政은 與正同이라 畢云 譬은 讀如僻이라하다 洪云 論語季氏에 友便辟이라한대 馬[38]鄭이 皆讀辟爲譬하니 謂巧爲譬諭하여 以求容媚이니 義卽本此라

'政'은 '正(바로)'과 같다.
畢沅 : '譬'은 '僻'과 같이 읽는다.

---

38) 馬 : 馬融(79~166)이다. 後漢 사람으로 字는 季長이다. 古文經學에 정통하였다. 盧植과 鄭玄이 그의 제자이다. 《孝經》, 《論語》, 《詩經》, 《周易》, 三禮, 《尙書》, 《列女傳》, 《老子》, 《淮南子》, 《離騷》 등에 주석을 달았다.

洪頤煊：≪論語≫〈季氏〉에 "友便辟"이라 하였는데, 馬融과 鄭玄이 모두 '辟'을 '譬'로 읽었으니, '공교하게 譬諭를 하여 받아들여지고 사랑받고자 한다.'는 말이다. 뜻이 바로 여기에 근본한 것이다.

12-9-3 宗(於)〔族〕[39]父兄故舊를

宗族과 父兄과 故舊를

宗於는 疑宗族之誤라

'宗於'는 아마도 '宗族'의 誤字인 듯하다.

12-9-4 以爲左右하고 置以爲正長이라

左右의 측근으로 삼고, 누어서 正長으로 삼는다.

戴云 政以爲便譬三句는 當作宗於便譬父兄故舊 立以爲左右 置以爲正長이어늘 便譬는 誤寫在宗字上하고 以爲左右上之立字가 又誤作政하고 政以爲三字又誤在句首라 故로 不可通이라 便譬는 謂巧爲譬喩니 見公羊定四年疏에 引論語鄭注라 或當爲便嬖라하니 亦通이라 宗은 讀爲是崇이라 立字는 與正相似라 故로 誤爲正하고 又誤沾攴旁耳[40]라하다 案 戴說未塙이라

戴望："政以爲便譬" 이하의〈政以爲便譬宗於父兄故舊 以爲左右 置以爲正長〉세 구절은 마땅히 '宗於便譬父兄故舊 立以爲左右 置以爲正長'이 되어야 한다. 그런데 '便譬'가 '宗'자 위에 잘못 들어가 있으며, '以爲左右' 위의 '立'사가 또 '政'으로 잘못되었고, '政以爲' 세 글자가 다시 이 구절의 첫머리에 잘못 들어간 것이다. 그러므로 뜻이 통하지 않는다. '便譬'는 譬喩를 공교하게 한다는 말이니, ≪春秋公羊傳≫ 定公 4년 조 徐彦의 疏에서 ≪論語≫ 鄭玄의 注를 인용한 곳에 보인다. 혹자는 마땅히 '便嬖'가 되어야 한다고 하니, 뜻이 또한 통한다. '宗'은 '崇'으로 읽는다. '立'자는 '正'과 字形이 비슷하기 때문에 잘못되어

---

39) (於)〔族〕: 저본에는 '於'로 되어 있으나, 孫詒讓의 주에 의거하여 '族'으로 바로잡았다.

40) 立字……又誤沾攴旁耳 : '立'자가 모양이 비슷한 '正'자로 잘못되고, 여기에 다시 '攴(攵)'가 旁으로 붙어 '政'자로 잘못되었다는 말이다.

'正'이 되었고, 다시 '攴'가 旁으로 잘못 덧붙은 것일 따름이다.

案 : 戴望의 說은 확실치 않다.

12-9-5 **民知上置正長之非正以治民也**라

백성은 윗사람이 正長을 둔 것이 백성을 다스리려고 하는 것이 아님을 안다.

戴云 非下에 **正字衍**이라

戴望 : '非' 아래의 '正'은 衍字이다.

12-9-6 **是以**로 **皆比周隱匿**하며

이런 까닭에 모두 패거리를 지으며 〈좋은 方道를〉 숨기면서

比周는 **詳前篇**이라

'比周'는 前篇(3-3-7)에 설명이 자세하다.

12-9-7 **而莫肯尙同其上**이라 **是故**로 **上下不同義**니 **若苟上下不同義**일진댄 **賞譽不足以勸善**하며 **而刑罰不足以沮暴**라 **何以知其然也**오 **曰 上唯毋立而爲政乎國家**하고 **爲民正長**하여

자기 윗사람에게 尙同하려고 하지 않는다. 이런 까닭에 위아래가 義를 같이하지 못하니, 만일 진실로 위아래가 義를 같이하지 않는다면 賞과 칭찬은 善한 자를 권면할 수 없고 刑과 罰은 포악한 자를 막을 수 없다. 무엇을 가지고 그렇다는 것을 아는가.

윗사람이 비록 세워져 국가를 다스리고 백성의 正長이 되어

王云 唯는 **與雖同**이라하다 **詒讓案 毋**는 **語詞**이니 **詳尙賢中篇**이라

王念孫 : '唯'는 '雖'와 같다.

詒讓案 : '毋'는 語詞이니, ≪墨子≫ 〈尙賢 中〉에 자세히 보인다.

12-9-8 **曰 人可賞**이면 **吾將賞之**라도 **若苟上下不同義**면 **上之所賞**은 **則衆之所非**니 **曰 人衆與處**에 **於衆得非**면 **則是雖使得上之賞**이라도 **未足以勸乎**아 **上唯毋立而爲政乎國家**하고 **爲民正長**하여 **曰 人可罰**이면 **吾將罰之**라도 **若苟上下不同義**면 **上之所罰**은 **則衆之所譽**니 **曰 人衆與處**에 **於衆得譽**면 **則是雖使得上之罰**이라도 **未足以沮乎**아 **若立而爲政乎國家**하여 **爲民正長**에 **賞譽不足以勸善**하고 **而刑罰不〔足以〕**[41]**沮暴**면

말하기를 '賞 받을 만한 사람에게 내 장차 賞을 주겠다.'라고 하더라도, 만일 진실로 위아래가 義를 같이하지 않는다면 윗사람에게 賞을 받는 자는 뭇사람들에게는 비난의 대상일 것이니, 사람이 무리 지어 더불어 삶에 뭇사람에게서 비난을 받으면 이는 비록 윗사람에게서 賞을 받는다 하더라도 〈뭇사람들을〉 권면하기에는 부족하지 않겠는가.

윗사람이 비록 세워져 국가를 다스리고 백성의 正長이 되어 말하기를 '罰 받을 만한 사람에게 내 장차 罰을 주겠다.'라고 하더라도, 만일 진실로 위아래가 義를 같이하지 않는다면 윗사람에게 벌을 받는 자는 뭇사람들에게는 칭찬의 대상일 것이니, 사람이 무리 지어 더불어 삶에 뭇사람들에게서 칭찬을 받으면 이는 비록 윗사람에게서 벌을 받는다 하더라도 〈뭇사람들을〉 막기에는 부족하지 않겠는가.

만일 세워져 국가를 다스리고 백성의 正長이 됨에 賞과 칭찬이 善한 자를 권면하기에 부족하고 刑과 罰이 포악한 자를 막기에 부족하다면,

沮暴上에 亦當有足以二字라

'沮暴' 위에 또한 마땅히 '足以' 두 자가 있어야 한다.

12-9-9 **則是不與鄕吾本言民始生未有正長之時**로 **同乎**아 **若有正長與無正長之時同**이면 **則此非所以治民一衆之道**라

이는 지난번 내가 본래 말했던 '백성이 처음으로 생겨나 아직 正長이 없던 때'와 같지 않겠는가. 만일 正長이 있는 때가 正長이 없는 때와 같다면 이는 백성을 다

41) 〔足以〕: 저본에는 '足以'가 없으나, 孫詒讓의 주에 의거하여 보충하였다.

스리고 무리를 하나로 같게 할 수 있는 道가 아닌 것이다.

12-10-1 **故**로 **古者聖王唯而審以尙同**하여

그러므로 옛날 聖王은 오직 尙同하는가만을 살펴서

畢云 而는 讀與能同이라 舊脫審字하니 文選注에 引作能審以尙同이라 今據增이라하다

畢沅 : '而'는 '能'과 같이 읽는다. 舊本에는 '審'자가 빠져 있는데, ≪文選注≫에서 이 대목을 인용한 곳에 '能審以尙同'으로 되어 있으니, 이제 이에 의거하여 채워 넣는다.

12-10-2 **以爲正長**하시니 **是故**로 **上下情請爲通**하니라

〈그런 사람을〉 正長으로 삼았다. 이런 까닭에 위아래의 情이 통하였다.

畢云 文選注에 引作是故上下通情하다 舊脫故字하니 今據增이라하다 王云 此本作是故上下請通하니 請卽情字也라 墨子書多以請爲情이니 今作情請爲通者는 後人旁記情字하여 而寫者遂誤入正文하고 又涉上文以爲正長하여 而衍爲字耳라 文選東京賦注에 引情通하여 作通情者는 乃涉賦文上下通情而誤라하다 顧校同이라 兪云 惟以爲正長句에 亦有衍字라 下文에 曰 故古者聖王之所以濟事成功하여 垂名於後世者는 無它故異物焉이니 曰 唯能以尙同爲政者也라하니 然則此文은 當云 唯而審以尙同爲政이라야 上下文義始相應이라 因涉上文屢言正長이라 遂誤作以爲正長하여 上下不應矣라 且旣云 審以尙同하고 又云 以爲正長하면 一句中兩用以字니 義亦未安이라 上文에 曰 其爲正長若此니라 是故로 出誅勝者는 何故之以也오 曰 唯以尙同爲政者也일새니라한대 然則爲正長以人言하고 爲政以事言이니 明爲正長者當以尙同爲政也라 若作尙同以爲正長하면 卽失其義矣라 下篇에 云 聖王皆以尙同爲政이라 故天下治라하니 亦其證也라하다 案 兪校未塙이라

畢沅 : ≪文選注≫에서 이 대목을 인용한 곳에 '是故上下通情'으로 되어 있다. 舊本에는 '故'자가 빠져 있으니, 이제 이에 의거하여 채워 넣는다.

王念孫 : 이 本에는 '是故上下請通'으로 되어 있는데, '請'은 곧 '情'자이다. ≪墨子≫에 '請'을 '情'으로 쓴 곳이 많으니, 지금 여기에서 '情請爲通'으로 되어 있는 것은 後人이 '情'

자를 〈'請'자〉 옆에 써놓은 것을 轉寫하는 사람이 마침내 正文에 잘못 넣었고, 또 윗글 '以爲正長'과 관련하여 '爲'자가 더 들어갔을 뿐이다. ≪文選注≫ 〈東京賦〉에서 '情通'을 인용한 곳에 '通情'으로 되어 있으니, 이는 바로 〈東京賦〉의 글인 '上下通情'과 관련하여 잘못된 것이다.

顧千里의 교감도 같다.

兪樾 : 생각건대 '以爲正長' 句에 또한 衍字가 있다. 아래 글에 "故古者聖王之所以濟事成功 垂名於後世者 無它故異物焉 曰 唯能以尙同爲政者也"라 하였는데, 그렇다면 여기의 글은 마땅히 '唯而審以尙同爲政'이라야 위아래 글의 뜻이 비로소 상응한다. 윗글에 누차 '正長'이라고 말하였기 때문에 마침내 '以爲正長'으로 잘못되어 위아래 글의 뜻이 상응하지 않게 되었다. 게다가 이미 '審以尙同'이라 말하고 또 '以爲正長'이라 하면 한 句 중에 두 번 '以'자를 쓰는 셈이니, 또한 뜻이 온당치 않다. 윗글에 "其爲正長若此 是故出誅勝者 何故之以也 曰 唯以尙同爲政者也"라 하였는데, 그렇다면 '爲正長'은 사람으로서 말한 것이고, '爲政'은 일로서 말한 것이니, 正長이 된 자는 마땅히 尙同으로써 정치를 해야 함을 밝힌 것이다. 만일 '尙同以爲正長'으로 되어 있다면 그 뜻이 맞지 않게 된다. ≪墨子≫ 〈尙同 下〉에 "聖王皆以尙同爲政 故天下治(聖王은 모두 尙同을 가지고 정치를 하였다. 그러므로 천하가 다스려졌다.)"라 하였으니, 또한 그 증거이다.

案 : 兪樾의 校勘은 확실치 않다.

12-10-3 **上有隱事遺利**면

윗사람에게 은밀한 계책과 남겨둔 이익이 있으면

隱事遺利는 **與節葬篇隱謀遺利**로 **義同**이라

'隱事遺利'는 ≪墨子≫ 〈節葬〉의 '隱謀遺利'와 뜻이 같다.

12-10-4 **下得而利之**하며 **下有蓄怨積害**면 **上得而除之**하나니라 **是以**로 **數千萬里之外**에 **有爲善者**어든 **其室人未徧知**하고 **鄕里未徧聞**이라도 **天子得而賞之**하며 **數千萬里之外**에 **有爲不善者**어든 **其室人未徧知**하고 **鄕里未徧聞**이라도 **天子得而罰之**하나니라 **是以**로 **擧天下之人皆恐懼振動惕慄**하여 **不敢爲淫暴**하여 **曰 天子之視聽也神**이라하니라

아랫사람이 이익을 취할 수 있으며, 아랫사람에게 묵은 원한과 쌓인 괴로움이 있으면 윗사람이 이를 없앨 수 있었다. 이런 까닭에 수천수만 리 밖에 善한 자가 있으면 그 집안 사람들도 두루 알지 못하고 鄕里의 사람들도 두루 듣지 못하였더라도 天子는 그에게 賞을 줄 수 있었으며, 수천수만 리 밖에 不善한 자가 있으면 그 집안 사람들도 두루 알지 못하고 鄕里의 사람들도 두루 듣지 못하였더라도 天子는 그에게 罰을 줄 수 있었다. 이런 까닭에 온 천하의 사람들이 모두 두려워하여 떨면서 감히 淫亂하고 暴惡한 짓을 하지도 못하면서 말하기를 '天子의 보고 들음이 神과 같다.'라 하였다.

畢云 子는 舊作下라 一本如此라하다

畢沅 : 〈'天子之視聽也神'의〉 '子'는 舊本에 '下'로 되어 있다. 어떤 本도 이와 같다.

12-10-5 先王之言에 曰 非神也라 夫唯能使人之耳目으로 助己視聽하며 使人之吻으로 助己言談하며

先王의 말에 '神이 아니다. 대저 오직 사람들의 귀와 눈으로 나의 視聽을 돕게 하며, 사람들의 입술로 나의 말과 대화를 돕게 하며,

說文口部에 云 吻은 口邊也라한대 以上句文例校之컨대 吻上에 疑有脣字라 非命下篇에 云 今天下之士君子之爲文學出言談也는 非將勤勞其喉舌하여 而利其脣呡也라한대 呡은 與吻字同이라

≪說文解字≫ 〈口部〉에 "'吻'은 입술이다."라 하였는데, 위 句의 文例로 비교해보건대 '吻' 위에 아마도 '脣'자가 있어야 될 듯하다. ≪墨子≫ 〈非命 下〉에 "今天下之士君子之爲文學出言談也 非將勤勞其喉舌 而利其脣呡也(지금 천하의 사군자가 학문을 하고 談論을 펴내는 것은 장차 그 목구멍과 혀를 부지런히 놀려서 자기 입술이나 이롭게 하려는 것이 아니다.)"라 하였는데, '呡'은 '吻'자와 같다.

12-10-6 使人之心으로 助己思慮하며 使人之股肱으로 助己動作이라 助之視聽者衆이면 則其所聞見者遠矣며 助之言談者衆이면 則其德音之所撫循者博矣며

사람들의 마음으로 나의 思慮를 돕게 하며, 사람들의 팔다리로 나의 動作을 돕게 할 뿐이다.'라 하였다. 視聽을 돕는 자가 많으면 듣고 볼 수 있는 범위가 멀며, 말과 대화를 돕는 자가 많으면 그 德音이 慰撫할 수 있는 범위가 넓으며,

荀子富國篇에 **云 拊揗之**라한대 **楊注**에 **云 拊**는 **與撫同**이니 **撫循**은 **慰悅之也**라

≪荀子≫ 〈富國〉에 "拊揗之"라 하였는데, 楊倞의 注에 "'拊'는 '撫'와 같으니, '撫循'은 편안히 어루만져 그를 悅服시킨다는 뜻이다."라 하였다.

12-10-7 助之思慮者衆이면 則其(談)[42]謀度速得矣며

思慮를 돕는 자가 많으면 좋은 계책을 빨리 얻을 수 있으며,

王云 謀度上에 **不當有談字**하니 **蓋涉上文言談而衍**이라하다 **案 王說**이 **是也**라 **蘇說同**이라

王念孫 : '謀度' 위에 마땅히 '談'자가 있어서는 안 되니, 아마도 윗글 '言談'과 관련하여 잘못 들어간 듯하다.

案 : 王念孫의 說이 옳다. 蘇時學의 說도 같다.

12-10-8 助之動作者衆이면 卽其擧事速成矣니라

動作을 돕는 자가 많으면 거행하는 일이 빨리 이루어진다.

舊本에 **其在擧下**하다 **蘇云 當作則其擧事速成矣**라하다 **兪云 此本**에 **作卽其擧事速成矣**하며 **上文**에 **三言則其**하고 **此言卽其**하니 **卽則**은 **古通用也**라 **今作卽擧其事**는 **誤**라하다 **案 兪說**이 **是也**니 **今據乙**하다

舊本에 '其'는 '擧' 아래에 있다.

蘇時學 : 〈舊本의 '則擧其事速成矣'는〉 마땅히 '則其擧事速成矣'가 되어야 한다.

兪樾 : 이 本에는 '卽其擧事速成矣'으로 되어 있으며, 윗글 세 곳에서 '則其'라고 하였고 또 여기에서는 '卽其'라고 하였으니, '卽'과 '則'은 옛날에는 通用한 것이다. 지금 '卽擧其事'로 되어 있는 것은 잘못이다.

42) (談) : 저본에는 '談'이 있으나, 孫詒讓의 주에 의거하여 衍文으로 처리하였다.

案：兪樾의 說이 옳다. 이제 이에 의거하여 글자의 순서를 바꾼다.

12-11-1 故로 古者聖人之所以濟事成功하여 垂名於後世者는 無他故異物焉이라

그러므로 옛날 聖人이 일을 잘해내고 功을 이루어 후세에 이름을 드리웠던 것은 다른 이유나 다른 사정이 있는 것이 아니다.

異物은 猶言異事라 韓非子右儲說上篇에 云 晉文公一擧而八有功하니 所以然者는 無他故異物이라 從狐偃之謀하여 假顚頡[43]之脊也라

'異物'은 '異事(다른 일)'라는 말과 같다. ≪韓非子≫ 〈外儲說 右上〉에 "晉 文公이 한 번 거병하여 여덟 가지의 功이 있었으니, 그럴 수 있었던 것은 다른 이유나 다른 사정〔他故異物〕이 없다. 狐偃의 계책에 따라 顚頡의 등을 베어 죽인 덕분이었다."라고 하였다.

12-11-2 曰 唯能以尙同爲政者也일새니라 是以로 先王之書周頌之道之曰

오직 능히 尙同으로써 정치를 하였기 때문이다. 이런 까닭에 先王의 글인 〈周頌〉의 말에

古書에 詩書多互偁이라

옛 글에는 '詩'와 '書'를 호환하여 일컫는 경우가 많다.

12-11-3 載來見彼王하고

'처음 와서 저 왕을 뵙고

詩載見敍에 云 諸侯始見乎武王廟也라한대 毛傳에 云 載는 始也라하고 鄭箋에 云 諸侯始見君子는 謂見成王也라하다 畢云 一本에 作載見辟王하니 同詩라하다

---

43) 顚頡：春秋시대 晉 文公을 따라 19년의 망명 생활을 함께하였다. 문공이 曹나라를 정벌할 때, 僖負羈의 집을 약탈하지 말라고 문공이 특명을 내렸으나, 顚頡과 魏犨가 이를 어겼다. 이에 문공이 위주는 그 材力을 아껴 죽이지 않고 전힐은 등을 베어 죽임으로써 군의 기강을 바로잡고 曹나라를 정벌할 수 있었다고 전한다. ≪韓非子≫ 〈外儲說〉에 보인다.

≪毛詩≫ 〈周頌 載見〉의 〈毛敍(毛序)〉에 "諸侯始見乎武王廟也(諸侯가 武王의 사당에 처음으로 뵈었다.)"라 하였는데, 毛傳에 "'載'는 처음이다."라 하였고, 鄭玄의 箋에 "諸侯가 처음 군자를 보았다는 것은 成王을 보았다는 말이다."라 하였다.

畢沅 : 어떤 本에는 〈'載來見彼王'이〉 '載見辟王'으로 되어 있으니, ≪詩經≫과 같다.

12-11-4 **聿求厥章**이라하니

그 법을 구한다 하네.'라 하였으니,

道藏本에 **聿字缺**하다 **蘇云 聿**은 **詩作曰**이라하다 **詒讓案 聿曰**은 **古通用**이라 **鄭箋**에 **云 求車服禮儀之文章制度也**라하다

道藏本에는 '聿'자가 빠져 있다.

蘇時學 : '聿'은 ≪詩經≫에는 '曰'로 되어 있다.

詒讓案 : '聿'과 '曰'은 옛날에 通用하였다. 鄭玄의 箋에 "車服과 禮儀의 文章制度를 구한 것이다."라 하였다.

12-11-5 **則此語古者國君諸侯之以春秋來朝聘天子之廷**하여 **受天子之嚴敎**하고 **退而治國**하니 **政之所加**에 **莫敢不賓**[44]이라

이는 옛날에 國君과 諸侯가 봄가을에 와 天子의 조정에서 朝聘하여 天子의 엄숙한 敎令을 받고서 물러가 나라를 다스렸으니 政令을 시행함에 감히 복종하지 않는 사람이 없었다는 말이다.

爾雅釋詁에 **云 賓**은 **服也**라하니

≪爾雅≫ 〈釋詁〉에 "'賓'은 복종한다는 뜻이다."라 하였다.

12-11-6 **當此之時**하여 **本無有敢紛天子之敎者**라

---

44) 賓 : 賓服의 뜻으로, 歸順하거나 服從한다는 말이다. ≪管子≫ 〈小匡〉에 "東夷·西戎·南蠻·北狄과 中原의 諸侯들이 복종하지 않음이 없었다.〔東夷西戎南蠻北狄 中諸侯國 莫不賓服〕"라고 보인다.

이러한 때에는 본래 감히 天子의 敎令을 어지럽히는 자가 없었다.

廣雅釋詁에 云 紛은 亂也라하니 謂不敢變亂天子之敎令이라

≪廣雅≫ 〈釋詁〉에 "'紛'은 어지럽힌다는 뜻이다."라 하였으니, 감히 天子의 敎令을 變亂시키지 못한다는 말이다.

12-11-7 **詩**에 **曰 我馬維駱**이니

≪詩經≫ 〈小雅 皇皇者華〉에 이르기를 '내 말이 駱馬이니,

爾雅釋畜에 云 白馬黑鬣이 駱이라하다

≪爾雅≫ 〈釋畜〉에 "흰 말에 갈기가 검은 것을 '駱'이라 한다."라 하였다.

12-11-8 **六轡沃若**하도다

여섯 고삐가 윤택하도다.

毛詩衛風氓傳에 云 沃若은 猶沃沃然이라하다

≪毛詩≫ 〈衛風 氓〉 毛傳에 "'沃若'은 '沃沃然(빛나는 모양)'과 같다."라 하였다.

12-11-9 **載馳載驅**하여 **周爰咨度**(탁)이라하고

말을 달리고 채찍질하여, 이에 두루 찾아가 묻도다.'라 하였다.

毛詩小雅皇皇者華傳에 云 咨禮義所宜爲度이라하다

≪毛詩≫ 〈小雅 皇皇者華〉 毛傳에 "禮義에 마땅한 바를 묻는 것을 '度'이라 한다."라 하였다.

12-11-10 **又曰 我馬維騏**니

또 말하기를 '내 말이 騏馬이니,

毛詩魯頌駉傳에 云 蒼綦曰[45] 騏라하다

≪毛詩≫〈魯頌 駉〉毛傳에 "검푸른 얼룩무늬가 있는 말을 '騏'라 한다."라 하였다.

12-11-11 六轡若絲로다

여섯 고삐가 실과 같이 〈부드럽도다.〉

毛傳云 言調忍也라하다 蘇云 若은 詩作如라하다

≪毛詩≫〈小雅 皇皇者華〉毛傳에 "〈'若絲'는〉 고르고 곧다는 말이다."라 하였다.
蘇時學 : '若'은 ≪詩經≫에 '如'로 되어 있다.

12-11-12 載馳載驅하여 周爰咨謀라하니

말을 달리고 채찍질하여, 이에 두루 찾아가 묻도다.'라 하였으니,

毛傳에 云 咨事之難易(이)爲謀라하다

≪毛詩≫〈小雅 皇皇者華〉毛傳에 "일의 쉽고 어려움을 묻는 것을 '謀'라 한다."라 하였다.

12-11-13 卽此語(也)[46]는

이는

王云 卽은 與則同하며 語는 猶言也니 則此語三字는 文義直貫至以告天子而止하니 則語下에 不當有也字라 凡墨子書用則此語三字者는 語下에 皆無也字하니 此蓋後人不曉文義而妄加之라하나

王念孫 : '卽'은 '則(곧)'과 같으며, '語'는 '言(말하다)'과 같다. '則此語' 세 글자는 글의 뜻이 곧장 '以告天子'까지 관통하여 끝나니, '則語' 아래에는 '也'자가 있어서는 안 된다. 대개 ≪墨子≫에서 '則此語' 세 글자를 쓴 경우에는 '語' 아래에 모두 '也'자가 없으니, 이는 아마도 後人이 글의 뜻을 잘 모르고서 함부로 보태 넣은 듯하다.

---

45) 曰 : 底本 旁注에 "'曰'은 원래 '日'로 잘못되어 있는데, ≪毛詩≫〈魯頌 駉〉毛傳에 의거하여 고쳤다."라 하였다.

46) (也) : 저본에는 '也'가 있으나, 王念孫의 주에 의거하여 衍文으로 처리하였다.

12-11-14 **古者國君諸侯之聞見善與不善也**에 **皆馳驅以告天子**라 **是以**로 **賞當賢**하고 **罰當暴**하며 **不殺不辜**하고 **不失有罪**하니 **則此尙同之功也**니라

옛날 國君과 諸侯가 善과 不善을 보고 들으면 모두 말을 달려 天子에게 고하였다는 말이다. 이런 까닭에 賞은 賢能한 자에게 돌아가고 罰은 暴惡한 자에게 돌아가며, 무고한 자를 죽이지 않고 죄 지은 자를 놓치지도 않았으니, 이것이 尙同의 功效이다."

12-12-1 **是故**로 **子墨子曰 今天下之王公大人士君子**가 **請將欲富其國家**하고

이런 까닭에 子墨子께서 말씀하셨다.
"지금 天下의 王公大人과 士君子가 진실로 자기의 國家를 부유하게 하고

王云 請은 **卽誠字**라하다 **案 說詳節葬下篇**이라 **兪云 請上**에 **奪中字**라 **墨子書多以請爲情**하니 **中請**은 **卽中情也**라 **下篇**에 **曰 今天下王公大人士君子**가 **中情將欲爲仁義**라하니 **是其證也**라 **後人不知請之當讀爲情**이라 **故**로 **誤刪中字耳**라 **尙賢篇**에 **曰 且今天下之王公大人士君子**가 **中實將欲爲仁義**라하니 **中實**은 **亦卽中情也**라하다

王念孫 : '請'은 곧 '誠'자이다.

案 : ≪墨子≫ 〈節葬 下〉에 자세히 보인다.

兪樾 : '請' 위에 '中'자가 빠졌다. ≪墨子≫에는 '請'을 '情'의 뜻으로 쓴 곳이 많으니, '中請'은 곧 '中情'이다. ≪墨子≫ 〈尙同 下〉에 "今天下王公大人士君子 中情將欲爲仁義"라 하였으니, 이것이 그 증거이다. 後人이 '請'을 마땅히 '情'이라 읽어야 하는 줄 몰랐기 때문에 '中'자를 잘못 뺀 것일 뿐이다. ≪墨子≫ 〈尙賢 下〉(10-6-5)에 "且今天下之王公大人士君子 中實將欲爲仁義"라 하였으니, '中實' 역시 바로 '中情'이다.

12-12-2 **衆其人民**하며 **治其刑政**하고 **定其社稷**인댄 **當若尙同之〔說〕**[47]을 **不可不察**이니 **此之本也**니라

그 人民이 많아지게 하며, 그 刑政을 잘 다스리고 그 社稷을 안정시키고자 한다면

---

47) 〔說〕 : 저본에는 '說'이 없으나, 兪樾의 주에 의거하여 보충하였다.

마땅히 尙同의 설을 살피지 않아서는 안 되니, 이것이 〈政事를 하는〉 근본이다."

畢云 當云此爲政之本也라하다 兪云 若字는 衍文이며 不可不察上에 奪說字하며 此下에 奪爲政二字하니 當據下篇補라하다 案 畢兪校是也라 惟若字는 實非衍文이라 當若은 猶言當如니 尙賢中篇에 云 故로 當若之二物者하얀 王公大人이 未知以尙賢使能爲政也라하며 兼愛下篇에 當若兼之不可不行也니 此聖王之道而萬民之大利也라하며 非攻下篇에 云 當若繁爲攻伐하면 此實天下之巨害也라하고 又云 故로 當若非攻之爲說이요 而將不可不察者此也라하며 節葬下篇에 云 故로 當若節喪之爲政而不可不察此者也라하며 明鬼下篇에 云 當若鬼神之有也 將不可不尊明也라하며 非命下篇에 云 當若有命者之言을 不可不强非也라하니 皆其證이라 兪以若爲衍文이라하니 失之라

畢沅 : 〈'此之本也'는〉 마땅히 '此爲政之本也'라고 해야 한다.

兪樾 : '若'자는 衍文이며, '不可不察' 위에 '說'자가 빠져 있고, '此' 아래에 '爲政' 두 글자가 빠져 있으니, 마땅히 ≪墨子≫ 〈尙同 下〉에 의거하여 채워 넣어야 한다.

案 : 畢沅과 兪樾의 校勘이 옳다. 다만 '若'자는 실로 衍文은 아닌 듯하니, '當若'은 '當如'라는 말과 같다. ≪墨子≫ 〈尙賢 中〉에 "故當若之二物者 王公大人 未知以尙賢使能爲政也(그러므로 이러한 두 경우를 당해서는 어진 사람을 높이고 유능한 사람을 부려서 정치를 한다는 것을 王公大人이 본래부터 알고 있다.)"라 하였으며, ≪墨子≫ 〈兼愛 下〉에 "當若兼之不可不行也 此聖王之道而萬民之大利也('兼'과 같은 〈說을〉 행하지 않을 수 없다. 이것이 聖王의 도이자 萬民이 크게 이로운 것이다.)"라 하였으며, ≪墨子≫ 〈非攻 下〉에 "當若繁爲攻伐 此實天下之巨害也(번다하게 攻伐을 행하는 것과 같은 것 이것은 참으로 천하의 큰 해로움이다.)"라 하고 다시 "故當若非攻之爲說 而將不可不察者此也(그러므로 '非功'과 같은 說을 장차 살피지 않을 수 없다.)"라 하였으며, ≪墨子≫ 〈節葬 下〉에 "故當若節喪之爲政而不可不察此者也(그러므로 節喪과 같은 정치를 해야만 하니 이것을 살피지 않을 수 없다.)"라 하였으며, ≪墨子≫ 〈明鬼 下〉에 "當若鬼神之有也 將不可不尊明也(귀신이 있다고 하는 것에 대하여 장차 밝히지 않을 수 없다.)"라 하였으며, ≪墨子≫ 〈非命 下〉에 "當若有命者之言 不可不强非也(命이 있다는 말과 같은 것을 강하게 비판하지 않을 수 없다.)"라 하였으니, 모두 그 증거이다. 兪樾이 '若'을 衍文이라 한 것은 잘못 본 것이다.

〔附 錄〕

1. ≪墨子閒詁≫ 總目次

2. ≪墨子閒詁 1≫ 圖版目錄

3. 戰國七雄圖

※ QR코드를 스캔하면 더 선명한 지도를 볼 수 있습니다.
(≪中國歷史地圖≫ 上冊 (程光裕·徐聖謨 主編, 中國文化大學出版部, 1980)에서 轉載)

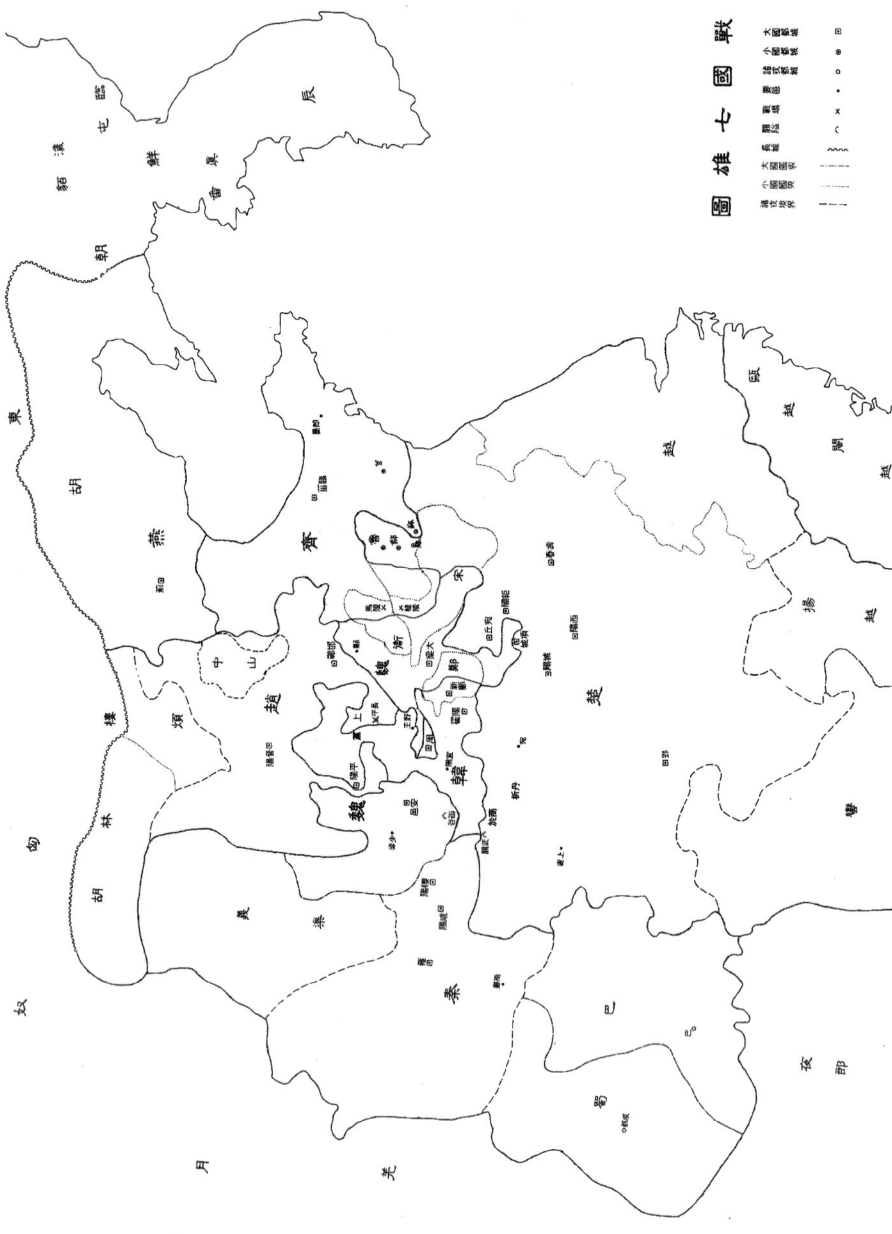

4. ≪墨子≫ 관련 硏究論著

※ QR코드를 스캔하면 ≪墨子≫ 관련 硏究論著의 목록을 볼 수 있습니다.

硏究論著

責任飜譯者

李相夏

啓明大學校 中語中文學科 졸업

高麗大學校 大學院 國語國文學科 文學博士

民族文化推進會 부설 常任硏究員 졸업

朝鮮大學校 漢文學科 敎授 역임

韓國古典飜譯院 부설 古典飜譯敎育院 敎授(現)

論文 및 譯書

〈漢文古典 文集飜譯의 특성과 문제점〉, 〈≪朱子書節要≫가 조선조에 끼친 영향〉, 〈退溪·南冥의 시와 대조적인 학문성향〉 등

≪寒洲 李震相의 主理論 硏究≫, ≪冷淡家計≫, ≪儒學的 思惟와 韓國文化≫(공저) 등

≪挹翠軒遺稿≫, ≪月沙集≫, ≪容齋集≫, ≪鵝溪遺稿≫, ≪石洲集≫ 등

共同飜譯者

金太年

高麗大學校 漢文學科 졸업

高麗大學校 大學院 哲學科 哲學博士

仁荷大學校 韓國學硏究所 HK敎授 역임

韓國古典飜譯院 先任硏究員 역임

退溪學硏究院 硏究員(現)

論文 및 譯書

〈'正典' 만들기의 한 사례, ≪율곡별집≫의 편찬과 그에 대한 비판들〉, 〈학안에서 철학사로 : 조선 유학사 서술의 관점과 방식에 대한 검토〉, 〈17~18세기 율곡학파의 사단칠정론〉 등

≪조선 유학의 개념들≫(공저), ≪자료와 해설, 한국의 철학사상≫(공저), ≪중국 없는 중화≫(공저), ≪巍巖遺稿≫(공역) 등

李奎泌

啓明大學校 漢文敎育科 졸업

慶北大學校 漢文學科 碩士 졸업

成均館大學校 漢文學科 博士 졸업

韓國古典飜譯院 硏究員 역임

成均館大學校 大東文化硏究院 責任硏究員 역임

慶北大學校 漢文學科 교수(現)

論文 및 譯書

〈내산 심배순의 학문과 산문 연구〉, 〈운문 번역과 그 체제 모색에 대한 제언〉, 〈소일 경학계의 풍토와 주석 양상〉

≪한국의 차문화 천년≫ 시리즈, ≪無名者集≫, ≪響山集≫ 등

東洋古典譯註叢書 102

譯註 墨子閒詁 1　　정가 32,000원

2017년 12월 30일 초판 발행
2018년 03월 15일 초판 2쇄

校　　注 孫詒讓
責任飜譯 李相夏
共同飜譯 金太年 李奎泌
潤文校訂 南賢熙 金曉東 李孝宰 田炳秀
編　　輯 東洋古典飜譯編輯委員會
發 行 人 李啓晃
發 行 處 社團法人 傳統文化研究會

서울시 종로구 삼일대로 428 낙원빌딩 411호
전화 : (02)762-8401　전송 : (02)747-0083
전자우편 : juntong@juntong.or.kr
홈페이지 : juntong.or.kr
사이버書堂 : cyberseodang.or.kr
온라인서점 : book.cyberseodang.or.kr
등록 : 1989. 7. 3. 제1-936호

인쇄처 : 한국법령정보주식회사(02-462-3860)
총　판 : 한국출판협동조합(070-7119-1750)

ISBN 979-11-5794-163-6 94150
978-89-85395-71-7(세트)

※ 이 책은 2017년도 교육부 고전문헌 국역지원사업 지원비에 의해 초판(비매품) 간행.